知的財産実務シリーズ

改訂10版
より強い特許権の取得と活用のために
# 特許明細書の書き方

弁理士
**伊東忠重** 監修
**弁理士法人ＩＴＯＨ** 編

発明推進協会

# はしがき

　本書は、弁理士法人 ITOH の前身である伊東国際特許事務所の創設30周年を記念して平成10（1988）年に初版が発行され、その後、9回にわたる改訂を経て、弁理士法人 ITOH としては最初の改訂版となる改訂10版という記念となる版です。

　初版のはしがきには、以下のような記載があります。

　「釣りをする人たちの間には『釣りは鮒釣りに始まって鮒釣りに終る』という言葉があるそうだ。釣りの初心者は近所の池でまず簡単な鮒釣りから始める。道具も簡単でよいし取っ付きやすい。それから様々な釣りを試みる。しかし、やはり難しいのは最も簡単そうに見える鮒釣りである、ということである。同じように、我々特許に携わる者にとって、『特許は明細書作成に始まって明細書作成に終る』と言えよう。特許の分野に携わる実務家にとって、まず、明細書が全てであると言って過言ではなかろう。発明者がいくら良い発明をしたとしても、それが明細書に明瞭に、しかも的確に書き表されて良い特許の権利にならないことには意味がない。そして、いざ特許権を取得し、ライセンス契約をする、あるいは特許権の侵害に対して権利行使をする場合、いかにその特許権が有効で強力であるかが問われる。それには特許請求の範囲を含めた明細書がいかに的確に作成されているかが常に問われる。いわゆる『良い明細書』『質の高い明細書』であることが要求される。特許異議、審判、訴訟のいずれの場においても、また、特許ライセンス交渉の場においても、いかに明細書が作成されているかが常に問われる。したがって、特許にまつわる業務において、いかなる場面でも明細書とは切っても切れない縁があり、その意味でもいかに良い明細書を書くかは永遠の命題であり、正に特許に携わる者にとっては明細書作成に始まって明細書作成に終るのである」

改訂10版は、上記の初版の意志を踏襲しつつも、時代の変化を見据えた内容になっています。

2020年頃に始まった新型コロナウイルスのパンデミックもようやく終焉を迎えました。コロナ禍においても、様々な技術が発達しました。例えば人工知能（AI：Artificial Intelligence）です。AIの発展により、人間がコンピュータに対してあらかじめ分析・注目すべき要素を全て与えなくても、コンピュータ自らが学習し、一定の判断を行うことが可能となります。本改訂版においては、AIを用いて新たな材料の発見・開発に寄与するマテリアル・インフォマティクス（MI：Material Informatics）技術の明細書・請求項はいかにして記載したらよいのか、この分野に強い弁理士が中心になって記載しました。

また、本改訂版にあっては、生物関連発明を得意とする新進気鋭の弁理士が著者として参画し、生物関連発明の明細書の記載につき充実させました。

さらに、単に特許権を取るだけでは満足せず、いかにして権利行使し得る特許を獲得すべきか、という観点から、侵害立証容易な請求項をいかにして記載したらよいのかを記載しました。

加えて知財経験が浅い方がなるべく早くに立ち上がれるよう、発明者との面談での留意事項についての記載を充実させました。

また、判決例の紹介についても見直しを行い、更に充実を図りました。

本書は、序論から始まって最後の章の権利行使まで読み終えた後、また、初めに立ち返って読んでいただければ、本書のサブタイトルである「より強い特許権の取得と活用のために」明細書をどのように書くべきかが初めて御理解いただける構成になっています。

なお、本改訂版より、発明推進協会から発行される運びとなりました。

令和6（2024）年9月

代表社員　弁理士　伊東　忠重

# 目　　次

はしがき

## 第Ⅰ章　序　論 …………………………………………………… 1
1．我が国の特許制度 ………………………………………………… 2
　(1) 意　義 ……………………………………………………………… 2
　(2) 我が国の知的財産戦略 …………………………………………… 3
2．特許を受けることができる発明 ………………………………… 3
3．特許明細書 ………………………………………………………… 4
　(1) 意　義 ……………………………………………………………… 4
　(2) 望ましい特許明細書とは ………………………………………… 4
4．先願主義 …………………………………………………………… 8
5．弁理士 ……………………………………………………………… 10

## 第Ⅱ章　特許明細書作成の前段階 −発明の発掘、提案、調査等− …… 13
1．出願人（企業）サイド …………………………………………… 14
　(1) 発明の発掘 ………………………………………………………… 14
　(2) 発明の提案 ………………………………………………………… 16
　(3) 先行技術調査 ……………………………………………………… 17
　(4) 企業内の先行技術情報の管理 …………………………………… 20
　(5) 発明の評価及び管理 ……………………………………………… 21
　(6) 出願すべき発明の選別 …………………………………………… 22
2．代理人サイド ……………………………………………………… 23
　(1) なぜ、面談が必要か ……………………………………………… 24
　(2) 面談の形態 ………………………………………………………… 24
　(3) 面談の前にすべきこと …………………………………………… 25

(4)　面談での留意事項 …………………………………………… 27
　　(5)　一体となって協力する ……………………………………… 37

## 第Ⅲ章　特許明細書作成 …………………………………………… 39
### 1．特許明細書の法的な記載要件 ………………………………… 40
　　(1)　概　要 ………………………………………………………… 40
　　(2)　明細書 ………………………………………………………… 41
　　(3)　特許請求の範囲 ……………………………………………… 52
　　(4)　その他の記載要件 …………………………………………… 87
### 2．明細書等の書き方 ……………………………………………… 88
　　(1)　明細書の書き方 ……………………………………………… 88
　　(2)　特許請求の範囲の書き方 …………………………………… 111
　　(3)　要約書の書き方 ……………………………………………… 143
　　(4)　図面の描き方 ………………………………………………… 144
　　(5)　その他の留意点 ……………………………………………… 146
### 3．特定技術分野別の明細書等の書き方 ………………………… 148
　　(1)　コンピュータソフトウエア関連発明 ……………………… 148
　　(2)　AI 関連発明 ………………………………………………… 173
　　(3)　IoT 関連発明 ………………………………………………… 222
　　(4)　生物関連発明 ………………………………………………… 241
　　(5)　医薬発明 ……………………………………………………… 255
### 4．PCT 出願を含む外国出願への対応 ………………………… 259
　　(1)　外国出願を意識した明細書等の作成 ……………………… 260
　　(2)　PCT 出願 …………………………………………………… 271

## 第Ⅳ章　通常特許出願以外の出願 ………………………………… 281
### 1．国内優先権主張出願 …………………………………………… 282
　　(1)　国内優先権制度の活用 ……………………………………… 284
　　(2)　国内優先権制度の概要 ……………………………………… 285

(3) 国内優先権制度利用に当たっての留意点 ………………… 287
　(4) 出願日認定のためのみの出願（法第38条の2）を
　　　基礎とする国内優先権主張出願 ………………………… 288
2．分割出願 ………………………………………………………… 290
　(1) 分割出願制度の概要 ……………………………………… 290
　(2) 法第44条のポイント ……………………………………… 291
　(3) 分割出願の活用 …………………………………………… 292
　(4) 分割出願の要件 …………………………………………… 294
　(5) 分割出願の手続 …………………………………………… 295
　(6) 分割出願の効果 …………………………………………… 296
　(7) 分割出願に関する留意点 ………………………………… 296
3．意匠への出願変更 ……………………………………………… 298
　(1) 概　要 ……………………………………………………… 298
　(2) 意匠登録出願への出願変更が認められるための要件 … 299
　(3) 出願変更に先立つ分割出願 ……………………………… 300
　(4) 元の特許出願に複数の意匠が表れている場合の出願変更 … 300
　(5) 意匠の部分に係る出願変更 ……………………………… 301
　(6) 適法な意匠登録出願への変更とは
　　　認められない場合の例 …………………………………… 301
　(7) 意匠の新規性喪失の例外規定の適用を
　　　受ける場合の提出書面 …………………………………… 302
　(8) パリ条約による優先権等を主張しようとする場合の提出書面 … 303
　(9) PCT出願からの出願変更 ………………………………… 304
　(10) 意匠登録出願への出願変更での留意点 ………………… 305

# 第Ⅴ章　明細書等の記載に関する判決例 …………………… 307
1．明細書等の記載事項の意義 …………………………………… 309
　(1) 特許制度と明細書の記載に関する要件 ………………… 309
　(2) 法第36条第4項及び法第36条第6項の意義 …………… 310

(3) 当業者について ………………………………………………… 317
　　(4) 特許請求の範囲について …………………………………… 317
　　(5) 明細書について ……………………………………………… 318
　　(6) 図面について ………………………………………………… 322
　2．**明細書等の記載事項の要件** ………………………………………… 324
　　(1) 特許請求の範囲の記載について
　　　　（特許請求の範囲の特定の仕方）……………………………… 324
　　(2) 発明の詳細な説明の記載について ………………………… 325
　3．**明細書等の記載事項の解釈** ………………………………………… 331
　　(1) 解釈一般 ……………………………………………………… 331
　　(2) 特許請求の範囲の記載の解釈 ……………………………… 340
　　(3) 発明の詳細な説明の解釈 …………………………………… 353
　4．**数値限定の記載と解釈** ……………………………………………… 354
　　(1) 特許請求の範囲における前提条件の記載と数値限定 …… 354
　　(2) 発明の詳細な説明における臨界的意義の記載 …………… 355
　　(3) 数値限定の解釈 ……………………………………………… 359
　　(4) 引用公報の特許請求の範囲における数値限定の解釈 …… 362
　　(5) 付随的な目的に対応する数値限定の記載の程度 ………… 363
　5．**「発明該当性」と「産業上の利用可能性」の判断** ………………… 363
　　(1) 発明該当性の判断 …………………………………………… 363
　　(2) 産業上の利用可能性の判断 ………………………………… 365

## 第Ⅵ章　権利行使に関する判決例 ………………………… 367

　1．**特許権及び特許発明の技術的範囲** ………………………………… 368
　2．**特許発明の技術的範囲の確定** ……………………………………… 370
　3．**権利行使における特許明細書の役割** ……………………………… 371
　　(1) 特許請求の範囲の役割 ……………………………………… 371
　　(2) 明細書の役割 ………………………………………………… 383
　4．**特許請求の範囲の解釈における判断資料** ………………………… 393

|     |     |                                                      |     |
| --- | --- | ---------------------------------------------------- | --- |
|     | (1) | 出願時の技術水準 ………………………………………                       | 393 |
|     | (2) | 出願審査経過（包袋資料の参酌）……………………………                 | 394 |
|     | (3) | 辞書の参酌 ………………………………………………                    | 396 |
| 5.  | 特許請求の範囲に記載された必要以上の限定 ……………………           | 397 |
| 6.  | 数値限定のある特許請求の範囲の権利解釈 ………………………         | 403 |
| 7.  | 機能的に記載された特許請求の範囲の権利解釈 …………………       | 405 |
| 8.  | 均等論 ………………………………………………………                     | 412 |
|     | (1) | 「ボールスプライン軸受」事件 …………………………………        | 412 |
|     | (2) | 均等が否定された事例 ……………………………………               | 416 |
|     | (3) | 均等が認められた事例 ……………………………………               | 423 |
|     | (4) | まとめ …………………………………………………                      | 431 |
| 9.  | 間接侵害 ……………………………………………………                    | 431 |
| 10. | 無効理由が存在する場合 …………………………………………           | 433 |
| 11. | 属地主義の原則 ……………………………………………                 | 438 |
| 12. | 注目すべき判決 ……………………………………………                 | 442 |

**巻末資料** ……………………………………………………………… 449
1. 明細書の作成に当たって特許法施行規則等で
   規定されている事項 ……………………………………………… 450
2. 特許出願に関する審査・審判等のフローチャート ………………… 476
3. 特許公報（フロントページ）………………………………………… 478
4. 参考文献一覧 ……………………………………………………… 488

**事項索引** ……………………………………………………………… 492

あとがき
監修・編著

# 第 I 章

# 序　論

第Ⅰ章　序　論

# 1．我が国の特許制度

## 1．(1)　意　義

　我が国における特許制度は、遡れば、明治4(1871)年に公布された専売略規則に端を発する。しかし、この専売略規則は施行されないままに廃止された。現在の特許制度の原形は、明治18(1885)年4月18日に公布された専売特許条例である。現在この4月18日が発明の日とされている。
　特許制度は、産業上利用することができる新しい技術の発明について特許出願し、公開した者に対し、その代償として一定期間特許権という独占的な権利を付与する制度である。第三者に対しては、公開された発明を土台に更に優れた発明をする機会を与えるなど、公開された発明を利用する機会を与えるものである。
　このように、特許制度は、一定期間独占的権利を付与された者（特許権者）と、その発明を利用する第三者（特許権の存続期間中は実施権の許諾を受けることにより、存続期間経過後は自由に）との調和を取りつつ技術の進歩を促し、産業の発達に貢献することを図るものである。
　したがって、特許制度の目的は、「発明の保護及び利用を図ることにより、発明を奨励し、もって産業の発達に寄与する」ことにある（特許法第1条、以下本書で特許法を単に「法」という。）。
　このようにして、発明が広く社会に有効に「利用」される道を開き、その結果として産業が発達し、国民生活が向上し、公共の利益が図られるので、特許制度の持つ意義は極めて大きい。
　また、新技術が特許権としての独占的権利で保護されるので、技術開発でしのぎを削る企業間の厳しい競争の中で優位に立ち、勝ち残っていくためには、知的財産権、とりわけ特許権の重要性はますます大きいものになってきている。

1.(2) 我が国の知的財産戦略

　2002年は国家戦略として「知的財産立国」が宣言された記念すべき年であった。同年7月には、我が国の知的財産戦略のグランドデザインとなる「知的財産戦略大綱」が策定され、同年11月に我が国の知的財産政策の基本方針を定めた「知的財産基本法」が成立し、知的財産の創造・保護・活用という知的創造サイクルの活性化を促進する基本理念が確立した。この知的財産基本法に基づき、2003年3月に「知的財産戦略本部」が内閣に設置され、同本部において同年7月に「知的財産の創造、保護及び活用に関する推進計画」が策定された。この計画は知的財産立国の実現に向け、知的財産の「創造」「保護」「活用」及び「人材育成」の4分野において2005年度までに政府が集中的・計画的に実施すべき具体的行動計画を定めたものであった。

　この推進計画は、累次のレビューを重ねて、2024年の「知的財産推進計画2024」の作成に至っている。

　「知的財産推進計画 2024」では、「イノベーションを創出・促進する知財エコシステムの再構築と『新たなクールジャパン戦略』の推進に向けて」が決定された。

## 2．特許を受けることができる発明

　特許法でいう「発明」とは、「自然法則を利用した技術的思想の創作のうち高度のものをいう」（法第2条第1項）と定義されている。したがって、自然法則そのもの、あるいは自然法則を利用していないものは、特許法でいう発明とはなり得ず、発明に該当しないとして扱われる。なお、発明該当性は外国では特許適格性と呼ばれる場合がある。

　そして、特許を受けることのできる発明は、産業上利用できる発明であり、更にいわゆる公知、公用の従来技術に対し、新規性、進歩性を有する必要がある（法第29条）。また、いわゆる公序良俗に反しない発明である必要がある（法第32条）。その他、特許出願に対し、審査官が拒絶すべき場合の規定

第Ⅰ章 序 論

（法第49条）に該当しない場合に特許がなされる。

　なお、「自然法則を利用した技術的思想の創作」としては、発明のほかに実用新案法でいう「考案」がある。明細書の書き方の観点では、実用新案明細書の書き方は特許明細書の書き方に全て含まれるので、本書においては、実用新案登録出願の明細書の書き方は割愛する。

## 3．特許明細書

### 3．(1) 意　義

　発明について特許を出願しようとする者に対し、上記特許制度の目的を達成するために、明細書及び特許請求の範囲（本書において「特許明細書」という。）を願書に添付することが義務付けられている。すなわち、上述のように、発明を奨励し、産業の発達に寄与するために、発明の「保護」及び「利用」を図るという観点から、発明の保護のために保護の範囲を明確にし、又は利用のために発明を明確に開示しておく必要がある。これらに対し、「特許明細書」が重要な意義を持ってくる。

　すなわち、特許明細書は、発明の技術内容を開示する技術文献としての機能と、発明者・出願人が保護を求める範囲－権利範囲（法第70条では「技術的範囲」という語を用いる。）を示した権利書としての機能とを併せ持つ。

　このように特許明細書は極めて重要な機能を持っており、特許明細書を作成するに当たり、その持つ意義を十分に頭に置いてしっかりと記載しなければならない。

　出願に際しては明細書、特許請求の範囲、図面（必要に応じて）、要約書を願書に添付する。

### 3．(2) 望ましい特許明細書とは

　せっかく、発明者が優れた発明をしても、特許明細書の書き方がまずければ、その発明が十分に、あるいは正確に書き表されない事態が生じ、その発

明が正しい技術文献としての機能を果たせず、また、本来権利として保護されるべき範囲と異なったものとなってしまい、適切な保護を受けられなくなるおそれがある。

逆に特許明細書の書き方（発明の発掘、明細書作成準備段階、前処理も含め）が良ければ、当初発明者が考えていたもの以上の広い、有効な権利が取れることになる。

したがって、特許明細書作成者の筆先（キーボード）使いでいかようにでもなり、その意味で特許明細書作成には怖さと、楽しさがあるのである。

なお、本書では技術内容の問題については特に詳しく触れないが、近頃の技術の進歩は日進月歩というよりは、正に時進日歩であり、特許明細書作成者は当然に最新の技術を常に勉強しておかなければならず、特許明細書作成において発明の技術的理解度は極めて重要である。発明を的確に書き表すのに技術的知識の集積、理解力が大きくモノをいうことは多言を要しない。

では、望ましい特許明細書とはどのようなものであろうか。

## 3．(2) ① 技術文献としての機能

技術文献としての機能の面で見れば、発明内容が技術的に正確に記載されている必要がある。ただし、どの程度のレベルで、どの程度詳細に書くかについては、技術文献とはいえ飽くまで明細書であるので、発明の詳細な説明には「その発明の属する技術の分野における通常の知識を有する者がその実施をすることができる程度に明確かつ十分に記載しなければならない」（法第36条第4項第1号）の規定に沿っていればよい。

「明確」とは読んで字のごとく明らかで確実なことであるから、当然ながら、明細書の記載は技術的にも正確でなければならず、また、明瞭である必要がある。また、用語についても簡潔に表現するために、明細書だけに使われる独特の造語のような用語もあるが、時代の傾向としては、これらは余り使われなくなってきている。また、曖昧な表現は避け、できるだけ平易で分かりやすい明確な文章がよい。文章が冗長となることは避け、同じことを表現するのなら短い文章の方がよく、また、同じことの繰り返しは避ける。特

第Ⅰ章　序　論

に会話等では日本語の特殊性で英語に比べて主語が省略される場合が多いが、明細書の文章としては主語が明確であることが必要である。

## 3．(2)　②　権利書としての機能

権利書としての機能の面で見れば、明細書の発明の詳細な説明の記載も重要であるが、特に特許請求の範囲の記載が重要である。

特許請求の範囲については、「各請求項ごとに特許出願人が特許を受けようとする発明を特定するために必要と認める事項のすべてを記載しなければならない」（法第36条第5項）と規定されている。そして、特許発明の技術的範囲は「特許請求の範囲の記載に基づいて定めなければならない」（法第70条第1項）と規定されている。更にこの場合において、「明細書の記載及び図面を考慮して、特許請求の範囲に記載された用語の意義を解釈するものとする」（法第70条第2項）と規定されている。

特許出願人 ─ 特許権者にとって望ましい特許明細書とは、詰まるところ、広い権利範囲を主張でき、しかも有効で、強い権利が得られる特許明細書であるといえよう。

### (A)　広い権利範囲を主張できる特許明細書
(a)　積極的な意味での広い権利範囲

特許請求の範囲の用語は基本的には発明として公知例と差別化を図れる範囲で、できるだけ上位概念の用語を用いる。例えば物を取り付ける際に、ネジ止めでも、接着でもよく、要は固定的に取り付ければよい場合には「固着」なる用語を用い、また、例えばゴムでもバネでもよく、要は弾性的なものであればよい場合には「弾性体」なる用語を用いる。これは、ネジ止め、ゴムのように下位概念の用語を用いると、それに限定されてしまうからである。

また、特許請求の範囲の構成要件はできるだけ少ない要件数で成り立たせることにより、広い権利範囲となる。すなわち構成要件を全て充足していなければ権利侵害（技術的範囲に属すること）とならないので、一般的には、構成要件の数が多いほど権利範囲は狭く、その数が少ないほど権利範囲が広

いことになる。したがって、発明を構成する最低限の構成要件を記載する。
(b)　消極的な意味での広い権利範囲
　できるだけ広い権利範囲を得ようとするのであるから、特許請求の範囲の文言中に不要な限定要件を入れないことである。不要な限定要件とは、本来その要件がなくとも特許になり得るものであり、例えばある構成要件に不要な修飾語を付ける場合などである。また、前記の後段とも関係するが、本来発明の必須構成要件ではない要件を構成要件として不用意に記載してしまうことは避けなければならない。
(c)　特許請求範囲の作成に際して
　(イ)　この構成要件が本当に発明の構成に必須のものか、この要件がなければ発明が成り立たないか
　(ロ)　実施例のみならず、考え得る変形例、変更例等も全て包含し得るか
　(ハ)　他社の立場に立って、この権利範囲を避けようとして考えた場合、避ける手立てはあるか、例えば一部の構成要件を変える、あるいは省くことが可能か、可能とすれば、それを不可能とする表現はないか
　　等の点に留意することが大切である。

(B)　有効な権利の得られる特許明細書
　ここでいう有効とは無効（invalid）に対する有効（valid）という意味だけではなく、「有用で効果的な」という意味である。
　すなわち、権利行使できない、狭い特許請求の範囲で、特許が取れたというだけの単なる飾りものとしての特許であれば、取得してもほとんど意味のないものである。とりわけ熾烈な争いを続ける企業においては、常に費用対効果が問われ、有用かつ効果的な権利の取得が求められる。
　一方、例えば従来技術との関係で余り広い権利範囲の特許ではなく、ほとんど実施例に限定したような特許請求の範囲であり、一見その特許を回避できそうに思えるものでも、実際に製品の製造に際し、その効果を得るためには製品をその特許のような構成にせざるを得ない、あるいはその構成によれば例えば最もコストダウン効果が大きいという特許もある。

第Ⅰ章 序 論

このような場合には、一見狭い権利のように見えても有効な特許であり、また、そこを狙った特許請求の範囲、明細書の記載の仕方の工夫が要る。

(C) 強い権利の得られる特許明細書

強い権利とは第三者の攻撃に耐え得、無効とされない権利である。更には権利範囲の解釈に疑義を生ぜず、明確に権利主張し得る権利である。

そのためには、無効審判を起こされて潰されることのないよう、出願人が知っている従来技術はあらかじめ考慮して特許明細書を作成する必要がある。本発明に一番近い従来技術を知ってはいるが、それには触れないでおいて、仮に審査を通って権利になったとしても、無効理由を含んでいれば、弱い権利である。あらゆる障害をあらかじめ克服した、あるいは克服できる状態の権利が強い権利といえる。

また、本書の第Ⅵ章の権利行使に関する判決例等でも見られるように、権利範囲の解釈に疑義が生じ、不明確であれば権利主張に対し逆襲を受ける。特許請求の範囲の文言はもちろんのこと、明細書中のいずれの記載をとっても、また、審査経過中の意見書その他の書類（いわゆる包袋書類）を見ても特許請求範囲の解釈に疑義のない、異論のない明確な解釈が成り立つ権利である必要がある。権利範囲の解釈に当たって争いの当事者の相手側より反論を受けたり、あるいは均等論や間接侵害論に頼らなければならなかったりするような権利は真に強い権利とはいえないのである。

## 4．先願主義

先願主義は、かつての米国の先発明主義に対比される用語で、「同一の発明について異なつた日に二以上の特許出願があつたときは、最先の特許出願人のみがその発明について特許を受けることができる」（法第39条第1項）という規定に基づく。なお、「同一の発明について同日に二以上の特許出願があつたときは、特許出願人の協議により定めた一の特許出願人のみがその発明について特許を受けることができる。協議が成立せず、又は協議をする

ことができないときは、いずれも、その発明について特許を受けることができない」（法第39条第2項）

したがって、出願に関しては早い者勝ちであり、発明者の発明提案より出願までの日数の少ないこと、すなわち早く特許明細書を作成して出願することが肝要である。

ただし、戦略的に一刻も早い出願日を確保する場合は別として、内容的にしっかりした完成度の高い明細書に仕上げて出願することはもちろん必要であり、出願を急ぐあまり拙速になり、内容的にお粗末になることは避けねばならない。

なお、発明者との打合せにおいて、あるいは明細書作成中又は準備中に、発明の更に他の実施例、変形例、変更例、あるいは改良発明、更には発明を裏付ける実験データ等を盛り込むことが望ましいと判断され、それらの追加補充、あるいは追加資料の補充等を発明者に依頼する場合が少なくない。その際、発明者も多忙を極めており、あるいはその他の理由でなかなかそれらの追加、補充資料等が入手できず、明細書の完成が大幅に遅れる場合がある。この場合、(a)日数が経過するけれどもこれらの補充を待って完成度の高い、内容の濃い、質の高い明細書を仕上げてから出願するか、あるいは(b)取りあえず発明の基本的な部分の実施例のみで明細書を仕上げて出願し、早い出願日を確保するかの判断を必要とする。例えば比較的ユニークで同業他社も手掛けていないであろうと思われる場合には、前者(a)の取扱いでよかろう。しかし、同業他社も同じようなことを研究開発、あるいは製品化しようとしているような場合には、一日単位の争いになってくるので、後者(b)の取扱いが望ましい場合があろう。

なお、後者の場合等、出願の日より1年以内であれば、出願後に提供された資料に基づき改良発明等の追加内容・事項を当初の出願の明細書ないし図面に盛り込み、新たに出願し直すことができる（法第41条）。これはパリ条約の優先権主張出願に対し、いわゆる国内優先権主張出願（詳細は第Ⅳ章1.を参照）といわれ、審査等の基準の日時を先の出願の発明内容については先の出願時、その後に追加された内容については後の新たな出願時とする取扱

第Ⅰ章　序　論

いになる。このように国内優先権主張をする出願を活用することを予定して、上記後者(b)の取扱いをすることにより、一刻も早く基本的発明を出願して早い出願日を確保し、他社（他者）に先駆けることができる。

## 5．弁理士

弁理士は国家資格であり、次の者は弁理士となる資格を有する。
1．弁理士試験に合格した者
2．弁護士となる資格を有する者
3．特許庁において審判官又は審査官として審判又は審査の事務に従事した期間が通算して7年以上になる者

弁理士の業務は、弁理士法第4条から第6条の2までに規定されている。
また、社員が弁理士の弁理士法人についても同様である。そして、弁理士又は弁理士法人でない者の業務が同法第75条で次のように制限されている。
「弁理士又は弁理士法人でない者は、他人の求めに応じ報酬を得て、特許、実用新案、意匠若しくは商標若しくは国際出願若しくは国際登録出願に関する特許庁における手続若しくは特許、実用新案、意匠若しくは商標に関する行政不服審査法の規定による審査請求若しくは裁定に関する経済産業大臣に対する手続についての代理又はこれらの手続に係る事項に関する鑑定若しくは政令で定める書類若しくは電磁的記録の作成を業とすることができない」（一部省略）

弁理士は常にクライアント（依頼者 — 出願人）のニーズに応えられるよう、そして、より強い有効な特許権を取得できるよう、常に進歩する先端技術を把握、理解しておく必要があり、また、特許法、施行規則、審査基準に至るまでの法律、プラクティスに精通している必要がある。とりわけ、発明の技術内容を十分理解できなければ良い明細書が書けないし、明細書作成者にとって技術内容の知識、理解力等は不可欠である。そして、次章で述べるように、弁理士は、発明者、出願人（知的財産部の担当者等）と一体となって、発明を育て（日本弁理士会の標語に「生まれる発明、育てる弁理士」と

いうのがある。)、より強い有効な特許権取得及び活用を目指す必要がある。また、弁理士にはプロフェッショナルな立場から発明者、出願人に適切な進言、助言をすることも期待される。

弁理士の資質の維持及び向上を図るため、以下が設けられている。
① 弁理士登録をしようとする者に対して、実際の出願書類の作成等の実務能力を担保するための実務修習の制度
② 既登録弁理士に対して、最新の法令や技術動向等についての研修の定期的受講を義務化するための義務研修制度（5年間で70単位の研修履修が必要）

更に近時、外国への特許出願も増加の傾向にあり、英語等の語学力はもちろんのこと、諸外国の特許制度、プラクティスについても精通していることが望まれ、また、日本出願の段階で外国出願することも念頭に置いて、実施例、データ、資料等を十分に盛り込んだ密度の濃い明細書を作成することが必要である。

また、弁理士は審決取消訴訟（知的財産高等裁判所へ出訴）では代理人、侵害訴訟では弁護士の補佐人となることができる。さらに、特定侵害訴訟代理業務試験に合格し、日本弁理士会に付記登録を受けた弁理士（付記弁理士）は特定侵害訴訟（特許、実用新案、意匠、商標若しくは回路配置に関する権利の侵害又は特定不正競争による営業上の利益の侵害に係る訴訟）に関して弁護士と共同して訴訟代理人となることができる。

平成26年4月の弁理士法改正により、弁理士法第1条に弁理士の使命が次のように明記された。「弁理士は、知的財産に関する専門家として、知的財産権の適正な保護及び利用の促進その他の知的財産に係る制度の適正な運用に寄与し、もって経済及び産業の発展に資することを使命とする」

そして、知的財産とは、知的財産基本法第2条で、次のように定義されている。「この法律で『知的財産』とは、発明、考案、植物の新品種、意匠、著作物その他の人間の創造的活動により生み出されるもの（発見又は解明がされた自然の法則又は現象であって、産業上の利用可能性があるものを含む。）、商標、商号その他事業活動に用いられる商品又は役務を表示するもの

第Ⅰ章　序　論

及び営業秘密その他の事業活動に有用な技術上又は営業上の情報をいう」
　このように、近年の経済社会のグローバル化に伴い、弁理士の果たすべき業務量は増加しており、また、弁理士に対する社会的要請は、より一層拡大している。

# 第Ⅱ章

# 特許明細書作成の前段階

－発明の発掘、提案、調査等－

第Ⅱ章　特許明細書作成の前段階

# 1．出願人（企業）サイド

特許出願の対象である発明は、企業の研究開発部門、設計部門、生産部門等で生まれてくる。ここでは、まず発明を生み出す側、企業サイドでの発明への関わりについて、簡単に説明する。

## 1．(1) 発明の発掘

企業内で生まれる発明を漏れなく発掘し、これを適切に特許出願できる体制を整えることは重要なことである。そのためには、発明をする技術者（研究者を含む。）への特許の啓発と、知財部門の担当者の日々の働きかけが不可欠である。

社内で良い発明が生まれてもこれを発掘し、特許出願に持っていく体制が整っていなければ、「宝の持ち腐れ」になる。このような体制で、特許出願をせずに、問題もなくその発明の実施を継続できたとすれば、それは運が良かっただけである。競争相手の企業が同様の発明について特許出願し、権利を得たら、その発明はそれ以降実施できなくなるからである。また、先願主義の下では、企業内で埋もれていた発明を後から気付いて特許出願しても、競争相手の企業により既に先願として同じ発明の特許出願がなされていた場合にも、同じ結果となるのである。つまり、発明の発掘と合わせて早期に特許出願をすることが重要である。

したがって、社内の技術者の特許意識を高め、黙っていても知財部門に発明相談があり、あるいは発明の届出を行う発明提案書が自発的に届く体制とすることが理想である。そのためには、企業内の知財部門の担当者は、定期的に研究開発部門に赴き、又はWeb環境を利用して発明の発掘に努める必要がある。知財部門の担当者が、研究開発の進捗状況を把握し、技術者からの特許相談に応じることにより企業内のコミュニケーションが図られ、体制が維持、促進される。

特に研究開発テーマの選定等、製品開発の早い段階から知財部門の担当者

が関与して事業戦略を踏まえ、その製品開発テーマに関し、収益が最大となる特許戦略を開発部門と一緒に構築した上で、発明の発掘を行うことが望ましい。特許戦略を理解している技術者と、事業戦略・製品開発テーマを理解している知財部門の担当者が一体となることによって、事業収益に大きく貢献する発明を発掘することが可能となる。このような体制を採ることにより、製品コンセプトに関する発明（広い範囲の発明）、実際の製品に特化した発明（狙った範囲の防衛的な発明）、他社動向を踏まえた発明（他社を攻撃できる発明）等、事業戦略に即した多岐にわたる発明の権利化を図るべく有効な発明の発掘を行うことができる。

　地理的に離れた研究開発部門には特許部門の出先機関を設け、専属の知財部門の担当者を配置して発明の発掘に努めている企業もある。さらに、社内全体として特許出願をはじめとした特許意識の強化を図る体制を整えるため、まず研究、開発、設計等の部門責任者へ特許に対する認識の強化を図り、この責任者の下で技術者に本来の研究開発業務と同様に特許を重視するように指導し、特許出願体制を充実させている企業も少なくない。

　なお、技術者にとって、知財部門の担当者が定期的に顔を出すことで特許の意識が呼び起こされ、積極的な発明提案の動機付けとなる。一方、知財部門の担当者にとっても、技術が日々進歩するため研究開発現場からの情報を常に取り入れて、提出された発明提案書の技術内容が理解できる知識を蓄えておくことが可能となる。

　また、技術者（特に研究者）に日頃からエンジニアリングノートブック又はラボラトリーノートブック（いわゆるラボノート）に記録する習慣をつけてもらうことも、発明提案を活性化する一つの手法である。ラボノートとは、研究開発、設計の過程で新しく着想した問題点、アイデア、仮説、解決方法等を記録するための業務日誌であり、本人及び証人の署名がされるものである。技術者が発明提案書を作成するに当たり、ラボノートの記録を利用することで作業が楽になり、より気軽に発明提案書の作成に着手できる。さらに、ラボノートは、誰が真の発明者であるかという無用な争いを避けるためにも好ましいものである。

第Ⅱ章　特許明細書作成の前段階

## 1．(2)　発明の提案

　企業内で生まれてくる発明は、知的財産部等の特許を専門的に管理する部門を介して特許出願される。社内で発明の提案があると、知財部門で特許明細書を作成して特許庁へ特許出願する場合もあるが、多くの企業の知財部門では特許事務所に出願用の特許明細書作成依頼がなされ、弁理士を代理人として特許庁への出願がされる。

　発明が生まれるのは研究・開発部門あるいは設計部門等が多く、特許出願を扱うのは知財部門あるいは依頼を受けた弁理士の特許事務所である。研究・開発を行って技術者が発明を創作したとき、その技術者は自己の発明を的確に知財部門の担当者、あるいは特許事務所の担当者に伝え、理解してもらう必要がある。

　そのために、各企業では、技術者により発明がなされたとき、その技術内容を把握できるように、発明届け出用の所定の書式（発明提案書）を定めている。

　すなわち、発明提案書は特許出願用の明細書を作成する者が必要とする情報として、従来の技術、その問題点、問題点の解決手段、実施例、図面等を記載する。ところで、この発明提案書の記載すべき内容は、技術者（特に研究者）が通常書いている学会用の論文等とは異なるもので、記載方法を技術者にあらかじめ説明しておく必要がある。そこで、特許出願に積極的な企業の中には、特許研修を定期的に開催して、技術者に発明提案書の記載方法を指導している企業もある。

　発明提案書の形式は企業によって異なり、例えば特許出願の明細書の記載事項をそのまま模した形式のものや、ポイントを絞り従来技術とその問題点を記載させ、後は図面に沿って発明を説明させる形式のもの、などがある。

　特許体制が充実している企業の発明提案書は、形式がしっかりしており、記載すべき内容も多く、明細書作成の有効な資料となる。そこまで記載内容を求めない企業も多いが、発明提案書の形式は、社内の特許体制の充実とともに、その体制に合わせて改良すればよい。

要は、発明提案書は、明細書を作成する者が技術内容を把握できるための資料である。したがって、発明提案書には、最低限、発明の目的・従来技術の説明・発明を特定するための事項や作用・発明の効果・発明のポイントが記載されていることが望ましい。

## 1.(3) 先行技術調査

　特許出願をする際に、常に意識しておかなければならないものとして、先行技術（従来技術）がある。従来技術が全くないパイオニア的な発明は別として、通常、企業内で開発が行われている技術には何らかの従来技術が存在するものである。

　特許庁の審査は、この従来技術に基づいて、新規性、進歩性等が審査されるのであるから、この従来技術をしっかり調べてから特許出願を行うことが基本である。

　特許出願の準備にかかる段階で、発明者はいつも、社内の知財部門の担当者あるいは特許事務所の担当者から「従来技術はありませんか？」「従来技術との差は何ですか？」などと、質問されるはずである。社内の知財部門の担当者等は、これから出願しようとするものについて、従来技術との比較に基づき発明の「課題」「課題解決のための手段」あるいは「効果」の違いを洗い出すことで、その発明を権利化しようと考えているのであり、知財部門の担当者等は従来技術を配慮する立場に置かれている。

　発明提案書に発明に関する技術的キーワードを記入してもらうことも良い方法である。そのキーワードを参考にすることによって、知財部門又は特許事務所による従来技術の調査が容易になるからである。発明者にとっても、キーワードを抽出する作業を通じて、自分の発明のポイントの絞り込みを経験できる。特許法において、明細書に先行技術文献情報を開示することが義務付けられているので、その義務を履行するためにも先行技術（従来技術）調査は有用である。

　そして、発明を生み出す側、技術者（発明者）にとっても、先行技術調査は重要なことである。特に公開特許公報及び特許（掲載）公報は最新技術が

### 第Ⅱ章　特許明細書作成の前段階

ンパクトにまとめられた技術情報であり、同業他社の技術動向を確認できるという点からも常に目を通しておくべきものである。

　先行技術調査をせずに技術開発を行い、後の出願準備段階での先行技術調査で同じ発明について他社が出願していることが確認されたら、それまでの作業は全て水泡に帰すことになるからである。したがって、研究・開発に着手する前に先行技術を調査し、例えばパテントマップを作成し、検討しておくことは重要な作業である。企業内の知財部門の担当者はこの点が徹底されるように、技術者に働きかける必要がある。実際、技術者にとっても、先行技術調査で他社の技術動向、従来技術がクリアになっていれば、開発テーマの選定、その後の絞り込み作業を通して、開発への強い使命感が生まれるはずである。インターネットで工業所有権情報・研修館（INPIT）のウェブサイトにアクセスし、特許情報プラットフォーム（J-PlatPat）を利用することで、特許情報を検索することができる。特許庁のウェブサイトからもアクセスすることができる。出願番号、公開番号、公告番号又は特許番号による検索、特許請求の範囲あるいは要約に含まれる用語から検索するフリーワード検索やテキスト検索、IPC、FI、Fタームによる検索、発明者、出願人・権利者を指定しての検索等、様々な検索が可能である。また、各種番号から経過情報を見ることができる。さらに、特許公開公報や特許公報の内容を確認し、これをプリントアウトすることもできる。また、文献番号から世界各国の特許庁（令和6年8月時点で、日本、米国、EPO、WIPO、中国、韓国、オーストラリア、カナダ、スペイン、インド、ニュージーランド、台湾、イスラエル）が保有する出願・審査経過情報（ドシエ情報）を照会することができる。

　J-PlatPatで利用可能な特許・実用新案検索に関するサービスの一部を以下に示しておく。

① 　特許・実用新案番号照会／OPD
　・特許・実用新案公報番号照会
　・海外（US, EP, WO, CN, KR, AU, CA, IN, NZ, TW, IL, ES）公報番号／ド

シエ照会
② 特許・実用新案検索
　・キーワード、分類（FI、Fターム、IPC）等による特許／非特許文献検索
③ 特許・実用新案分類照会（PMGS）
　・コード照会（FI、Fタームコードからの分類表示）
　・キーワード検索（キーワードからの分類検索）
④ 審判検索
　・キーワード、番号による審決各種文献（査定系不服審判、当事者系審判）、異議決定文献及び判決公報の検索
⑤ 出願審査経過情報照会

　なお、特許出願件数が毎年、数千件にも及ぶような特許意識の高い大企業では、自社専用の特許データベースを作り、関連ある技術情報を迅速に検索できるようにしており、知財部門の担当者ばかりでなく、研究者や技術者が従来技術を調査できる体制を整えている。
　先行技術調査は海外へも目を向けなければならない。発明の新規性は外国の文献（通常は各国特許庁発行の特許公報）によっても否定されるからである。特に将来、輸出の可能性がある製品に関する技術であれば、必ず調査しなければならない。
　海外の特許情報の検索には、例えば主要国の特許に係る技術、書誌的事項、パテントファミリー等を調査できるデータベースとしてINPADOCやWPIがある。また、米国特許商標庁（USPTO）、欧州特許庁（EPO）、中国国家知識産権局（CNIPA）や世界知的所有権機関（WIPO）のウェブサイトを利用することもできる。

　　特許庁　　http://www.jpo.go.jp/indexj.htm
　　USPTO　　http://www.uspto.gov/
　　EPO　　　http://www.epo.org/

第Ⅱ章　特許明細書作成の前段階

CNIPA　　https://english.cnipa.gov.cn/
WIPO　　http://www.wipo.int/portal/index.html.en

## １．(4)　企業内の先行技術情報の管理

　企業の知財部門の担当者は、従来技術について、いわゆる「社内の先行技術」の問題について注意を払っておかなければならない。技術者が提出した「発明提案書」に従来技術として記載されていた発明が、実は特許法上の「公知」に該当するものではなく、社内だけで知られていた「社内の先行技術」という場合がある。

　企業の製品開発は、同業他社の動向、開発コスト、市場のニーズ、更には部品コスト、その調達の容易度、等を総合的に判断して行われる。そのため、ある技術テーマについて実際に、技術者を配して開発を行っていた場合であっても突然、中断あるいは中止ということがある。当然、その反対に、中断していた開発を再開ということもある。長期にわたって中断していたテーマを再開するとなると、前任者の転出、配置転換により、別の技術者がその開発を新たに担当することになる。この技術者は前任者の残した資料等を参考に開発作業を開始することになる。ところが、例えば開発当初、社内で選択肢として、幾つかの技術を試み、その時点では採用を見送った技術についてのレポートなどがあると内容を誤認する場合が出てくる。その採用が見送られた社内技術（社内での先行技術）を公知の従来技術と考えてしまう場合である。また、開発の中断・再開の場合に限らず、同一製品開発の過程においても、途中で商品化を断念して次の開発に進む場合もある。このような場合に開発過程における技術も社内の先行技術となる。

　このような状況で、新担当者が「発明提案書」に「社内の先行技術」を「公知の従来技術」として記載してしまい、このような「発明提案書」に基づいて特許出願の明細書が作成されると、次のような問題が生ずる。

　特許出願は出願日から１年６か月経過後に出願公開される（早期公開を請求した場合は、これより早い時期に公開される。）ことから、自ら特許出願した特許明細書の中の記載で、「社内の先行技術（公知ではない。）」を公知

にすることになる。出願公開後に、その「社内の先行技術」について、権利化が必要と判断しても、公知発明であり不可能ということになる。

したがって、企業の知財部門の担当者は、技術者が「従来技術」として提示した発明をどこで知ったのか確認することが大切である。

## 1．(5) 発明の評価及び管理

企業の特許戦略の観点からは、事業戦略に有利な発明には特に力を注ぐことができるように、パテントポートフォリオを構築しておくことが望ましい。事業戦略に特に重要な発明は、現実の製品に使用される発明である。そのような発明は、1つの製品に1つしかない場合もあるが、複数存在する場合が多い。特に電気・機械の分野では、1つの製品が多くの発明から構成されていることが多い。したがって、これらの発明を一つの特許群として管理することは、自社の発明技術を管理する上で重要である。このような管理を行うには、自社の発明を製品ごとに幾つかの構成に分けて整理して管理する自社のパテントマップを作成し、真に事業収益に貢献する発明を顕在化させ、それらの出願・権利化を促進することが有効である。さらに、権利行使を意図するならば、自社の特許と他社製品との関係を明確にしておくことが望ましい（表(a)）。これにより、事業戦略に即した特許網を構築することが可能になる。

この発明の管理（自社パテントマップの作成）にとって最も大切なことは、発明の評価である。発明に対する評価は、時間の経過とともに変わり得るものである。例えば発明完成時や出願時においてそれほど重要とは考えられていなかった発明であっても、特許後に同業他社がその技術を回避することが困難であり、当該他社がその特許技術を使わざるを得ない場合は、その発明の評価は上がるべきものとなる。したがって、発明の評価やパテントポートフォリオの構築は、出願前だけでなく、出願後も継続的に行う必要がある。

さらに、発明の評価は必ずしも、発明技術そのものの評価とは一致しない。技術的に新規で優れたものであっても、市場ニーズに即していなければ、企業にとってその発明の評価は低い。例えばいわゆるパイオニア的発明であっ

### 第Ⅱ章　特許明細書作成の前段階

|  | A社 | | | B社 | |
|---|---|---|---|---|---|
|  | 製品$a_1$ | 製品$a_2$ | ・・・ | 製品$b_1$ | ・・・ |
| 特許第〇〇〇〇号 | 〇 | △ |  | × |  |
| 特許第〇〇〇〇号 | × | △ |  | ◎ |  |
| ・・・ |  |  |  |  |  |

(a)

|  | 製品$a_1$ | 製品$a_2$ | 製品$a_3$ | ・・・ |
|---|---|---|---|---|
| 構成要件$x_1$ | 〇 | × | × |  |
| 構成要件$x_2$ | × | × | × |  |
| ・・・ |  |  |  |  |
| 構成要件$y_1$ | × | 〇 | × |  |
| 構成要件$y_2$ | 〇 | 〇 | △ |  |
| ・・・ |  |  |  |  |

(b)

ても、マーケットの要求に応えるものでなければ事業収益に貢献することはできず、発明の評価は低いものとなる。

　したがって、特許明細書等の作成には、自社製品をカバーすることに加えて、権利行使の対象を予測することが求められる。とはいえ、そのようにして作成されたクレームが、出願後に現れた現実の他社製品をカバーするとは限らない。したがって、権利行使を意図するならば、市場の動向に合わせてクレームを修正していく姿勢が必要であろう。このような観点からは、例えば発明の構成要件と他社製品とを比較するクレームチャートを作成し、権利行使に都合の良い構成要件の組合せを見いだすことが有利になるであろう（表(b)）。

　このような発明の評価を適切に行うには、技術者、知財部門の担当者、マーケット部門の者の三者が一体となって行うことが望ましい。適切な基準に基づく評価の下にその発明が管理されれば、事業収益に寄与できる特許網の構築が可能となる。

## 1．(6)　出願すべき発明の選別

　技術者から提案された多数の発明提案書のうち、どの発明提案書に係る発

明について特許出願すべきかを決定する必要がある。決定の主体は、知財部門や開発部門、又は事業部門である。どのような発明を特許出願するかは、その企業の特許戦略によって異なる。自社の製品を保護することに主眼を置く場合や、ライセンス料収入を目的とする場合などがある。しかし、いずれの場合にも、新規性がない発明や価値のない発明については特許出願しても無駄である。また、新規性・進歩性があっても、侵害の立証が非常に困難である発明は、特許出願せずにノウハウとして管理する方法もある。また、発明を公知化するためには公開技報に載せてもよい。出願すると決定した場合において、外国出願までするか否かも仮決定しておいた方がよい。外国出願を予定する場合には、特許明細書作成や特許事務所の選択にも影響が及ぶからである。

なお、特許出願せずにノウハウとして発明を秘匿することを選択した場合、その発明が後日他人により権利化され、事業活動が妨げられてしまうおそれがある。この場合、先使用による通常実施権（法第79条）を主張することが考えられる。そのためには、先使用者が他人の特許出願の際現に日本国内においてその発明の実施である事業又は事業の準備をしている者であること等を立証する必要がある。特許出願の際における事実関係を後に立証することに備えて、例えば公証制度を利用して、設計図、契約書及び販売報告書等の文書に確定日付を得ておくことが考えられる。

## 2．代理人サイド

代理人は、特許出願が依頼された発明の内容の把握等のために、実際に特許明細書を作成する前に、発明者（多くの場合、発明者と、出願人である企業の知財部門の担当者）と面談するのが通常である。

面談は、明細書作成に大きな影響を与えるものであり、有意義で充実した面談は、品質の高い明細書を作成するための手掛かりとなる。

この項では、代理人として、どのように面談を進めていくべきかについて説明する。

## 第Ⅱ章　特許明細書作成の前段階

### 2．(1)　なぜ、面談が必要か

　一般に、発明者が作成した発明提案書を読んだだけでは、発明の本質を完全に理解することは容易ではないため、発明者との面談が必要になる。

　しかしながら、面談が必要な理由はこれだけにとどまらない。詳細は後述するが、発明内容のみが記載された発明提案書からだけでは把握することができない、出願人の出願の意図・目的、特許を取りたいところを掴むためにも面談は必要となる。企業が費用をかけて特許を取得するということは、企業としてビジネス上の戦略・目的があるからである。したがって、面談を介して出願の意図・目的を把握する必要があり、明細書はそれを反映したものでなければならない。

### 2．(2)　面談の形態

　面談の形態は、企業ごとに相違し、発明者と知財部門の担当者の双方と顔を付き合わせて行う対面の面談が一般的であったが、新型コロナ後の企業の多くは、Web面談も活用している。

### 2．(2)　①　対面の面談

　対面の面談では、発明者と知財部門の担当者と代理人が、空間、時間及び目的を共有する。このため、参加者の顔の表情やボディランゲージを観察することができ、発明に関する情報の伝達がスムーズになり、追加のアイデア等、参加者全員のアイデアをまとめやすい。また、参加者が同じ空間で直接会うことで親近感や互いの信頼関係が深まり、長期的に業務がスムーズに行える利点がある。

### 2．(2)　②　Web面談

　Web面談は、対面の面談と比較しても支障のない面談の一形態と考えられ、Web面談を指定する企業も多くある。Web面談では、面談の場所や時間の制約が緩和され、交通費がかからないという利点がある。また、移動

時間がほぼないため、Web面談の設定後、すぐにその面談を開始できるといった使い方も可能であり、効率的な面談を行うために強力なツールとなっている。ただし、画像をオフにしている場合、参加者の顔の表情等を見ることができず、参加者のパーソナリティーを知る機会が少ない。このため、対面の面談において空間を共有する場合と比較して親近感が高まったり、互いの信頼関係が深まったりしにくい面がある。

## ２．(3)　面談の前にすべきこと

### ２．(3)　①　発明提案書を読む

　発明提案書は、発明に関する情報が記載されており、明細書作成者にとっては宝の山である。したがって、発明提案書を面談前に丁寧に読み込むことはとても大事である。

　しかしながら、発明提案書における発明の記載の質及び量は千差万別である。例えば簡単な図しかないもの、また、それすらなく文章が２〜３行しか記載されていないものもあれば、詳細に記載され一見するとほぼ明細書に近いように見えるものもある。

　発明提案書にほとんど記載がない場合には、面談でいかにして発明に関する情報を引き出すかが重要である（「面談の進め方」については後述する。）。

　一方、発明提案書の記載量が豊富な場合であっても、従来技術の説明が多く、本発明の説明や実施例に関する説明についての記載が余り多くない場合がある。この場合も、面談でいかにして発明に関する情報を引き出すかが重要である。

　また、本発明の説明や実施例に関する説明についての記載が豊富であっても、代理人の立場としては、その記載内容だけに拘泥せずに、柔軟な頭を持つ必要がある。すなわち、当該記載に引っ張られ過ぎず、また、当該記載に基づき発明に対する勝手な偏見を持たないように、当該記載から発明を理解する。面談前の発明提案書の読み込みは、飽くまでも面談を行うための準備であり、必要以上に発明提案書の内容に引っ張られてしまうと、面談の際に、本来必要な情報や発明提案書に記載されていない重要事項や実施例を引き出

第Ⅱ章　特許明細書作成の前段階

すことができなくなってしまうおそれがあるからである。
　ただし、発明提案書を読んだ後には、面談用に質問・疑問をあらかじめまとめておく。面談の際に、これらの質問・疑問を発明者に投げかけて答えを得て、面談が終了した際に、これらの質問・疑問が全て解消した状態になっている必要があるからである。
　発明提案書を読んだ後、ある程度発明の特徴を予測できるときは、暫定的なメインクレーム案を作成してもよい。

## ２. (3) ② 背景技術等の把握

　明細書を作成する者は常に自己の技術的知識や理解力を向上させるために研鑽を積むことが欠かせない。この技術的知識や理解力は、発明者と同様に発明を創作できる程度のものである必要はないが、背景技術や発明者から提供される情報を理解し、分からないことを発明者に論理的に質問できる程度のレベルは最低限必要であり、更に発明の実施の形態に関する変形例等を発明者に示唆できる程度のレベルを有することが望ましい。
　発明提案書や先行技術調査結果に公開公報番号又は特許番号が挙げられている場合、それをよく読む。また、背景技術等の情報は、例えば関連技術の特許文献を調査したり、インターネットや書籍等を利用したりして入手することができる。
　なお、多忙な発明者の手を煩わせないように、少なくとも背景技術や従来技術に対する疑問については、可能な限り事前に調べ、疑問を解消しておくことが望ましい。

## ２. (3) ③ 疑問点を面談前に発明者に連絡する

　発明提案書を読んでまとめた質問は、面談前に当該疑問を発明者又は知財部門の担当者に事前に連絡しておくことは一考に値する。このようにすることにより、発明者は当該疑問に対する回答を準備した上で面談に臨んでくれる場合があり、発明完成から出願完了に至るまでの期間の短縮を図ることができる。

## 2.(4) 面談での留意事項

### 2.(4) ① 面談の進め方

　面談は、明細書等の記載と同様の流れで進めていくことが望ましい。発明を理解するには明細書等の記載の順で発明者と話を進めるのがよい。すなわち、発明者に、従来技術と従来技術の問題を説明してもらい、次いで実施例を含めて本発明の内容、他の実施例・バリエーションを検討し、最後に特許を取りたいところ（クレーム）を詰めることが望ましい。

### 2.(4) ② 発明内容の理解・把握

#### (A) 面談の場で、発明を全部理解する

　一般に面談の際には、ボイスレコーダー等を使って録音することがある。これは、面談後の発明者からの補充資料を待っている間に、発明内容を忘れてしまうことがあるからであり、録音は発明内容を思い出すためには必要なことである。

　しかしながら、面談の場で、実施例の内容を含め、発明の内容を理解していなければ、録音したものを後で聞いても理解することは困難である。面談の場で発明内容を確実に理解し、事前にまとめておいた質問・疑問を全て解消し、面談終了後は、質問・疑問がなくなっている状態にしておく必要がある。

#### (B) 明細書作成に必要な資料・図面をそろえる

　特許を受けようとする発明について権利を取得するためには、明細書においてその発明について不足なく説明しなければならない。広範な権利範囲の発明について特許を受けようとしても、それに対応する説明が明細書中（発明の詳細な説明）で十分されていないと、特許出願が拒絶されてしまう可能性がある（法第36条第4項第1号、第6項第1号）。また、このような拒絶に対し、出願人は意見書、実験成績証明書等により反論することができる。しかし、発明の詳細な説明の記載が不足しているために、出願時の技術常識

### 第Ⅱ章　特許明細書作成の前段階

に照らしても、請求項に係る発明の範囲まで、発明の詳細な説明に開示された内容を拡張ないし一般化することができるといえない場合には、出願後に実験成績証明書を提出して、発明の詳細な説明の記載不足を補うことによって、請求項に係る発明の範囲まで、拡張ないし一般化できると主張したとしても、拒絶理由は解消しない〈特許・実用新案審査基準（以下、「審査基準」という。）〉。さらに、仮に特許となった場合であっても、特許係争の場で、その発明が発明の詳細な説明の記載内容に限定的に解釈されてしまう可能性がある。したがって、明細書を作成する前に、発明を不足なく説明するに十分な資料をそろえておくことが必要である。

　まず、発明者の提案発明を具現化する装置等を表す図面及び関連する資料（特性データ、具体的な材質名、形状データ、実験データ等）がそろっているか否かを確認する。この発明が装置等の物として具現化される場合、その物の構成を表す図（機械的構造を表す図、物理的構造を表す図、回路図、システム構成図、ハードウエア構成ブロック図等）及びその物の動作を表す図（タイミングチャート、フローチャート、特性図等）が一般的に必要である。以下に、機械、電気（回路）分野の物の発明に必要な図面の一例を示す。

　［機械、電気（回路）］
　（1）　装置の全体構成図
　（2）　特徴部の機械的構造図
　　　・例えば特徴部の断面図
　　　・例えば等価回路図
　（3）　動作が分かる図、効果が分かる図
　　　・例えば特徴部（可動部）の動作図、出力（測定）波形
　　　・例えばフローチャート、タイミングチャート
　　　・例えば実験データ、特性図
　（4）　システム構成図（装置を含むシステムが存在する場合）
　（5）　その他　変形例を示す図

　また、その発明が処理方法、製造方法等の方法として具現化される場合、その方法を構成する手順を表す図（フローチャート、工程図等）が一般的に

必要である。その方法において装置等が使用される場合には、更にその装置の構成、動作を表す図面が必要である。以下に、装置の制御、ソフト分野の方法の発明に必要な図面の一例を示す。

［制御、ソフト］
 (1) システム構成図
 (2) 装置の全体構成図
 (3) 処理が分かる図
  ・例えばフローチャート、タイミングチャート
  ・例えば処理を説明する図
 (4) 表示状態が分かる図
  ・例えば入力画面、出力（表示）画面
 (5) その他　実験データ、特性図、変形例を示す図

　特許法上、図面は必須の書面として要求されておらず（法第36条第2項）、化学の分野では図面を伴わない明細書は少なくないが、電気、機械、ソフトウエア等多くの分野において、発明を具現化する装置、方法等を表した図面は、必須と考えたほうがよい。

　図面には、特に発明者の提案発明の本質から導かれる各構成要素の具体例が十分に表されていることが大切である。米国出願も考慮して、少なくともクレームに記載する構成要素は図面に表す。また、例えばその各構成要素の具体例が公知でない場合、単なるブロックとして表すだけではなく、当業者が実施できる程度に十分詳細な構成（具体的回路構成、処理ステップ等）を表す必要がある。

　面談を通じて図面がそろえば、明細書（文章）は作成することができる。すなわち、図面は「骨」であり、文章による説明は「肉」である。

　明細書に記載することに決めた他の実施の形態や変形例、更に新たに特許を受けようとすることとした発明（提案発明が部品の場合における製品についての発明等）を表す図面や関連する資料については、発明者が当初作成した発明提案書等には添付されていないことがままある。このような場合、より広範な範囲の発明についての特許権を取得するために必要であることを発

### 第Ⅱ章　特許明細書作成の前段階

明者に理解してもらい、その他の実施の形態や変形例を表す図面や関連する資料を早急に作成してもらうよう依頼する。特に機械等の分野では図面は重要である。また、その図面が簡単なものであれば、発明者との直接面談の際に作成してもらうか、明細書を作成する者が自ら作成する。自らが図面を作成した場合は、明細書の初稿納品時に自らが作成した図であることをコメントし、発明者等によく確認してもらうことが好ましい。

　また、発明者との打合せの際に、発明提案書等に記載されている実施の形態と実際に実施しようとしている（製品等として）形態とが異なっていることが判明する場合がある。例えば「実は、この回路のこの部分は、実際には…のようになっているのですが…」のように発明者から説明を受けるような場合である。このような場合、その新たな形態が発明提案書等に記載されている実施の形態に比して適切であるか否かを検討した上で、適切であれば、その新たな形態も明細書に記載する。

　さらに、発明内容を特定するために、数値限定が必要となる場合があるが、当該数値につき、その根拠を面談時に発明者に明確にしてもらう必要がある。すなわち、発明者は時として、根拠なく（大体このくらいであろうと）数値を示すことがあるが、当該数値の特定が発明の構成上重要な位置を占めるのであれば、その根拠又は理由を明細書中に具体的に記載する必要がある。そこで、この「根拠又は理由」を面談時に明らかにしてもらい、場合によってこれをサポートする資料（実験データ・比較例）を作成してもらう必要がある。

　なお、発明者の都合により必要な追加資料（図面及び関連する資料）の作成にどうしても時間がかかる場合がある。このような場合は、企業の知財部門の担当者との相談により、保護すべき発明の重要性と出願の緊急性とを比較検討し、その資料がそろうまで特許出願を待つか、あるいは、緊急性を優先して、現在そろっている資料でサポートできる範囲での発明だけについて特許出願するかのいずれかを決める。現在そろっている資料でサポートできる範囲での発明だけについて特許出願を行うこととした場合、追加すべき資料にてサポートされる発明については、1年以内に国内優先権主張出願（制

度の詳しい内容については第Ⅳ章１．参照）を行うか、あるいは先の出願が公開される前までに他の特許出願を行うかの検討を行う。

　また、上記のように発明の本質から導き出せる構成要素は、一般に、広い概念の文言で表現される場合が多い。このような場合、その広い概念が不明瞭であると判断される可能性があるので、そのような広い概念の構成要素については明細書において定義しておくことや、その構成要素の中位概念、下位概念を明細書に記載しておくことが大切である。このような概念の定義に関して発明者や企業の知財部門の担当者から意見を聴いておくように心掛けたい。

(C)　特許を取りたいところを詰める

　面談を通じて、実施例を含めて本発明の内容を理解し、他の実施例のバリエーションを検討した後に、特許を取りたいところ（クレーム）を詰める必要がある。

　クレームにおける完全な表現まで検討しないまでも、最低限、クレームの対象、カテゴリー、骨子、発明特定事項（構成要素）までは面談の最後に決めて、発明者及び知財部門の担当者と代理人との意思を統一させておく必要がある。その際、少なくとも従来技術に対して新規性のあるクレームを作成する必要がある。

　この作業は、必ずしも全クレームについて行う必要はないが、メインクレームを含め、重要なクレームについては従属クレームについても行う必要がある。

　なお、発明提案書を読んだ後に作成しておいたメインクレーム案を示して、特許を取りたいところを確認してもよい。

(D)　従来技術

　発明の本質を理解し、クレームを作成するためには、当該発明に関連する従来技術がどのようなものであるかを認識する必要がある。そのため、発明者から従来技術について説明してもらう必要があるが、特許出願上、従来技

第Ⅱ章　特許明細書作成の前段階

術とすべきものは公知技術のみである。

　発明者が単に考えただけで公知になっていないもの、企業内で知られているだけで公知になっていないものは、従来技術として位置付ける必要はない。

　したがって、面談の際に、発明者が考える従来技術が公知技術かどうかを確認し、公知技術ではない場合には、それをも本件発明として捉えることができるかどうかを検討する。

(E)　実施例

　クレーム及び実施例の記載の仕方については後述するが、クレームはできるだけ広く、実施例はできるだけ詳しく記載するのが基本である。

　換言すれば、クレームには上位概念的表現を用いても、実施例の記載には、当該上位概念の具体例（下位概念）を丁寧に、また、クレームの記載をサポートできるだけの具体例を詳述する必要がある。

　そのため、面談においては、「(B)　明細書作成に必要な資料・図面をそろえる」で述べたように、その発明を具現化するに十分な情報を入手する必要がある。すなわち、「これだけの情報で、十分に発明内容を説明できるか」「これだけの情報で、当業者が本発明を実施することができるか」を自問自答しながら、実施例を把握する必要がある。

　さらに、実施例においては、本発明技術が、実際にどのように製品に反映されるのかについても留意し、明細書中に実施例として説明できるように、必要な説明を発明者にしてもらう必要がある。

　また、発明者による実施例の説明に基づき、面談中に、代理人からの示唆や提案により、発明者から代替案や変形例を導き出すことが望ましい。実施例を豊富にし、様々なバリエーションを明細書中で表現することができれば、その分、より強く、より広い特許を獲得できる可能性が高まるからである。

(F)　発明をポジティブに捉える

　面談を進行させていくと、発明に対する理解が深まるとともに、従来技術との差異や進歩性に疑問を抱くことがある。

代理人として発明の特許性に疑問を感じるのであれば、発明を否定するのではなく、どのような情報があれば特許性が出てくるのか、どのような具体例が必要なのかを説明し、発明の特許性が高まる方向に導く必要がある。

発明をネガティブ（否定的）に捉えるのではなく、ポジティブ（肯定的）に捉えることが必要である。

## 2．(4) ③　出願人の意図を把握する

企業が費用をかけて特許出願をするのは、企業としてビジネス上の戦略・目的に沿った特許を取得したいからである。したがって、面談を介して出願の意図・目的を把握する必要があり、明細書はそれを反映したものでなければならず、面談において、特に知財部門の担当者に、特許戦略を確認して、明細書の記載に反映させることが望ましい。

具体的には、例えば誰が（どのような企業が）権利行使先になり得るのかを引き出す。潜在的な権利行使先の何をターゲットとしているのかを把握することができれば、それをもカバーできるような実施例・クレームを作成することができる。

また、競合他社が基本特許を有しており、発明が当該基本特許に関連する応用技術・改良技術であり、クロスライセンスの対象となり得る技術である場合、確実に特許されるような発明を明細書中に記載していく必要がある。

さらに、ライフサイクルが比較的短い製品に関する発明の場合は、早期権利化が必要となるため、従来技術を十分に検討し、権利範囲は過大に広く要求せずに、確実に特許されるような発明を明細書中に記載していく必要がある。

これらの情報を、面談時に知財部門の担当者から引き出すことができれば、明細書作成の際に反映させることができる。ただし、ビジネス上の戦略・目的は企業内の機密情報として代理人には開示されない場合もある。

第Ⅱ章　特許明細書作成の前段階

## 2．(4)　④　その他
### (A)　提供された情報を全て公開してよいか確認する

　特許法上発明の詳細な説明は、「その発明の属する技術の分野における通常の知識を有する者がその実施をすることができる程度に明確かつ十分に記載したものであること」と規定されている（法第36条第4項第1号）。

　このため、発明の実施の形態を説明するに際して、多くの資料があることが望ましい。しかし、例えば熱処理の温度条件、素子の寸法、回路定数等は、特許を受けようとする発明の概念の広さによっては、必ずしも開示する必要のないものもある。また、そのような条件等が企業のノウハウとして秘密にしておくことが重要な場合もある。このようなことを考慮すると、発明者や企業の知財部門の担当者から得た情報を全て特許明細書又は図面に記載してよいものか、すなわち、その情報全てを公開してよいものかどうかを確認する。もしその情報全てを公開することが好ましくない場合、取得した情報のうちに、どの情報が開示すべきでないかを確認する。特に面談にて使用した図面について、公開されると不都合がある図面を確認することが重要である。

　また、明細書に記載された技術内容は、明細書が公開された時点で、公知技術（従来技術）となる。したがって、この公知となった技術については、たとえ請求項に記載されていなくても、他人は、特許を取得することができない。このような他人の特許取得を抑止するという観点から、あるいは本発明の権利の及ぶ範囲を明確にしておくという観点から、明細書には、例えば「なお、本願発明の基本的な考え方は〜にも適用が可能である」のように実施例でカバーできていない例について「なお書き」で記載する場合がある。このように「なお書き」で記載した事項について、新たに権利化を図りたい事情が生じた場合、その明細書での開示では不十分であるので、新たな出願を行わなければならない。しかし、明細書が公開された時点で、出願人本人にとっても、その開示事項が公知の従来技術になる。そのため、その新たな出願が、上記公開の時点より後であると、先願に記載されたなお書きに基づいて進歩性なしとして（法第29条第2項）拒絶されてしまう場合がある。

　このようなことを考慮すると、請求項に関係のない事項については、将来

権利化する可能性があるか否かを発明者や企業の知財部門の担当者から確認しておくべきである。もし将来権利化する可能性があれば、中途半端な記載は行わないことである。どちらともいえずに取りあえず記載した場合、その技術内容については、前述したのと同様に、国内優先権主張出願を行うか新たな特許出願を行うかを早期に検討すべきである。

### (B) 外国出願の予定の有無を確認する

これから出願しようとする特許出願の優先権を主張して外国出願する予定があるか否かを確認する。

一般に外国出願の際には、明細書を言語の問題（例えば英語で記載する等）を含めて外国出願用に書き直すのであるが、第1国出願である日本出願の明細書に記載されていない部分については、パリ条約の優先権主張の効果を享受できない。そのため、外国における他の実施の形態の可能性が想定される場合は、あらかじめ日本出願の時に、外国出願も念頭に置いて、特に発明の詳細な説明に盛り込む内容を用意する。

外国出願をする予定がある場合には、対象となる外国の法制度を考慮しておく必要がある。例えば米国出願を考えている場合、従来技術としている技術は、公知技術であるかどうかを確認する。米国出願では、公知技術でないものを従来技術として記載した場合には、発明者がその従来技術を公知の技術として認めたもの（Applicant Admitted Prior Art）と扱われてしまい、不測の不利益を被る場合がある。

基礎出願の開示不十分による不利益は米国だけに限られず、他の国にも当てはまる。パリ優先権制度の趣旨からすると、基礎となる日本出願で発明が明確に特定できない場合、第2国での優先権主張の効果が認められなくなることもあり得る。

外国出願の予定が分かっている場合はもちろん、未定の場合でも、打合せ等により具体的な内容を引き出し、日本出願の明細書に十分に反映しておく必要があろう。

### 第Ⅱ章　特許明細書作成の前段階

(C)　用語について確認する

　発明提案書等で用いられる用語や、発明者や企業の知財部門の担当者との直接面談で用いられる用語が、技術用語として一般的に通用するものなのか、その企業だけで用いられているものなのか、更には発明者が考えた造語なのかを確認する。もしその企業だけに用いられる用語や造語であるならば、その定義を明らかにしておくか、あるいは対応する一般に通用する技術用語を用いる。

(D)　発明の内容の公表について確認する

　発明者や企業の知財部門の担当者との面談において、その提案された発明の内容が既に公表されたものであるか、あるいは、間近に公表する予定があるかを確認する。

　既に公表された発明は、新規性（法第29条第1項）を失っており、特許を受けることができない。このような場合、その公知となった日から1年以内に特許出願を行えば、当該特許出願に係る発明に対して新規性及び進歩性（法第29条第2項）の判断に用いられないとする例外的な扱いを受けることができる（新規性喪失の例外規定：法第30条）。

　上記のようにして公知となった発明であることが分かった場合、その公知となった日から1年以内にその例外的な取扱いの適用を受ける旨を記載した書面とともに特許出願すること、及びその公知となった発明がその例外的な取扱いの適用を受けることのできる発明であることを証明する書面（特許出願の日から30日以内に特許庁に提出する必要がある。）を用意することに留意しなければならない。

　間近に発明を公表する予定があり、しかもその発明の公表が新規性喪失の例外規定（法第30条）の適用を受けることができる場合であっても、その発表の日より前に出願を完了させることが好ましい。それは、一つにはその発明の出願前に同様の発明について他の者が出願した場合には他の者の出願が先願となり、先後願についての例外として扱われるわけではなく、また、その発明の出願前に他の者が同様の発明について公表した場合にはその発明は

公知技術となってしまうからである。さらに、その適用を受けられる場合であっても公表された発明がこの新規性喪失の例外規定の適用を受けることのできる発明であることを証明する書面を取得することが困難な場合があり、また、日本出願を優先権の基礎として外国出願を行おうとしたときに、日本と同じような新規性喪失の例外規定の適用を受けられない国（例えば欧州、中国）が多いからである。

しかしながら、既に新規性喪失の例外規定の適用を受けることができない場合には、その公表された発明を基礎にして更に進歩性のある発明に展開できないかについて発明者にアドバイスする。

(E) 先行技術の有無を確認する

なお、先行技術文献情報開示制度の下、出願発明に関連する文献公知発明であって、出願人が出願時に知っているものがあるときは、その文献公知発明に関する情報の所在を明細書に記載することが求められる（法第36条第4項第2号）。したがって、発明者や知財部門の担当者に、明細書に記載すべき本発明に関連する先行技術文献の有無を確認する必要がある。

## 2．(5) 一体となって協力する

また、より望ましい特許明細書を作成するには、①発明を創作した（考えた）発明者、②企業の特許戦略を把握し、他の出願との関係を理解している企業の知財部門の担当者、及び③実際に明細書を作成する者（弁理士）が一体となって作業を進めることが望ましい。明細書を作成する者は、常に、それぞれの立場の者（発明者、企業の知財部門の担当者）から情報を得ることを心掛け、その情報を有効に明細書作成に反映させることが大切である。

特許係争やライセンス交渉での具体的な経験（成功例や失敗例）を企業知財部門の担当者からフィードバックしてもらうことは、望ましい明細書を作成する上で有用である。明細書は、最終的に特許係争やライセンス交渉の場で真価を発揮するものであり、その場での経験（請求項の解釈、文言の解釈、記載の程度、記載の仕方等）は、これから作成しようとする明細書に即座に

## 第Ⅱ章　特許明細書作成の前段階

反映させるべきである。

　特許を取得すべき発明は、企業活動において種々の過程から生まれてくる。日常的な研究開発活動から生まれる場合が一般的であろうが、いわゆる発明発掘会議等で特定のテーマについて積極的に発明を発掘する場合もある。例えばこのような場に立ち会うことも、発明誕生の背景、位置付け等を知る上で、有用なことである。

　また、発明者、企業の知財部門の担当者の協力の下に実験、試験等に立ち会う機会が得られれば、日頃、文献等でしか技術に触れることのない明細書を作成する者にとって、そのような機会は、実際の装置、方法及びその作用、効果を実感できるという点から有用なものである。

　近年、面談に企業の知財部門の担当者が参加せず、①発明者と③明細書を作成する者のみが参加することがある。この場合にも打合せで行うべきことは変わらない。ただし、打合せ後、企業の知財部門の担当者に面談の報告を行い、打合せ時の合意事項を知財部門の担当者に伝え、①発明者、②知財部門の担当者及び③明細書を作成する者で情報を共有しておくことが好ましい。

# 第Ⅲ章

# 特許明細書作成

第Ⅲ章　特許明細書作成

# 1．特許明細書の法的な記載要件

## 1．(1)　概　要

　特許を受けようとする者は、明細書及び特許請求の範囲等を添付した願書を特許庁長官に提出しなければならない（法第36条）。なお、本書では特許明細書と図面を合わせて「明細書等」という。特許明細書の法的な記載要件は、特許法及び経済産業省令である特許法施行規則（以下、単に「規則」という。）に規定されている。明細書には法第36条第3項の事項を記載し、その記載は法第36条第4項、規則第24条及び規則第24条の2並びに様式第29に従う。

　一方、特許請求の範囲は法第36条第5項及び第6項に従って記載し、その記載形式は規則第24条の3及び規則第24条の4並びに様式第29の2に規定されている。

　なお、日米欧三極特許庁のいずれにも出願することができる共通出願様式の適用により、書類の順序は次のようになった。

| 明細書 |
|---|

| 特許請求の範囲 |
|---|

| 要約書 |
|---|

| 図面 |
|---|

　上記法的根拠の条文についての解説が、「特許・実用新案審査基準」に記載されている。この中の「第Ⅱ部　明細書及び特許請求の範囲」は、特許明細書の記載要件を説明している。

　以下、本章では、説明を適宜参照しながら、特許明細書の作成に際して必

要な法的記載要件について説明する。

## 1．(2) 明細書

> 法第36条第3項
> 　前項の明細書には、次に掲げる事項を記載しなければならない。
> 一　発明の名称
> 二　図面の簡単な説明
> 三　発明の詳細な説明
>
> 法第36条第4項
> 　前項第3号の発明の詳細な説明の記載は、次の各号に適合するものでなければならない。
> 　一　経済産業省令で定めるところにより、その発明の属する技術の分野における通常の知識を有する者がその実施をすることができる程度に明確かつ十分に記載したものであること。
> 　二　その発明に関連する文献公知発明（第29条第1項第3号に掲げる発明をいう。以下この号において同じ。）のうち、特許を受けようとする者が特許出願の時に知っているものがあるときは、その文献公知発明が記載された刊行物の名称その他のその文献公知発明に関する情報の所在を記載したものであること。
>
> 規則第24条の2
> 　特許法第36条第4項第1号の経済産業省令で定めるところによる記載は、発明が解決しようとする課題及びその解決手段その他のその発明の属する技術の分野における通常の知識を有する者が発明の技術上の意義を理解するために必要な事項を記載することによりしなければならない。

　明細書には、発明の名称、図面の簡単な説明、及び発明の詳細な説明を記載する必要がある。平成14年の特許法の一部改正に伴い、【発明の詳細な説明】という項目自体は施行規則における様式から削除されたが、条文中には

## 第Ⅲ章　特許明細書作成

この文言は維持されており、発明の詳細な説明が、当業者による発明の技術上の意義の理解に不可欠であることには変わりがない。

　様式第29に定められた特許明細書の記載形式は、以下のとおりである。なお、以下の記載様式に示した各項目の記載要件に関する法的根拠については括弧書きする。

```
【書類名】　　　明細書　　　　　　　（法第36条第３項、第４項、
　　　　　　　　　　　　　　　　　　　規則第24条及び規則第24条の２）
【発明の名称】　　　　　　　　　　　（様式第29の備考13）
【技術分野】　　　　　　　　　　　　（様式第29の備考14イ）
【背景技術】　　　　　　　　　　　　（様式第29の備考14ロ）
【先行技術文献】　　　　　　　　　　（法第36条第４項第２号及び
　　　　　　　　　　　　　　　　　　　様式第29の備考14ロ）
　　【特許文献】　　　　　　　　　　（様式第29の備考14ハ）
　　　　【特許文献１】
　　　　【特許文献２】
　　【非特許文献】
　　　　【非特許文献１】
　　　　【非特許文献２】
【発明の概要】　　　　　　　　　　　（様式第29の備考14ニ）
　　【発明が解決しようとする課題】　（様式第29の備考14ニ）
　　【課題を解決するための手段】　　（様式第29の備考14ニ）
【発明の効果】　　　　　　　　　　　（様式第29の備考14ニ）
【図面の簡単な説明】　　　　　　　　（様式第29の備考15）
　　【図１】
　　【図２】
【発明を実施するための形態】　　　　（様式第29の備考14ホ）
【実施例１】　　　　　　　　　　　　（様式第29の備考14ホ）
【実施例２】
```

| 【産業上の利用可能性】 | （様式第29の備考14へ） |
| 【符号の説明】 | （様式第29の備考15） |
| （【受託番号】） | （様式第29の備考11） |
| （【配列表】） | （様式第29の備考17） |

　【技術分野】から【産業上の利用可能性】までのうち、【図面の簡単な説明】を除く項目が、「発明の詳細な説明」に該当する項目である（様式第29の備考14）。
　なお、【受託番号】及び【配列表】は、微生物関連発明あるいは遺伝子関連発明の場合であって、必要がある場合に記載する。
　以下、各項目の基本的要件を説明する。

## 1．(2) ① 【発明の名称】

　法は、発明を物の発明及び方法の発明の２つのカテゴリーに区分している（法第２条）。発明の名称は、特許を受けようとする発明（特許請求の範囲に記載された発明）が上記カテゴリーのいずれに属するかが分かるように、かつ、発明が属する技術分野が分かるように記載する。発明の内容を簡明に表示するものが発明の名称なので、特許請求の範囲で使用する用語を用いるのが原則である。通常、発明の名称を請求項の末尾（すなわち、その請求項に係る発明の名称）と一致させる。なお、発明の名称は分類や調査の指標としての機能を有する。
　例えば特許を受けようとする発明が、半導体を用いた記憶装置という物の発明であれば、「半導体記憶装置」という名称が最も簡明に発明の内容を表示するものといえる。この場合、単に「記憶装置」とすれば、半導体記憶装置以外の記憶装置、例えば磁気ディスク装置等を含むことになり、発明の内容を簡明に表示したものとはいえない。
　また、特許を受けようとする発明が複数あり、異なるカテゴリーに属する場合には、「半導体記憶装置及びその製造方法」のように、各発明の名称を並列的に記載することが好ましい。同様に、特許を受けようとする発明が同

第Ⅲ章　特許明細書作成

一カテゴリー内で複数ある場合にも、「センスアンプ及びこれを有する半導体記憶装置」のように、各発明の名称を並列的に記載することが好ましい。ただし、特許を受けようとする発明の名称が複数あり、これらを列挙した発明の名称が長すぎる場合には、包括的な名称を付けてもよい。

　また、「通信方式」や「コンピュータシステム」のように、物理的に離れている複数の装置や要素が一体的に組み合わさって機能するものの全体を発明と捉える場合には、「方式」や「システム」の名称を用いる。なお、「方式」及び「システム」は、物のカテゴリーを意味する用語として扱われる。

　「最新式」や「高効率」などの修飾語は、主観的であり発明の名称を端的に表したものとはいえず、発明の名称中には用いない。

　なお、発明の名称は特許発明の技術的範囲を直接的に決める要素ではないが、限定的な記載を避けるような記載が望ましい。例えばある増幅回路がテレビジョン受像機用に開発されたものであるが、その他の電子機器にも適用できる場合には、「テレビジョン受像機用増幅回路」としない。そうかといって、単に「増幅回路」では発明の名称として漠然としている。この場合には、増幅回路の特徴的な部分をとらえ、「差動増幅回路」や「負帰還型増幅回路」などの名称とする。

## １．(2) ②　【技術分野】

　技術分野として、特許を受けようとする発明（すなわち請求項に係る発明）が属する技術の分野を少なくとも１つ記載する。この場合、どの技術の分野に関する発明なのかを明確にするため、例えば「本発明は、〜の〜に関する」というように簡潔に記載する。カテゴリーが複数ある場合には、各カテゴリーに対応した技術分野を記載する。記載内容は、発明の名称を基にした簡潔な記載でよい。

　以下に、技術分野の記載例を示す。

　（例）本発明は半導体記憶装置及びその製造方法に関する。

## １．⑵ ③ 【背景技術】

特許を受けようとする発明の背景をなしている技術を、当該発明の技術上の意義が明確になるように記載する。通常は、発明が属する技術の分野における従来の技術と、そこに含まれる問題点を記載する。

背景技術の記載は、発明の技術上の意義を説明する一つの手段であり、認識された従来の技術は、発明が解決しようとする課題を内包するものである。

複数の従来技術が認識されている場合には、発明が解決しようとする課題に最も関連する従来技術を選択し、解決しようとする技術的な課題が何であるかを理解できる程度に記載する。従来技術とその問題点の理解を助けるために、必要に応じて図面を参照してもよい。

## １．⑵ ④ 【先行技術文献】

様式第29の備考14ロに規定されているように、「文献公知発明を含め、特許を受けようとする発明に関連する従来の技術」についてなるべく記載する。

なお、【先行技術文献】の記載については、明細書中の任意の位置とすることができる（様式第29の備考20）。

また、様式第29の備考14ハに規定されるように、「特許を受けようとする発明に関連する文献公知発明のうち特許を受けようとする者が特許出願の時に知っているものがあるときは、その文献公知発明が記載された刊行物の名称その他のその文献公知発明に関する情報の所在を記載」しなければならない。

ここでいう「文献公知発明が記載された刊行物」とは、公開特許公報、特許公報（巻末「資料３」参照）、書籍、学会の論文集などの刊行物であって、特許出願前に発行されているものである。

先行技術が掲載されている文献の出所を特定するために、先行技術文献情報を、【先行技術文献】の後に、特許文献と非特許文献とに分けて情報の所在ごとに行を改めて記載する。刊行物中の関連箇所を特定できる場合には、ページ数、行数、段落番号、図番号などを記載することにより、当該箇所を特定する。

第Ⅲ章　特許明細書作成

以下に、背景技術及び先行技術文献情報の記載例を示す。

【背景技術】
　…が従来技術として知られている。
　従来の…は、…している（例えば特許文献1参照）。
　また、…もある（例えば非特許文献1参照）。
【先行技術文献】
【特許文献】
　　【特許文献1】特開2011－○○○○○号公報（第5-7頁、図1）
【非特許文献】
　　【非特許文献1】
　　　○○○○著「△△△△△」、××出版、2010年1月5日発行、12-34頁

　なお、特許を受けようとする発明が従来にない発想に基づくものであり、記載すべき先行技術文献情報がない場合は、その旨と理由を【背景技術】の欄に記載することができる。

1．(2)　⑤　【発明の概要】
　発明の概要は、原則として先行技術文献の記載の後に、【発明の概要】の見出しを付し、発明が解決しようとする技術上の課題と、そのような課題を発明がどのような手段で解決したかを記載する。また、特許を受けようとする発明が、従来の技術との関連において有利な効果を有するものであるときは、なるべくその効果を記載する。
　具体的には、【発明の概要】の見出しに続いて、【発明が解決しようとする課題】【課題を解決するための手段】及び【発明の効果】をこの順に記載する。
　以下、各欄の記載について説明する。

(A) 【発明が解決しようとする課題】

この項では、従来技術に存在し、本発明が解決しようとする問題点を説明する。

本発明が解決しようとするものであれば、問題点は複数あってもよい。単に問題点だけを記載するのではなく、なぜ問題となるのかの技術的説明をするのが好ましい。例えば「しかしながら、上記従来の増幅回路は多くの電力を消費するという問題点があった」との記載ではなく、なぜ多くの電力を消費するのかについて説明する。

従来技術の問題点を説明した後に、発明が解決しようとする課題を記載する。最も簡潔な記載は、「本発明は、上記従来技術の問題点を解決することを課題とする」となる。しかし、これでは発明が解決しようとする課題が明確でない。本発明の課題を明確にするためには、例えば「本発明は、上記従来技術の問題点を解決し、消費電力を低減した増幅回路を提供することを課題とする」というような積極的な表現が望ましい。

「発明が解決しようとする課題」における記載が、特許権成立後の権利行使に影響を与える場合がある。平成15年1月1日施行の改正特許法第101条（侵害とみなす行為）において、間接侵害の規定が拡充されたことによる。従来の間接侵害行為は「その物の生産にのみ用いる」あるいは「その方法の使用にのみ用いる」、いわゆる「専用品」にしか認められていなかったが、一定条件下で「汎用品」についても間接侵害を認める規定が新たに追加された。この新たな間接侵害行為の要件のうち、「発明による課題の解決に不可欠なもの」であることという要件がある。この要件は、それを用いることで初めて「発明が解決しようとする課題」が解決されるような、発明のポイントに関連する重要な部品・材料等をいうとされている。上述の例をとれば、「専用品」でなく、しかも消費電力低減に何ら寄与しない部品・材料等は、間接侵害を構成しないことになる。したがって、発明の課題に記載されたポイントを解決できないような物は、間接侵害の追求から逃れやすくなるといえる。このため、「発明が解決しようとする課題」の記載には注意を要する。

第Ⅲ章　特許明細書作成

　ただし、明細書等の作成に当たっては、最初から間接侵害に頼ることなく、他者の実施行為が直接侵害に相当するような特許請求の範囲の作成に努めることは言うまでもない。

(B)　【課題を解決するための手段】
　発明が技術上の課題をどのようにして解決したかを記載する欄である。法第36条第6項第1号が、特許請求の範囲の記載に関して「特許を受けようとする発明が発明の詳細な説明に記載したものであること」を要件とするため、請求項の記載そのものを繰り返す実務が行われている。
　具体的な態様として、権利化の対象である特許請求の範囲に記載された発明の内容を記載する。この場合、必ずしも全ての請求項を記載する必要はなく、最上位の概念で記載した独立請求項だけを記載する傾向も見受けられる。これは、クレームに対する限定解釈を排除するための米国での判例、実務の影響である。一般に、課題に対応する最も重要な効果は、最上位の独立請求項に記載される手段から生ずる場合が多いことから、これも一つの記載方法といえよう。

(C)　【発明の効果】
　発明の効果の記載は、必須の要件ではないが、効果の記載は発明の技術上の意義を明確にする機能を持つので、なるべく記載することが望ましい。特許を受けようとする発明の従来の技術に比べて優れている点を、発明の有利な効果として記載することによって、発明の進歩性の判断材料となり得る。ただし、効果の記載の仕方によっては、特許発明の技術的範囲を狭める方向に解釈されるおそれもあるので、権利行使の観点からは、発明全体をカバーする効果、一般には、最上位の概念のクレームに対応する効果を記載するのが望ましい。実施例特有の効果は、各実施例を説明する箇所に記載することが望ましい。

## １．(2) ⑥ 【図面の簡単な説明】

「図面の簡単な説明」は、図の説明ごとに行を改めて「【図１】…の平面図」「【図２】…の立面図」「【図３】…の断面図」のように、願書に添付される図面の各図が何を示しているかを簡単に説明する。

図面の簡単な説明の一例を以下に示す。

【図１】一実施例の増幅回路の回路図である。
【図２】図１に示す増幅回路の動作を示す信号波形図である。
【図３】図１に示す増幅回路を有する回路基板の一の実施の形態を示す回路図である。
【図４】図１に示す増幅回路を有する半導体装置の一の実施の形態を示すブロック図である。
【図５】図１に示す増幅回路を有する電子装置の一の実施の形態を示すブロック図である。

## １．(2) ⑦ 【発明を実施するための形態】（及び【実施例】）

「発明を実施するための形態」は、発明の詳細な説明の核を成す部分である。この欄には、どのように発明が実施されるかを、特許を受けようとする発明が属する技術の分野における通常の知識を有する者（いわゆる当業者）が発明を実施できる程度に、明確かつ十分に記載する（法第36条第４項第１号）。

発明の実施の形態は、特許出願人が最良と思うものを少なくとも一つ掲げて記載することが推奨されている（様式第29の備考14ホ）。必要に応じて、数値、条件、実験結果などを更に具体的に示した事項を【実施例】として記載する。通常は、発明の理解を容易にするために、添付の図面を参照して説明する。

物の発明の実施の形態は、その物を作る（実現する）ことができ、かつ、その物を使用する（動作させる）ことができる程度に記載する。例えば増幅回路の発明の実施の形態は、その増幅回路を構成でき、その動作が理解できる程度に記載する。この記載では、回路図及び信号波形図などの図面を参照して説明するのが好ましい。回路素子及びその結合関係で増幅回路の構成を

### 第Ⅲ章　特許明細書作成

請求項に特定した場合には、その増幅回路の実施の形態は説明しやすい。これに対し、発明の構成ではなく、その作用、機能、性質又は特性によって物の発明を特定している場合には、その作用・性質等の定義又はその作用・性質等を定量的に決定するための試験・測定方法を示す。例えば作用や機能で増幅回路を特定した場合には、その作用や機能を奏する手段を説明する。この場合、実施の形態は増幅回路の構成及び動作を説明するものであってよいが、その作用や機能を奏する手段は回路構成中のどの部分に相当するものなのかを記載する。化学物質の発明の場合は、この化学物質を使用し得る、すなわち産業上の利用可能性があることを示すために、少なくとも一つの用途を記載する。

　方法の発明の実施の形態は、その方法を使用できるように記載する。例えば増幅方法の発明の実施の形態は、増幅回路と同様の記載が必要である。単に増幅する工程のみを説明しても、その工程をどのような手段で実現するのかを記載しなければ、増幅方法の発明を使用できない。

　物を生産する方法の発明の実施の形態は、その方法により物を作ることができるように記載する。物を生産する方法の発明には、物の製造方法、物の組立て方法、物の加工方法などがあるが、いずれの場合も、ⅰ）原材料、ⅱ）その処理工程、及びⅲ）生産物の３つからなるので、原則としてこれら３つを記載する。

　法及び規則において、発明の実施の形態は、特許出願人が最良と思うもの（いわゆるベストモード）を記載しなければならないとの要件は課されていないが、米国に出願することも考慮し、ベストモードを記載しておくことが望ましい。加えて権利範囲を多方面からサポートするために、多様な実施の形態を複数説明することが好ましい。また、発明の各実施の形態に特有の技術的意義を記載する。

　必要に応じて記載される実施例は、発明の実施の形態をより具体的にしたものである。例えば半導体装置の製造方法で温度や圧力など種々のパラメータの値を具体的に特定したものや、電気回路で各回路素子の値を具体的に特定したものが実施例である。なお、電気や機械の分野では、発明の実施の形

態を説明するだけで、その技術的意義が明確になり、課題を解決できる仕組みを合理的に説明できる場合が多い。これに対し、化学の分野では実施例の説明は必須である。発明を具体的に説明しないと、その製造方法や使用方法、課題を解決できる合理的な説明、及び発明の作用効果を説明するのが困難な場合が多いからである。

実施例が2以上あるときは、【実施例1】【実施例2】のように、記載する順序により連続番号を付した見出しを記載する。

審査基準には、実施可能要件違反の拒絶理由通知に対する出願人の対応として、次のように記載されている。

「出願人は実施可能要件違反の拒絶理由通知に対して意見書、実験成績証明書等により反論、釈明をすることができる。

例えば、出願人は、審査官が判断の際に特に考慮したものとは異なる出願時の技術常識等を示しつつ、そのような技術常識等を考慮すれば、発明の詳細な説明は、当業者が請求項に係る発明の実施をすることができる程度に明確かつ十分に記載したものであるといえることを、意見書において主張することができる。また、出願人は、実験成績証明書により、このような意見書の主張を裏付けることができる。

ただし、発明の詳細な説明の記載が不足しているために、出願時の技術常識を考慮しても、発明の詳細な説明が、当業者が請求項に係る発明の実施をすることができる程度に明確かつ十分に記載したものであるとはいえない場合には、出願後に実験成績証明書を提出して、発明の詳細な説明の記載不足を補うことにより、当業者が請求項に係る発明の実施をすることができる程度に明確かつ十分に記載したものであると主張したとしても、拒絶理由は解消されない」

したがって、出願に際し、特許請求の範囲に記載した全ての発明について、明細書中の記載に基づいて、当業者がそれらの発明を実施することが可能であるかについて、確認しておく必要がある。

## 1．(2) ⑧ 【産業上の利用可能性】

特許を受けようとする発明が産業上利用することができることが明らかでないときは、実施例の後に、【産業上の利用可能性】の欄を設けて、特許を受けようとする発明の産業上の利用方法、生産方法又は使用方法を記載する。

## 1．(2) ⑨ 【符号の説明】

図の主要な部分を表す符合の説明を記載するときは、当該符号の説明の前には、【符号の説明】の見出しを付す。

例

| | |
|---|---|
| 10 | 増幅回路 |
| 12 | トランジスタ |
| 14、16 | 抵抗 |
| 18 | キャパシタ |
| 20 | 回路基板 |
| 22 | 半導体装置 |
| 24 | 電子装置 |

## 1．(3) 特許請求の範囲

様式第29の2に定められた特許請求の範囲の記載形式は、以下のとおりである。なお、以下の記載様式に示した各項目の記載要件に関する法的根拠を括弧をして付記する。

---

【書類名】特許請求の範囲 （法第36条第5項、第6項、規則第24条の
3、第24条の4及び様式第29の2）
　【請求項1】
　【請求項2】

---

## 1.(3) ① 何を記載するか

> 法第36条第5項
> 　第2項の特許請求の範囲には、請求項に区分して、各請求項ごとに特許出願人が特許を受けようとする発明を特定するために必要と認める事項のすべてを記載しなければならない。この場合において、一の請求項に係る発明と他の請求項に係る発明とが同一である記載となることを妨げない。

　法第36条第5項には、「特許請求の範囲には、特許を受けようとする発明を特定するために必要と認める事項のすべてを記載しなければならない」とある。すなわち、特許を受けようとする者が自らの判断で、特許を受けようとする発明を特定するために必要と認める事項（以下、「発明特定事項」という。）の全てを記載することが求められている。よって、特許請求の範囲に記載された事項は全て、発明を特定するために必要と認める事項となる。そして、ここに記載の全ての事項に基づいて、特許発明の技術的範囲が定められる（法第70条第1項）。

　以上のことから、特許請求の範囲には、発明を特定するために必要な事項を過不足なく記載する。発明を特定するのに必要でない余計な事項を記載してしまうと、それも発明を特定する要素となるので、それだけ特許発明の技術的範囲が狭くなる。

　特許を受けようとする発明を特定するために必要と認める事項をどのように表現するかについて、法は規定していない。よって、例えば増幅回路の発明を特定する場合、その新規な構成の動作に必要な最低限の回路素子及びこれらの結合関係で発明を特定することができる。また、上記新規な回路構成の動作に着目して、増幅回路を特定することもできる。更には増幅回路中のあるパラメータに着目して増幅回路を特定できる場合もあろう。

　どのような記載で発明を特定するにしても、発明を特定するために記載すべき最低限の事項は何であるかを検討することが大切である。これを検討し

た上で、本章「2．明細書等の書き方」で説明する明細書等作成の基本的事項を考慮し、複数の請求項を挙げて特許を受けようとする発明を漏れなく展開し、記載する。

また、法第36条第5項は「この場合において、一の請求項に係る発明と他の請求項に係る発明とが同一である記載となることを妨げない」と規定する。上記の例で、回路素子で発明を特定した場合、機能的に発明を特定した場合、パラメータの相互関係で発明を特定した場合のいずれも、特定しようとする発明は同一である。上記規定は、上記3つの異なる特定の仕方で発明を特定した複数の請求項（この例では3つ）を特許請求の範囲に記載してよいということを示している。また、異なるカテゴリーに属する発明ではあるが、実質的に同一の場合にも、各発明をそれぞれ規定する請求項を特許請求の範囲に記載することができる。例えば「信号AとBを比較する比較回路と、比較結果を増幅する増幅回路」の要素を有する物の発明を規定する請求項と、「信号AとBを比較するステップと、比較結果を増幅するステップ」の要素を有する方法の発明を規定する請求項とを、特許請求の範囲に記載してよい。

法第36条第5項の規定は、有効な特許取得の観点から積極的に活用すべきである。すなわち、法第36条第5項は、法第37条とともに、1つの出願で発明を多面的に特定することを可能とし、有効な権利取得ができる。なお、法第36条第5項を満たす記載の仕方及び法第37条のいわゆる発明の単一性については本章の後段で詳述する。

## 1．(3) ② どのように記載するか

> 法第36条第6項
> 　第2項の特許請求の範囲の記載は、次の各号に適合するものでなければならない。
> 　一　特許を受けようとする発明が発明の詳細な説明に記載したものであること。
> 　二　特許を受けようとする発明が明確であること。

> 三　請求項ごとの記載が簡潔であること。
> 四　（後掲）

　請求項に記載の特許を受けようとする発明は、第1に発明の詳細な説明に記載されたものであり（法第36条第6項第1号）、第2に明確に記載されていなければならない（同第2号）。

## (A)　法第36条第6項第1号

　特許を受けようとする発明は、明細書の発明の詳細な説明に記載した範囲を超えるものであってはならない。換言すれば、請求項に記載された事項は、発明の詳細な説明の記載に対応しサポートされていなければならない（以下、「サポート要件」という。）。例えば請求項にのみ記載され、発明の詳細な説明に記載されていない事項があった場合や、両者に用語の不統一があり、対応関係が不明瞭な場合は、特許を受けようとする発明が発明の詳細な説明に記載されたものとはいえない。

　また、特許庁の審査基準で、出願時の技術常識に照らし、請求項に係る発明の範囲まで、発明の詳細な説明に開示された内容を拡張ないし一般化することができないと判断される場合、本号違反となることが示されている。

　なお、特許審査において、具体例や実施例が十分でないために本号のサポート要件違反である旨の拒絶理由通知を受けると、補正により具体例や実施例を明細書に追加することはできず（後述する、新規事項の追加に該当するため）、また、発明の詳細な説明の記載が不足している場合は、実験成績証明書を提出して当該説明不足を補うこともできない。このため、請求項を出願当初の明細書に記載した具体例や実施例のレベルに減縮する以外に拒絶理由を回避することができない場合がほとんどである。したがって、明細書等の作成段階で、本号違反の拒絶理由通知を受けないように作成すべきである。

　審査基準には、法第36条第6項第1号違反の類型が示されており、以下にそのうちの主なものを示す。

## 第Ⅲ章　特許明細書作成

(1) 請求項に記載されている事項が、発明の詳細な説明中に記載も示唆もされていない場合

　**例1**：請求項においては数値限定されているが、発明の詳細な説明では、具体的な数値については何ら記載も示唆もされていない場合

　**例2**：請求項においては、超音波モータを利用した発明についてのみ記載されているのに対し、発明の詳細な説明では、超音波モータを利用した発明については記載も示唆もされておらず、直流モータを利用した発明のみが記載されている場合

(2) 請求項及び発明の詳細な説明に記載された用語が不統一であり、その結果、両者の対応関係が不明瞭となる場合

　**例3**：ワードプロセッサにおいて、請求項に記載された「データ処理手段」が、発明の詳細な説明中の「文字サイズ変更手段」か、「行間隔変更手段」か又はその両方を指すのかが不明瞭な場合

(3) 出願時の技術常識に照らしても、請求項に係る発明の範囲まで、発明の詳細な説明に開示された内容を拡張ないし一般化できるとはいえない場合

この類型(3)を適用するに当たっては、以下の点に留意する。

a　請求項は、発明の詳細な説明に記載された一又は複数の具体例に対して拡張ないし一般化した記載とすることができる。発明の詳細な説明に記載された範囲を超えないものとして拡張ないし一般化できる程度は、各技術分野の特性により異なる。

b　類型(3)が適用されるのは、請求項に係る発明が、発明の詳細な説明において発明の課題が解決できることを当業者が認識できるように記載された範囲を超えていると判断される場合である。

　**例4**：請求項には、R受容体活性化化合物の発明が包括的に記載されている。しかし、発明の詳細な説明には、具体例として、新規なR受容体活性化化合物X、Y、Zの化学構造及び製造方法が記載されているのみであり、出願時の技術常識に照らしても、請求項に係る発明の範囲まで、発明の詳細な説明において開示された内容を拡張ないし一般化できるとはいえない場合

例5：請求項には、達成すべき結果により規定された発明（例えば、所望のエネルギー効率の範囲により規定されたハイブリッドカーの発明）が記載されている。しかし、発明の詳細な説明には、特定の手段による発明が記載されているのみであり、出願時の技術常識に照らしても、請求項に係る発明の範囲まで、発明の詳細な説明において開示された内容を拡張ないし一般化できるとはいえない場合

例6：請求項には、数式又は数値を用いて規定された物（例えば、高分子組成物、プラスチックフィルム、合成繊維又はタイヤ）の発明が記載されているのに対し、発明の詳細な説明には、課題を解決するためにその数式又は数値の範囲を定めたことが記載されている。しかし、出願時の技術常識に照らしても、その数式又は数値の範囲内であれば課題を解決できると当業者が認識できる程度に具体例又は説明が記載されていないため、請求項に係る発明の範囲まで、発明の詳細な説明において開示された内容を拡張ないし一般化できるとはいえない場合

なお、数値範囲に特徴がある場合ではなく、単に望ましい数値範囲を請求項に記載したにすぎない場合には、発明の詳細な説明にその数値範囲を満たす具体例が記載されていなくても、類型(3)には該当しない。

(4) 請求項において、発明の詳細な説明に記載された、発明の課題を解決するための手段が反映されていないため、発明の詳細な説明に記載した範囲を超えて特許を請求することになる場合

この類型(4)を適用するに当たっては、以下の点に留意する。

a 類型(4)が適用されるのは、請求項に係る発明が、発明の詳細な説明において「発明の課題が解決できることを当業者が認識できるように記載された範囲」を超えていると判断される場合である。

b 発明の詳細な説明の記載から複数の課題が把握できる場合は、そのうちのいずれかの課題を解決するための手段が請求項に反映されている必要がある。

例7：発明の詳細な説明には、データ形式が異なる任意の端末にサーバから情報を提供できるようにするという課題のみを解決するために、

サーバから端末に情報を提供する際に、サーバが、送信先となる端末に対応したデータ形式変換パラメータを記憶手段から読み取り、読み取ったデータ形式変換パラメータに基づいて情報のデータ形式を変換して端末に情報を送信することのみが発明として記載されている。他方、請求項にはデータ形式の変換に関する内容が反映されていないため、発明の詳細な説明に記載した範囲を超えて特許を請求することになる場合

例8：発明の詳細な説明の記載から把握できる課題は、自動車の速度超過防止のみであり、発明の詳細な説明からは、その解決手段として、自動車の速度上昇に伴いアクセルペダルを踏み込むのに要する力を積極的に大きくする機構のみが把握できる。他方、請求項には自動車の速度上昇に伴いアクセル手段を操作するのに要する力を可変とする操作力可変手段を設けたとしか規定されておらず、出願時の技術常識を考慮しても、速度上昇に伴い操作力が減少する場合には発明の課題が解決できないことが明らかであるため、発明の詳細な説明に記載した範囲を超えて特許を請求することになる場合

(B) 法第36条第6項第2号

(a) 審査基準はこの規定を以下のとおり説明している。
(1) 法第36条第6項第2号は、特許請求の範囲の記載について、特許を受けようとする発明が明確でなければならないこと（明確性要件）を規定する。特許請求の範囲の記載は、これに基づいて新規性、進歩性等が判断され、これに基づいて特許発明の技術的範囲が定められるという点において、重要な意義を有するものであり、一の請求項から発明が明確に把握されることが必要である。同号は、こうした特許請求の範囲の機能を担保する上で重要な規定であり、特許を受けようとする発明（請求項に係る発明）が明確に把握できるように、特許請求の範囲が記載されなければならない旨を規定している。
(2) 請求項に係る発明が明確に把握されるためには、請求項に係る発明の範囲が明確であること、すなわち、ある具体的な物や方法が請求項に係る発明

の範囲に入るか否かを当業者が理解できるように記載されていることが必要である。また、その前提として、発明特定事項の記載が明確である必要がある。特許を受けようとする発明が請求項ごとに記載されるという、請求項の制度の趣旨に照らせば、一の請求項に記載された事項に基づいて、一の発明が把握されることも必要である。明確性要件の審査は、請求項ごとに、請求項に記載された発明特定事項に基づいてなされる。ただし、発明特定事項の意味内容や技術的意味の解釈に当たっては、請求項の記載のみでなく、明細書及び図面の記載並びに出願時の技術常識も考慮される。なお、請求項に係る発明の把握に際して、請求項に記載されていない事項は考慮の対象とはされない。反対に、請求項に記載されている事項は、必ず考慮の対象とされる。

(3) 請求項の記載がそれ自体で明確であると認められる場合は、請求項に記載された用語についての定義又は説明が明細書又は図面にあるか否かが検討され、その定義又は説明によって、かえって請求項の記載が不明確にならないかが判断される。例えば、請求項に記載された用語について、その通常の意味と矛盾する明示の定義が置かれているとき、又は請求項に記載された用語が有する通常の意味と異なる意味を持つ旨の定義が置かれているときは、請求項の記載に基づくことを基本としつつ発明の詳細な説明等の記載をも考慮する、という請求項に係る発明の認定の運用からみて、いずれと解すべきかが不明となり、特許を受けようとする発明が不明確になることがある。

請求項の記載がそれ自体で明確でない場合は、請求項に記載された用語についての定義又は説明が明細書又は図面にあるか否かが検討され、その定義又は説明を出願時の技術常識をもって考慮して請求項に記載された用語を解釈することにより、請求項の記載が明確といえるか否かが判断される。その結果、請求項の記載から特許を受けようとする発明が明確に把握できると認められれば明確性要件は満たされる。

(b) また、審査基準には、法第36条第6項第2号違反の類型が示されており、以下に、その主なものを示す。

(1) 請求項の記載自体が不明確である結果、発明が不明確となる場合

a 請求項に日本語として不適切な表現がある結果、発明が不明確となる場

第Ⅲ章　特許明細書作成

合

例えば、請求項の記載中の誤記、不明確な記載等のように、日本語として表現が不適切であり、発明が不明確となる場合。ただし、軽微な記載の瑕疵であって、それにより当業者にとって発明が不明確にならないようなものは除く。

b　明細書及び図面の記載並びに出願時の技術常識を考慮しても、請求項に記載された用語の意味内容を当業者が理解できない結果、発明が不明確となる場合

例１：「化合物Ａと化合物Ｂを常温下エタノール中で反応させて化合物Ｃを合成する工程、及び、化合物ＣをＫＭ－Ⅱ触媒存在下80～100℃で加熱処理することによって化合物Ｄを合成する工程、からなる、化合物Ｄの製造方法。」

（「ＫＭ－Ⅱ触媒」は、発明の詳細な説明に定義が記載されておらず、出願時の技術常識でもないため、「ＫＭ－Ⅱ触媒」の意味内容を理解できない。）

(2)　発明特定事項に技術的な不備がある結果、発明が不明確となる場合

a　発明特定事項の内容に技術的な欠陥があるため、発明が不明確となる場合

例２：「40～60質量％のＡ成分と、30～50質量％のＢ成分と、20～30質量％のＣ成分からなる合金。」

（三成分のうち一のもの（Ａ）の最大成分量と残りの二成分（Ｂ，Ｃ）の最小成分量の和が100％を超えており、技術的に正しくない記載を含んでいる。）

b　発明特定事項の技術的意味を当業者が理解できず、さらに、出願時の技術常識を考慮すると発明特定事項が不足していることが明らかであるため、発明が不明確となる場合

請求項に係る発明の範囲が明確である場合には、通常、請求項の記載から発明を明確に把握できる。

しかし、発明の範囲が明確であっても、発明特定事項の技術的意味を理解

することができず、さらに、出願時の技術常識を考慮すると発明特定事項が不足していることが明らかである場合には、的確に新規性、進歩性等の特許要件の判断ができない。このような場合は、一の請求項から発明が明確に把握されることが必要であるという特許請求の範囲の機能を担保しているといえないから、明確性要件違反となる。

　発明特定事項の技術的意味とは、発明特定事項が、請求項に係る発明において果たす働きや役割のことを意味する。このような働きや役割を理解するに当たっては、明細書及び図面の記載並びに出願時の技術常識が考慮される。発明特定事項が、請求項に係る発明において果たす働きや役割は、発明の詳細な説明の記載や出願時の技術常識を考慮すれば理解できる場合が多い。そのような場合は、本類型には該当しない。

　また、発明特定事項がどのような技術的意味を有しているのかを理解できないというだけではこの類型には該当しない。どのような技術的意味を有しているのかが理解できないことに加えて、出願時の技術常識を考慮すると発明特定事項が不足していることが明らかである場合に、この類型に該当する。発明特定事項が不足していることが明らかであるか否かの判断は、発明の属する技術分野における出願時の技術常識に基づいて行われる。したがって、その判断の根拠となる技術常識の内容を示せない場合には、この類型は適用されない。

　　例３：「金属製ベッドと、弾性体と、金属板と、自動工具交換装置のアームと、工具マガジンと、を備えたマシニングセンタ。」

　　　　（請求項においては、弾性体及び金属板と他の部品との構造的関係は何ら規定されておらず、明細書及び図面の記載並びに出願時の技術常識を考慮しても、弾性体及び金属板の技術的意味を理解することができない。そして、マシニングセンタの発明においては、部品の技術的意味に応じて他の部品との構造的関係が大きく異なることが出願時の技術常識であり、このような技術常識を考慮すると、請求項において、弾性体及び金属板と他の部品との構造的関係を理解するための事項が不足していることは明らかである。したがって、請求項の記載から発

明を明確に把握することができない。)

(補足説明)

　出願時の技術常識を考慮すると、「金属製ベッド」、「自動工具交換装置のアーム」及び「工具マガジン」については、それらの技術的意味は自明であるが、単に「弾性体」及び「金属板」を備えることが規定されただけでは、弾性体及び金属板の技術的意味を理解できない。また、例えば、弾性体が金属製ベッドの下部に、及び金属板が弾性体の下部に取り付けられ、いずれも制振部材としての役割を有するという具体例が明細書に記載されていた場合は、弾性体及び金属板がその具体例において果たす役割を理解できるとしても、請求項にはそのような構造的関係が何ら規定されていない。そのため、弾性体及び金属板が請求項に係る発明において果たす役割をそのように限定的に解釈することはできない。したがって、明細書及び図面の記載を考慮しても、弾性体及び金属板の技術的意味を理解することができない。

例4：「入力した画像データを圧縮してX符号化画像データを出力する画像符号化チップにおいて、外部から入力した画像データを可逆のA符号化方式により符号化してA符号化データを生成するA符号化回路と、生成されたA符号化データをA復号方式により元の画像データに復号するA復号回路と、復号された画像データを非可逆のX符号化方式により符号化してX符号化画像データを生成し、生成したX符号化画像データを外部に出力するX符号化回路と、からなることを特徴とする画像符号化チップ。」

　(画像符号化チップの発明においては、高速化、小規模化、省電力化及び低コスト化が重視されることが出願時の技術常識であり、請求項に記載されているように、一度符号化したデータを、単に元のデータに復号するという回路を設けることは技術常識に反することである。したがって、明細書及び図面の記載を考慮しても、A符号化回路及びA復号回路の技術的意味を理解することができない。そして、画像符号化チップの発明においては、チップに設けられる回路の技術的意味

に応じて、当該チップにおける処理内容等が大きく異なることが出願時の技術常識であり、このような技術常識を考慮すると、請求項において、Ａ符号化回路及びＡ復号回路の画像符号化チップにおける役割に関する事項が不足していることは明らかである。したがって、請求項の記載から、発明を明確に把握することができない。）

（補足説明）

　例えば、Ａ符号化回路において符号化時間を測定し、その符号化時間に基づいて、Ｘ符号化に用いるパラメータを決定するという具体例が明細書に記載されていた場合は、Ａ符号化回路及びＡ復号回路がその具体例において果たす役割を理解できるとしても、請求項にはＡ符号化回路で得られた情報をＸ符号化に用いる点が何ら規定されていない。そのため、Ａ符号化回路及びＡ復号回路が請求項に係る発明において果たす役割をそのように限定的に解釈することはできない。したがって、明細書及び図面の記載を考慮しても、Ａ符号化回路及びＡ復号回路の技術的意味を理解することができない。

c　発明特定事項同士の関係が整合していないため、発明が不明確となる場合

　例５：請求項に「出発物質イから中間生成物ロを生産する第１工程及びハを出発物質として最終生成物ニを生産する第２工程からなる最終生成物ニの製造方法」と記載され、第１工程の生成物と第２工程の出発物質とが相違しており、しかも、明細書及び図面の記載並びに出願時の技術常識を考慮して「第１工程」及び「第２工程」との用語の意味するところを解釈したとしても、それらの関係が明確でない場合

d　発明特定事項同士の技術的な関連がないため、発明が不明確となる場合

　例６：特定のエンジンを搭載した自動車が走行している道路

　例７：特定のコンピュータプログラムを伝送している情報伝送媒体。

　　　（情報を伝送することは伝送媒体が本来有する機能であり、「特定のコンピュータプログラムを伝送している情報伝送媒体」との記載は、特定のコンピュータプログラムが、情報伝送媒体上のどこかをいずれ

## 第Ⅲ章　特許明細書作成

かの時間に伝送されているというにすぎず、伝送媒体が本来有する上記機能のほかに、情報伝送媒体とコンピュータプログラムとの関連を何ら規定するものではない。）

e　請求項に販売地域、販売元等についての記載があることにより、全体として技術的でない事項が記載されていることになるため、発明が不明確となる場合

（留意事項）

例えば、商標名を用いて物を特定しようとする記載を含む請求項については、少なくとも出願日以前から出願当時にかけて、その商標名で特定される物が特定の品質、組成、構造などを有する物であったことが当業者にとって明瞭でない場合は、発明が不明確になることに注意する。

(3)　請求項に係る発明の属するカテゴリーが不明確であるため、又はいずれのカテゴリーともいえないため、発明が不明確となる場合

法第68条で「特許権者は、業として特許発明の実施をする権利を専有する」とし、法第2条第3項では「実施」を物の発明、方法の発明及び物を生産する方法の発明に区分して定義している。これらを考慮すれば、請求項に係る発明の属するカテゴリーが不明確である場合又は請求項に係る発明の属するカテゴリーがいずれのカテゴリーともいえない場合に、そのような発明に特許を付与することは権利の及ぶ範囲が不明確になり適切でない。以下に明確性要件違反となる例を示す。

例8：〜する方法又は装置

例9：〜する方法及び装置

例10：作用、機能、性質、目的又は効果のみが記載されている結果、「物」及び「方法」のいずれとも認定できない場合（例：「化学物質Aの抗癌作用」）。

　なお、「方式」又は「システム」(例：電話方式)は、「物」のカテゴリーを意味する用語として扱われる。また、「使用」及び「利用」は、「方法」のカテゴリーである使用方法を意味する用語として扱われる。

例11：「物質Xの殺虫剤としての使用（利用）」は、「物質Xの殺虫剤とし

ての使用方法」を意味するものとして扱う。

**例12**：「～治療用の薬剤の製造のための物質Xの使用（利用）」は、「～治療用の薬剤の製造のための物質Xの使用方法」として扱う。

(4) 発明特定事項が選択肢で表現されており、その選択肢同士が類似の性質又は機能を有しないため、発明が不明確となる場合

明確性要件が規定された趣旨からみれば、一の請求項から発明が明確に把握されることが必要である。また、請求項の制度の趣旨に照らせば、一の請求項に記載された事項に基づいて、一の発明が把握されることが必要である。したがって、請求項に係る発明を特定するための事項に関して二以上の選択肢があり、その選択肢同士が類似の性質又は機能を有しない場合には、明確性要件違反となる。

以下に明確性要件違反となる例を示す。

**例13**：特定の部品又は該部品を組み込んだ装置

**例14**：特定の電源を有する送信機又は受信機

**例15**：一の請求項に化学物質の中間体と最終生成物とが択一的に記載されている場合

ただし、ある最終生成物に対して中間体となるものであっても、それ自身が最終生成物でもあり、他の最終生成物とともにマーカッシュ形式の記載要件を満たすものについてはこの限りでない。

(5) 範囲を曖昧にし得る表現がある結果、発明の範囲が不明確となる場合

範囲を曖昧にし得る表現があるからといって、発明の範囲が直ちに不明確であると判断されるのではなく、明細書及び図面の記載並びに出願時の技術常識を考慮してその表現を含む発明特定事項の範囲を当業者が理解できるか否かが検討される。

a 否定的表現（「～を除く」、「～でない」等）がある結果、発明の範囲が不明確となる場合

否定的表現によって除かれるものが不明確な場合（例えば、「引用文献1に記載される発明を除く。」）は、その表現を含む請求項に係る発明の範囲は不明確となる。しかし、請求項に否定的表現があっても、その表現によって

第Ⅲ章　特許明細書作成

除かれる前の発明の範囲が明確であり、かつ、その表現によって除かれる部分の範囲が明確であれば、通常、その請求項に係る発明の範囲は明確である。
b　上限又は下限だけを示すような数値範囲限定（「〜以上」、「〜以下」等）がある結果、発明の範囲が不明確となる場合
c　比較の基準若しくは程度が不明確な表現（「やや比重の大なる」、「はるかに大きい」、「高温」、「低温」、「滑りにくい」、「滑りやすい」等）があるか、又は用語の意味が曖昧である結果、発明の範囲が不明確となる場合
　ただし、例えば、増幅器に関して用いられる「高周波」のように、特定の技術分野においてその使用が広く認められ、その意味するところが明確である場合は、通常、発明の範囲は明確である。
d　範囲を不確定とさせる表現（「約」、「およそ」、「略」、「実質的に」、「本質的に」等）がある結果、発明の範囲が不明確となる場合
　ただし、範囲を不確定とさせる表現があっても発明の範囲が直ちに不明確であると判断をされるのではなく、明細書及び図面の記載並びに出願時の技術常識が考慮されて、発明の範囲が理解できるか否かが検討される。

　　例16：「半導体基板の表面に被覆原料を堆積させる方法において、被覆原料を堆積させる際に半導体基板を回転させることにより、被覆原料の実質的に均一な供給を行うことを特徴とする被覆方法。」

　　　　（被覆原料を完全に均一に供給することが不可能であることは、出願時における技術常識である。明細書及び図面の記載並びに出願時の技術常識を考慮すると、本願発明は、半導体基板を回転させることにより、半導体基板の表面に供給する被覆原料の供給量を実質的に均一にするものである、ということが理解できる。そして、ここでいう「実質的に均一な供給」とは、半導体基板を回転させることにより得られる程度の均一性を意味することが明確に把握できる。したがって、発明の範囲は明確である。なお、本事例において、「実質的に」が「略」と記載されていても、同様に判断される。）

　　例17：「キーパッドを含む第1の筐体とディスプレイを含む第2の筐体の底面が、一方の筐体が他方の筐体に対して他方の筐体を約360度回転

可能にするヒンジで接続された折り畳み式携帯電話において、第1の筐体中の電気回路と第2の筐体中の電気回路をフレキシブル基板で接続したことを特徴とする折り畳み式携帯電話。」

（明細書及び図面の記載を考慮すると、本願発明は、一方の筐体が他方の筐体に対して接続部を中心として約360度回転する公知技術を改良した発明であることが理解できる。ここで、一方の筐体が他方の筐体に対して約360度回転するというのは、第1の筐体の背面と第2の筐体の背面が対向するような配置（キーパッドとディスプレイがそれぞれ外方を向く配置）を指し示していることは、明細書及び図面の記載並びに出願時の技術常識から明らかである。したがって、発明の範囲は明確である。なお、本事例において、「約」が「略」又は「実質的に」と記載されていても、同様に判断される。）

e 「所望により」、「必要により」などの字句とともに任意付加的事項又は選択的事項が記載された表現がある結果、発明の範囲が不明確となる場合（「特に」、「例えば」、「など」、「好ましくは」、「適宜」のような字句を含む記載もこれに準ずる。）

このような表現がある場合には、どのような条件のときにその任意付加的事項又は選択的事項が必要であるかが不明で、請求項の記載事項が多義的に解されることがある。

一方で、例えば、選択的事項について、それが、上位概念で記載された発明特定事項の単なる例示にすぎないものと理解できる場合（例えば、「アルカリ金属（例えばリチウム）」といった表現がされている場合）は、発明の範囲は明確である。また、任意付加的な事項において、発明の詳細な説明に、その付加的事項について、任意であることが理解できるように記載されている場合も、発明の範囲は明確である。

f 請求項に0を含む数値範囲限定（「0～10％」等）がある結果、発明の範囲が不明確となる場合

発明の詳細な説明に数値範囲で限定されるべきものが必須成分である旨の明示の記載がある場合は、その成分が任意成分であると解される「0～10

％」との用語と矛盾し、請求項に記載された用語が多義的になり、発明の範囲が不明確となる。これに対し、発明の詳細な説明に、それが任意成分であることが理解できるように記載されている場合は、０を含む数値範囲限定が記載されていても、発明の範囲は不明確とはならない。

g 請求項の記載が、発明の詳細な説明又は図面の記載で代用されている結果、発明の範囲が不明確となる場合

例18：「図１に示す自動掘削機構」等の代用記載を含む場合

（一般的に、図面は多義的に解され曖昧な意味を持つものであることから、請求項の記載が、図面の記載で代用されている場合には、多くの場合、発明の範囲は不明確なものとなる。）

例19：「明細書記載のコップ」等の、引用箇所が不明な代用記載を含む場合

ただし、次の例のように、発明の詳細な説明又は図面の記載を代用しても発明が明確になる場合もある。

例20：「図１に示す点Ａ（ ）、点Ｂ（ ）、点Ｃ（ ）、点Ｄ（ ）で囲まれる範囲内の Fe・Cr・Al 及び x ％以下の不純物よりなる Fe・Cr・Al 耐熱電熱用合金。」のように、合金に関する発明において、合金成分組成の相互間に特定の関係があり、その関係が、数値又は文章によるのと同等程度に、図面の引用により明確に表せる場合

(c) 審査基準には、「特定の表現を有する請求項についての取扱い」として、「機能、特性等を用いて物を特定しようとする記載がある場合」「サブコンビネーションの発明を『他のサブコンビネーション』に関する事項を用いて特定しようとする記載がある場合」「製造方法によって生産物を特定しようとする記載がある場合」の３つの場合について、発明が不明確となる類型が次のように記載されている。

(1) 機能、特性等を用いて物を特定しようとする記載があるために発明が不明確となる場合

a 明細書及び図面の記載並びに出願時の技術常識を考慮しても、請求項に記載された機能、特性等（注）の意味内容（定義、試験方法又は測定方法

等）を当業者が理解できない結果、発明が不明確となる場合
- 例1：「X研究所試験法に従って測定された粘度が a～b パスカル秒である成分 Y を含む接着用組成物。」

    （「X研究所試験法」は、発明の詳細な説明中に定義や試験方法が記載されておらず、また、出願時の技術常識でもないので、「X研究所試験法に従って測定された粘度が a～b パスカル秒である」との機能・特性等の意味内容を当業者が理解できない。）
- （注）原則として、発明を特定するための事項として記載する機能・特性等は、標準的なもの、すなわち、JIS（日本工業規格）、ISO 規格（国際標準化機構規格）又は IEC 規格（国際電気標準会議規格）により定められた定義を有し、又はこれらで定められた試験・測定方法によって定量的に決定できるもの（例えば、「比重」、「沸点」等）を用いて記載される。

標準的に使用されているものを用いないで表現する場合は、その表現が以下の(ⅰ)又は(ⅱ)のいずれかに該当するものである場合を除き、発明の詳細な説明の記載において、その機能、特性等の定義や試験方法又は測定方法を明確にするとともに、請求項のこれらの機能、特性等の記載がそのような定義や試験方法又は測定方法によるものであることが明確になるように記載しなければならない。

(ⅰ) 請求項に係る発明の属する技術分野において当業者に慣用されているもの

(ⅱ) 慣用されていないにしてもその定義や試験・測定方法が当業者に理解できるもの

b 出願時の技術常識を考慮すると、機能・特性等によって記載された発明特定事項が技術的に十分に特定されていないことが明らかであり、明細書及び図面の記載を考慮しても、当業者が請求項の記載から発明を明確に把握できない場合

請求項に係る発明の範囲が明確である場合には、通常、当業者は請求項の記載から発明を明確に把握できる。

第Ⅲ章　特許明細書作成

　しかし、機能、特性等による表現を含む請求項においては、発明の範囲が明確であっても、出願時の技術常識を考慮すると、機能、特性等によって規定された事項が技術的に十分に特定されていないことが明らかであり、明細書及び図面の記載を考慮しても、請求項の記載に基づいて、的確に新規性、進歩性等の特許要件の判断ができない場合がある。このような場合には、一の請求項から発明が明確に把握されることが必要である、という特許請求の範囲の機能を担保しているといえないから、明確性要件違反となる。

　機能・特性等によって規定された事項が技術的に十分に特定されていないことが明らかであるとの判断は、発明の属する技術分野における出願時の技術常識に基づいて行うため、その判断の根拠となる技術常識の内容を示せない場合には、本類型に該当しない。

　また、明細書及び図面の記載並びに出願時の技術常識を考慮すれば請求項の記載から発明を明確に把握できる場合は、本類型には該当しない。

　**例2**：Ｒ受容体活性化作用を有する化合物

　　　明細書には、「Ｒ受容体」は出願人が初めて発見したものであることが記載されているが、新たに見出された受容体を活性化する作用のみで規定された化合物が具体的にどのようなものであるかを理解することは困難であることが出願時の技術常識である。したがって、このような技術常識を考慮すると、上記作用を有するために必要な化学構造等が何ら規定されず、上記作用のみで規定された「化合物」は、技術的に十分に特定されていないことが明らかであり、明細書及び図面の記載を考慮しても、請求項の記載から発明を明確に把握することができない。

　（注）物の有する機能・特性等からその物の構造の予測が困難な技術分野に属する発明であっても、例えば、出願時の技術常識を考慮すればその機能・特性等を有するものを容易に理解できる場合には、その機能・特性等によって規定された事項は技術的に十分に特定されているといえる。

　**例3**：Ｘ試験法によりエネルギー効率を測定した場合に、電気で走行中の

エネルギー効率がa～b％であるハイブリッドカー

　　ハイブリッドカーの技術分野においては、通常、電気で走行中のエネルギー効率はa％よりはるかに低いx％程度であって、a～b％なる高いエネルギー効率を実現することは困難であることが出願時の技術常識であり、このような高いエネルギー効率のみで規定されたハイブリッドカーが具体的にどのようなものであるかを理解することは困難である。したがって、上記エネルギー効率を実現するための手段が何ら規定されず、上記エネルギー効率のみで規定された「ハイブリッドカー」は、技術的に十分に特定されていないことが明らかであり、明細書及び図面の記載を考慮しても、請求項の記載から発明を明確に把握することができない。

（留意事項）
①機能、特性等による表現形式を用いることにより、発明の詳細な説明に記載された一又は複数の具体例を拡張ないし一般化したものを請求項に記載することも可能である。しかし、その結果、請求項に係る発明が、発明の詳細な説明において発明の課題が解決できることを当業者が認識できるように記載された範囲を超えるものになる場合には、サポート要件違反となる。

　また、機能、特性等による表現を含む請求項であって、引用発明との対比が困難であり、厳密な対比をすることができない場合には、審査官が請求項に係る発明の新規性又は進歩性が否定されるとの一応の合理的な疑いを抱いた場合に限り、その請求項に係る発明の新規性又は進歩性が否定される旨の拒絶理由通知がなされる。

②特許請求の範囲には、発明特定事項として、機能、特性等による表現形式を用いて記載することができる。しかし、出願人は、特許請求の範囲を明確に記載することが容易にできるにもかかわらず、殊更に不明確又は不明瞭な用語を使用して記載すべきではない。

(2)　サブコンビネーションの発明を「他のサブコンビネーション」に関する事項を用いて特定しようとする記載があるために発明が不明確となる場合

第Ⅲ章

#### 第Ⅲ章　特許明細書作成

　　サブコンビネーションとは、二以上の装置を組み合わせてなる全体装置の発明、二以上の工程を組み合わせてなる製造方法の発明等（以上をコンビネーションという。）に対し、組み合わされる各装置の発明、各工程の発明等をいう。

　以下に、サブコンビネーションの発明を「他のサブコンビネーション」に関する事項を用いて特定しようとする記載がある場合において、発明が不明確となる類型を示す。

a　明細書及び図面の記載並びに出願時の技術常識を考慮しても、請求項に記載された事項に基づいて、「他のサブコンビネーション」に関する事項を当業者が理解できない結果、発明が不明確となる場合

b　明細書及び図面の記載並びに出願時の技術常識を考慮しても、「他のサブコンビネーション」に関する事項によって、当業者がサブコンビネーションの発明が特定されているか否かを明確に把握できない結果又はどのように特定されているのかを明確に把握できない結果、発明が不明確となる場合

　例：「検索ワードを検索サーバに送信し、返信情報を検索サーバから中継器を介して受信して検索結果を表示手段に表示するクライアント装置であって、前記検索サーバは前記返信情報を暗号化方式Aにより符号化した上で送信することを特徴とするクライアント装置。」

　　暗号化方式Aにより符号化した信号は、復号手段を用いなければ返信情報を把握できないことは当業者によく知られている。本願発明においては、返信情報は、検索サーバから中継器を介してクライアント装置に送信されることとされているので、復号手段が中継器、クライアント装置のどちらに存在しているのかが明らかでない。よって、サブコンビネーションの発明であるクライアント装置について、「他のサブコンビネーション」に関する事項によって、特定されているのか否かを明確に把握できない。

(3) 製造方法によって生産物を特定しようとする記載がある場合

　以下に、製造方法によって生産物を特定しようとする記載がある場合にお

いて、発明が不明確となる類型を示す。
a 明細書及び図面の記載並びに出願時の技術常識を考慮しても、請求項に記載された事項に基づいて、製造方法（出発物、製造工程等）を当業者が理解できない結果、発明が不明確となる場合

出発物や各製造工程における条件等が請求項に記載されていなくても、明細書及び図面の記載並びに出願時の技術常識を考慮すればそれらを理解できる場合は、この類型に該当しない。

b 明細書及び図面の記載並びに出願時の技術常識を考慮しても、生産物の特徴（構造、性質等）を当業者が理解できない結果、発明が不明確となる場合

請求項が製造方法によって生産物を特定しようとする記載がある場合には、その記載を、最終的に得られた生産物自体を意味しているものと解釈して、請求項に係る発明の新規性、進歩性等の特許要件の判断がなされる。そのため、その生産物の構造、性質等を理解できない結果、的確に新規性、進歩性等の特許要件の判断ができない場合がある。このような場合は、一の請求項から発明が明確に把握されることが必要であるという特許請求の範囲の機能を担保しているといえないから、明確性要件違反となる。

例えば、請求項に係る物の発明が製造方法のみによって規定されている場合において、明細書及び図面には、その物に反映されない特徴（例：収率が良い、効率良く製造ができる等）が記載されているだけで、明細書及び図面の記載並びに出願時の技術常識を考慮しても、請求項に係る物の特徴（構造、性質等）を理解できない場合は、明確性要件違反となる。

例：「タンク内で米の供給を受けて水洗いによって肌ぬかを除去する工程、肌ぬかを除去した米をタンクの下部に設けた投下弁を開いて下方に待機する容器に投下する工程、及び、容器内に投下した米を乾燥する工程、を含む無洗米製造方法において、米の供給前に、タンクの内壁に油性成分Xを噴霧する工程、及び、投下弁を開く直前に、タンク内へ空気を噴出する工程を設けた無洗米製造方法によって製造された無洗米」

明細書には、米の供給前に、タンクの内壁に油性成分Xを噴霧することに

### 第Ⅲ章　特許明細書作成

より、タンクの内壁に潤滑性を付与し、米の付着を抑制できるとともに、投下弁を開く直前に、タンク内へ空気を噴出することによってタンクの内壁に付着した米を、効率的に下方に待機する容器に投下できることが記載されている。しかし、明細書及び図面の記載並びに出願時の技術常識を考慮しても、洗米タンクの内壁に油性成分Xを噴霧することによって、得られる無洗米がどのような影響を受けるかが不明であり、請求項に係る無洗米の特徴を理解することができない。

（注）物の発明についての請求項にその物の製造方法が記載されている場合（プロダクト・バイ・プロセス・クレーム）の明確性について

物の発明についての請求項にその物の製造方法が記載されている場合において、その請求項の記載が「発明が明確であること」という要件に適合するといえるのは、出願時においてその物をその構造又は特性により直接特定することが不可能であるか、又はおよそ実際的でないという事情が存在するときに限られる。そうでない場合には、当該物の発明は不明確であると判断される（参考：最判平成27.06.05 平24(受)1204、2658〔プラバスタチンナトリウム事件〕）。

上記の事情として、以下のものが挙げられる。
(ⅰ) 出願時において物の構造又は特性を解析することが技術的に不可能であったこと。
(ⅱ) 特許出願の性質上、迅速性等を必要とすることに鑑みて、物の構造又は特性を特定する作業を行うことに著しく過大な経済的支出又は時間を要すること。

出願人は、上記の事情の存在について、発明の詳細な説明、意見書等において、これを説明することができる。

また、特許・実用新案審査ハンドブック（以下、「審査ハンドブック」という。）の「第Ⅱ部　明細書及び特許請求の範囲」「第2章　特許請求の範囲の記載要件」の「2204」(以下、「審査ハンドブック」という。）には、「物の発明についての請求項にその物の製造方法が記載されている場合」に該当す

るか否かについて、類型ごとの事例が掲載されている。以下に、類型(1)として、プロダクト・バイ・プロセスの記載に該当し、発明が不明確になる例を示す。

類型（1-1）：製造に関して、経時的な要素の記載がある場合
「次の段階：
　a）化合物Aの濃縮有機溶液を形成し、
　b）そのアンモニウム塩として化合物Aを沈殿し、
　c）再結晶化によって当該アンモニウム塩を精製し、
　d）そのアンモニウム塩をナトリウム塩に置き換え、そして
　e）化合物Aのナトリウム塩を単離すること、
を含んで成る方法によって製造される化合物Aナトリウム塩。」

なお、上記の事例については、以下のように方法の発明に補正することにより、発明を明確化することができる。

「次の段階：
　a）化合物Aの濃縮有機溶液を形成し、
　b）そのアンモニウム塩として化合物Aを沈殿し、
　c）再結晶化によって当該アンモニウム塩を精製し、
　d）そのアンモニウム塩をナトリウム塩に置き換え、そして
　e）化合物Aのナトリウム塩を単離すること、
を含んで成る化合物Aナトリウム塩の製造方法。」

類型（1-2）：製造に関して、技術的な特徴や条件が付された記載がある場合
・「モノマーAとモノマーBを50℃で反応させて得られるポリマーC」
・「1〜1.5気圧下で焼成してなる蛍光体」
・「外面に粒子状の物質を衝突させた粗化処理が施されたゴム製品」

### 第Ⅲ章　特許明細書作成

類型（1-3）：製造方法の発明を引用する場合
・「請求項1～8いずれかの製造方法で製造されたゴム組成物」
・「請求項1～4いずれかの製造方法で製造されたポリマー」

　また、審査ハンドブックには、類型(2)として、「単に状態を示すことにより構造又は特性を特定しているにすぎない場合」のプロダクト・バイ・プロセスの記載に該当せず、発明は不明確とはされない例として、以下の具体例が挙げられている。
・「樹脂組成物を硬化した物」
・「貼付チップがセンサチップに接合されている物品」
・「AがBと異なる厚さに形成された物」
・「AとBを配合してなる組成物」
・「ゴム組成物を用いて作製されたタイヤ」
・「A層とB層の間にC層を配置してなる積層フィルム」
・「着脱自在に構成」
・「A部材に溶接されたB部材」
・「面取りされた部材」
・「本体にかしめ固定された蓋」
・「粗糸Aと粗糸Bとを用いてなる精紡混撚糸」
・「ポリマーAで被覆された顔料」
・「モノマーAとモノマーBを重合させてなるポリマー」
・「ＰＥＧ化されたタンパク質」
・「翻訳後修飾されたタンパク質A」
・「ヒト化抗体」
・「配列番号Xで表されるアミノ酸において少なくとも1個のアミノ酸が欠失、置換若しくは付加されたアミノ酸配列からなるタンパク質」

　特に、物の構造又は特性を特定する用語として、概念が定着しているもの（例えば、辞書、教科書、規格文書等に定義等の記載が存在し、かかる記載に照らすと、物の構造又は特性を特定する用語として概念が定着していると

判断されるもの)

「鋳物」「鋳造品」「鍛造品」「溶接部」「ろう付け部」「はんだ付け部」「融着接続部」「切削部」「切断部」「研削面」「圧入部」「圧入構造」「焼結体」「圧粉体」「延伸フィルム」「インフレーションフィルム」「印刷部品」「印刷コイル」「印刷コンデンサ」「塗布膜」「蒸着膜」「(層、膜としての)コーティング層」「拡散層」「エピタキシャル層」「エピタキシャル成長層」「フロート板ガラス」「溶融亜鉛めっき鋼板」「加硫ゴム」「エンボス加工品」「溶接組立体」「一体成形品」「単離細胞」「抽出物」「脱穀米」「蒸留酒」「メッキ層」

(C) 法第36条第6項第3号

上記第1号及び第2号の記載要件のほか、請求項ごとの記載が簡潔であることという記載要件がある。特許発明の技術的範囲は請求項の記載に基づいて定められる(法第70条第1項)ので、請求項の記載は第三者が理解しやすいように簡潔な記載とする。

審査基準には、法第36条第6項第3号違反の類型が以下のとおり示されている。

(1) 請求項に同一内容の事項が重複して記載してあって、記載が必要以上に冗長すぎる場合

この場合であっても、請求項には出願人自らが発明を特定するために必要と認める事項を記載するという法第36条第5項の趣旨からみて、同一内容の事項が重複して記載され、その重複が過度であるときに限り、その記載が必要以上に冗長すぎると判断される。請求項に記載された発明を特定するための事項が当業者にとって自明な限定であるということ、又は仮に発明特定事項の一部が記載されていないとしても記載要件(本号を除く。)及び特許要件を満たすということのみでは、請求項の記載が冗長であることにはならない。

なお、請求項の記載を発明の詳細な説明又は図面の記載で代用する場合においては、請求項のその記載と発明の詳細な説明又は図面の対応する記載とが全体として冗長にならないように留意する必要がある。

(2) マーカッシュ形式で記載された化学物質の発明などのような択一形式による記載において、選択肢の数が大量である結果、請求項の記載の簡潔性が著しく損なわれている場合

請求項の記載の簡潔性が著しく損なわれているか否かを判断するに際しては、以下の点に留意する。

① 選択肢同士が重要な化学構造要素を共有しない場合は、重要な化学構造要素を共有する場合と比較して、より少ない選択肢の数であっても選択肢が大量とされる。

② 選択肢の表現形式が条件付き選択形式のような複雑なものである場合は、そうでない場合よりも少ない選択肢の数であっても選択肢が大量とされる。

## 1.(3) ③ どのような形式で記載するか

> 法第36条第6項第4号
> その他経済産業省令で定めるところにより記載されていること。
> 規則第24の3
> 　特許法36条第6項第4号の経済産業省令で定めるところによる特許請求の範囲の記載は、次の各号に定めるとおりとする。
> 一　請求項ごとに行を改め、一の番号を付して記載しなければならない。
> 二　請求項に付す番号は、記載する順序により連続番号としなければならない。
> 三　請求項の記載における他の請求項の引用は、その請求項に付した番号によりしなければならない。
> 四　他の請求項の記載を引用して請求項を記載するときは、その請求項は、引用する請求項より前に記載してはならない。
> 五　他の二以上の請求項の記載を択一的に引用して請求項を記載するときは、引用する請求項は、他の二以上の請求項の記載を択一的に引用してはならない。

規則第24条の3は、特許請求の範囲の記載形式を規定する。この規則に従って記載した特許請求の範囲の例を以下に示す。

【請求項1】回路Xと、表示装置Yとを有する画像処理装置。
【請求項2】前記回路Xは、回路素子Aと回路素子Bとを有する請求項1記載の画像処理装置。
【請求項3】前記回路Xは、更に回路素子Fを有する請求項2記載の画像処理装置。
【請求項4】前記回路Xは、回路素子Aと回路素子Cとを有する請求項1記載の画像処理装置。
【請求項5】前記回路Xは、更に回路素子Gを有する請求項4記載の画像処理装置。
【請求項6】前記回路Xは、回路素子Dと回路素子Eとを有する請求項1記載の画像処理装置。
【請求項7】前記回路Xは、更に回路素子Hを有する請求項2乃至6のいずれか一項に記載の画像処理装置。
【請求項8】前記表示装置Yは、表示装置Y1である請求項1乃至6のいずれか一項に記載の画像処理装置。

　請求項1は独立形式請求項（略して「独立項」）と呼ばれ、請求項2～8は引用形式請求項（又は従属項）と呼ばれる。特に請求項7、8は複数項を引用しており、多数項引用形式請求項（マルチクレーム）と呼ばれる。ただし、多数項引用形式請求項を択一的に引用する多数項引用形式請求項（マルチマルチクレーム）の記載は規則第24条の3第5号により禁止されている。仮に請求項8が多数項引用形式請求項である請求項7を引用すると規則第24条の3第5号に違反することになる。したがって、請求項8が請求項7を引用することはできない。
　次の引用形式請求項の記載も認められている。

（例1）引用される請求項の発明特定事項の一部を置換する引用形式請求項

【請求項1】歯車伝動機構を含む特定構造の伝動装置。
【請求項2】請求項1記載の伝動装置において、歯車伝動機構に代えてベルト伝動機構を含む伝動装置。

(例2) 異なるカテゴリーで表現された請求項を引用して記載する引用形式請求項
【請求項1】特定構造のボールベアリング。
【請求項2】特定の工程による請求項1記載のボールベアリングの製法。

(例3) サブコンビネーションの請求項を引用して記載する引用形式請求項
【請求項1】特定構造のねじ山を有するボルト。
【請求項2】請求項1記載のボルトとはまり合う特定構造のねじ溝を有するナット。
(注:サブコンビネーションとは、ボルトやナットのように、組み合わされてなる全体(コンビネーション)に対して組み合わされる各部の発明である。)

(例4) 多数項引用形式請求項
【請求項1】特定構造のねじ山を有するボルト。
【請求項2】特定構造のねじ溝を有するナット。
【請求項3】請求項1記載のボルト及び請求項2記載のナットからなる締結装置。
(注:ボルトやナットはサブコンビネーションに相当し、締結装置はコンビネーションに相当する。)

## 1．(3) ④ 発明の単一性

法第37条
　二以上の発明については、経済産業省令で定める技術的関係を有する

ことにより発明の単一性の要件を満たす一群の発明に該当するときは、一の願書で特許出願をすることができる。

規則第25条の8
1　特許法第三十七条の経済産業省令で定める技術的関係とは、二以上の発明が同一の又は対応する特別な技術的特徴を有していることにより、これらの発明が単一の一般的発明概念を形成するように連関している技術的関係をいう。
2　前項に規定する特別な技術的特徴とは、発明の先行技術に対する貢献を明示する技術的特徴をいう。
3　第一項に規定する技術的関係については、二以上の発明が別個の請求項に記載されているか単一の請求項に択一的な形式によって記載されているかどうかにかかわらず、その有無を判断するものとする。

　法第37条に規定する発明の単一性についての審査は、審査基準のうち第Ⅱ部第3章「発明の単一性（特許法第37条）」に基づいてなされる。以下、この審査基準に基づき要点及び具体例を説明する。

(A)　発明の単一性の意義

　「発明の単一性」とは、二以上の発明が一定の技術的関係を有することにより、一の願書で特許出願することができる範囲をいい、法第37条に規定されている。相互に技術的に密接に関連した複数の発明について、それらを一の願書で出願できるものとすれば、出願人による出願手続の簡素化及び合理化並びに第三者にとっての特許情報の利用や権利の取引の容易化が図られるとともに、特許庁にとってはまとめて効率的に審査をすることが可能となることから規定されたものである。法第37条の要件は、拒絶理由ではあるが、異議理由や無効理由とはなっていない。

(B)　発明の単一性の要件についての判断

　発明の単一性の要件は、特許請求の範囲に記載された二以上の発明が同一

第Ⅲ章　特許明細書作成

の又は対応する「特別な技術的特徴」を有しているか否かによって判断される。ここで、「特別な技術的特徴」（STF：Special Technical Feature）とは、発明の先行技術に対する貢献（先行技術との対比において発明が有する技術上の意義）を明示する技術的特徴を意味する。簡単に言えば、主引用文献に開示されていない技術的特徴のことである。ただし、主引用発明との差が周知・慣用技術の付加等、単なる設計変更にすぎない場合、その差はSTFにはならない。同じ発明であっても、主引用文献が変われば、STFも変わり得る。審査においては、まず、特許請求の範囲の最初に記載された発明（通常は、請求項1に係る発明のことであり、本章では単に「請求項1に係る発明」ともいう。）について、STFの有無が判断される。

二以上の発明が「同一のSTF」を有している場合とは、それぞれの発明が有する、先行技術に対する貢献をもたらす技術的特徴が同一の場合である。

例：

【請求項1】入力層と出力層とを備えたニューラルネットワークにより水力発電量推定を実現する水力発電量推定システム。

【請求項2】入力層と出力層とを備えたニューラルネットワークにより水力発電量推定を実現する水力発電量推定システムを用いたダム管理用設備システム。

（説明）：ニューラルネットワークにより水力発電量推定を実現する点が先行技術に対する貢献をもたらすSTFである。請求項1及び2に係る発明は、いずれもこの技術的特徴を有しているから、同一のSTFを有する（審査ハンドブック付属書A　進歩性に関する事例集〔事例34〕）。

二以上の発明が「対応するSTF」を有している場合とは、以下の(i)又は(ii)のいずれかの場合である。

(i)　それぞれの発明の間で先行技術との対比において発明が有する技術上の意義が共通している場合又は密接に関連している場合

(ii)　それぞれの発明のSTFが相補的に関連している場合

(C) 審査対象の具体的な決定手順
(a) STFに基づく審査対象の決定
(イ) まず、請求項1に係る発明について、STFの有無が判断される。
(ロ) 請求項1に係る発明がSTFを有しない場合は、次に、請求項1に係る発明の発明特定事項を全て含む同一カテゴリーの発明であり、請求項番号が最も小さい請求項（通常は、請求項1に従属する請求項2である。）に係る発明について、STFの有無が判断される。
(ハ) 既にSTFの有無が判断された請求項に係る発明がSTFを有しない場合は、直前にSTFの有無が判断された請求項に係る発明の発明特定事項を全て含む同一カテゴリーの発明（通常は、請求項1の直列従属請求項である。）であり、請求項番号が最も小さい請求項に係る発明について更にSTFの有無が判断される。この手順を、STFが発見されるか、又は請求項1の直列従属請求項が存在しなくなるまで繰り返す。
(ニ) 手順(イ)から(ハ)までにおいて、STFが発見された場合は、以下の(ⅰ)及び(ⅱ)を審査対象とし、STFが発見されなかった場合には、以下の(ⅰ)を審査対象とする。
　　(ⅰ) それまでにSTFの有無を判断した発明
　　(ⅱ) 発見されたSTFと同一の又は対応するSTFを有する発明
(b) 審査の効率性に基づく審査対象の決定
　以下の(ⅰ)及び(ⅱ)に該当する発明は、審査対象とした発明とまとめて審査をすることが効率的である発明として、審査対象に加えられる。
　　(ⅰ) 請求項1に係る発明の発明特定事項を全て含む同一カテゴリーの請求項に係る発明
　ただし、請求項1に係る発明に対して、課題の関連性が低い発明又は技術的関連性が低い発明は除外され得る。例えば、請求項1に係る発明の発明特定事項を全て含む同一カテゴリーの他の請求項に係る発明の技術的特徴が「導光板を押圧する弾性部」であるのに対し、請求項1に係る発明の技術的特徴が「プリズムシート」である場合には、両者は技術的関連性が低いとされる。また、当該他の請求項に係る発明が解決しようとする課題である「雑

第Ⅲ章　特許明細書作成

音の発生を抑制すること」は、請求項1に係る発明が解決しようとする課題である「輝度むらを抑制すること」とは関連性が低いとされる（審査ハンドブック付属書Ａ　発明の単一性に関する事例集〔事例21〕）。

　(ⅱ)　上記に基づいて審査対象とされた発明について審査された結果、実質的に追加的な先行技術調査及び判断を必要とすることなく審査が可能である発明

　審査対象とならない発明があり、特許出願が法第37条の要件を満たさないと判断される場合には、特許出願が法第37条の要件を満たしていない旨の拒絶理由が通知される。拒絶理由通知には、審査対象とならない発明が明示されるとともに審査対象とならない理由が記載される。

(D)　審査対象の決定の例

　以下の図を参照しながら、審査対象の決定の例について説明する。以下の図において、請求項1及び2に係る発明にSTFはなく、請求項3に係る発明にSTF（D）が発見された。請求項4、7〜9及び12に係る発明は、発見されたSTFと同一の又は対応するSTF（D）を有する発明である。

　また、請求項5、6、10及び11に係る発明は、請求項1に係る発明の発明特定事項（A＋B）を全て含む同一カテゴリーの発明である。ただし、請求項1に係る発明（A＋B）に対して追加された技術的特徴（M）から把握される請求項10に係る発明が解決しようとする具体的な課題と、請求項1に係る発明が解決しようとする課題との関連性は低いものとする。また、請求項1に係る発明に対して追加された請求項11に係る発明の技術的特徴（N）と、請求項1に係る発明の技術的特徴との技術的関連性は低いものとする。

　請求項13は、請求項1と表現上の差異があるだけの発明である。
　請求項14は、請求項6と表現上の差異があるだけの発明である。

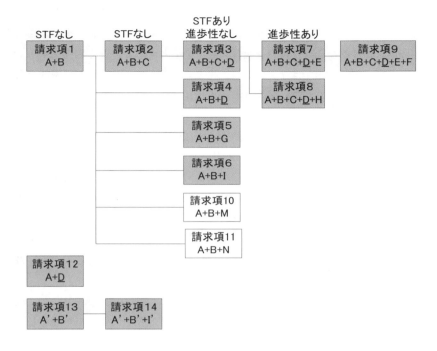

　上図の例の場合は、以下のように審査対象が決定される。
(a)　STFに基づく審査対象の決定
　請求項1～3に係る発明は、STFの有無が判断された発明として審査対象とされる。
　請求項4、7～9及び12に係る発明は、発見されたSTF（D）と同一の又は対応するSTF（D）を有する発明として、審査対象とされる。
(b)　審査の効率性に基づく審査対象の決定
　請求項5及び6に係る発明は、請求項1に係る発明の発明特定事項（A＋B）を全て含む同一カテゴリーの発明であるから、審査対象に加えられる。
　しかしながら、請求項10に係る発明は、請求項1に係る発明の発明特定事項（A＋B）を全て含む同一カテゴリーの発明であるが、請求項1に係る発明が解決しようとする課題と、請求項1に係る発明に対して追加された技術

的特徴（M）から把握される発明が解決しようとする具体的な課題との関連性が低い。よって、請求項1～9及び12に係る発明について審査をした結果、実質的に追加的な先行技術調査及び判断を必要とすることなく審査をすることが可能である発明ではなく、かつ、まとめて審査をすることが効率的であるといえる他の事情もない場合は、請求項10に係る発明は審査対象から除外され得る。

また、請求項11に係る発明は、請求項1に係る発明の発明特定事項（A＋B）を全て含む同一カテゴリーの発明であるが、請求項1に係るSTFと請求項1に係る発明に対して追加された技術的特徴（N）との技術的関連性が低い。よって、請求項1～9及び12に係る発明について審査をした結果、実質的に追加的な先行技術調査及び判断を必要とすることなく審査をすることが可能である発明ではなく、かつ、まとめて審査をすることが効率的であるといえる他の事情もない場合は、請求項11に係る発明は、審査対象から除外され得る。

請求項13に係る発明（A'＋B'）は、請求項1に係る発明（A＋B）と表現上の差異があるだけの発明であり、請求項1に係る発明について審査をした結果、実質的に追加的な先行技術調査及び判断を必要とすることなく審査をすることが可能である発明であるので、審査対象に加えられる。

請求項14に係る発明（A'＋B'＋I'）は、請求項6に係る発明（A＋B＋I）と表現上の差異があるだけの発明であり、請求項6に係る発明について審査をした結果、実質的に追加的な先行技術調査及び判断を必要とすることなく審査をすることが可能である発明であるので、審査対象に加えられる。

## (三) 発明の単一性を考慮した請求項

(a) 発明の単一性の要件については、まず基準となる請求項1に係る発明にSTFがあるか否かが判断され、請求項1にSTFが発見された場合に、他の請求項がそのSTFと同一の又は対応するSTFを有しているか否かが判断される。したがって、請求項の作成に際しては、基準となる請求項1に係る発明が、明細書作成時に分かっている公知文献に対して新規性を有し、STF

を備えるように記載することが好ましい。

(b) また、審査の結果、他の公知文献を引用され請求項1に係る発明がSTFを有しないと認定されてしまう事態をも想定して、発明の単一性の観点からは、請求項1に従属する従属請求項群をなるべく直列従属系列にしておくことが好ましい。さらに、それらの直列従属請求項の中でも請求項番号の小さい請求項に係る発明にSTFが発見されるように、先行技術に対して貢献する技術的特徴を備えるように記載することが好ましい。

(c) 選択的に多数項に従属する請求項に係る発明について発明の単一性の要件を判断する際には、従属先により異なる発明の選択肢ごとに発明の単一性が判断されるので、多数項従属請求項が特に不利ということはなく、発明の単一性に関して、むしろ有利に働くことが多い。ただし、米国、中国等の多数項従属請求項に多数項従属する請求項の記載が許されない国があることに留意する。

(d) 請求項1に係る発明の発明特定事項を全て含む同一カテゴリーの発明は、課題や技術的特徴の関連性が低くない場合に常に審査対象とされ法第37条の拒絶理由が通知されないので、そのことを考慮して請求項列を作成することが好ましい。

## 1．(4) その他の記載要件

規則や様式第29及び第29の2の備考には、上述した事項以外に、特許明細書の記載に関する細かな記載要件が説明されている（巻末資料1参照）。そのうち、特に注意すべき留意点を補足説明とともに以下に示す。

・文章は口語体とし、技術的に正確かつ簡明に発明の全体を出願当初から記載する。この場合において、他の文献を引用して明細書の記載に代えてはならない。

・技術用語は、学術用語を用いる。

・用語は、その有する普通の意味で使用し、かつ、特許明細書全体を通じて統一して使用する。ただし、特定の意味で使用しようとする場合において、その意味を定義して使用するときは、この限りでない。

- 登録商標ではなく、一般名称を使用する（例：セロテープ→透明粘着テープ、テフロン→ポリテトラフルオロエチレン、トライアック→ゲート制御式半導体スイッチなど）。登録商標は、これを使用しなければその物を表示することができない場合に限り使用し、登録商標である旨を記載する〈例：万歩計（登録商標）、UNIX（登録商標）〉。
- 微生物、外国名の物質等の日本語ではその用語の有する意味を十分表現することができない技術用語、外国語による学術文献等は、その日本名の次に括弧をしてその原語を記載する。
- 化学物質を記載する場合において、物質名だけでは、その化学構造を直ちに理解することが困難なときには、物質名に加え、化学構造を理解することができるような化学式をなるべく記載する。
- 長さや質量などの物象の状態の量を記載するときは、計量法で規定する単位に従って記載する（規則第3条）。例えば、長さの単位はm、cm、mm、質量の単位は kg、g、mg である。

## 2．明細書等の書き方

上述の「1．特許明細書の法的な記載要件」を踏まえ、より強い特許権の取得と活用のために明細書等を作成する際の書き方について説明する。以下に説明する基本的事項は、主として電気及び機械の分野に関するものである。

なお、日本出願を基に米国や中国等諸外国へ出願することが多いので、日本出願時に外国出願にも配慮した明細書作りをすべきであるとの観点から、参考までに米国や中国等諸外国のプラクティスについても付言する場合がある。

### 2．(1) 明細書の書き方

明細書を作成する上で考慮すべき基本的事項について、項分け記載の項目順に説明し、次に記載に関する一般的な事項について説明する。

## 2．(1) ① 【技術分野】

　1つの技術分野のみの記載では、請求項に記載の発明の属する分野が限定的に解釈されるような場合もあり得る。発明の核となる技術の属する分野に加え、その核となる技術を多面的に展開した場合における技術分野も漏れなく記載する。また、発明が限定的に解釈されるような技術分野の特定方法も避ける。例えば「本発明は〇〇式のファクシミリ装置に関し、より詳細には…」と記載されていた場合には、たとえ請求項の記載に〇〇式の限定がなくても、権利行使に際しては相手方に、「実質的には、〇〇式のファクシミリ装置と限定して解釈すべきである」と主張する余地を与えてしまう。

　発明の属する技術分野を適切に記載しておくことは、他人の権利化を阻止する意味で有効な先行技術文献として機能する。請求項に係る発明と先行技術文献に記載された技術との相違点を明らかにするために、技術分野が異なると主張する場合がよくある。発明の属する技術分野を過不足なく適切に記載することで、このような主張を阻止することができる。

## 2．(1) ② 【背景技術】

### (A) 発明に関する背景的事項を記載する

　従来技術を説明する際に、まず、発明に関する背景的事項を説明する。発明を理解する上での予備知識が読み手に備わり、発明の理解を助けることになる。複雑な技術でも、発明の背景から分かりやすく説明することで、発明を理解しやすくなる。

### (B) 公知の技術を記載する

　従来の技術を広義に解釈すれば、発明が創作された以前に存在していた技術であり、公知であるかどうかとは無関係であるといえる。しかしながら、特許を受けようとする発明は新規性（法第29条第1項各号）及び進歩性（法第29条第2項）の要件を満たさなければならないことからすると、特許を受けようとする発明に対する従来の技術とは法第29条第1項各号に該当する公知の発明（技術）である。すなわち、従来の技術とは、公然知られた発明

(第1号)、公然実施をされた発明(第2号)及び刊行物に記載された発明又は電気通信回線を通じて公衆に利用可能となった発明(第3号)に該当する技術である。このような従来の技術は、発明を客観的に位置付ける。上記各号に該当しない技術を明細書に記載する場合には、従来の技術である(上記各号に該当する技術)との位置付けで明細書中に記載しない。例えば社内でのみ知られている技術や、発明者が発明の創作過程で思考した関連技術は、従来技術としての位置付けで説明しない。

なお、米国の審査実務では、従来技術として明細書に記載されているものは、その技術が実際に公知ではなくても、出願人が自ら認めた従来技術として取り扱われる。米国の審査官は出願人が自ら認めた従来技術を引用して、請求項に記載の発明を拒絶できる。また、日本においては、「審査官は、本願の明細書中に本願出願前の従来技術として記載されている技術について、出願人がその明細書の中でその従来技術の公知性を認めている場合は、出願当時の技術水準を構成するものとして、これを引用発明とすることができる」と規定されている(審査基準第Ⅲ部 第2章 第2節3.3(4))。また、欧州特許出願(欧州特許条約に基づく出願)では、明細書に記載の従来技術が文献で特定されていない場合には、それが記載されている文献の特定が求められる。

(C) **発明に最も近い従来技術を記載する**

特許出願に関与する者が知っている従来技術(公知技術)のうち、発明に最も近いと思われる従来(公知)技術の内容を記載する。特許出願に関与する者とは、例えば企業内で生まれた発明の場合には、その発明者、会社の知的財産担当者及び特許事務所の明細書作成担当者である。一般的には、発明者が発明に最も近い従来技術を知っている。しかしながら、企業又は特許事務所の先行技術調査で、発明者が知っている従来技術よりも発明に近い従来技術が記載された先行技術文献が発見される場合も多々ある。たとえ発明者が知らなかった従来技術であっても、発明に最も近い従来技術は明細書に記載すべきである。多くの場合、従来技術は刊行物に記載されている。した

がって、従来技術が記載されている刊行物を特定する。例えば公開特許公報の番号や文献名を明細書中に特定する（特定の仕方は「審査ハンドブック」の1207に規定されている。）。

　有効な権利を取得するには、刊行物を特定することで発明に最も近い従来技術を自ら開示するようにする。最も近い従来技術を知っていながら、これを開示することなく特許権が成立した場合にはどうなるか？　審査の段階で同等又はより近い従来技術が記載された先行技術文献が引用されていれば、結果的に問題は少ない。しかしながら、そのような従来技術が審査の段階で明らかにされることなく特許が成立したときには、特許権は不安定なものとなり、強い権利とはいえない。例えば無効審判を受ける可能性が大である。また、ライセンス交渉や訴訟などでも不利となるであろう。

　発明に最も近い従来技術は、それが記載された文献を特定するだけではなく、その内容も記載すべきである。この記載が従来技術と発明との相違点を明確にするベースとなる。換言すれば、従来技術に対する発明の位置付けが客観的に明確になる。そして、その相違点に基づいた課題を設定する。

　発明に最も近いとはいえないまでも、発明に関連する事項が記載された刊行物が存在する場合には、それらの刊行物も明細書中で特定しておく。必要に応じて、簡単な説明も記載しておく。また、発明の背景技術を理解するのに役立つ刊行物があれば、それも明細書中で特定しておく。

　我が国では、発明に近い従来技術を明らかにせずに特許になっても、そのこと自体で特許が無効にされることはない。しかしながら、特許明細書作成時に知っていた刊行物に記載の従来技術のうち発明に最も近いものは明細書中に記載することが望ましい。その従来技術を乗り越えて権利となったものが真に強い権利となるからである。

(D)　**未公開の先行出願の扱い**

　既に特許出願されているが公開はされていない未公開先行出願に記載された発明と、本発明が関連している場合、明細書や図面でその先行出願の内容に触れざるを得ない場合がある。例えば本発明が先行出願に開示された発明

を改良したものであるような場合である。

多くの場合、そのような先行出願は、本発明と同一出願人による特許出願であり、特許庁の審査基準では、先行出願の出願番号を、先行技術文献情報として記載することが奨励されている。

しかし、未公開の特許出願は、出願人が知っている先行技術ではあっても、第三者あるいは当業者にとっての先行技術ではない。このような未公開先行出願の内容を背景技術として記載するのは、下記のような問題点を伴う。

未公開先行出願は、法第29条でいう文献公知技術には該当しないが、未公開先行出願の内容からみて本願発明の特徴が明確でない場合など、審査官による特許性の判断に影響する可能性がある。また、特許権が成立した後に、権利行使の際などに相手側からの攻撃材料となる場合もある。

さらに、前記「(B) 公知の技術を記載する」でも述べたように、米国の審査実務では、実際に公知でない技術であっても、先行技術として記載されていると、出願人が自ら認めた従来技術（Applicant Admitted Prior Art）として取り扱われる。したがって、外国出願が予定されている場合には、未公開先行出願の記載に注意する必要がある。したがって、このような未公開先行技術は記載しない方が望ましい。なお、未公開先行出願の内容に言及しなければならないときは、【発明を実施するための形態】の最初に、本発明に至る過程で考えられる形態として記載するのが望ましい。

(E) 従来技術をどの程度記載するか

発明は、解決しようとする課題を持っている。課題は通常、従来技術の解決すべき問題点である。よって、この課題が理解できる程度に従来技術が記載されていればよい。日本の実務では、図を参照して従来技術を説明することがある。この場合、その図は、従来技術が記載されている刊行物に記載されているものを利用するように努める。ただし、新たに図を作成して説明する方が従来技術及びその課題を説明しやすいこともある。例えば刊行物には回路図だけが掲載されており、その回路動作を示すタイミング図を参照することで従来技術の問題点が容易に説明できるような場合である。このような

場合には、新たに図を作成してもよいであろう。ただし、飽くまでも新たに作成する図及びこれを参照した説明が、刊行物に記載されている事項の範囲内となるように注意する。

## 2．(1) ③【先行技術文献】

上述したように、【背景技術】の欄には、「その発明に関連する文献公知発明（法第29条第1項第3号に掲げる発明をいう。）のうち、特許を受けようとする者が特許出願の時に知っているものがあるときは、その文献公知発明が記載された刊行物の名称その他のその文献公知発明に関する情報の所在を記載（法第36条第4項第2号）」する必要がある。具体的には、以下のAからDまでを満たす発明に関する先行技術文献情報を発明の詳細な説明に記載しなければならない。

なお、特許を受けようとする発明に関連する文献公知発明が多数ある場合には、そのうち関連性がより高いものを適当数記載することが望ましいとされている。また、出願当初に記載すべき先行技術文献情報がない場合には、発明の詳細な説明にその旨を、理由を付して記載することが望ましいとされている。

### (A) 文献公知発明であること

法第36条第4項第2号に規定されている「文献公知発明」とは、特許出願前に日本国内又は外国において、頒布された刊行物に記載された発明又は電気通信回線を通じて公衆に利用可能となった発明（法第29条第1項第3号）であって、公然知られた発明（同項第1号）及び公然実施をされた発明（同項第2号）は含まない。

### (B) 特許を受けようとする発明に関連する発明であること

法第36条第4項第2号には「その発明に関連する文献公知発明」と規定されている。「その発明」とは、「特許を受けようとする発明」、すなわち「請求項に係る発明」を意味する。したがって、関連する文献公知発明がある請

求項に係る発明に関しては、その全てについて先行技術文献情報を記載しなければならず、そのうちの一部の請求項に係る発明について先行技術文献情報を記載しただけでは先行技術文献情報開示要件を満たしたことにならない。文献公知発明が特許を受けようとする発明に「関連する」か否かは、下記①～③の事項を勘案して判断される。

 ①  特許を受けようとする発明と文献公知発明とが属する技術分野の関連性
 ②  特許を受けようとする発明と文献公知発明との課題の関連性
 ③  特許を受けようとする発明と文献公知発明との発明特定事項の関連性

(C) **特許を受けようとする者が知っている発明であること**

 法第36条第4項第2号には「特許を受けようとする者が…知っているもの」と規定されている。特許を受けようとする者(出願人)が「知っている」発明としては、例えば出願人が特許を受けようとする発明の研究開発段階や出願段階で行った先行技術調査で得た発明、出願人が出願前に発表した論文等の著作物に記載された発明、出願人が出願した先行特許出願の特許明細書又は図面に記載された発明等が該当する。

 出願人が複数の場合に「特許を受けようとする者が知っている」とは、出願人のうち1人でも知っていることを指し、出願人全員が知っている場合に限られない。

(D) **特許出願の時に知っている発明であること**

 分割出願又は変更出願については原出願の出願の時に、国内優先権の主張を伴う出願については当該出願(後の出願)の出願の時に、パリ条約による優先権を伴う出願については当該出願(我が国への出願)の出願の時に、国際特許出願については国際特許出願の時に知っている文献公知発明があるときには、これに関する先行技術文献情報を記載しなければならない。

## 2．(1) ④【発明の概要】
### (A) 発明が解決しようとする課題
(a) 発明が解決しようとする課題を適切に認識する

　発明が解決しようとする課題を正確に理解し、整理することが請求項の作成に当たって重要であることを先に説明した（本章の１．(2) ⑤ (A)【発明が解決しようとする課題】）。この作業が適切でないと、上位概念で発明を適切に捉えた請求項の作成が困難になる。例えば従来技術の複数の問題点を解決することが発明の課題であるとの説明を発明者から受けた場合には、次の検討が必要である。
(ⅰ) 複数の問題点を同時に解決することが課題なのか
(ⅱ) 個々に解決できる問題点なのか
(ⅲ) 複数の問題点をより上位の概念で捉えられないか
(ⅳ) 複数の問題点は階層的関係にあるのか
(ⅴ) 従来技術の問題点なのか、それとも発明が独自に達成しようとする課題なのか
(ⅵ) 従来技術と発明との相違点は何か

　以上の検討事項は、発明が解決しようとする課題が取りあえず一つだけ特定できている場合（例えば発明者の意図している課題）に、その課題が適切なのか、その他の課題が存在するのかどうかを吟味する上でも必要となる作業である。

(b) 各請求項に共通する課題を記載する

　請求項に記載の発明は、課題を解決するための技術的手段である。したがって、請求項の内容と、それが解決しようとする課題との対応関係がとれている必要がある。課題としては、上位概念で捉えた発明によって解決できる課題を記載すべきである。より細かい限定された手段でなければ解決できないような課題は不適切である。

　請求項ごとに、対応する課題をいちいち記載する必要はない。発明を階層的に展開した場合、各請求項に記載の発明は、階層の頂点にある上位概念で解決できる課題を当然に解決できる。したがって、各請求項に共通の課題を

記載すればよい。発明を多面的に展開した場合も、階層的に展開した場合と基本的に同様である。核となる構成とそれを多面的に展開した構成（例えば部品とそれを用いた完成品）は、核となる構成で解決できる課題を多面的に展開した構成でも解決できている。

(c) 課題に新しさがある場合

発明が解決しようとする課題自体が当業者の常識では思い付かなかった場合には、なぜ思い付かなかったのかを説明する。課題を解決するための手段そのものが公知の技術に近い場合には、発明の進歩性が問題になる。当業者の常識では思い付かなかった問題点をその理由とともに明細書に記載しておけば、その問題点に着目したことに発明の進歩性があると主張することができる。

(d) 従来技術を記載する際の留意点

既に特許出願済みの自社の従来技術やその問題点を説明する場合には、その従来技術（つまり、既に出願済みの明細書に記載された発明）が特許になって権利行使をする際に不利な扱いとならないように考慮する。権利行使に際しては、特許発明に関係するあらゆる書類がチェックされる。関連する特許出願も例外ではない。例えばその技術を狭く又は限定的に解釈するような記載は権利行使上不利に作用するので、避けるべきである。

同様に、製造物責任（PL）を問われるような従来技術の問題点の記載も避ける必要がある。自社の従来技術の問題点として、「電池が爆発する可能性がある」「ブレーキが利かなくなる可能性がある」などの記載は避けるべきである。この従来技術を実施していた場合には、製造物責任を問われることになる可能性がある。

なお、他社の技術を従来技術として引用する場合、その技術を中傷し、誹謗するような記載をしないことは言うまでもない。

(e) 発明が解決しようとする課題の記載方法

従来技術を記載した場合、発明はその問題点を解決することを課題とする。だからといって発明の課題を「本発明は、上記従来技術の問題点を解決することを目的とする」のように一言で済ませずに、「増幅率を向上させる」と

か「電力消費を低減する」などのように記載することが望ましい。また、課題を詳細に記載することにより発明が限定的に解釈され、権利行使の際、不利になる場合があるので、注意を要する。

(B) 課題を解決するための手段

　この欄への記載は、課題がどのような手法により解決されるのかが明確になるように記載する。課題を解決するための技術的な手段は、請求項に記載される発明と関連するものである。

　この欄への決まった記載の仕方というものは特にないが、課題に対して、特許請求の範囲に記載された特定の解決手段を採用することによって、特定の作用、効果が生ずるという一貫した技術思想が明確になる範囲で記載すれば足りる。

　発明全体から見た大きな技術的課題に対応する請求項、すなわち課題を解決する技術的手法を広い概念で捉えた上位の請求項だけを記載する方法がある。この方法によれば、クレームに合わせた補正の煩雑さを回避することができる。

　例えばプリント配線基板のベースに金属を用いることにより、取扱いが容易になり、取扱い性の向上という課題が解決されたとする。ここにおいて、「基板のベースを金属にする」という構成を、解決手段として記載することができる。

　さらに、金属ベースにアルミニウムを用いることによって放熱性も向上し、基板の温度上昇が防止されたとする。この場合、従属項に記載される下位概念の発明であっても、別の技術的な解決手段として記載する価値がある。

　逆に従属項で特定される発明が、上位の請求項と同じ課題の解決を意図し、その作用・効果も、上位の請求項が奏する効果と同じである場合は、解決手段として記載する意義が少ない。

2．(1) ⑤【発明の効果】

　様式第29の備考14ニには、「特許を受けようとする発明が従来の技術との

関連において有利な効果を有するものであるときは、なるべくその効果を記載する」とある。

効果の記載は必須の記載要件ではない。しかしながら、発明の内容に技術的意義があるからこそ、対応する効果が得られるのである。この意味で、発明の効果を明細書で明らかにしておくことが望ましい。また、発明の効果は、発明の進歩性を主張する上でも役立つ。

発明の効果は、各請求項で特定される発明から導き出せるものではあるが、【発明の効果】の欄に記載する効果としては、発明全体を通して得られる最も重要な効果、例えば最上位の請求項で特定される発明から生ずる効果を記載するのが望ましい。発明を不当に狭く解釈されるのを回避するためである。

従属項に係る発明のみが奏する効果などは、実施例の記載の中で言及するようにする。

## 2．(1) ⑥【発明を実施するための形態】（及び【実施例】）
### (A) 多様な実施の形態を記載する

出願人が最良と思う実施の形態が少なくとも一つ記載されていれば、明細書としての体裁は整う。しかしながら、有効な特許権の取得という観点からは、なるべく多くのそれも多様な実施の形態を記載することが好ましい。この場合、同じような実施の形態を複数説明するよりは、異なる技術的意義を有する多様な実施の形態を複数説明するように心掛ける。

(a) 技術的意義を明確にする

請求項に記載した発明特定事項について、その技術的意義を明確にする。換言すれば、技術的意義とは、発明特定事項の存在意義ともいえる。この技術的意義が明確になってこそ、課題を解決できる合理的な理由が明らかになる。例えば車体を流線型にすることは、流線型に沿って空気が円滑に流れ、その結果、車体の空気抵抗が減少するという技術的意義がある。単にボディを流線型にしたとの説明だけではなく、その技術的意義を明確にすることが大切である。また、発明のポイントが、ある回路の出力部と別の回路の入力部との間にキャパシタを設けたことにある場合、キャパシタは直流成分を遮

断する作用があるので、2つの回路を直流的に絶縁することができるという技術的意義を明確にする。

　技術的意義は、純粋に技術的な意味合いに限定されるものではなく、例えば効果に直結するものであってもよい。例えば弾性体としてゴムを使用することで、製造コストを抑えるという効果が得られるのであれば、この効果をもたらすことがゴムの技術的意義といえる。

　発明特定事項の技術的意義を考えると、発明を特定するために不必要な事項や足りない事項が見えてくる。請求項に記載の発明特定事項の全てについて、課題の解決に向けられた技術的意義が説明できれば、結果的に課題を解決するために最小限必要な事項が特定されているといえる。

(b)　中位及び下位概念レベルの技術的意義も記載する

　上位概念で捉えた発明特定事項が持つ技術的意義は、その発明が解決しようとする課題に直結する。これに対し、中位概念や下位概念で特定した発明は、上位概念の発明が解決しようとする課題に直結する技術的意義に加え、特有の技術的意義を持つ技術的要素を具備しているといえる。技術的要素を限定したもの（Aはaである）や、新たな技術的要素を付加したもの（更にBを有する）など、それぞれに技術的意義が存在するはずである。

　例えば発明を特定する技術的要素に「弾性体」がある場合を考える。この弾性体を上位概念と位置付け、中位概念を次の3つと仮定する：「素材そのものの特性として弾性を有している物質（下位概念として、例えばゴム）」「弾性を有していない素材を、弾性を有するように形成又は加工した部材（下位概念として、例えばバネ）」「機構的に弾性を持つ構成（下位概念として例えば、空気を内蔵するシリンダー）」。各中位概念は、上位概念と同様に弾性体としての技術的意義を持っているが、更にそれぞれ特有の技術的意義を持っているはずである。例えばゴムを使用した場合には、構成が簡単になるとか、製造コストを抑えることができるなどの効果をもたらす中位概念を明細書に記載しておくことによって、後に特許請求の範囲の補正を行う際の補正のバリエーションが増加するとともに、それらのバリエーションを適切にサポートできる明細書を作ることができる。

第Ⅲ章　特許明細書作成

　それぞれの技術的意義を記載することは、それぞれの技術的要素を差別化することになる。例えば弾性体としてゴムを使用した従来技術が発見された場合、他の2つの中位概念はゴムとは異なる技術的意義が明細書中に明示されていれば、ゴムとの差別化が可能になる。しかし、技術的意義の説明が何もなければ、「ゴムとそれ以外の物はいずれも弾性体であることには変わらず、ゴムに代えて他の弾性体を用いることに格別の困難性はない」との主張に反論するのが難しいであろう。

(c)　多様な実施の形態

　先に説明したように、技術的意義とは純粋な技術的視点からの意義に限らず、効果に関するものであってもよい。何らかの理由で差別化できる実施の形態をできるだけ多く記載するように努める。

　一例として、ロータリースイッチのセレクタの表面に導電板を貼り付ける構成を考える。権利範囲を画定する請求項の記載で、上位概念としてセレクタ表面に「導電体」を用いるという表現をするのは妥当である。しかし、「導電体」として銅その他の金属を用いることが普通に知られているとしても、実施形態においては、具体的にどのような種類の「導電体」を用いるのか、例を挙げて記載すべきであろう。

　例えば高導電率で安価な銅、強度のある銅合金、耐熱性のある銀、均一な表面の金めっき、などが導電体として使用可能であり、それぞれ発明を実現する技術的意義がある。この場合、これらを実施の形態として記載することによって、上位概念の「導電体」を幅広くサポートできる。また、審査の段階に入ってから、補正の根拠とすることができる。

　また、バネであっても、コイルバネと板バネとでは異なる技術的意義があるならば、これらを用いた実施の形態をそれぞれ説明し、それぞれの技術的意義を記載する。

　このように、多様な実施の形態を記載することは、上位概念で捉えた技術的要素及びこれらで特定される発明全体を中位及び下位概念で豊富に埋めていくことを意味する。これにより、請求項に記載の上位概念が真に上位概念として機能し、発明の技術的範囲が権利者の意図通りのものとなる。また、

後に説明するように、新規事項の追加禁止規定（法第17条の2第3項）への対応にもなる。

(B) ベストモードの実施の形態を記載する

　実施の形態としてベストモードを記載する。つまり、発明を実施する観点から特許出願人が最良と思う実施の形態を記載する。例えば発明の実施が現在計画されているのであれば、その形態を記載する。現在計画されていないのであれば、将来実施される可能性が最も高い形態を記載する。発明を実施する場合に最良な形態は、最も優れた技術的特性を持つものとは限らない。例えば技術的特性を多少犠牲にしても、製造コストの面から有利な形態を実施することもあるであろう。また、自社で実施の計画はないが、他社が実施する場合の形態を想定することもあろう。発明を実施するに際しては、あらゆる要素が関係してくる。特許明細書を作成する時点で発明の実施が計画されていないのであれば、ベストモードの選定が難しいものもある。したがって、特許明細書作成時点で、現実性があると思われる複数の実施の形態を記載しておくことが望ましい。

　ベストモードの記載要件について、米国での取扱いは我が国よりも厳格である。ベストモードを記載していない場合には、当該米国出願は拒絶される。

(C) 請求項に記載の事項と実施の形態との対応関係を明確にする

　請求項に記載の事項と実施の形態との対応関係が明確となるようにする。対応関係が明確でないと、当業者が容易に実施をすることができる程度に記載されていないと判断され、請求項に記載の発明の技術的範囲を適切に特定できないことになる。場合によっては、未完成発明と判断されてしまうこともある。

　請求項に記載の事項と実施の形態との対応関係は、少なくとも以下の点で明確となるようにする。

　(a) 請求項に記載の技術的要素と実施の形態中の技術的要素との対応関係
　(b) 請求項の末尾と実施の形態との対応関係

(c) 同一発明を異なる視点で記述した複数の請求項と実施の形態との対応関係
(d) 請求項中の用語と実施の形態の説明で用いられる用語との対応関係

以下、(a)～(d)をそれぞれ説明する。

(a)の項目は、明細書中において、請求項に記載の各技術的要素が実施の形態中のどの部分に相当するのかを明確にするとともに、請求項に記載の各技術的要素間の相互関係が実施の形態中のどの部分に相当するのかを明確にすることを意味する。例えば請求項に上位概念で記載した要素は、何らかの説明がないと、実施の形態との対応関係が不明確であろう。同様に、中位概念及び下位概念で記載した要素と実施の形態との対応関係も明確となるように記載する。また、請求項の記載が作用的な場合には、その作用を実現する構成との対応関係を説明する。例えば実施の形態のある一つの要素が請求項に記載の複数の作用を併せ持つ場合には、その旨の対応関係を説明する記載が必要である。さらに、「要素Aに結合するB」なる相互関係を請求項に特定し、他方実施の形態では要素AとBとの間に別の要素C（発明の必須の要素ではない。）が存在する場合には、実施の形態中における要素AとBとの結合関係を説明する。

(b)の項目は、請求項の末尾と実施の形態との対応関係を明確にしておくことを意味する。例えば「…を有する電子装置」なる請求項の末尾に対応する実施の形態が「マイクロプロセッサ」であれば、明細書中に上記の対応関係を明記しておく。

(c)の項目は、明細書中において、ある発明を異なる技術的視点で多面的に特定した複数の請求項と実施の形態との対応関係を説明する。例えば増幅回路を回路構成で特定した場合、実装面から特定した場合、作用的に特定した場合、あるパラメータに着目して特定した場合の4つの多面的に記載された請求項を作成した場合には、これら4つの視点から捉えた実施の形態を説明しておく。また、増幅回路、増幅回路を有する半導体装置、半導体装置を有する回路基板、回路基板を有する電子装置のように発明を上位概念で多面的に展開した場合には、それぞれの実施の形態について説明する。

(d)の項目は、請求項に記載の用語と実施の形態を説明する用語との対応を明確にしておくことを意味する。請求項と実施の形態とで同じ用語を用いている場合には、特に問題がない。他方、上位概念で捉えた用語を請求項で用い、実施の形態の説明では、中位又は下位概念で捉えた用語を用いている場合には、これらの対応関係を明確に説明する。もちろん、上位、中位及び下位概念をそれぞれ定義する。また、限定要素となることを避けるために「第１の回路素子」や「第１の信号」なる用語が、実施の形態ではそれぞれトランジスタ及び変調信号に対応する場合には、その対応関係が明確となるようにする。トランジスタが複数用いられていれば、第１の回路素子が実施の形態中のどのトランジスタに対応するのかが明確となるようにする。例えば「トランジスタＡは、第１の回路素子の一例である」のように記載しておくとよい。

(D) 必須の要素と付加的な要素を区別する

　一般に、実施の形態は発明を特定するために必要な要素以外の様々な要素を有していることが多い。実施の形態の説明は、発明を特定するために必要な要素、換言すれば発明の必須の要素と、必須ではない付加的な要素との区別が明確となるようにする。必須ではない付加的な要素が発明の必須の要素であるかのように解釈できる記載がある場合には、その付加的な要素が課題を解決するために必要なものと解釈されてしまう可能性がある。仮に上位概念で発明を特定した請求項にこのような付加的な要素を記載してしまったので、これを請求項から削除しようとする場合、明細書にこの要素が必須であるかのように記載してあれば、この削除は困難を要する。実施の形態中の要素が発明の必須の要素でなければ、そのことが明細書の記載から明確となるようにする。

(E) 実施の形態特有の技術的意義を記載する

　多様な実施の形態を記載することが望ましいことは、「(A)　多様な実施の形態を記載する」で説明した。多様な実施の形態はそれぞれ特有の技術的意

義を有しているといえる。実施の形態ごとの技術的意義を記載しておく。さらに、各実施の形態中において、特徴的な要素の技術的意義も記載しておく。なお、技術的意義については、本章で既に説明したとおりである。

(F)　数値範囲の技術的意義

　後述する本章2．(2)　③　の「(H)　数値を限定する際の注意事項」で説明しているように、数値範囲を特定した場合、その技術的意義を記載することは必須である。一般に、数値限定の技術的意義は実験結果に基づいている場合が多い。一般に、「実施例」の項で実験及びその結果の説明を詳細にすればよい。

　なお、後述する「第Ⅴ章4．(2)　発明の詳細な説明における臨界的意義の記載」も参照されたい。

(G)　機能で特定した請求項に記載の発明の実施の形態

　請求項に記載の発明を機能で特定した場合の発明の実施の形態は、複数記載することが望ましい。例えば「第1及び第2の信号の大小関係を検出する検出手段」のように、発明の要素を機能的に記載した請求項を作成した場合には、検出手段の様々な具体例を記載しておくことが望ましい。

　機能的な記載とは、その機能を実現する具体的構成を請求項中に特定しない記載である。上記検出手段は、第1及び第2の信号の大小関係を検出できればどのようなものであってもよいといえる。例えば演算増幅器やソフト的な処理で実現されるものも、上記検出手段である。このように、機能的表現は発明を特定しやすく、しばしば使用される。しかしながら、機能はそれを実現する手段があって初めて得られるものであり、機能単独で存在し得るものではない。特許明細書に記載の機能実現手段とは全く異なる手段を用いた第三者の製品は、請求項に記載の機能を有するので特許発明の技術的範囲に属するとの主張は妥当であろうか。ケース・バイ・ケースであり一概には言えない。しかしながら、発明者が意識していなかったといえる実現手段は、機能的表現で特定された発明の要素から除外すべきであるとの主張が成立し

得る可能性がある。発明者が意識していなかったといえる実現手段とは、明細書に記載の実現手段及びこれと同等（均等）の実現手段以外のものといえよう。つまり、機能的表現で請求項中に特定された発明の技術的範囲は、明細書に記載の実施の形態の内容に左右されるもので、多様な機能実現手段を記載することで機能で特定された範囲に限りなく近づくといえる。

(H) 記載の程度（実施可能要件）

　発明の実施の形態は、その発明の属する技術の分野における通常の知識を有する者（当業者）がその実施をすることができる程度に明確かつ十分に説明しておく必要がある（法第36条第4項第1号）。言い換えれば、当業者が発明を実施することができないような記載は不明確で不十分であり、この要件を満たさない。

　この実施可能要件の基本事項については、本章で既に説明した。この要件を満たすためのポイントは、新規な部分を詳しく説明することである。例えばブロック図を参照してある電子装置の構成を説明する場合、新たに創作した部分のブロックの具体的な内部構成が説明されていないと、たとえ電子装置の上位概念は理解できても、実施可能要件を満たすとはいえない。よって、新たに創作したブロック部分内部の一構成例及びその動作を説明する。新規ブロックの内部を具体的に説明することで、既存部分との結合関係も具体的に記載しておく。

(I) 請求項に記載の事項は図示して説明する

　電気や機械の分野では、請求項に記載の技術的要素をできるだけ図示することが好ましい。この場合、発明の要旨のみを図示するだけでは不十分である。例えば新規な回路XとYを具備するテレビを「回路Xと回路Yを有するテレビ」と請求項で特定した場合、回路Xと回路Yのみを図示するのではなく、テレビの全体構成を簡略に示す図が必要である。ただし、回路Xと回路Y以外の要素が技術常識の範疇であれば、これら公知の要素を図を参照して詳細に説明する必要はない。これに対し、回路Xと回路Yは新規な要素であ

第Ⅲ章　特許明細書作成

り、テレビ内部の他の要素との関連性（位置付け）、具体的回路構成、動作などを図面を参照して詳述する必要がある。新規な部分の説明は、様々な図面を参照して行うことが望ましい。

　製品の形態は図示する。例えば新規な増幅回路が物として最小単位であるとすると、この増幅回路を具備した回路基板、半導体チップ、テレビや電話などの装置の請求項を作成した場合には、これらを図示する。

(J)　**用語を定義する**

　発明が属する技術分野でごく一般的に用いられる語句や用語であって、それらを本来の意味通りに明細書で用いるのであれば、いちいち定義をしなくてよい。例えば「電界効果トランジスタ」や「CMOSインバータ」などは半導体の分野ではごく一般的な用語であり、いちいち定義しなくてよい。これに対し、一般的でない用語、通常の意味とは異なる意味で用いる用語、新たに創作した技術用語、その定義を説明することで発明や実施の形態の理解を助けると思われる用語などは、明細書中に定義しておく。特許発明の技術的範囲を定める際には、明細書及び図面を参照して、用語の意義を解釈する（法第70条第2項）。よって、明細書における用語の定義は極めて重要である。用語の定義がないと、請求項中の事項が不明確であると判断され、特許発明の技術的範囲が狭く、又は本来の意味とは異なる意味に解釈される可能性がある。この点が争いとなった事例は数多くある。

　なお、従来の技術を説明する上で用語の定義が必要であれば、「背景技術」の項で行う。

(K)　**新規事項の追加禁止規定を考慮する**

　法第17条の2第3項によって、新規事項の追加は禁止されており、補正が認められるのは、「当初明細書等の記載から自明な事項」の範囲内である。明細書及び図面、特に発明の実施の形態の説明は、この点を考慮して記載する。

　「当初明細書等の記載から自明な事項」とは、当初明細書等に記載がなくても、これに接した当業者であれば、出願時の技術常識に照らして、その意

味であることが明らかであり、その事項がそこに記載されているのと同然であると理解される事項である。この意味で、明細書等の記載に際して、当分野の技術常識を把握しておくことが必要になる。

ただし、当業者に自明であれば当初明細書等に記載のないものでも補正ができるからといって、安易に考えるべきではなかろう。新規事項追加の判断基準は国によって異なり、外国出願を考慮すると、発明の要旨に関連する事項については、将来の補正の可能性も考慮に入れて、必要かつ十分に記載するのが望ましい。

特許明細書作成者としては、新規事項追加禁止規定を「当初明細書等に記載されていない事項は補正で追加することはできない」と理解しておくのが無難である。この観点からも、請求項の記載と関連する事項については、筆を尽くす必要がある。

審査ハンドブックには、次の事例が掲載されている（附属書A　新規事項を追加する補正に関する事例集（事例18））。出願当初の特許請求の範囲及び発明の詳細な説明に記載の「導電板」を「銅板」に補正することに関し、「導電板として銅板を用いることは、普通に知られていることではあるが、当初明細書等のいずれの箇所にも『銅板』についての記載はない。そして、出願時の技術常識に照らせば、一般に、ロータリースイッチのセレクタの表面に貼り付けられる導電板には、目的に応じて銅、銅合金、銀などの金属板が使われ、金めっきされることもある。そうすると、当初明細書等に記載した『導電板』が『銅板』を意味することが当業者にとって自明であるとはいえない。さらに、この補正が新たな技術的事項を導入するものではないといえる特段の事情も見いだせない」

したがって、この補正は、当初明細書等に記載した事項の範囲内においてするものといえない。（図参照）

第Ⅲ章

第Ⅲ章 特許明細書作成

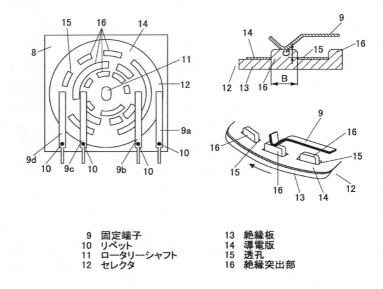

| | | | |
|---|---|---|---|
| 9 | 固定端子 | 13 | 絶縁板 |
| 10 | リベット | 14 | 導電版 |
| 11 | ロータリーシャフト | 15 | 透孔 |
| 12 | セレクタ | 16 | 絶縁突出部 |

(L) 実施の形態の組合せ

　複数の実施の形態を説明した後に、これらを以下に示すように組み合わせることが可能であれば、その組合せの説明が必要である。これにより、請求項に係る発明の実施の形態の豊富化を図ることができる。
　(a)　複数の実施の形態を組み合わせる場合
　(b)　複数の実施の形態を部分的に組み合わせる場合
　(c)　ある実施の形態の一部を別の実施の形態の要素で置き換える場合
　実施の形態を個々に説明しただけでは、上記のような組合せを記載したことにはならない。必要な組合せは、当業者が実施できる程度に明確かつ十分な記載をもって説明する。ただし、既に説明済みの事項を再度説明するのは冗長なので省略する。また、必要に応じて、図面を参照することが望ましい。
　また、同じような例として、実施の形態を一通り説明した後に、発明の適用可能性について記載する場合がある。例えば「なお、本発明をガソリンエンジンに適用した実施の形態を説明したが、ディーゼルエンジンにも同様

に適用できる」なる記載である。ガソリンエンジンに適用した実施の形態と同じようにディーゼルエンジンにも適用できるのであれば、上記なお書きの記載は意義がある。この記載がないと、第三者は適当な理由を付けて、「ディーゼルエンジンへの適用は特許発明の技術的範囲に属しない」と主張する可能性がある。なお、ディーゼルエンジンへの適用に際しては、ガソリンエンジンへの適用とは異なる固有の事項が存在するのであれば、それが説明されていなければならないので、上記の説明で足りるとは限らない。

また、ディーゼルエンジンに適用することができる点を記載することは、網羅的な技術が記載されることとなるため、出願書類の特許公報の技術文献としての価値を高めることにもなる。

(M) 実験の記載

発明の効果や数値限定の根拠を説明するために、実験及び実験結果を記載することは有意義である。この場合、実験は、特許を受けようとする発明に符合していなければならない。例えばある回路の周波数特性を実験で検証する場合、その回路が要素A、B及びCを有すると請求項で特定されていれば、実験で用いられた回路も要素A、B及びCを有するものでなければならない。もし請求項に記載の要素が上位概念で特定されていれば、実験で用いられた回路の要素との対応関係を説明しておく。また、要素Aがある条件（例えば電圧範囲）を規定しているのであれば、実験での条件も当然に要素Aと符合している必要がある。さらに、実験が発明の一部に関する場合には、その実験結果で主張できる事項が発明の他の部分にも同様にいえるとの合理的な説明が必要である。

さらに、数値限定の根拠となる実験は、数値限定の技術的意義を主張できるものでなければならない。ある一点の実験データを根拠に、数値限定に幅（ある範囲）を持たせることはできない。数値限定を複数段階で規定する場合には、それぞれの技術的意義を説明できる実験結果を記載する。数値限定の範囲が実験結果から直接いえる範囲よりも広い場合には、その合理的説明が必要である。

第Ⅲ章　特許明細書作成

　明細書の記載と請求項に記載の数値限定との関係は、様々な局面で問題となりやすいので、十分な注意を払う。

　実験の説明は、どのような装置を用いどのような条件でどのような操作を行ったのかを詳細に記載する。実験の説明が不十分であると、実験結果に基づき主張しようとする事項が不明瞭となってしまう。

(N)　実施例

　実施例は、発明の実施の形態をより具体的に特定したもので、例えば電気回路であれば、各回路素子の具体的数値（抵抗値や容量値など）を明らかにしたものといえる。発明の効果を説明するために実験を行う場合には、実施例を実験の対象とする。電気の分野では、発明の実施の形態を説明するだけで十分である。具体的数値はノウハウに関する事項の場合もあるので、わざわざ明細書で明らかにしなくてよい。もちろん、数値限定を要旨とする発明では、具体的な数値に技術的意義が存在するので、数値に関する説明をする。

　一般に、効果の予測の困難な化学の分野においては、当業者がその実施をすることができるためには、通常少なくとも一つの代表的な実施例が必要である。また、化学物質の発明の場合は、化学物質そのものを、化学物質名又は化学構造式等により特定することが必要である。また、少なくとも一つの化学物質の製造方法、同定資料（融点、沸点等その物質を特定するための資料）及び用途を、当業者がその実施をすることができる程度に、発明の詳細な説明に記載する。

　なお、後述する「第Ⅴ章１．(5)③　実施例」も参照されたい。

２．(1)　⑦　【産業上の利用可能性】

　この欄には、特許を受けようとする発明が産業上利用することが明らかでないときに、適用可能と思われる分野、用途、有用性などを記載する。例えば特定の化合物や組成物に関して、「医薬品製造、研究用試薬の製造などに幅広く利用できる」「関節障害を予防、治療する医薬製剤として使用できる他、製菓錠剤や健康補助食品としても利用できる」のように、記載する。

この欄への記載は必須ではなく、発明の産業上の利用可能性は自明なので、記載を必要としない場合が多い。

## 2.(2) 特許請求の範囲の書き方

特許請求の範囲を記載する上で考慮すべき点について、発明を把握する際の基本的事項、権利行使を考えた場合の基本的事項、及び記載上の基本的事項に分けて説明する。なお、後述する「第Ⅴ章2.(1) 特許請求の範囲の記載について（特許請求の範囲の特定の仕方）」も参照されたい。

## 2.(2) ① 発明を把握する際の基本的事項
### (A) 発明が解決しようとする課題を検討・整理する

発明は、ある課題を解決するための技術的思想の創作である。通常、発明の課題は、従来技術の問題点を解決することにある。発明者が、従来技術のどのような問題点を解決しようとしたかを正確に理解し、整理する。例えば発明者が複数の課題を解決することを意図していた場合には、これらの課題の関係を整理する。これにより、課題を階層的かつ多面的に展開して把握できるであろう。複数の課題はそれぞれ独立したものとして認識することができるのか、ある課題を前提にした付加的なものなのか、各課題の上位概念的な課題は存在するのか等を検討する。例えば従来の増幅回路に対し、増幅率の向上及び消費電力の低減を図ることを課題としていた場合、この2つの課題を同時に解決することに意味があるのか、いずれか一方の課題を解決することでも意味があるのかを検討する。

逆に発明の内容から従来技術の問題点を検討し、整理することもあろう。例えば発明の創作過程では意識されておらず、特許調査で新たに発見された従来技術の方が、発明の創作過程で認識されていた従来技術よりも発明に近い場合には、新たな従来技術と本発明との差を認識し、その差に基づいて発明が解決できる従来技術の問題点は何かを検討する。

また、課題を特定し難い場合もある。例えばパイオニア的な発明では、適当な従来技術が存在しない場合がある。また、従来技術に発明が解決すべき

第Ⅲ章　特許明細書作成

課題があるというわけではなく、その従来技術とは異なる手段で同じような効果を得ることを意図した発明もあろう。更には発明者が適当な従来技術を知らない場合もある。これらの場合には、従来技術の問題点を解決するという捉え方ではなく、その発明で実現しようとしていることを課題とすればよい。

このように、発明の本質を的確に把握し、発明の最上位概念を特定するための作業の一つであるとの位置付けで、課題を検討、整理する。

(B)　**課題を解決するために最小限必要な技術的要素は何かを検討する**

課題を解決するために最小限必要な技術的要素は何かを検討する。課題が複数ある場合には、課題ごとに検討する。技術的要素の特定は、どのような記述方法であっても構わない。この検討で大切なことは、課題を解決するのに直接必要のない事項を排除することにある。

例えば発明が情報通信端末の増幅回路の消費電力を削減することを課題としている場合、この課題を解決するために必要な増幅回路の技術的要素のみを特定すべきであって、消費電力の削減という課題に直接関係のない増幅回路の回路素子等は排除する。仮に実際の増幅回路を構成するために必要であっても、従来からある回路素子や、回路動作の安定化等、別の技術的意義を持つ回路素子等は排除する。また、増幅回路が情報通信端末用であるからといって、情報通信端末の液晶パネルや他の電子回路を最小限必要な技術的要素とはしない。液晶パネルや他の電子回路は、増幅回路の消費電力を削減するという発明の課題に寄与しないからである。

なお、この検討で特定した最小限必要な技術的要素は、飽くまでも純粋な技術的視点から課題を解決するためのものであって、発明を実施する形態や製品の形態を考慮した場合には、この検討で特定した要素を修正、変更する必要が出てくる。

(C)　**最小限必要な技術的要素を特定するための技術的視点を複数検討する**

課題を解決するために最小限必要な技術的要素を特定するための技術的視

点を複数検討する。すなわち、異なる技術的視点から多面的に発明を認識することが必要である。例えば新しい増幅回路を創作した場合、この増幅回路を構成する技術的要素を特定するための技術的視点はいろいろ考えられる。増幅回路を構成する回路素子に着目すれば、課題を解決するために最小限必要な回路素子が特定できる。増幅回路の動作に着目しても、課題を解決するために最小限必要な事項を特定できる。増幅回路の特性のあるパラメータでも特定できるであろう。

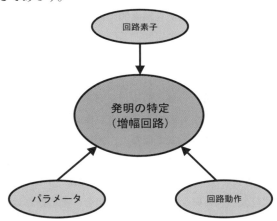

　このように、課題を解決するために最小限必要な技術的要素を特定するための技術的視点を複数検討することには、次の意義がある。
(a)　発明の技術的要素を1つの技術的視点のみで的確に特定するのは、困難な場合が多い。特許発明を特定する技術的視点が的確でなく、権利行使に支障を来した事例は数多くある。明細書作成時に最良と判断した技術的視点に基づき発明を特定しても、その後の様々な状況から最良とはいえなくなってしまうこともあり得る。
(b)　同じ発明でも、異なる技術的視点で発明を特定すれば、異なる技術的範囲となることがある。この場合、ある技術的視点に基づき特定した発明の技術的範囲には属しない第三者の製品が、別の技術的視点に基づき特定した発明の技術的範囲に属する場合があり得る。例えば第三者の製品は回路素子に

着目して特定した発明の技術的範囲には属しないが、機能に着目して特定した発明の技術的範囲に属する場合があり得る。

(c) 第三者の製品が特許発明の技術的範囲に属するかどうかの判断をしやすい技術的視点と、その判断が困難な技術的視点とがある。一般に、視覚的に確認できる技術的視点で技術的要素を特定する方が、そうでない特定の仕方よりも好ましい。

(C) **上位、中位、下位概念で発明を階層的に展開する**

特許請求の範囲では、発明を階層的に展開するのが望ましい。つまり、発明を上位概念、中位概念及び下位概念で捉え、それぞれに対応する請求項を作成することを検討する。

上位概念の請求項は、発明の基本的原理を認識し、発明を特定する各技術的要素も上位概念で記載したものである。上位概念とは、実施の形態や実施例に記載した具体的な技術的要素ではなく、複数の具体的な技術的要素を包含する概念をいう。この複数の具体的な技術的要素は、上位概念に対する下位の概念となる。また、上位概念と下位概念との間に、下位概念を包含し、かつ、上位概念に包含される概念を定義できる場合、その概念は中位概念となる。

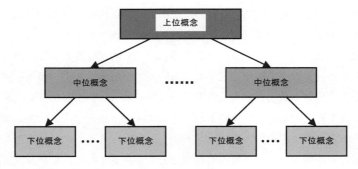

例えば上位概念の請求項が技術的要素A、B及びCを規定している場合、中位概念の請求項は、「AはA1である」「BはB1及びB2を有する」などの内容を規定する。下位概念の請求項は、中位概念を技術的に限定する内容を

含む請求項といえる。例えば「A1はa1及びa2を含む」「Dはd1、d2及びd3を含む」などの内容を規定する。下位概念は、発明の実施の形態又は実施例に相当する内容と考えてよい。中位概念は、幾つかの実施の形態に共通の概念であるともいえる。階層のレベルは上位、中位及び下位の3つに限定されるものではなく、任意である。また、階層のレベルが低くなるに従い、発明の技術的範囲は狭くなる。

　このように、従属項を設けて請求項を階層的に展開する理由は幾つかある。

　第1に、可能な限り広い権利の権利化を図ることができる。審査官は、請求項に係る発明ごとに、新規性及び進歩性を判断する。審査官が上位概念の発明に拒絶の理由を発見しない場合、最も広い技術的範囲の発明を権利化できる。また、例えば審査官が上位概念の請求項に係る発明のみが拒絶理由を有すると認めた場合には、この請求項のみが拒絶すべきものと認められるとの見解が示される。換言すれば、審査官は、上位概念の請求項以外の中位概念や下位概念の請求項に係る発明については、拒絶理由を発見しないとの見解を示している。出願人が、上位概念の請求項に係る発明の権利化を断念し、中位概念以下の請求項で権利化を図るとの判断を下した場合には、拒絶理由通知に対する応答として、上位概念の請求項を削除すればよい。また、上位概念での権利化は断念するにしても、拒絶理由を発見しないとの見解が示された中位概念での権利化でよいかどうかを検討することができる。実務上、拒絶理由を解消できない上位概念と拒絶理由を発見しないとの見解が示された中位概念との間の技術的事項を拒絶された上位概念の請求項に加えることや、中位概念の記載を変更することによって、拒絶理由を解消できないかどうかを検討することは有益である。これに対し、特許請求の範囲が上位概念の請求項のみで構成されている場合には、拒絶理由を解消するためにはどの程度の限定事項を加えるかを検討する。また、この限定事項に対する審査官の見解は、次の拒絶理由（もちろん、特許査定の場合もある）で示される。

　第2に、補正に関する新規事項の追加禁止規定にあらかじめ対応するためである。

　平成27年9月に改訂された審査基準の「第Ⅳ部　明細書、特許請求の範囲

又は図面の補正」によれば、新規事項追加であるとして許されない補正は、「当初明細書等に記載した事項」の範囲を超える内容を含む補正である。例えば当初明細書には、弾性支持体の特定の具体例について開示されることなく、弾性支持体を備えた装置が記載されているが、図面の記載及び技術常識からみて、当業者であれば、「弾性支持体」とされているものは当然に「つるまきバネ」を意味しているものと理解できるという場合には、「弾性支持体」を「つるまきバネ」にする補正が許される。

また、新規事項の判断の詳細については、審査基準第Ⅳ部を参照されたい。

第3に、最後の拒絶理由通知に対する応答としての補正は、法第17条の2第5項各号に掲げる事項を目的とするものに限られ、請求項を実質的に追加する補正は認められない。したがって、特許が認められる可能性がある中位概念又は下位概念の従属項を、出願当初又は遅くとも最後の拒絶理由が通知される前までに記載しておくことが望ましい。

第4に、権利取得後の対応である。特許を取得した後、訂正請求あるいは訂正審判の必要性がある場合に、その対応が容易となる。問題となる請求項を単に削除すればよい。たとえ異議理由や無効理由を有する請求項が含まれていても、他の請求項は有効であり、権利行使に大きな支障はない。

第5に、侵害の特定がしやすくなる。例えば上位概念の技術的要素Aが作用的に記載されているが、中位概念の技術的要素でAは部品A1であると規定されていれば、侵害品が部品A1を具備しているかどうかを調べればよい。侵害品が作用的な技術的要素Aを具備しているかどうかを調べるよりも、侵害の特定が容易であろう。

(E) 上位概念の階層レベルで発明を多面的に展開する

有効な特許権を取得するには、1つの主題を階層的に展開することに加え、この主題を上位概念の階層レベルで多面的に展開することを検討する。例えば増幅回路という1つの主題を発明として捉えるだけではなく、信号を増幅する方法の発明として捉えることを検討する。また、用途や使用方法も含めて多様なカテゴリーの請求項を検討する。さらに、増幅回路をICチップ上

に形成する場合には、その製造方法まで検討してもよい。逆に方法の発明を最初に検討した場合には、物の発明として捉えられないかを検討する。

　すなわち、異なるカテゴリーを検討するのである。この理由は、第三者のあらゆる実施行為に特許権が漏れなく及ぶようにするためである。特に現実問題として、物の発明では予測していなかった限定要素が請求項に含まれており、他社製品がその技術的範囲に属するかどうかが疑わしいが、方法の発明の技術的範囲に属するような場合があり得る。例えば他社製品は請求項に記載の増幅回路の技術的範囲に属しないが、別の請求項に記載の増幅方法と同じ方法を用いている場合である。方法の発明の実施はその方法を使用することなので、その製品を製造販売する他社に特許権を主張できるかどうかは問題のあるところであるが、業として方法発明を実施する第三者には権利主張が可能となる。このように、異なるカテゴリーの請求項を検討することは、広範な権利取得に欠かせない。

　また、同一カテゴリー内で、発明の主題を多面的に展開できないかを検討する。具体的には、物の発明が成立する最小単位を出発点として、これより大きな単位で発明を物の発明として捉えられないかを検討する。この単位とは、製品の形態に直結すると考えてよい。例えば新規な増幅回路が物として最小単位であるとすると、この増幅回路を具備した回路基板、半導体チップ、コンピュータや携帯電話などの装置の請求項を検討する。回路基板や半導体チップなどは、増幅回路に別の技術的要素を付加することで定義されるものなので、この意味では増幅回路に対して中位、下位概念に位置付けられるともいえる。しかしながら、増幅回路の技術的要素を増幅回路の範囲内で限定していくのとは異なり、増幅回路とは異なる単位で発明を特定するところに意義がある。

(F)　**特許が認められない発明のカテゴリーの検討**

　人間を手術、治療又は診断する方法の発明（医療行為の発明）は、「産業上利用することができる発明」には該当しないので、そのような発明を請求項に記載しても、日本では特許を受けることはできない（欧州においても特

許を受けることはできないが、米国では特許性が認められている。）。

　しかし、そのような医療行為の発明でも、発明によっては、医療機器等の「物の発明」又は「医療機器の作動方法の発明」として権利化できる場合があるので、医療行為の発明だからといって諦めないで、「物の発明」又は「医療機器の作動方法の発明」で特許取得可能か否かを検討する。

## ２．(2) ② 権利行使を考慮した基本的事項
### (A) 最小限必要な技術的要素を実施する形態（製品）と関係付ける

　先に説明したように、特許権は、特許権者が業として特許発明の実施をする権利を専有するものであるから、特許発明を実施する形態を考察して請求項を作成する。異なる技術的視点に基づいた複数の方法を駆使して最小限必要な技術的要素を特定しても、実施の形態に合致していないのであれば、権利行使に支障を来す。特許発明を実施する形態を考察することは、権利行使を考えた請求項作成の一つの手法である。以下、例を幾つか挙げる。

（例１）

　例えばパソコンを用いた画像処理法により、ディスプレー上に３次元の画像表示を可能にする発明がなされたとする。この場合、画像処理法に必要な技術的要素に加え、３次元の画像を表示するための「ディスプレー」なる要素を有するデータ処理装置の請求項は、製品との関係で問題となる場合がある。確かにユーザがこの発明を使用する場合には、ディスプレーを用いるであろう。しかし、通常、画像処理法を実行するパソコン本体とディスプレーに別々の製品である。したがって、上記請求項に記載の発明は、ディスプレーとパソコン本体が一体となった装置を含むが、画像処理法のプログラムを内蔵するメモリや画像処理法を行うハードウエアを内蔵するようなパソコン本体を含まない。パソコン本体を直接保護するためには、上記ディスプレーを有しない請求項が必要である。

（例２）

　また、上記の例において、発明である画像処理法をコンピュータのソフトウエアが実行するものとする。この場合、上記データ処理装置の請求項は、

このソフトウエアがプリインストールされたパソコン本体を保護できる。しかし、そのソフトウエアがパッケージソフトとして製造、販売された場合には、上記請求項はパッケージソフトを保護しているとはいえない。後述するように、「コンピュータ読み取り可能な記録媒体」又は「コンピュータに〜を実行させるためのプログラム」の請求項が必要になる。第三者が画像処理のプログラムを格納した記録媒体を製造、販売している場合は、コンピュータ読み取り可能な記録媒体やプログラムの請求項で権利行使できる。第三者がインターネットを通じて画像処理プログラムを配信している場合には、プログラムの請求項で権利行使できる。また、発明の保護の多様化を図るために、コンピュータ読み取り可能な記録媒体やプログラムの請求項だけでなく、装置又は方法も加えておくことを考慮することが重要である。

（例3）

　技術的要素A、B、C及びDを有するある電子装置の発明を考える。発明の課題を解決するためには、技術的にみて、この4つの技術的要素A〜Dが必須である。したがって、「A、B、C及びDを有する電子装置」の請求項で問題はない。ところが、製品との関係を考えた場合、この請求項では、発明を有効に保護できない可能性がある。例えば技術的要素A、B及びCは1つのICチップ上に形成されているが、技術的要素Dはこのチップの外部接続端子に接続される（いわゆる、外付け）ものとする。この場合、実際の装置として動作させるためには、ICチップの端子に技術的要素D（例えば抵抗、コイル又はコンデンサなどの回路素子）を接続する必要がある。このICチップを第三者が製造、販売していても、技術的要素Dを有する上記請求項では権利行使に支障が生ずる。なぜならば、ICチップは技術的要素Dを具備しないからである。すなわち、ICチップは上記請求項に係る発明の技術的範囲に属しない。

　特許法には、いわゆる間接侵害なるものが定義されている（法第101条）。しかしながら、実際問題として、間接侵害を主張して特許権を行使することには困難を伴う場合が少なくない。請求項を文言通り解釈した場合に、侵害品が特許発明の技術的範囲に属すると主張できることが望ましい。この観点

### 第Ⅲ章　特許明細書作成

からすると、上記の例では、請求項に技術的要素Dを含まない請求項の作成が新たに必要となる。だからといって、「A、B及びCを有する電子装置」では、発明の課題を解決することができない。そこで、A、B及びCを有するICチップを保護する請求項の作成を次のように検討する。

例えば図示のような場合、次のような請求項を検討する。

(a)　Aと、Bと、CとにDを接続可能な端子Eを有する電子装置。
(b)　A、B及びDに信号を供給するCを有する電子装置。
(c)　Dを含む回路を構成するための電子装置であって、A、B及びCを有する電子装置。

上記のように、商業上、技術的要素Dを具備しないICチップが製造、販売される場合には、技術的要素Dを直接的に有していない請求項が必要である。

このように、課題を解決するために最小限必要な技術的要素を規定した請求項のみでは、有効な特許権を取得することができない可能性がある。常に製品の形態との関係を考慮する。製品の形態は一通りではないであろうし、また、自社製品の現在の仕様規格のみならず、将来可能性のある製品の仕様も考慮する必要があろう。また、同様に他社の動向にも注意する。自社では、将来とも技術的要素DのみをICチップの外部部品として扱うからといって、他社がそうであるとは限らない。例えば他社が、技術的要素CとD双方をICチップの外部部品として扱うことが想定されるのならば、それ相応の請求項が必要となる。

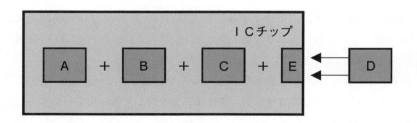

すなわち、実際の仕様に対応した請求項しかないような特許請求の範囲では、有効な特許権とはなり得ない場合がある。課題を解決するために最小限必要な技術的要素を規定した請求項と、予想される製品に対応した請求項の両方が必要となる。

(例4)

通信関係の分野では、いわゆる通信システムの発明がある。通信システムとは、物理的に離れている技術的要素が一体的に機能するようなものである。例えば送信機と受信機とを有する通信システムである。「送信機及び受信機を有する通信システム」なる請求項は、通信システムを持ちサービスを提供する通信業者に対しては有効である。しかしながら、この請求項は通信システムで用いられる送信機や受信機のみの発明を特定したものではないので、これらの一方のみを製造、販売等する業者に対して直接侵害を主張できない。また、請求項を構成する受信機（端末）が国内にあり、送信機（サーバ）が海外にあるような国境をまたがった実施の場合は、域外適用の問題といわれ、たとえ侵害者が受信機と送信機の双方を所有している場合であっても、一般には、侵害者に対して直接侵害を問えないので注意を要する。したがって、この例の場合は、送信機と受信機の双方を含む通信システムの請求項に加え、送信機の請求項と受信機の請求項をそれぞれ作成することが権利行使の観点から重要である。

(例5)

交換可能な新規なインクカートリッジを具備したプリンタの発明では、少なくとも「インクカートリッジを具備したプリンタ」の請求項、「インクカートリッジを積極的な技術的要素としない（カートリッジを有するとは積極的に規定していない）プリンタ本体」の請求項、及び「インクカートリッジ」の請求項の3通りを検討する。「インクカートリッジを積極的な技術的要素としないプリンタ」の請求項は、インクカートリッジとこれが装着されていないプリンタ本体とを別々の業者が製造し、販売業者がこれらを梱包して販売する場合に有効であろう。インクカートリッジが装着されていないプリンタ本体も製品として取り扱われているのであるから、「インクカート

第Ⅲ章　特許明細書作成

リッジを積極的な技術的要素としないプリンタ本体」の請求項を検討する価値はある。

また、インクカートリッジであっても、インクを充填した態様の請求項についても検討する。なお、この点は後述する権利行使先を考慮した請求項の作成にも関係している。

（例6）

電気回路の発明の構成は回路図を参照して説明でき、動作は波形図又はタイミングチャートを用いて説明できる。この回路図に示される電気回路の構成は、発明を実施した実際の回路に直接関係するとは限らない。例えば回路図上では1つの記号で表される1素子でも、実際の回路では、技術的な理由から、複数の素子を直列に接続して構成することが要求されるような場合がある。つまり、発明を実施する際に考慮すべき特有のポイントがあるかどうかを考察する。

(B)　権利行使先を考慮する

権利行使先を考慮して請求項を作成する。特に複数の異なる業種の相手先に権利行使できるように特許請求の範囲を作成することが大切である。権利行使先の考慮を怠ると、第三者に対して有効に権利を行使できない場合が生ずる。

（例1）

送信機用のある電子部品（例えば水晶振動子）を発明したとする。当然にこの電子部品を構成する最小限必要な事項を特定した請求項が必要である。この請求項は、この電子部品を製造、販売する者に対しては有効であるが、この電子部品と他の電子部品とを組み合わせて、1枚の回路基板（例えば水晶振動子を具備する発振回路基板）を製造、販売している業者に対してはインパクトが弱い。回路基板を製造、販売している業者に権利侵害を主張しても、「当社は回路基板を製造、販売しているのであって、電子部品を製造、販売はしていない。電子部品を製造、販売しているのはZ社である。当社はZ社から電子部品を正当に購入しており、購入価格にはこの特許の実施

料相当分が含まれている」と主張されてしまうであろう。

しかしながら、「上記電子部品を有する回路基板」の請求項があると、製造、販売されている回路基板は、その請求項に記載の発明そのものである。したがって、少なくとも上記の主張は通らない。このように、複数の異なる業種に権利を主張できるような特許請求の範囲を構築することは、実務上極めて有効なのである。

なお、この例で、「発明は飽くまで電子部品にあり、これを用いた回路基板は発明ではない」との考えや、「電子部品の特許権に関するライセンスを取得した部品メーカーから正当に取得（購入）した当該電子部品を用いて作製される回路基板についても、当該電子部品が発明の特徴部分として含まれる回路基板の特許権に基づいて実施料を支払わなければならないとすれば、実質的に実施料の二重取りであって不合理である」との見解もあるであろう。しかしながら、実際の訴訟やライセンス交渉の場で特許権がどのように行使されているかを知れば、少なくとも、「発明の特徴は電子部品にあるのであるから、電子部品の請求項だけを作成しておけばよい」との考えは、極めて危険であることが分かるであろう。複数の異なる業種に権利を主張できるような特許請求の範囲を構築することは、実務上極めて有効なのである。

（例2）

上記(A)の（例5）で挙げたプリンタの例も、権利行使先を考えれば、「インクカートリッジを積極的な技術的要素としない（カートリッジを有するとは積極的に規定していない）プリンタ本体」を製造、販売している業者も、権利行使先の一つとなり得るのであるから、プリンタ本体の請求項も作成する。

(C) **最終製品の形態を考慮する**

上記(B)で説明した電子部品とこれを有する回路基板のみならず、最終製品の形態として、この回路基板を有する装置の請求項も必要である。自社の最終製品が回路基板であっても、市場に流通する製品としての最終形態がこの回路基板を有する電子装置、例えば送信機であったら、この送信機の請求項も必要であろう。最終製品の形態は確実に公然と実施される形態であるとい

第Ⅲ章　特許明細書作成

える。他社が電子部品、これを有する回路基板、及び送信機の全てを他社内で製造している場合には、他社製品は送信機であり、回路基板は中間製品でしかない。この送信機は、電子部品及び回路基板を使用しているのであるから、権利侵害であることには変わりがないが、特許された電子部品や回路基板を利用した送信機の位置付けと、特許された送信機そのものの位置付けでは、実際問題としてその取扱いに大きな違いがある。よって、市場で取引される製品の最終形態に対応する請求項が必要である。

なお、市場で取引される製品の最終形態に対応する請求項を設ける場合には、発明が適用される最終製品の形態や動作について明細書の「発明を実施するための形態」において説明する必要がある。

(D)　高い実施料が得られるような請求項を検討する

請求項の内容によって、同じ発明でも、ライセンスの実施料が異なる場合がある。

（例１）

例えば発明の特徴がある製品の部品にあり、また、実施料（権利者に支払う金額）の算定基準を工場出荷価格に対する料率に設定した場合を考える。特許発明がその部品に係る場合、この部品の価格に料率を掛けて実施料を算定する。特許発明がこの部品を用いた装置（完成品）に係る場合、この製品の価格に料率を掛けて実施料を算定する。この場合、部品の価格に対する料率と完成品の価格に対する料率とは、通常異なる。発明の特徴が部品にあるので、装置全体に対する特許発明の貢献度又は寄与度が考慮されるからである。例えば部品の価格に対する料率が１％であるとし、製品の価格に対する料率が0.3％であるとする。価格の差が直接実施料の差に反映されるとは、一概には言えないが、一般的には、部品の価格に料率を掛けて得られる実施料よりも、製品の価格に料率を掛けて得られる実施料の方が高額になる場合が多い。よって、たとえ発明の特徴が部品にあっても、この部品を用いた中間的製品や最終形態の製品を規定する請求項を追加的に作成することは有益である。

(例2)

　製品を構成する要素が価格に占める割合を考慮する。例えばある半導体製品がセラミックパッケージを具備しており、その半導体製品の価格の2分の1がセラミックパッケージの形成に要する費用であると仮定する。発明は、セラミックパッケージとは無関係の半導体チップ上に形成される内部回路の構成にあるとする。セラミックパッケージそのものは公知なので、いずれの請求項にもセラミックパッケージを発明の技術的要素とする記載はないものとする。実施料の算定を価格ベースで行う場合、セラミックパッケージを技術的要素とする請求項がないので、セラミックパッケージを形成するに要するコストを除いた価格を実施料算出の基準に設定することが考えられる。セラミックパッケージを技術的要素とする請求項があれば、セラミックパッケージを含む価格が実施料算定の基準になり得る。もちろん、価格に対する特許の貢献度が併せて検討されるであろう。いずれにしても、価格に大きく寄与する要素を請求項に記載することは有益である。

　なお、セラミックパッケージを技術的要素とする請求項の作成が必要なことは、前記(C)で説明した最終製品の形態を考慮することからも導かれる。

(E) 発明の実施（侵害）を立証しやすいかどうかを検討する

　侵害訴訟では、特許権者は侵害者が特許発明を業として実施（侵害）していることを立証しなければならない。特許権者と侵害者とのライセンス交渉でも同様である。この観点からいえば、特許発明の実施（侵害）をできる限り外部から容易に確認できるように請求項を作成することが必要である。侵害立証容易性については、例えば次のように分類できる

① 容易に侵害立証できる
② 侵害品を分解・解析・リバースエンジニアリングすれば、侵害立証できる
③ 侵害立証は困難

　特許発明が上記①～③のいずれに該当するかは、発明自体の内容によるところが大きいが、請求項の記載の仕方にも大きく左右される。請求項を作成

する際には、②の発明の記載を工夫して①に仕立て上げる、③の発明の記載を工夫して②に仕立て上げることが求められる。

　侵害立証しやすい請求項を作成するためには、まず、発明者・知財部門の担当者との面談において、他社が技術論文やウェブサイトにおいてどの程度まで技術情報を開示しそうか、他社の展示製品で分かることはどこまでか、他社の製品を分解して解析できる範囲はどこまでか等を確認し、発明が①～③のいずれに該当するか目星を付ける。

　一般に、物の発明は比較的侵害立証がしやすい。請求項を作成する際には、請求項１からいきなり物の内部の複雑な構造を規定することなく、できる限り外部から一見して認識することができる構成のみを記載し、①の容易に侵害立証できる請求項にすべきである。物の発明でも、発明を特定する技術的視点に応じて侵害を立証しやすい場合と、立証しにくい場合とがある。例えば電気回路では、電気回路を構成する回路素子の接続関係で発明を特定した方が、その作用的な記載や電流、電圧、周波数等のパラメータで発明を特定するよりも、外部から発明の実施を容易に確認できる場合が多い。回路基板を見たときの外観を意識して、回路素子の接続関係を規定することが望ましい。回路素子の接続関係で請求項を規定できれば、それは上記①の容易に侵害立証できる請求項である。回路素子の接続関係で発明の特徴を出せない場合には、電気回路を作用的に規定する。この際、回路内部の電流、電圧、周波数等のパラメータではなく、「入力端子に～信号が入力されると、出力端子に第一電圧が出力される」のような、外部とのインターフェースを意識した請求項を規定するよう努力する。そのような請求項は、上記②の中でも比較的容易な解析で侵害立証できる請求項である。

　プログラム関連発明においては、発明のポイントがプログラムの内部処理にある場合に、その内部処理を忠実に規定した請求項は、膨大な時間をかけて侵害品のソースコードまで解明しなければ侵害を立証できないから、上記③の侵害立証を行うことが困難な請求項である。特にプログラムを機能的に表現して、機能ブロック図に現れる「～部」を構成要件とする請求項、例えば「○○を判定する判定部、□□を特定する特定部、前記判定部の判定結果

と特定部の特定結果から△△を表示する処理部、」のような請求項では、構成要件である「判定部」「特定部」のそれぞれが侵害品であるプログラムのどこに対応するのかを立証することが困難である。このような場合には、物理的な実体ではない仮想的な「判定部」「特定部」を構成要件として列挙することなく、例えば「○○の判定結果と□□の特定結果から△△を表示する処理部」等と記載することを検討すべきである。すなわち、プログラムの内部処理の内容が可視化される情報に現れる場合には、内部処理そのものは特定せずに可視化される情報を特定した請求項を検討すべきである。

特にタッチパネルなどの操作に関連するユーザーインターフェースに係る請求項は、コンピュータ内でのプログラムの内部動作に係る請求項よりも、外部から侵害を容易に確認できる場合が多い。プログラムの内部動作に拘泥することなく、ユーザーインターフェースに関する請求項を積極的に作成すべきである。

ところで、上記のように侵害立証容易性に着目した場合、発明者が発明のポイントと考えている内部処理が、侵害立証容易性を考慮して記載した請求項に現れないことになる。この点については、発明者にその理由を十分に説明し、納得してもらう必要がある。また、請求項において、内部処理の具体的な記載を抑えて、出力やインタフェースの記載へシフトすると、進歩性に問題がある請求項になることも多いと思われる。そのような場合には、重要発明であるほど侵害立証容易性を重視すべきであるとの観点から、進歩性についてはチャレンジングであるが、侵害立証容易な請求項をあえて作成することの意義を、発明者に十分に説明して理解してもらうことが肝要である。

方法の発明は、その実施の特定が容易でない場合が多い。特に物を生産する方法の発明では、その物がその方法で製造されたことの立証は、侵害者の工場内の製造プロセスを確認する必要があり、現実的に困難な場合が多い。物を生産する方法の発明で生産される物が新規であれば、物の発明の請求項も作成すべきである。

なお、以上は侵害立証容易な「請求項」に関する議論であって、明細書の実施形態には、物の内部の複雑な構造や、プログラムの内部処理の具体的な

第Ⅲ章　特許明細書作成

動きについて、詳細に記載すべきである。例えば侵害立証容易性を重視して内部処理の記載を抑えて出力やインターフェースの記載を前面に出した請求項では、拒絶理由通知で「請求項○○には、課題を解決するための手段が記載されていない」旨の指摘を受けることが多くなる可能性がある。このような拒絶理由に対応するため、内部処理の一部を請求項に入れる補正を行うことが考えられる。その際、内部処理が具体例や下位概念のみでしか記載されていないと、具体例や下位概念を請求項に入れざるを得なくなる。したがって、実施態様には、内部処理の内容を、段階的に、上位・中位・下位・具体例を網羅するように記載しておくことが肝要である。

　MI発明を含むAI関連発明の侵害立証容易性については、『3．(2)　AI関連発明』を参照されたい。


(F)　第三者の立場に立って特許権を回避することを考える

　常に発明者側の観点でのみ請求項を作成していたのでは、有効な権利範囲を有する請求項を作成することはできない。請求項の作成者は、第三者の立場に立ち、自ら検討、作成した請求項を回避できないかを考える。例えば請求項に記載の要素を別の要素に置き換えられないか、削除できる要素はないかなどを検討する。実際に訴訟やライセンス交渉の場で、相手方が主張すると思われることを自ら検討してみる。立場を変えて請求項を検討してみると、今まで気付かなかったことが見えてくるものである。特許発明の技術的範囲に属しなければ権利侵害にならないので、例えば請求項に不必要な限定要素と考えられる記載があるかどうかを検討する。このような検討により、不必要な限定要素の除去、上位概念の抽出、不足する請求項の作成などが可能になる。また、その請求項の発明の回避策を考えることにより、新たな発明が生まれる場合もある。


(G)　請求項の末尾も発明を特定する要素である

　請求項の末尾も発明を特定する要素である。一例として、要素A、B及びCを有するマイクロプロセッサと同じ要素A、B及びCを有するマイクロコ

ンピュータとは、完全に同じ技術的範囲を形成するのであろうか。両者とも要素Ａ、Ｂ及びＣを有するので、同一の技術的範囲を形成するように思える。しかしながら、マイクロコンピュータとマイクロプロセッサとは、異なる技術的意味（概念）を持ち、互いに区別されるものである。マイクロコンピュータは、完全なコンピュータシステムに必要な全ての論理素子を具備した単一LSIチップであり、命令を実行する演算処理装置（プロセッサ）、ROMやRAMのメモリ、データ入出力インターフェースなどから構成される。これに対し、マイクロプロセッサは飽くまでも命令を実行する演算処理装置である。すなわち、マイクロコンピュータは演算処理装置以外に、マイクロコンピュータを構成するために必要な技術的要素を含むものである。つまり、マイクロコンピュータという語句は、演算処理装置やその他の必須の技術的要素を含むと解釈される。よって、マイクロコンピュータとマイクロプロセッサとは、たとえ請求項に記載の技術的要件が同一であっても、それぞれの技術的範囲は異なるとの考え方も成り立つ。例えばマイクロコンピュータの特許権で、マイクロプロセッサを製造、販売する第三者に権利行使することには困難を伴うといえる。

なお、請求項の末尾を例えば「電子装置」や「電子デバイス」としておけば、上記の問題は起きない。

### (H) 判決例から学ぶ

特許権の侵害事件では、特許明細書の記載内容の解釈をめぐって争いのあることが多い。この意味で、特許権の侵害訴訟の判決例は、反面教師的により良い特許明細書をどのように書くべきかの示唆に富んでいる。このように特許明細書の記載内容の解釈をめぐって行われる特許権侵害訴訟の判決例を見たときに、「解釈をめぐってそのように疑義が生ずるような特許明細書を書くべきではなかった」ということをその判決例から学ぶことが多い。

後述する「第Ⅵ章５．特許請求の範囲の記載中の必要以上の限定」も参照されたい。

## 2．(2) ③　記載上の基本的事項

### (A)　明確に記載する

　特許を受けようとする発明を明確に記載することが基本である。先に、審査基準に示されている不明確な例を説明した。この項で特に強調したいのは、発明を技術的に明確に特定できる記載を心掛けるということである。明確に特定できるとは、発明を一義的に理解できることを意味する。発明が明確に特定できれば、発明の技術的範囲が明確となる。技術的に不明確な記載が請求項中にあると、発明を明確に特定できなくなり、たとえ特許権が成立しても不利な扱いを受ける場合がある。例えば発明の技術的範囲が極めて限定的に解釈されたり、時には未完成発明とみなされたりしてしまう場合がある。複数通りの意味にとれるような記載は技術的事項を明確に特定できず、広い解釈が可能な好ましい記載では決してない。

　発明を明確に特定するためには、次の点に注意する。

(a)　用語が技術的に明確であること。

(b)　技術的要素の説明が技術的に明確であること。

(c)　技術的要素相互の関係が明確であること。

　(a)の注意点に合致しない例としては、発明者が所属する企業内だけに通用する用語、特定の業界だけに通用する用語、造語、上位概念で捉えようとするあまり意味不明となってしまった用語、請求項作成者の独り善がりで他人がよく理解できない用語、異なる技術分野ごとにそれぞれ特有の意味を持つ用語が不適切に使用されている場合などがある。

　(b)の注意点に合致しない例としては、技術的に曖昧な記載、技術的に正確でない記載、発明の詳細な説明や図面と対応しない記載などがある。特に上位概念で技術的要素を記載しようとした場合に注意を要する。

　(c)の注意点に合致しない例としては、発明を複数の技術的要素で特定する場合に各要素間の関係が記載されていない場合である。発明は、複数の技術的要素が有機的に関わり合ってなるものといえるので、各技術的要素が独立して存在することはあり得ない。したがって、発明を特定できる程度に最小限必要な技術的要素間の関係を記載する。また、別の例として、「前記」な

る修飾語を用いて、既出の技術的要素を特定する場合に、前記の対象が複数あり、どれを特定しているのかが明確でない場合がある。例えば「前記回路は」との表現において、前記回路の対象となり得る回路が2つある場合、「前記回路」はどちらか一方又は両方の回路を特定しているのかが明確でない。2つの回路を「第1の回路」及び「第2の回路」とし、「前記第1の回路は…」とすれば明確である。

なお、実務上、「前記」のほかに「該」も用いる。「該」は、その直前に記載されている要素を指すときに用いられる場合が多い。これに対し、「前記」は直前に記載されてはいないが、以前に記載されている要素を指す場合に用いられる。しかし、「該」「前記」に明確な区別はないので、その区別は明細書作成者の主観による。一般に用いられるのは「前記」である。

(B) 簡潔に記載する

特許を受けようとする発明を簡潔に記載する。この点も先に説明したように、審査基準に例示がある。技術的事項を正確に記載しようとするあまり、冗長な記載になったり、発明の本質に直接関係のない事項を含んだりすることがないように注意する。前述の「(A) 明確に記載する」で説明した(a)〜(c)を簡潔に表現するように努める。

技術を正確に表現しようとするあまり、結果的に限定要素や不必要な要件を請求項の記載に含めてしまうことがないようにする。例えば用語の一つ一つをこと細かく定義したり、ある構成要件を言わんとするがために、発明の本質ではない事項を請求項の記載に含めたりすることがないようにする。いかにして、簡潔な表現で発明を明確に特定できるかがポイントであり、特許明細書作成者としての技量が問われるところとなる。この技量は、特許明細書の書き方を勉強したからといって、すぐに備わるものではない。幅広い知識と深い技術の理解、更には経験が必要である。

いかにして、簡潔な記載とするか。例えば同じ内容を重複して記載する場合のように、記載に無駄があると簡潔な表現とはならない。したがって、作成した請求項に無駄がないかどうかを検討する。無駄な記載があれば削除す

る。また、例えばある語数や行数内で発明を特定するとの目安を決め、請求項の記載ができるだけ短くなるように努めるのもよいであろう。

(C) **請求項の記載形式**

請求項の記載形式は、二部形式及び要件列挙形式に大別できる。

二部形式はジェプソン形式とも呼ばれ、「…において、…を特徴とする」の形式である。「…において」部分は前提部、前段部又はプリアンブル（Preamble）と呼ばれ、発明の従来技術、上位概念又は前提事項を記載する。「…を特徴とする」は特徴部又は後段部と呼ばれ、発明の特徴を記載する。以下に、二部形式の記載例を示す。

（例1）：回路Aを有する半導体記憶装置において、回路Bと回路Cを設けたことを特徴とする半導体記憶装置。

（例2）：ステップAを有する半導体記憶装置の製造方法において、ステップBとステップCを有することを特徴とする半導体記憶装置の製造方法。

要件列挙形式はコンプライジング（comprising）形式とも呼ばれ、技術的要素を列挙する記載形式である。以下に、要件列挙形式の記載例を示す。

（例1）：回路Aと回路Bと回路Cとを有する半導体記憶装置。

（例2）：ステップAとステップBとステップCとを有する半導体記憶装置の製造方法。

二部形式は、発明の特徴部分を明示する記載形式であるのに対し、要件列挙形式は発明の特徴部分を他の技術的要素を区別することなく並列的に記載する記載形式である。上述した例の場合、二部形式では、技術的要素Aを有する半導体記憶装置が従来の構成又は発明が前提とする構成であることを意味しており、このような半導体記憶装置において技術的要素BとCを設けた（又はBとCを有する）ことが発明の特徴であることが明示される。

なお、「…において」の代わりに「…であって」を用いる場合がある。実務上、「…において」はこの部分の記載が従来技術であることが比較的強く

意識されているのに対し、「…であって」はこの部分の記載が発明の上位概念又は前提事項であることが比較的強く意識されている。ただし、これらの間に、厳密な意味での相違はない。

要件列挙形式では、半導体記憶装置が技術的要素AとBとCを有することを示しており、Aが従来技術でBとCが発明の特徴部分であるとの区分けを明示していない。技術的要素全体が有機的に結合して1つの発明を構成するとの考えがベースにあると思われる。

二部形式は一般に日本や欧州で比較的多く用いられ、要件列挙形式は米国で比較的多く用いられている。なお、二部形式と要件列挙形式は、必ずしも排他的な概念ではない。すなわち、二部形式であって、かつ、要件列挙形式である請求項も存在する。

いずれの記載形式であっても、適切に記載された請求項に係る発明は、同一の技術的範囲を有するといえる。上述した半導体記憶装置の例では、どちらの記載形式でも、技術的要素AとBとCとを具備した半導体記憶装置が定義されている。しかしながら、実務上は、それぞれの記載形式ごとに、次の点に留意する。

(a) 二部形式の留意点

二部形式では、従来技術や発明の前提となる技術的要素を請求項の前段部に記載する。発明の特徴は、請求項の特徴部に記載するからといって、前段部を安易に記載してしまうと、将来の権利行使に支障を来すことになる。前段部とはいえ、請求項の記載の一部であるので、発明の技術的範囲を定める要素となる。つまり、請求項の特徴部に記載の事項は、「前段部に記載された範囲において」と解釈される。よって、前段部の記載はそれが従来技術であろうとなかろうと、発明を特定する技術的要素として扱われるのである。前段部に不用意な記載をしてしまうと、特徴部の記載自体は上位概念の広いものであっても、発明の技術的範囲は極めて狭いものになってしまう可能性がある。例えばファクシミリ装置において光学系の改良に発明の特徴がある場合、ファクシミリ装置を特定するために、前段部にファクシミリ装置の基本的な技術的要素を列挙すると、将来問題を引き起こす可能性のある事項が

含まれてしまうという問題がある。列挙した技術的要素が全て、現在又は将来においてファクシミリ装置の必須の技術的要素であるとは限らない。また、その技術的要素を特定する記載に不用意な限定事項が含まれてしまっている可能性もある。このように、請求項の前段部といえども、慎重な記載が求められるのである。

また、発明の特徴部の内容に直接関係しない技術的事項を請求項の前段部に含めない。前段部の記載は、特徴部の記載と密接に関係する内容とする。特徴部の記載と密接な関係がないのならば、原則、前段部に記載する意味がないと考えてよい。特徴部の記載と密接な関係がない事項は、発明の対象を特定するためにどうしても必要な事項を除いて、前段部に記載しない。

(b) 要件列挙形式の留意点

要件列挙形式では、技術的要素を列挙することで発明を特定する。この形式においては、技術的要素の列挙により、発明の全体構成を明確にするとの意味合いがある。例えばファクシミリ装置の光学系の改良に発明の特徴があるとする。ファクシミリ装置の光学系以外の技術的要素を列挙する場合でも、二部形式と同様に、技術的要素各々が真に必要なものなのか、及び技術的要素の記述に不必要な限定事項となり得る要素はないかなどを十分に検討する。

また、要件列挙形式では技術的要素を列挙するので、技術的要素間の相互関係を適切に記載する。この相互関係が適切でないと、後述するように不適切な相互関係の記載が不測の限定事項となってしまう。

さらに、要件列挙形式では要件を列挙して発明を特定しようとするあまり、不必要な要素を記載してしまったり、要素を発明の実施の形態の構成に対応する下位概念で特定してしまったりすることがある。そこで、例えばある要素を記載しやすくするために、あえて発明の本質には関係しない要素を記載してしまうことがないように注意する。また、発明の実施の形態における複数の要素をまとめて上位概念で記載できないかを検討し、列挙する要件の数が少なくなるように検討する。

(ニ) 比　較

日本では、どちらの記載形式でも大差はない。よく練られた請求項は、ど

ちらの記載形式でも適切な技術的範囲を定める。表面的にも同一であるといえる。二部形式の「Aを有する半導体記憶装置において、BとCを設けたことを特徴とする半導体記憶装置」は、容易に「AとBとCとを有する半導体記憶装置」なる要件列挙形式に変換できる。この逆もそうである。二部形式の究極は、前段部が発明の名称のみとなる。上記の例では、「半導体記憶装置において、」となる。これは、もはや「〜を有する半導体記憶装置」なる要件列挙形式と何ら変わりがない。

なお、いずれの形式であっても、半導体記憶装置は単なる発明の名称ではなく、発明の対象とする主題を特定している。この意味で、請求項中の発明の名称は一つの技術的要素であり、限定的な表現とならないように十分に注意する。

(d) その他

上記2つの記載形式以外に、マーカッシュ形式が知られている。この形式は化学の分野において、化学物質を特定する方法として一般に用いられる。マーカッシュ形式は、「Aはa1、a2、a3、a4及びa5からなる群から選択される」との記載形式である。例えばAという化学物質は、a1～a5のいずれかであることを意味している。上記群とは、これに属するa1～a5が類似の性質又は機能を有していることを意味している。

その他、次のような請求項の記載形式もある。

（例1）

　Aと、

　Bと、

　Cとを有し、

　AはBに接続された…であり、

　BはCに接続された…であり、

　Cは…である

　ことを特徴とする装置。

（例2）

　入力信号を増幅した後に検波し、再度増幅する回路。

### 第Ⅲ章　特許明細書作成

上記（例1）は、最初に発明を特定する要素を全て列挙し、次に要素の説明や要素間の結合関係を記載することで発明を特定する。（例2）は、回路の動作を記載することで発明を特定する。

#### (D) 技術的要素の特定に不必要な修飾語を使わない

技術的要素を特定するに当たっては、発明の本質に関係のない修飾語などを使用しないように十分に注意する。以下、このような不必要な修飾語になる可能性のある事項を例示する。

(a) 形状
(b) 構造
(c) 数
(d) 数値
(e) 材料
(f) 大きさ
(g) 性質、特性
(h) 機能、作用
(i) 状態（取り付け状態、接続状態など）
(j) 用途
(k) 「最大」「最小」「最高」「最低」「のみ」「全ての」「一部の」「複数の」「最も」「以上」「以下」「等しい」「同じ」「異なる」「除く」「以外の」「及び」「一つの」「同時」「常に」「常時」「ない」「完全に」

#### (E) 記載内容が不明確となる修飾語を使わない

技術的要素を特定するに当たり、発明の内容が不明確となるおそれのある修飾語、例えば「およそ」「約」「略」等を不用意に使用しないように注意する。

#### (F) 限定的に解釈されるおそれのある表現は使わない

請求項に、「AとBからなる」という表現を用いた場合、発明の詳細な説

明にAとB以外のものを明示的に加える旨の記載がある等の特段の事情が認められない限り、「AとBからなる」という表現が、AとB以外の第三成分を排除する趣旨で使用するのが通常である、と解釈された判例がある（第Ⅵ章3．(1) 参照）。

このように請求項が限定的に解釈されることを防止するために、「〜からなる」「〜よりなる」等の表現を使わず、「〜を含む」「〜を有する」等の表現を用いることが望ましい。

(G) 技術的要素相互の関係を適切に特定する

複数の技術的要素が何の関係も持たず、独立に存在しているように記載された請求項は、発明を明確に特定していない。当然に、何らかの相互関係を示す記載が必要である。この場合、他の技術的要素と何らの関連も有しない浮いた技術的要素が存在すると、各技術的要素間の関連が不明確となり、発明全体が不明確となる。

請求項中の技術的要素相互の関係を適切に特定することができるようにするためには、請求項を作成した際に、請求項の記載から図が描けるかどうかを確認することが大切である。各技術的構成要素を図に描いて確認すれば、各技術的構成要素の関連が明確に把握できるとともに、不要な技術的構成要素を容易に発見できる。図を描いた際に、他のいずれの技術的構成要素とも接続関係のない技術的構成要素は、多くの場合、その発明において不要な技術的構成要素である。

また、相互関係を特定する記載を十分に検討しないと、この記載が限定要素として作用してしまい、将来、予期せぬ限定要素となってしまう可能性がある。

一例として、「回路Aの出力端子に接続される入力端子を有する回路B」なる記載を考える。侵害の特定のしやすさからいえば、この記載は外部から直接的に特定できる相互関係を示しているので、好ましいといえる。他方、特定しやすいがために、限定的な記載である。回路Bの入力端子は回路Aの出力端子に必ず接続されなければならないものなのか、これらの回路の間に

他の回路が設けられる余地はないのかなどを検討する。例えば第三者の製品が回路Aと回路Bとの間に回路Cを具備している場合には、上記相互関係の表現は回路Cの存在を排除する限定要素となってしまう可能性がある。このような可能性を考慮すれば、これから特定しようとしている相互関係の記載は必要なのかどうか、その記載は適切なのかどうか、他の技術的視点から相互関係を特定できる記載方法はないかどうかなどを検討する。

また、方法発明では、技術的要素となるステップ（段階）やプロセス（過程）が所定の順番で実行される場合を除いて、ステップ間の順序を特定するような時系列的相互関係を記載すべきではない。ステップAとステップBを実行する順番は任意であるときは、ステップBの技術的要素を特定するのにステップAの実行が前提となるような記載をしない。

逆に技術的要素の相互関係の記載がない場合には、発明の技術的範囲が不明確となる可能性がある。このような場合は、権利行使を難しくする。相手方は、明確な相互関係の記載がないので都合の良いように解釈しようとするであろう。回路Aが出力する信号が入力される回路Bにおいて、発明は回路Aが出力する信号を遅延させて回路Bに与える遅延回路Cを設けたことにあると仮定する。この場合、「回路Aと回路Bとを有する装置において、回路Bの前段に遅延回路Cを設けた」なる請求項では、発明を明確に特定したとはいえない。前段の遅延回路Cは、必ずしも回路Aの出力信号を遅延させるとはいえない。ここに、相手方が付け込む余地がある。発明の本質は、回路Aの出力信号を遅延させて回路Bに与えることにあるのであるから、遅延回路Cは回路Bのみならず回路Aとの関係で定義しておくべきである。

### (H) 数値を限定する際の注意事項

数値を限定することで、発明を特定する場合がある。例えば温度、圧力、角度、周波数など、種々の物理量を記述するパラメータの値を設定する。数値限定は、一の数値を特定する場合と、「100kHz以上900kHz以下の周波数」のように、そのパラメータの取り得る数値の範囲を特定する場合がある。数値を限定するからには、その根拠、すなわち数値を限定した技術的意義が

あるはずである。例えば周波数をある特定の範囲に設定すると、従来技術では得られない格別の効果が得られる場合などは、この端的な例である。

　数値限定は発明を特定するのに有力な手段であるが、その半面、様々な問題を引き起こす可能性がある。実際に、ライセンス交渉や訴訟では、この数値限定が問題となるケースが多い。代表的な事例としては、請求項に特定した数値限定を裏付ける記載が発明の詳細な説明にないケース、記載はあるもののその数値範囲に設定する技術的意義が不明確なケース、請求項に特定した数値限定と発明の詳細な説明に記載された数値限定が一致しないケースなどである。

　請求項で数値限定をするためには、明細書中でその技術的意義を明確にしておくとともに、数値限定を複数段階、できれば3段階程度で定義することである。複数段階の数値限定とは、例えば「100kHz以上900kHz以下の周波数」、好ましくは「200kHz以上800kHz以下の周波数」、より好ましくは「400kHz以上600kHz以下の周波数」のような数値の特定の仕方である。

　このように複数段階で範囲を特定する理由は第1に、ある数値を境にして物理的特性や効果などが劇的に変化する場合は少ないことにある。これを上記周波数の例でいえば、次のとおりである。第1段階として、「100kHz以上900kHz以下の周波数」において、従来技術では得られないそれなりの効果がある。第2段階として、その中でも「200kHz以上800kHz以下の周波数」では顕著な効果がある。第3段階として、更に「400kHz以上600kHz以下の周波数」で格別顕著な効果が得られる。このように、それぞれの段階には、得られる効果の相違という技術的意義がある。

　第2の理由として、未知の従来技術の出現に備えておく意味がある。例えば上述の周波数の例で、150kHzを示す先行技術文献が審査の段階で発見されたとする。「100kHz以上900kHz以下の周波数」の範囲は150kHzの周波数を含むので、このままでは権利化できない。「200kHz以上900kHz以下の周波数」に請求項の記載を限定すれば、150kHzを示す従来技術を回避できる。ただし、「200kHz以上」と限定する技術的意義が必要である。例えば100kHz以上900kHz以下の周波数範囲に限定する技術的意義のみを示すよ

うな明細書の記載（例えば従来技術に比べて効果がある程度の記載）では、200kHzに変更する技術的意義を見いだせない。これに対し、上述のように周波数範囲を複数段階に区分してそれぞれの技術的意義の記載をしていれば（もちろん、実際にそれなりの作用・効果の違いが必要であるが）、下限を 100kHzから200kHzに変更することができる。

なお、後述する「第Ⅴ章４．数値限定の記載と解釈」も参照されたい。

(I)　**否定的表現の記載**

否定的表現又は排他的表現で発明を特定する場合がある。例えば「aを除くA」「A1以外のA」「b1とb2を含まないB」「〜以外の…」などの記載である。これらの場合、除かれたAやBなどが発明の技術的要素である。してみると、aやA1などの除く要素が小さいほど、除かれた残りの要素は大きい。換言すれば、除く要素が広いほど、発明の技術的要素は狭くなる。したがって、否定的表現で発明を特定する場合には、除かれた発明の技術的要素が広くなるように、除く要素をできるだけ狭く特定するように注意する。同様に扱うべき表現として、「かかわらず」「無関係に」「独立して」などがある。

なお、否定的表現がある結果、発明が不明確となる場合は、法第36条第6項第2号違反となる。

(J)　**比較表現を用いた記載**

比較表現で発明を特定する場合がある。例えば「大きい」「小さい」、「長い」「短い」などの表現である。これらの比較表現を用いる場合、比較対象あるいは比較基準を明示する必要がある。

(K)　**用途発明の検討**

公知の物であっても、その新しい用途を見いだした場合、その物の使用方法の発明は、通常、新規性を有している。このような新たな用途を発明した場合において、公知の物の新しい属性（性質）を見いだして、その属性を利

用した新しい用途を見いだした場合は、「使用方法の発明」に加えて、「用途発明」として物の発明のカテゴリーで特許性が認められる場合があるので、特に化学の分野において、新しい用途を発明・発見した場合は用途発明として特許取得可能か否かを検討すべきである。

(L) **検討した請求項を整理する**

　明細書作成者は、上述した様々な事項を考慮して請求項を作成する必要があるが、検討した請求項を全て特許請求の範囲に入れるかどうかの判断が必要である。作成した全ての請求項を特許請求の範囲に入れることに何の制約もないときには、問題はない。しかしながら、たとえ制約が何もない場合でも、作成した請求項の全てを採用するかどうかを検討する。例えば異なる技術的視点から作成した請求項が実質的に同一であったり、実施の特定に困難が予想されたりするものや、かなり狭い内容でその実効性に乏しいような請求項は、最終的に採用しない。また、出願人によっては、特許請求の範囲の作成について独自の意向や方針を定めており、明細書作成者はこれらにも留意する。

　請求項の整理に際しては、いわゆる「クレーム・ツリー」を利用するとよい。クレーム・ツリーは独立項を起点として、請求項に記載の従属関係に従い各従属項をツリー上に展開し、必要に応じて請求項の要旨（例えばキーワード、図番、参照番号）をツリー上に記載したものである。その一例を以下に示す。

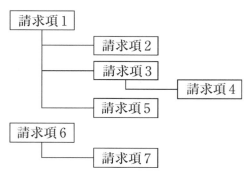

第Ⅲ章　特許明細書作成

　このようなクレーム・ツリーを作成することで、作成した請求項を整理検討し、最終的な特許請求の範囲の内容を固めていく。

　なお、一般的に、有効な特許権の取得のためには、ある程度の数の請求項が必要である。発明の内容にもよるが、発明を階層的、多面的に展開していけば、それなりの数の請求項になるであろう。

### (N)　発明の単一性との関係

　請求項1に係る発明が公知技術に対してSTFを有しない場合は、他の請求項について、特許要件等の審査が行われない場合があることを本章「1. (3)　④　発明の単一性」において説明した。先行技術調査を確実に行い、広い権利範囲の取得を目指すあまり、新規性がないように思われる請求項を作成することは、発明の単一性の欠如により、審査がなされない請求項が存在することとなる場合があるので、避けるべきである。

　また、請求項1の発明を機能的、抽象的な記載で上位概念化した発明とする場合は、ともすると、明細書中に示した先行技術をも含む発明となる場合がある。したがって、請求項1に係る発明を上位概念化した発明とする場合は、明細書中に示した公知技術を含まないように請求項を記載することが必要である。

　さらに、請求項1に係る発明がSTFを有しない場合には、直列的な従属関係にある請求項、すなわち、請求項1に関する発明特定事項を全て含み、同一のカテゴリーに属する発明が記載された請求項のうち、請求項の番号が最も小さい請求項のSTFの有無が審査される。したがって、請求項1に従属する最も重要な請求項は、請求項2として記載することが望ましい。

　また、1つの独立項に直列的に従属する同一のカテゴリーに属する複数の従属項のうちの一つがSTFを有すれば、当該STFを有する請求項の発明特定事項の全てを含む全ての従属項が審査の対象となる。したがって、複数の従属項を独立項に直列的に従属させるように記載し、あるいは、複数の請求項に直列的な従属関係を含む多数項に従属する請求項になるように記載することが望ましい。

ただし、複数の従属項がSTFを有しない独立項に直列的に従属するように記載されていても、技術的な関連性の低い技術的特徴を追加したものであり、かつ、当該技術的特徴から把握される発明が解決しようとする具体的な課題も関連性の低いものである従属項は、審査対象から外される。したがって、審査を受けたい順で従属項を記載することが望ましい。

## 2．(3) 要約書の書き方

　法第36条第7項は、「要約書には、明細書、特許請求の範囲又は図面に記載した発明の概要その他経済産業省令で定める事項を記載しなければならない」と規定する。また、規則第25条の3は、「要約書は、様式第31により作成しなければならない」と規定する。要約書の様式は、次のとおりである。

　文字数は400字以内とし、簡潔に記載する。また、要約の記載内容を理解するため必要があるときは、選択図において使用した符号を使用する。

　なお、特許発明の技術的範囲を定めるに当たって、要約書の記載を考慮してはならないと規定されている（法第70条第3項）。

　選択図は、発明の特徴を最もよく表すと思われる図を1つ、「図○」のように選択して記載する。図面のない場合又は適当な選択図がない場合には、「なし」と記載する。

```
【書類名】　　　　要約書
【要約】
【課題】


【解決手段】
【選択図】
```

## 2.(4) 図面の描き方

### 2.(4) ① 図面の意義

電気、機械の分野では、図面は通常必要となる。後述する「2.(5) ① 明細書等の作成手順」で説明しているように、特許請求の範囲を検討した後に図面をそろえることで、明細書のストーリーが出来上がる。

図面は、当業者が発明の実施をすることができる程度に明確かつ十分な内容のものとなるように作成する。

なお、図面の作成に関する形式的要件は、規則第25条様式第30の備考にある。

### 2.(4) ② 図面作成上の留意点

図面作成上の留意点を列挙する。
・請求項に記載の事項の全てを図示する。つまり、発明を特定するための要素及び要素間の結合関係を図示する。
・請求項の末尾の全体構成を図示する。複数の請求項の末尾が「回路」「回路基板」「半導体装置」「半導体装置を具備した電子装置」であれば、それぞれを図示する。
・発明の特徴は、様々な図を用いて図面上で明らかになるようにする。
・説明を段階的に具体化した場合には、必要に応じて、段階的な説明に対応して図を段階的に具体化する。
・複数の図に矛盾がないようにする。
・電気回路の構成は、ブロック図や回路図を用いて明らかにする。
・電気回路の動作は、波形図やタイミングチャートを用いて明らかにする。
・製造プロセスやソフトウエアの動作は、フローチャートを用いて明らかにする。
・信号の供給元、出力先を明確にする。また、装置内部で生成される信号なのか、外部から供給される信号なのかを明確に図示する。
・コンピュータソフトウエア関連発明は、ハードウエア、プログラムに対

応したフローチャート及び必要であれば記録媒体やデータ構造を図示する。
- ハードウエア構成を示すブロック図において、どことも結線されていないブロックがないようにする。
- 機械や物品は、斜視図を用いると理解しやすい。要素を分解した斜視図も有効である。
- 発明の特徴部分で視覚的に容易に確認できる要素は、視覚的に確認できるとおりに図示する。
- 同じ要素には、各図において同じ参照番号又は符号を用いる。
- 説明する要素の全てに参照番号又は符号を用いる。
- 従来技術を図示して説明した場合、文献に掲載されているものを用いるように努める。
- 「5'」や「5"」のように、「'」(ダッシュ)を付ける符号は、誤記、誤読を招きやすいので、できるだけ避け、例えば「5a」「5b」を用いる。
- 半導体素子等の断面図では、材質に応じて、異なるハッチングを用いる。
- 機能構成図を記載する場合には、機能ブロックのみで構成される図とすることが望ましい。機能ブロックと、実際のハードウエアとが混在すると、図としての統一性が欠ける場合があるので、混在しないようにすることが望ましい。
- フローチャート、又はシーケンス図は、無限ループにならないように留意する。
- 図面の各構成要素には、参照するための参照番号を記載する。
- 将来の意匠出願への変更を見据えた図面(例えば6面図)を作成する(「第Ⅳ章　通常特許出願以外の出願」「3．意匠への出願変更」を参照)。

なお、参照番号は、必ずしも連番である必要はない。例えば出願前において明細書又は請求項の修正に応じて、図面案の修正が必要になる場合がある。また、図面案を修正しない場合でも、明細書の記載の修正に応じて、図面案に参照番号を追加したい場合がある。いずれの場合においても、図面案中の構成要素の参照番号を修正することとなる。このような場合、図面案の各要

素の参照番号を連番とせずに、例えば奇数番号としておけば、参照番号を1つ追加するような場合にも、未使用の偶数番号を用いることができ、参照番号を大幅に振り直すことなく、最小限必要な図面の修正にとどめることができる。図面案の構成要素の参照番号を大幅に振り直すと、これに連動して明細書の記載も修正することが必要となり、修正が煩雑となるとともに、明細書の誤った修正を誘発することにもなりかねない。なお、図中に参照番号が付された構成要素は、明細書中で参照番号を明記して説明することが必要である。

## 2．(5) その他の留意点

### 2．(5) ① 明細書等の作成手順

明細書等の作成手順に決まりはないが、その一例を以下に示す。
(a) 特許請求の範囲の素案の作成
(b) 図面の作成
(c) 明細書中の「技術分野」「背景技術」及び「発明が解決しようとする課題」の作成
(d) 明細書中の「発明を実施するための形態」の作成
(e) 特許請求の範囲の見直し
(f) 「発明を実施するための形態」及び図面の見直し
(g) 明細書中の「課題を解決するための手段」「発明の効果」及び「産業上の利用可能性」の作成
(h) 明細書中の「図面の簡単な説明」の作成
(i) 要約書の作成

まず、(a) 特許請求の範囲を作成する。発明を理解していなければ、請求項を作成できない。この作業で、完全な特許請求の範囲を作成することを必ずしも必要としないが、上位概念、できれば中位概念までの請求項を作成することが好ましい。

次に、(b) 図面を作成する。図面の作成は、明細書の記載のストーリーを決めることを意味する。作成した各図を、頭に思い浮かべた又はメモに書き

取めたストーリーに従って順番に並べる。

そして、(c) 技術分野、背景技術及び発明が解決しようとする課題の各項目を順番に記載する。

その後、(d) 発明を実施するための最良の形態の項目を作成する。この作業中又は終了後に、特許請求の範囲の修正、変更などを検討する。そして、(e) 特許請求の範囲を見直し、必要に応じて修正、変更する。また、下位概念の請求項など、不足する請求項の有無を検討する。

請求項を見直した後に、(f) 実施形態及び図面を見直す。そして、(g) 明細書中の課題を解決するための手段、発明の効果及び産業上の利用可能性、(h) 図面の簡単な説明及び(i) 要約書を作成する。

このように、発明のポイントをまず理解し、図面を準備して説明のストーリーを組み立て、そして発明の詳細な説明を書いていくのが好ましいと考える。

なお、これは飽くまで一例であり、明細書等作成者のやりやすい順序でよいことは言うまでもない。

## 2.(5) ② 説明の仕方

説明の仕方が良いと、すんなりと内容が頭に入ってくるものである。説明の仕方が悪いと、読みにくく内容の把握が困難となる。

読みやすい特許明細書は、読み手に安心感を与える。このような特許明細書を作成するポイントは、次のとおりである。

・説明全体のストーリーがしっかりしている。
・節目ごとに、これから説明しようとする内容を簡潔に説明している。
・まず概略を説明し、段階的に詳しく説明している。
・文が短い。
・主語と動詞が明確かつ対応している。
・修飾語の係り受けが明確である。
・分かりやすい用語を用いる。
・一般的でない用語は定義して用いる。

第Ⅲ章 特許明細書作成

# 3．特定技術分野別の明細書等の書き方

特許庁は、平成27年9月に「特許・実用新案審査基準」の改訂を公表した。その際、従前は審査基準内に存在していた「特定技術分野の審査基準」については、その内容を見直し、また、その位置付けを「『特許・実用新案審査基準』の特定分野への適用例」として、「特許・実用新案審査ハンドブック」（平成27年9月）［附属書B］で公表している。

その結果、「コンピュータソフトウエア関連発明」「生物関連発明」及び「医薬発明」はいずれも「『特許・実用新案審査基準』の特定分野への適用例」として扱われている。

また、IoT（Internet of Things）、人工知能（AI：Artificial Intelligence）等の技術革新に基づき、大量のデータとAIの利用によって、第4次産業革命の実現が期待されていることから、特許庁は、第4次産業革命に関する審査事例を逐次審査ハンドブックに追加し、公表してきている。

## 3．(1) コンピュータソフトウエア関連発明

平成14年9月1日施行の特許法改正により、法第2条で「実施」の定義において、「物（プログラム等を含む）の発明にあっては、その物の生産、使用、譲渡等（その物がプログラム等である場合には、電気通信回線を通じた提供を含む…）、…をする行為」（法第2条第3項第1号）と改正がなされ、それまで審査基準でプログラムは物であるとして扱われていたが、プログラム等が物であることの法的裏付けがなされた。

以下、「特許・実用新案審査ハンドブック」の「コンピュータソフトウエア関連発明」及び審査基準の「産業上利用することができる発明」を適宜参照しながら、コンピュータソフトウエア関連発明について説明する。

なお、いわゆるビジネス関連発明は、ソフトウエア関連発明の一形態である。

## 3．(1) ① 概　要

　コンピュータソフトウエア関連発明（以下、「ソフトウエア関連発明」という。）、すなわちパソコンなどのコンピュータを用いた発明は、「装置発明（物の発明）」「方法の発明」「コンピュータ読み取り可能な記録媒体（物の発明）」及び「プログラム（物の発明）」として特定できる。コンピュータは、中央処理装置（CPU：Central Processing Unit）、画像処理装置（GPU：Graphics Processing Unit）等のプロセッサを中心とするハードウエアと、プロセッサが実行するプログラムを中心とするソフトウエアとから構成されている。コンピュータは、プログラムをメモリに格納しておき、このプログラムの指示に従い動作する。プログラムは、コンピュータが動作するのに必須のOS（Operating System）と、このOSの制御の下に動作するアプリケーション・プログラムとに大別できる。コンピュータメーカーが製造し販売するコンピュータは、プロセッサやメモリなどを含むハードウエアと、メモリに格納されたOSとを具備している。コンピュータを用いた発明の多くは、コンピュータのハードウエアとアプリケーション・プログラムとの組合せである。コンピュータが所望の演算動作を行うように、プロセッサが実行する手順をアプリケーション・プログラムに記述する。したがって、異なるプログラムを格納したコンピュータは、異なる装置といえる。

　このようなソフトウエア関連発明の特殊性から、装置発明や方法発明では有効な権利行使ができない場合がある。例えばアプリケーション・プログラムをパッケージソフトとして製造、販売している第三者やインターネットなどの通信媒体を介してプログラムを流通させている第三者に対して、装置発明や方法発明の権利を行使することは実務上困難な場合がある。このような点に鑑み、プログラムやデータを記録した記録媒体やプログラムそのものが物の発明として認められている。記録媒体とは、コンピュータの動作に関するプログラムやデータを記録したコンピュータが読み取り可能な媒体であり、プログラムを記録したCD-ROMなどのソフトウエア・パッケージや、コンピュータ内部又は外部のメモリ等の記憶装置も含む概念である。

　ソフトウエア関連発明では、ソフトウエアの流通形態を含む発明の実施の

第Ⅲ章　特許明細書作成

形態を考慮して、発明を記録媒体やプログラムとして特定する請求項が必要かどうかを検討する。記録媒体やプログラムの請求項があれば、ネットワークに接続されたソフトウエア供給者が記録媒体からインターネットを介してプログラムを配信したり、ソフトウエア受給者が記録媒体にプログラムをダウンロードしたりする場合において、ソフトウエア供給者や取得したソフトウエアを使用する者に対する権利行使に有効であろう。

## 3．(1) ② ソフトウエア関連発明のカテゴリー

審査ハンドブック附属書B第1章では、ソフトウエア関連発明を、「方法の発明」又は「物の発明」として、下記のように、請求項に記載することができると規定している。

### (A) 方法の発明

ソフトウエア関連発明を、時系列につながった一連の処理又は操作、すなわち「手順」として表現できるときに、その「手順」を特定することにより、「方法の発明」(「物を生産する方法の発明」を含む。) として請求項に記載することができる。

### (B) 物の発明

ソフトウエア関連発明を、その発明が果たす複数の機能によって表現できるときに、それらの機能により特定された「物の発明」として請求項に記載することができる。

プログラム、構造を有するデータ及びデータ構造については以下のように記載することができる。

(i) コンピュータが果たす複数の機能を特定する「プログラム」を、「物の発明」として請求項に記載することができる。

　例1：コンピュータに手順A、手順B、手順C、…を実行させるためのプログラム

　例2：コンピュータを手段A、手段B、手段C、…として機能させるため

のプログラム

例3：コンピュータに機能A、機能B、機能C、…を実現させるためのプログラム

(ii) データの有する構造によりコンピュータが行う情報処理が規定される「構造を有するデータ」又は「データ構造」を、「物の発明」として請求項に記載することができる。

例4：データ要素A、データ要素B、データ要素C、…を含む構造を有するデータ

例5：データ要素A、データ要素B、データ要素C、…を含むデータ構造

(iii) 上記(i)の「プログラム」又は上記(ii)の「構造を有するデータ」を記録したコンピュータ読み取り可能な記録媒体を、「物の発明」として請求項に記載することができる。

例6：コンピュータに手順A、手順B、手順C、…を実行させるためのプログラムを記録したコンピュータ読み取り可能な記録媒体

例7：コンピュータを手段A、手段B、手段C、…として機能させるためのプログラムを記録したコンピュータ読み取り可能な記録媒体

例8：コンピュータに機能A、機能B、機能C、…を実現させるためのプログラムを記録したコンピュータ読み取り可能な記録媒体

例9：データ要素A、データ要素B、データ要素C、…を含む構造を有するデータを記録したコンピュータ読み取り可能な記録媒体

(C) 留意事項

請求項の末尾が「プログラム」以外の用語（例えば「モジュール」「ライブラリ」「ニューラルネットワーク」「サポートベクターマシン」「モデル」）であっても、明細書及び図面の記載並びに出願時の技術常識を考慮すると、請求項に係る発明が「プログラム」であることが明確な場合は、「プログラム」として扱われる。この場合は、請求項の末尾が「プログラム」以外の用

語であることをもって明確性要件違反とはならない。

なお、請求項の末尾が「プログラム信号（列）」又は「データ信号（列）」であるときは、「物の発明」か「方法の発明」かが特定できないため、明確性要件違反となる。

請求項の末尾が「プログラム製品」又は「プログラムプロダクト」であっても、明細書及び図面の記載並びに出願時の技術常識を考慮すると、以下の(a)から(c)のいずれかを意味することが明確な場合は、その意味するとおりのものとして扱われる。そうでない場合は、発明の範囲が明確でないため、明確性要件違反となる。

(a)　「プログラム」自体
(b)　「プログラムが記録された記録媒体」
(c)　「プログラムが読み込まれたコンピュータシステム」などのプログラムが読み込まれたシステム

（「プログラム製品」が許される例）
例：
　　　コンピュータに手順a、手順b、手順c、…を実行させるためのプログラムを記録したプログラム製品。
（発明の詳細な説明）
　　発明の詳細な説明には、プログラム製品は、プログラムが記録されたコンピュータが読み取り可能な記録媒体であると記載されている。
（説明）
　　発明の詳細な説明に「プログラム製品は、プログラムが記録されたコンピュータが読み取り可能な記録媒体である」と記載されており、請求項の「プログラム製品」が「コンピュータが読み取り可能な記録媒体」であることが明確に把握できるため、発明は明確である。

## 3．(1)　③　発明該当性

ソフトウエア関連発明であっても、法第2条第1項において「自然法則を

利用した技術的思想の創作のうち高度のもの」と定義される「発明」に該当しなければ特許は付与されない。

そして、ソフトウエア関連発明が法第29条第1項柱書（発明該当性）の要件を満たすか否かの判断は、以下の（手順1）、（手順2）に従って行われる。

（手順1）まず、審査基準「第Ⅲ部第1章 発明該当性及び産業上の利用可能性」に基づいて請求項に係る発明が「自然法則を利用した技術的思想の創作」であるか否かの判断ができる場合には、審査基準に基づいて発明該当性の有無が判断される。

（手順2）審査基準「第Ⅲ部第1章 発明該当性及び産業上の利用可能性」に基づいて発明該当性の有無が判断できない場合には、審査ハンドブック附属書B「2.1.1.2 ソフトウエアの観点に基づく考え方」により判断が行われる。

上記（手順1）、（手順2）は、具体的には以下のように行われる。
（手順1）
請求項に係る発明が次のいずれかの類型に該当する場合は、発明該当性の要件を満たさないと判断する。
（1） 自然法則自体
（2） 単なる発見であって創作でないもの
（3） 自然法則に反するもの
（4） 自然法則を利用していないもの
（5） 技術的思想でないもの
（6） 発明の課題を解決するための手段は示されているものの、その手段によっては、課題を解決することが明らかに不可能なもの

ソフトウエア関連発明の場合には、特に(4)自然法則を利用していないもの、(5)技術的思想でないもの、に該当するか否かの判断が困難な場合があるが、以下の(ⅰ)又は(ⅱ)に該当する場合には、全体として自然法則を利用しており、

第Ⅲ章　特許明細書作成

「自然法則を利用した技術的思想の創作」と認められるから、「発明」に該当すると判断できる。
(ⅰ)　機器等（例：炊飯器、洗濯機、エンジン、ハードディスク装置、化学反応装置、核酸増幅装置）に対する制御又は制御に伴う処理を具体的に行うもの
(ⅱ)　対象の物理的性質、化学的性質、生物学的性質、電気的性質等の技術的性質（例：エンジン回転数、圧延温度、生体の遺伝子配列と形質発現との関係、物質同士の物理的又は化学的な結合関係）に基づく情報処理を具体的に行うもの

例えば以下のようなものは、通常、上記(ⅰ)に該当し、「自然法則を利用した技術的思想の創作」と認められるものである。
（ⅰ-1）制御対象の機器等や制御対象に関連する他の機器等の構造、構成要素、組成、作用、機能、性質、特性、動作等に基づいて、制御対象の機器等を制御するもの
（ⅰ-2）機器等の使用目的に応じた動作を具現化させるように機器等を制御するもの
（ⅰ-3）関連する複数の機器等から構成される全体システムを統合的に制御するもの
また、以下のようなものは、通常、上記(ⅱ)に該当し、「自然法則を利用した技術的思想の創作」と認められるものである。
（ⅱ-1）対象の技術的性質を表す数値、画像等の情報に対してその技術的性質に基づく演算又は処理を施して目的とする数値、画像等の情報を得るもの
（ⅱ-2）対象の状態とこれに対応する現象との技術的な相関関係を利用することで情報処理を行うもの

なお、「自然法則を利用した技術的思想の創作」であることから「発明」に該当する方法の手順をコンピュータに実行させるためのソフトウエアは、

通常、全体として自然法則を利用した技術的思想の創作であるため、「発明」に該当する。

（手順2）
　請求項に係るソフトウエア関連発明が「自然法則を利用した技術的思想の創作」に該当するか否かが、（手順1）により判断できない場合は、以下に示された基本的な考え方に基づいて判断する。
(1)　ソフトウエア関連発明のうち、ソフトウエアについては、「ソフトウエアによる情報処理が、ハードウエア資源（※）を用いて具体的に実現されている」場合は、当該ソフトウエアは「自然法則を利用した技術的思想の創作」である。「ソフトウエアによる情報処理がハードウエア資源を用いて具体的に実現されている」とは、ソフトウエアとハードウエア資源とが協働することによって、使用目的に応じた特有の情報処理装置又はその動作方法が構築されることをいう。
　（※）「ハードウエア資源」とは、処理、操作又は機能実現に用いられる物理的装置又は物理的要素をいう。例えば物理的装置としてのコンピュータ、その構成要素であるプロセッサ、メモリ、入力装置、出力装置又はコンピュータに接続された物理的装置をいう。
(2)　ソフトウエア関連発明のうち、ソフトウエアと協働して動作する情報処理装置及びその動作方法並びにソフトウエアを記録したコンピュータ読み取り可能な記録媒体については、当該ソフトウエアが上記(i)を満たす場合、「自然法則を利用した技術的思想の創作」である。

　上記(1)及び(2)に基づく判断を行う場合、以下の点に留意する。
(i)　「ソフトウエアによる情報処理が、ハードウエア資源を用いて具体的に実現されている」か否かを判断する際、請求項の一部の発明特定事項にとらわれず、請求項に係る発明が全体として「ソフトウエアによる情報処理が、ハードウエア資源を用いて具体的に実現されている」か否かを判断する。

第Ⅲ章　特許明細書作成

(ⅱ)　請求項に係るソフトウエア関連発明が判断の対象である。したがって、発明の詳細な説明及び図面において、「ソフトウエアによる情報処理がハードウエア資源を用いて具体的に実現されている」ように記載されていても、請求項に係る発明が「ソフトウエアによる情報処理がハードウエア資源を用いて具体的に実現されている」ようなものではない場合は、請求項に係る発明は「自然法則を利用した技術的思想の創作」に該当しない。

(ⅲ)　請求項に「コンピュータ（情報処理装置）」「プロセッサ（演算手段）」「メモリ（記憶手段）」等のハードウエア資源が記載されていても「使用目的に応じた特有の情報の演算又は加工を実現するための、ソフトウエアとハードウエア資源とが協働した具体的手段又は具体的手順」が記載されていない場合は、請求項に係る発明は、「自然法則を利用した技術的思想の創作」に該当しない。単にハードウエア資源が記載されているだけでは、ソフトウエアとハードウエア資源とが協働することによって、使用目的に応じた特有の情報処理装置又はその動作方法が構築されているとはいえず、ソフトウエアによる情報処理がハードウエア資源を用いて具体的に実現されたものとはいえないからである。

　　　なお、請求項に、使用目的に応じた特有の情報の演算又は加工が記載されている場合には、ハードウエア資源として「コンピュータ（情報処理装置）」のみが記載されている場合であっても、出願時の技術常識を参酌すると、請求項に係る発明において「コンピュータ（情報処理装置）」が通常有する「プロセッサ（演算手段）」や「メモリ（記憶手段）」等のハードウエア資源とソフトウエアとが協働した具体的手段又は具体的手順によって、使用目的に応じた特有の情報の演算又は加工が実現されることが明らかなことがある。

(ⅳ)　請求項に係るソフトウエア関連発明が「自然法則を利用した技術的思想の創作」であるか否かを判断する場合には、発明のカテゴリー（「方法」又は「物」）にとらわれず、請求項に記載された発明を特定するための事項（用語）の意義を解釈した上で判断される。

(ⅴ)　ビジネスを行う方法に関連するソフトウエア関連発明は、ビジネスを行

う方法に特徴があるか否かという観点ではなく、当該発明が利用するソフトウエアによる情報処理が、ハードウエア資源を用いて具体的に実現されているかによって、「自然法則を利用した技術的思想の創作」に該当するか否かが判断される。

(vi) 「プログラム言語」及び「プログラムリスト」は、「自然法則を利用した技術的思想の創作」ではないので、「発明」に該当しない。

以上の判断の流れを簡単なフローとして次に示す。

図　ソフトウエア関連発明の発明該当性の判断の流れ

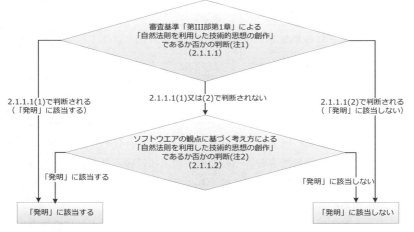

(注1)
(1)請求項に係る発明が、(i)又は(ii)のように、全体として自然法則を利用しているか
　(i) 機器等に対する制御又は制御に伴う処理を具体的に行うもの
　(ii)対象の技術的性質に基づく情報処理を具体的に行うもの
(2)請求項に係る発明が、情報の単なる提示、人為的取決め、数学上の公式等の「発明」に該当しないものの類型に該当するか

(注2)
請求項に係る発明において、ソフトウエアによる情報処理がハードウエア資源を用いて具体的に実現されているか

※出典：特許庁ウェブサイト「審査ハンドブック附属書B　第１章コンピュータソフトウエア関連発明」

## 第Ⅲ章　特許明細書作成

審査ハンドブックには、発明に該当しない例と該当する例及びこれらの説明が示されている。以下、該当する例を示す。

例1：

　受信手段が、通信ネットワークを介して配信される記事を受信するステップ、

　表示手段が、受信した記事を表示するステップ、

　記事保存判断手段が、該記事の文章中に所定のキーワードが存在するか否かを判断し、存在した場合に保存指令を記事保存実行手段に与えるステップ、

　前記記事保存実行手段が、保存指令が与えられた記事を記事記憶手段に記憶するステップ、

　から構成されるネットワーク配信記事保存方法。

　（説明）

　　請求項の記載から、文章中に所定のキーワードが存在すると判断される記事のみを保存するという、使用目的に応じた特有の情報の演算又は加工が、記事保存判断手段、記事保存実行手段及び記事記憶手段という、ソフトウエアとハードウエア資源とが協働した具体的手段によって実現されていると判断できる。そのため、請求項に係る発明は、ソフトウエアとハードウエア資源とが協働することによって使用目的に応じた特有の情報処理装置の動作方法を構築するものである。

　　したがって、ソフトウエアによる情報処理がハードウエア資源を用いて具体的に実現されているから、請求項に係る発明は、自然法則を利用した技術的思想の創作であり、「発明」に該当する。


例2：

　種々の商品の売上げを予測するためにコンピュータを、

　売上げを予測しようとする日を入力する手段、

　予め過去の売上げ実績データを記録しておく売上げデータ記録手段、

　予め変動条件データを記録しておく変動条件データ記録手段、

予め補正ルールを記録しておく補正ルール記録手段、
過去数週間の予測しようとする日と同じ曜日の売上げ実績データを売上げデータ記録手段から読み出し平均して第1の予測値を得る手段、
変動条件データ記録手段から商品の売上げを予測しようとする日の変動条件データを読み出し、該変動条件データに基づき補正ルール記録手段に記録された補正ルールの中から適用すべき補正ルールを選択する手段、
適用すべき補正ルールに基づき第1の予測値を補正して第2の予測値を得る手段、及び
第2の予測値を出力する手段、
として機能させるための商品の売上げ予測プログラム。
(説明)

　請求項の記載から、種々の変動条件と補正ルールに基づいて売上げ実績を予測するという、使用目的に応じた特有の情報の演算又は加工が、複数の記録手段と、該記録手段からのデータの読み出し・選択等を制御する手段という、ソフトウエアとハードウエア資源とが協働した具体的手段によって実現されていると判断できる。そのため、請求項に係る発明は、ソフトウエアとハードウエア資源とが協働することによって使用目的に応じた特有のコンピュータ（情報処理装置）を構築するものである。

　したがって、ソフトウエアによる情報処理がハードウエア資源を用いて具体的に実現されているから、請求項に係る発明は、自然法則を利用した技術的思想の創作であり、「発明」に該当する。

## 3．(1) ④ 明細書

　ソフトウエア関連発明における発明の詳細な説明の記載要件については、審査ハンドブックに説明されている。

　ソフトウエア関連発明であっても、前述した実施可能要件を満たす記載が発明の詳細な説明に必要である。審査ハンドブックには、ソフトウエア関連発明における実施可能要件違反の例が以下のとおり示されている。

(1)　請求項には、技術的手順又は機能が記載されているにもかかわらず、発

第Ⅲ章　特許明細書作成

明の詳細な説明には、これらの技術的手順又は機能がハードウエアあるいはソフトウエアによってどのように実行又は実現されるのか記載されておらず、しかもそれが出願時の技術常識に基づいても当業者が理解できないため、請求項に係る発明を実施できない場合

　例1：
　　請求項には、数式解法、ビジネス方法又はゲームのルールを実行する情報処理システムが記載されている。一方、発明の詳細な説明には、これらの方法やルールをコンピュータ上でどのように実現するのか記載されていない。しかもそれらが出願時の技術常識に基づいても当業者が理解できない。このような場合は、当業者が請求項に係る発明を実施できない場合に該当する。

　例2：
　　請求項には、コンピュータの表示画面（例：GUIを用いた入力フォーム）等を基にしたコンピュータの操作手順が記載されている。一方、発明の詳細な説明には、そのコンピュータの操作手順をコンピュータ上でどのように実現するのかが記載されていない。しかもそれが出願時の技術常識に基づいても当業者が理解できない。このような場合は、当業者が請求項に係る発明を実施できない場合に該当する。

(2)　請求項は機能を含む事項により特定されているが、発明の詳細な説明には、請求項に係る発明の機能を実現するハードウエア又はソフトウエアが機能ブロック図又は概略フローチャートのみで説明されており、その機能ブロック図又はフローチャートによる説明だけでは、どのようにハードウエア又はソフトウエアが構成されているのか不明確であり、しかもそれらが出願時の技術常識に基づいても当業者が理解できないため、請求項に係る発明を実施できない場合

　　このような明細書・図面等とならないようにするためには、ハードウエア

を示す図及びソフトウエアを示すフローチャートやシーケンス図を参照し、必要に応じて発明の要旨を示す機能ブロック図やシステム構成を示す図などを用いて、請求項に記載の要件との対応付けを考慮しながら発明の実施の形態を説明する。ハードウエアを示す図に、プログラムを記録する記録媒体を図示しておくことが好ましい。また、データの構造に係る記録媒体の請求項を作成するためには、このデータ構造を図示する。

特にコンピュータシステムに関係する発明では、特許請求の範囲に記載の発明を明確にサポートできるように、システム全体の構成及び動作のみならず、各部の構成及び動作（各コンピュータや、コンピュータ間に介在するネットワークなどの構成及び動作）、更に各コンピュータの記録媒体に記録されるプログラムやデータ構造などを整理して説明する。

## 3．(1) ⑤　特許請求の範囲

**(A)　発明のカテゴリー（明確性要件：法第36条第6項第2号）**

ソフトウエア関連発明も、物の発明と方法の発明がある。審査ハンドブックによれば、「ソフトウエア関連発明を、時系列につながった一連の処理又は操作、すなわち『手順』として表現できるときに、その『手順』を特定することにより、『方法の発明』（『物を生産する方法の発明』を含む。）として請求項に記載することができる」とされている。また、ソフトウエア関連発明を、その発明が果たす複数の機能によって表現できるときに、それらの機能により特定された「物の発明」として請求項に記載することができ、例えばコンピュータが果たす複数の機能を特定する「プログラム」、データの有する構造によりコンピュータが行う情報処理が規定される「構造を有するデータ」及び「データ構造」、上記「プログラム」又は上記「構造を有するデータ」を記録した「コンピュータ読み取り可能な記録媒体」を「物の発明」として請求項に記載することができる。

以下に「データ構造」の請求項を例示する。

## 第Ⅲ章　特許明細書作成

発明の名称：音声対話システムの対話シナリオのデータ構造
特許請求の範囲：
　クライアント装置とサーバからなる音声対話システムで用いられる対話シナリオのデータ構造であって、
　対話シナリオを構成する対話ユニットを識別するユニットIDと、
　ユーザーへの発話内容及び提示情報を含むメッセージと、
　ユーザーからの応答に対応する複数の応答候補と、
　複数の通信モード情報と、
　前記応答候補及び通信モード情報に対応付けられている複数の分岐情報であって、前記応答候補に応じたメッセージ及び前記通信モード情報に応じたデータサイズを有する次の対話ユニットを示す複数の分岐情報と、を含み、
　前記クライアント装置が、
　(1)　現在の対話ユニットに含まれるメッセージを出力し、
　(2)　前記メッセージに対するユーザーからの応答を取得し、
　(3)　前記ユーザーからの応答に基づいて前記応答候補を特定するとともに、前記クライアント装置に設定されている前記通信モード情報を特定し、
　(4)　当該特定された応答候補及び通信モード情報に基づいて1つの分岐情報を選択し、
　(5)　当該選択された分岐情報が示す次の対話ユニットをサーバから受信する
　処理に用いられる、対話シナリオのデータ構造。

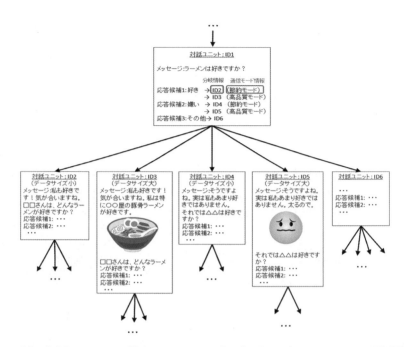

※出典:特許庁ウェブサイト「審査ハンドブック附属書B 第1章コンピュータソフトウエア関連発明」

(B) コンピュータの利用形態に応じた請求項の作成

　発明がコンピュータ単体の処理で実施されるものであれば、プログラムをインストールした状態の装置発明及び方法発明、プログラム及びプログラムを記録した記録媒体として発明を特定するのが基本である。

　これに対し、発明が複数のコンピュータを相互に接続して1つのシステムを構成する形態であれば、各コンピュータを装置発明及び方法発明として特定した請求項や、各コンピュータで用いられるプログラム、プログラムや特有の構造を有するデータを記録する記録媒体の請求項を作成する。コンピュータシステム全体を装置発明や方法発明として特定するのみでは、直接侵害として権利を行使できる相手が限定されてしまう可能性があることを考慮し、直接侵害の主張による権利行使をしやすくするためである。例えば下

## 第Ⅲ章　特許明細書作成

記に図示するコンピュータシステムの場合には、次のような請求項を作成することができる。

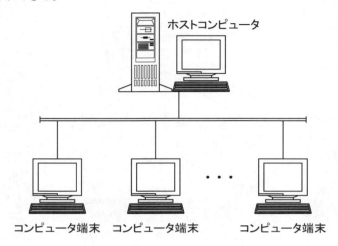

(a) サーバ及びクライアントを有するシステム全体を装置発明として特定する請求項
(b) サーバ及びクライアントを有するシステム全体での処理を方法発明として特定する請求項
(c) サーバを装置発明として特定する請求項
(d) サーバでの処理を方法発明として特定する請求項
(e) サーバで用いられるプログラムや特有の構造を有するデータを記録する記録媒体の請求項
(f) クライアントを装置発明として特定する請求項
(g) クライアントでの処理を方法発明として特定する請求項
(h) クライアントで用いられるプログラムや特有の構造を有するデータを記録する記録媒体の請求項
(i) サーバで用いられるプログラムの請求項
(j) クライアントで用いられるプログラムの請求項

(C) サブコンビネーション

　サーバとクライアントが協働して作動するコンピュータシステムの場合には、上述のように権利行使を容易化するために、サーバの動作のみを規定した請求項、クライアントの動作のみを規定した請求項を作ることが必要となる場合が多い。このような請求項を作成しておくことにより、直接侵害を問えなくなることを避けることができる。

　例えばクライアントの動作のみを特定する請求項を作成する場合にも、サーバの動作を明記しなければならない場合がしばしば発生する。このような請求項を作成する場合には、サブコンビネーションの発明を「他のサブコンビネーション」に関する事項を用いて特定することが多い。

　例えば以下の例の場合には、クライアントの発明の認定において、サーバの動作に係る技術的事項が考慮されない（審査基準 第Ⅲ部 第2章 第4節 4.1.2）。

例1：検索ワードを検索サーバに送信し、返信情報を受信して検索結果を表示手段に表示することができるクライアント装置であって、前記検索サーバが検索ワードの検索頻度に基づいて検索手法を変更することを特徴とするクライアント装置。

（説明）

　検索サーバが検索ワードの検索頻度に基づいて検索手法を変更することは、検索サーバがどのようなものであるのかについて特定する一方で、クライアント装置の構造、機能等を何ら特定していない。したがって、検索サーバが検索ワードの検索頻度に基づいて検索手法を変更する点は、サブコンビネーションの発明であるクライアント装置を特定するための意味を有しないものとして、請求項に係る発明を認定されてしまう場合がある。

　このような認定を避けるためには、クライアントにも特徴的な構造、機能等を明記して、請求項を構成することが必要である。例えば上記例1を以下の例2のような請求項とすることができれば、クライアン

トの発明を権利化することができる可能性がある。

**例2**：検索ワードを検索サーバに送信し、返信情報を受信して検索結果を表示手段に表示することができるクライアント装置であって、
　前記検索ワードと当該クライアントの位置情報とを検索サーバに送信する送信部と、
　前記検索サーバから前記検索ワードに基づく検索結果を受信する受信部であって、前記検索サーバは前記検索ワードの検索頻度と前記位置情報とに基づいて検索手法を変更して、前記検索結果を抽出する、受信部と、
　を有することを特徴とするクライアント装置。

（説明）
　上記例2の請求項は、クライアント装置の発明を規定している。請求項中では、他のサブコンビネーションである検索サーバの特徴をも規定しているものの、請求項全体としては、クライアント装置の発明となっているため、クライアント装置の特許権侵害に対して、直接侵害を主張することができる。

(D) 記録媒体及びプログラムの請求項を作成する際の留意点

　プログラムはコンピュータに所望の処理を行わせるものであり、記録媒体はこのようなプログラムを記録するものとの位置付けを忘れないようにする。例えばエンジンの冷却水の温度をあるレベル以下に保つために、「ある対象物の動作に関する所定の物理量を検出し、これに所定の演算を施し、演算結果を所定値と比較し、比較結果に基づいてその対象物を制御する」方法発明を仮定する。この方法発明の実施にコンピュータを利用するので、プログラム及び記録媒体の請求項を作成する。プログラムは、方法発明の全ての要素（ステップ）を具備しているのであろうか。答えは、否である。ある物理量を検出するステップは、プログラムに含まれない。物理量を検出するのは、飽くまで対象物に取り付けられたセンサである。つまり、方法発明の請求項を安易に変更して記録媒体の請求項とすることはできないし、この逆もでき

ない。このように、コンピュータに実行させる処理以外の要素がプログラムの要素として含まれてしまうことのないように注意する。同様にハードウエアの要素や、別の記録媒体に記録されているプログラムのステップを含んでしまうことのないように、プログラムやこれを記録する記録媒体の要素を特定する。

(E) 進歩性に関する審査基準を考慮する

審査ハンドブックには、進歩性の判断基準が示されている。このうち、特に以下に示す進歩性の判断基準に関する事項を考慮して請求項を作成する。

当業者の通常の創作能力の発揮に当たり進歩性が否定される例として、以下のものが挙げられている。

(1) 他の特定分野への適用

特定分野に関するソフトウエア関連発明に用いられている手順又は手段は、適用分野にかかわらず機能又は作用が共通していることが多い。このように機能又は作用が共通している場合は、ある特定分野に関するソフトウエア関連発明の手順又は手段を別の特定分野に適用しようとすることは、当業者の通常の創作能力の発揮に当たる。

例1：

「ファイル検索システム」の引用発明が存在した場合は、その機能又は作用が共通している手段（検索のための具体的構成）を医療情報システムに適用して、「医療情報検索システム」を創作することは、当業者の通常の創作能力の発揮に当たる。

例2：

「医療情報検索システム」の引用発明が存在した場合は、それと機能又は作用が共通している手段を「商品情報検索システム」に適用することは、当業者の通常の創作能力の発揮に当たる。

(2) 周知慣用手段の付加又は公知の均等手段による置換

システムの構成要素として通常用いられるもの（周知慣用手段）を付加す

ることや、システムの構成要素の一部を公知の均等手段に置換しようとすることは、当業者の通常の創作能力の発揮に当たる。

　例3：

　　　システムの入力手段として、キーボードの他に、数字コードの入力のために画面上の項目表示をマウスで選択して入力する手段やバーコードで入力する手段を付加することは、当業者の通常の創作能力の発揮に当たる。

(3) ハードウエアで行っている機能のソフトウエアによる実現

　回路などのハードウエアで行っている機能をソフトウエアで実現しようとすることは、当業者の通常の創作能力の発揮に当たる。

　例4：

　　　ハードウエアであるコード比較回路で行っているコード比較をソフトウエアにより実現することは、当業者の通常の創作能力の発揮に当たる。

(4) 人間が行っている業務やビジネス方法のシステム化

　引用発明として、特定分野において人間が行っている業務やビジネスを行う方法について開示されるものの、その業務をどのようにシステム化するかが開示されていない場合がある。このような場合であっても、特定分野において人間が行っている業務やビジネスを行う方法をシステム化し、コンピュータにより実現することは、通常のシステム分析手法及びシステム設計手法を用いた日常的作業で可能な程度のことであれば、当業者の通常の創作能力の発揮に当たる。

　例5：

　　　これまでFAXや電話で注文を受けていたことを、単に、インターネット上のウェブサイトで注文を受けるようにシステム化することは、当業者の通常の創作能力の発揮に当たる。

　例6：

　　　これまで雑誌社が、雑誌に読者の売買申込情報を掲載していたこと（いわゆる「売ります・買います」コーナーを掲載していたこと）を、単に、

雑誌社のインターネット上のウェブサイトに読者の売買申込情報を掲載するようにシステム化することは、当業者の通常の創作能力の発揮に当たる。

(5) 公知の事象をコンピュータ仮想空間上で再現すること
　公知の事象をコンピュータ仮想空間上で再現することは、通常のシステム分析手法及びシステム設計手法を用いた日常的作業で可能な程度のことであれば、当業者の通常の創作能力の発揮に当たる。
　例7：
　　「テニスゲーム装置」において、単にハードコートにおけるバウンド後のテニスボールの球速を、クレーコートの場合よりも速く設定することは、当業者の通常の創作能力の発揮に当たる。
　例8：
　　「レーシングゲーム装置」において、単に路面の状態に応じてスピンが起こる確率を変化させることは、当業者の通常の創作能力の発揮に当たる。
　例9：
　　電卓やコピー機等に備えられた公知の入出力インタフェース（ボタンや表示部等の形状、及びそれらの位置関係）を、単にコンピュータの画面上でグラフィカルに再現することは、当業者の通常の創作能力の発揮に当たる。

(6) 公知の事実又は慣習に基づく設計上の変更
　公知の事実又は慣習に基づく設計上の変更が以下の(i)かつ(ii)に該当するときは、当業者が必要に応じて定める設計上の変更にすぎず、当業者の通常の創作能力の発揮に当たる。
(i) 当業者がその技術分野における周知慣用技術や技術常識、一般常識（顕著な事実を含む。）等を考慮した上で、その設計上の変更を行うかどうかを適宜決めるべきものであるとき。
(ii) その設計上の変更を行うことに技術的な阻害要因がないとき。

例10：
　　売買契約が成立したときに売手が買手に対して感謝の気持ちを表明することは一般常識である。また、電子商取引装置においてメッセージを出力する機能を付加することは周知、慣用手段の付加に該当する。したがって、「表示手段を有する電子商取引装置」において、商品を購入後に「お買上げありがとうございました」というメッセージを出力する手段を付加することは、当業者の通常の創作能力の発揮に当たる。

例11：
　　コンピュータを用いない商取引においてクーリングオフ制度（商品の購入申込み後であっても、一定期間内であれば、商品の購入申込みを撤回できるものとする制度）があることは一般常識である。また、コンピュータを用いる商取引（電子商取引）であるか否かにかかわらず消費者保護の観点からクーリングオフ制度を取り入れることが好ましいことも一般常識である。したがって、「電子商取引装置」において、クーリングオフ制度に対処するための手段を付加することは、当業者の通常の創作能力の発揮に当たる。

## 3．(1)　⑥　図　面

ソフトウエア関連発明で用いられる図面の代表例を次に挙げる。

(a)　発明の要旨を説明するのに都合の良い図。例えばデータ処理の概要を示す図、処理されたデータの変化の概要を示す図、処理で用いられるデータを管理するテーブルを示す図、データベースの構成を示す図、機能ブロック図など。

(b)　コンピュータシステムやネットワークの場合には、その機能構成を示すブロック図（図1参照）、フローチャート（図2参照）又は信号やデータの流れを示すシーケンス図、コンピュータシステムやネットワークを構成する各部（各コンピュータや、コンピュータ間に介在するネットワークなど）のハードウエア構成図（図3参照）、各部でのデータ管理に特徴がある場合には、それらを示すテーブルなどの図。

(c) ソフトウエア関連発明の場合には、プログラムを記録する記録媒体が示されている図（図3参照）。
(d) 装置や信号の状態の遷移を示す状態遷移図。

図面の例を以下に示す。

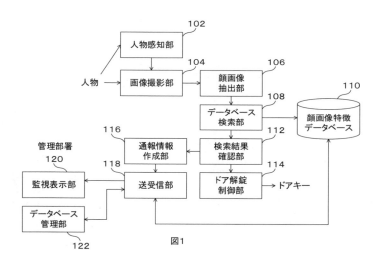

図1

本発明の一実施例におけるセキュリティドア制御システムの機能構成を示すブロック図

第Ⅲ章　特許明細書作成

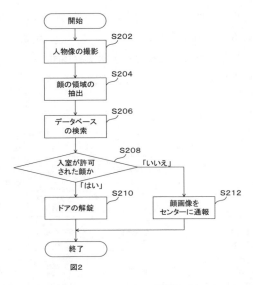

本発明の一実施例におけるセキュリティドア制御プログラムのフローチャートを示す図

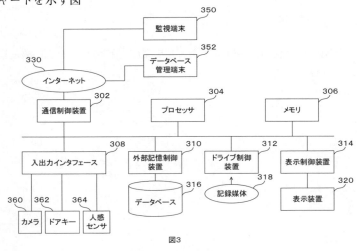

本発明の一実施例におけるセキュリティドア制御システムのハードウエア構成を示す図

## 3.(2) AI 関連発明

　IoT関連技術等で収集された大量のデータを適切に分析・学習するための技術は、産業競争力確保の源泉としてその重要性を日々増してきているが、そのようなデータの分析・学習は、AI関連技術の機械学習により実施されることが多い。

　機械学習には様々なものがあるが、近年では、コンピュータの飛躍的な計算性能向上等により、多層構造のニューラルネットワークを用いたディープラーニング（深層学習）が実施可能となり、大量のデータに基づいて高品質な学習済みモデルの生成が実現されてきており、生成した学習済みモデルは、未知のデータに対しても正解を出力することができる。

　このように、今後、出願機会の増加が見込まれるAI関連発明であるが、基本的には、ソフトウエア関連発明として取り扱うことができる。このため、AI関連発明の明細書等の書き方は、基本的には、上記「3.(1)　コンピュータソフトウエア関連発明」に記載したとおりである。一方で、AI関連発明の場合、明細書等の書き方において固有の留意点もある。そこで、以下では、AI関連発明の明細書等の書き方において、上記「3.(1)　コンピュータソフトウエア関連発明」において言及されていない、AI関連発明固有の留意点について説明する。

## 3.(2) ① AI 関連発明の分類

　AI関連発明は、以下に示すように、「AIコア発明」と「AI適用発明」とに大別することができる。

(a) 「AIコア発明」とは、ニューラルネットワーク、深層学習、サポートベクターマシン、強化学習等を含む各種機械学習技術のほか、知識ベースモデルやファジー論理など、AIの基礎となる数学的又は統計的な情報処理技術に特徴を有する発明である。

(b) 「AI適用発明」とは、画像処理、音声処理、自然言語処理、機器制御・ロボティクス、診断・検知・予測（推論ともいう。以下同じ。）・最

第Ⅲ章 特許明細書作成

適化システム等の各種技術に、AIの基礎となる数学的又は統計的な情報処理技術を適用したことに特徴を有する発明である。

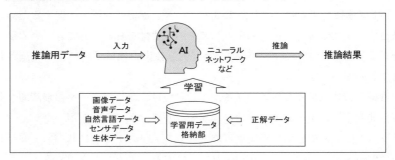

なお、AIの適用先には、上記技術分野のほか、材料、医薬等の分野も含まれ、「AI適用発明」には、「マテリアルズ・インフォマティックスの発明」も含まれる。「マテリアルズ・インフォマティックスの発明」とは、AI等を用いて、例えば材料の構造や組成と、材料の機能や特性との関係を学習し、材料開発の効率を高める発明である。

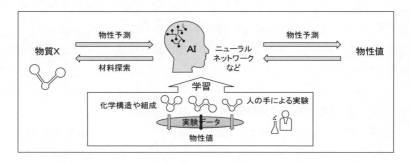

## 3.(2) ② 発明把握において留意すべき事項
### (A) 入出力関係の整理

一般に、AI適用発明において用いられる学習済みモデルは、学習処理の際に用いた学習用データによって特定される。このため、AI適用発明を把握するに当たっては、モデルの入出力関係を整理し、学習用データとして図

示することが望ましい。

一方で、AI適用発明には、
- 従来、人が経験に基づいて行っていた作業の一部をモデルに学習させ、学習済みモデルが人の作業を支援するといった発明
- 従来方式の制御処理をモデルに学習させ、学習済みモデルに代替させるといった発明

等が含まれる。このため、AI適用発明の出願において、学習用データを詳細に記載し過ぎると、
- 人の培ってきた経験則が流出してしまう。
- 製品の製造ノウハウが流出してしまう。
- モデルの生成において得た学習ノウハウが流出してしまう。

等のデメリットが発生する可能性がある。一般に、人が培ってきた経験則や、製品の製造ノウハウ、モデルの生成において得た学習ノウハウ等は、具体的な数値、具体的なデータ名、具体的な作業手順等を開示することによって、流出する可能性が高まるからである。

このようなことから、モデルの入出力関係を整理し、学習用データとして図示する際には、上記デメリットを考慮に入れて、開示範囲を十分に検討するとともに、学習用データの記載を、上位概念化するなどの点に留意する必要がある。

ただし、開示範囲を絞ることによって、あるいは、開示内容を上位概念化することによって、明確性（法第36条第6項第2号）の要件を満たさなくなる、あるいは、新規性（法29条第1項第3号）の要件を満たさなくなる等の可能性が高まる点にも留意する必要がある。

以下に、学習用データの具体例（学習用データの具体例1～3）を示す。

## 第Ⅲ章　特許明細書作成

| 学習用データ ||
|---|---|
| 入力データ<br>（説明変数） | 正解データ<br>（目的変数） |
| 時系列データ群1<br>・時系列データA1<br>・時系列データB1<br>・時系列データC1 | 異常あり |
| 時系列データ群2<br>・時系列データA2<br>・時系列データB2<br>・時系列データC2 | 異常なし |
| … | … |

（学習用データの具体例1）

　上記"学習用データの具体例1"は、入力データとして、複数種類のセンサにより測定された複数種類の時系列データ（例えば時系列データA1～C1）を含み、正解データとして、異常の有無を示す情報を含む学習用データの一例である。具体例1では、どのような種類のデータを用いて異常の有無を判定するのかまでは開示せず、異常の有無の判定に用いるデータが時系列データであること、及び複数種類の時系列データ（例えば時系列データA1～C1）を用いて判定することのみを開示している。

| 学習用データ |||
|---|---|---|
| 入力データ(説明変数) || 正解データ<br>（目的変数） |
| 入力データ1 | 入力データ2 | |
| 断面形状画像1 | プロセスデータ群1<br>・プロセスデータA1<br>・プロセスデータB1<br>・プロセスデータC1 | 断面形状画像1' |
| 断面形状画像2 | プロセスデータ群2<br>・プロセスデータA2<br>・プロセスデータB2<br>・プロセスデータC2 | 断面形状画像2' |
| … | … | … |

（学習用データの具体例2）

上記"学習用データの具体例2"は、入力データとして、部材の断面形状画像と、複数種類のプロセス条件を示すプロセスデータとを含み、正解データとして、プロセス実行後の部材の断面形状画像を含む学習用データの一例である。具体例2では、製造ノウハウの流出につながるおそれのある、部材の断面の具体的な寸法等については開示せず、加えて制御対象となるプロセスデータの中身についても言及せず、複数種類のプロセスデータを、プロセス実行前の部材の断面形状画像とともにモデルに入力することで、プロセス実行後の部材の断面形状画像を推論することのみを開示している。

| 学習用データ | | | | | | |
|---|---|---|---|---|---|---|
| 入力データ<br>（説明変数） | | | | 正解データ<br>（目的変数） | | |
| 材料組成データ | | | | 材料特性x | 材料特性y | 材料特性z |
| 元素A | 元素B | 元素C | 元素D | | | |
| A1[%] | B1[%] | C1[%] | D2[%] | x1 | y1 | z1 |
| A2[%] | B2[%] | C2[%] | D2[%] | x2 | y2 | z2 |
| … | … | … | … | … | … | … |

（学習用データの具体例3）

　上記"学習用データの具体例3"は、入力データとして、材料に含まれる各元素の割合を示す材料組成データを含み、正解データとして、製造された材料についての複数種類の特性を含む学習用データの一例であり、マテリアルズ・インフォマティックス発明の典型的な学習用データの一例である。具体例3では、各元素の含有率についての具体的な数値、及び各材料特性の具体的な数値は開示せず、どのような元素が含まれるのか、どのような材料特性を推論するのかのみを開示している。

(B) **付帯的な処理の整理**

　一般に、AI適用発明においては、学習済みモデルを生成するに当たり、あるいは、学習済みモデルを生成したことに付随して、様々な処理が行われる。このような学習済みモデルの生成に関わる付帯的な処理の中には、問

### 第Ⅲ章 特許明細書作成

題を解決するのに重要な役割を担う発明が含まれていることも少なくない。このため、AI適用発明を把握するに当たっては、このような付帯的な処理に着目することも重要である。以下では、AI適用発明を把握するに当たり、どのような処理に着目すべきかを、下記の5つのグループ(学習用データの収集処理、前処理、学習/推論処理、後処理、最適化処理)に分けて説明する。なお、下記の5つのグループに属する各処理は、通常、学習用データの収集処理→前処理→学習/推論処理→後処理→最適化処理の順に実行される。

(着目すべき処理の例)

第1のグループは、「学習用データの収集処理」に関する発明である。

一般に、AI適用発明では、
・データ拡張処理を行い、学習用データの量を増やすことによって、あるいは、
・データ分布を均等化する処理を行い、学習用データの偏りをなくすことによって、

"推論精度の向上"を実現することができる。したがって、AI適用発明を把握するに当たっては、「学習用データの収集処理」において、何か工夫したことはないかといった視点で検討することが重要である。

第2のグループは、「前処理」に関する発明である。
一般に、AI適用発明では、
・収集したデータのうち、どのデータを選択してモデルに入力するのか

（具体的には、どのような属性のデータを選択してモデルに入力するのか、あるいは、時系列データであれば、どの時間範囲のデータを選択してモデルに入力するのか）を検討することによって、"推論精度の向上"や"学習時間の短縮"等を実現することができる。また、

```
┌─────────────┐
│   前処理    │
└─────────────┘
┌─────────────────┐
│・データの選択方法 │
│ （属性、時間範囲等）│
│・データの加工方法 │
│ （値変換等）     │
└─────────────────┘
```

推論精度の向上、
学習時間の短縮

・収集したデータに対して、どのような加工を施した上でモデルに入力するのか（具体的には、収集したデータをどのようなデータ構造に加工した上でモデルに入力するのか、あるいは、収集したデータをどのような値に変換した上でモデルに入力するのか）を検討することによって、"推論精度の向上"や"学習時間の短縮"等を実現することができる。

したがって、AI適用発明を把握するに当たっては、「前処理」において、何か工夫したことはないかといった視点で検討することが重要である。

第3のグループは、「学習／推論処理」に関する発明である。

```
┌─────────────────┐
│  学習／推論処理  │
└─────────────────┘
┌─────────────────┐
│・学習方法／推論方法│
│・損失関数の算出方法│
│・モデルのカスタマイズ│
│・再学習の仕組み   │
└─────────────────┘
```

推論精度の向上、
精度劣化の回避

第Ⅲ章　特許明細書作成

　一般に、AI適用発明では、
・学習方法／推論方法を検討することによって、あるいは、
・学習時に用いる損失関数を検討することによって、
"推論精度の向上"を実現することができる。また、
・モデルをユーザーごと、利用シーンごとにカスタマイズすることによって、あるいは、
・モデルを再学習する仕組みを取り入れることによって、
学習済みモデルの"精度劣化を回避"することができる。したがって、AI適用発明を把握するに当たっては、「学習／推論処理」において、何か工夫したことはないかといった視点で検討することが重要である。
　第4のグループは、「後処理」に関する発明である。

後処理
・推論結果の可視化
・推論結果の評価方法
・推論結果の利用

⇩

視認性向上、
推論結果の正否判断
処理精度の向上

　一般に、AI適用発明の特徴の一つとして、処理内容がブラックボックスである、あるいは、推論結果に至ったロジックを人間が理解しにくい、といった点が挙げられる。このため、AI適用発明では、
・推論結果の可視化方法を検討することによって、あるいは、
・推論結果の評価方法を検討することによって、
"視認性の向上"を実現したり、"推論結果の正否判断"を適切に行ったりすることが可能になる。
　また、学習済みモデルを、目的とする処理結果を得るための途中過程で利用するケースにおいては、

・学習済みモデルが推論処理の仮定で算出した結果（例えば特徴量）や、学習済みモデルが推論処理した結果を、後処理において利用することによって、目的とする処理結果についての"精度向上"を実現することができる。

したがって、AI適用発明を把握するに当たっては、「後処理」において、何か工夫したことはないかといった視点で検討することが重要である。

第5のグループは、「最適化処理」に関する発明である。

最適解の取得
探索時間の短縮
探索精度の向上

一般に、AI適用発明では、推論精度の高い学習済みモデルを生成することができた場合、推論結果が所望する値となる入力データ（説明変数）を探索することによって、入力データの最適解を取得することができる。また、入力データ（説明変数）を探索する際、探索方法を検討することによって、"探索時間の短縮"や"探索精度の向上"を実現することができる。

したがって、AI適用発明を把握するに当たっては、「最適化処理」において、何か工夫したことはないかといった視点で検討することが重要である。

## 3．(2) ③ 明細書及び図面の記載において留意すべき事項

AI適用発明について、明細書及び図面を記載するに当たっては、ソフトウエア関連発明同様、システム構成図、ハードウエア構成図、データ構成図、機能構成図、フローチャート等が用いられる。一方で、AI適用発明の場合、これらの図を用いて明細書及び図面を記載するに当たっては、固有の留意点がある。ここでは、特にシステム構成図、データ構成図、機能構成図に関して、固有の留意点を詳説する。

第Ⅲ章　特許明細書作成

(A)　システム構成図

　AI適用発明の場合、学習用データを用いて学習処理を行い、学習済みモデルを生成する学習フェーズと、生成した学習済みモデルに推論用データを入力し、推論結果を出力する推論フェーズとが含まれる。

　このため、システム構成図を記載するに当たっては、学習フェーズと推論フェーズとに分けて記載するのが望ましい。開発段階では、学習処理と推論処理とが同じ1つの装置を用いて実行されるが、製品に搭載された段階では、推論処理のみが実行されるように構成されるケースも多いからである。このようなケースでは、明細書及び図面を記載するに当たり、学習フェーズのシステム構成図と、推論フェーズのシステム構成図とを分けて記載することが望ましい。

　下図は、学習フェーズのシステム構成図と、推論フェーズのシステム構成図とを分けて記載した場合の、学習フェーズのシステム構成図の具体例を示したものである。

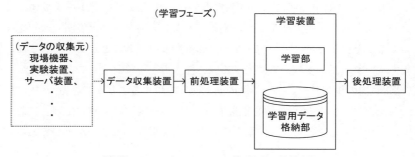

（学習フェーズのシステム構成図の具体例）

　なお、学習フェーズのシステム構成図を記載するに当たっては、学習用データの生成に用いるデータの収集元を整理して明記することが望ましい。データの収集元を整理して明記することで、学習用データとして適切な文言を導き出すのに役立つからである。

　一方、下図は、推論フェーズのシステム構成図の具体例を示したものである。

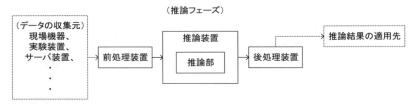

(推論フェーズのシステム構成図の具体例)

上図に示すように、推論フェーズのシステム構成図を記載する場合も、学習フェーズのシステム構成図を記載する場合と同様に、推論用データの収集元を整理して明記することが望ましい。加えて、推論結果の適用先も合わせて整理して明記することが望ましい。推論結果が実際にどのように利用されるのかを整理して明記することで、AI適用発明の直接的な効果、付帯的な効果が明確になり、審査段階において有用だからである。

なお、AI適用発明が適用される製品が、例えば再学習機能を有するケースにあっては、推論装置内の機能部として、再学習部が含まれるとともに、再学習用データを格納する再学習用データ格納部が含まれていてもよい。

また、最適化処理が実行されるシステムにあっては、推論フェーズのシステム構成図は、例えば下図のように記載される。

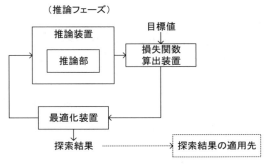

(推論フェーズのシステム構成図の他の具体例)

第Ⅲ章　特許明細書作成

　上図に示すように、最適化処理が実行されるシステムの場合、推論フェーズのシステム構成図は、
　　・推論装置による推論処理が繰り返し実行されること
　　・推論装置から順次出力される推論結果の目標値に対する損失を算出する損失関数算出装置を有すること
　　・損失関数算出装置により算出された損失が小さくなるように、最適化装置において最適解の探索が行われること
等が分かるように記載することが望ましい。また、最適化処理が実行されるシステムの場合も、探索結果の適用先を整理して明記することが望ましい。推論結果の場合と同様に、探索結果が実際にどのように利用されるのかを整理して明記することで、AI適用発明の直接的な効果、付帯的な効果が明確になり、審査段階において有用だからである。

(E)　データ構成図

　AI適用発明の場合、データ構成図として、学習用データを記載することが望ましい。なお、学習用データを記載する際の留意点については、上記「3.(2)　②発明把握において留意すべき事項　(A)　入出力関係の整理」において説明済みであるため、ここでは省略する。

(C)　機能構成図

　システム構成図と同様に、AI適用発明の場合、学習フェーズと推論フェーズとが含まれるため、機能構成図を記載するに当たっては、学習フェーズと推論フェーズとに分けて別々に記載することが望ましい。つまり、特許請求の範囲において、学習装置及び推論装置のいずれを独立クレームとして記載した場合でも、サポート要件（法第36条第6項第1号）を満たすことができるからである。
　また、学習装置及び推論装置において用いた具体的なモデルの種類（どのようなアルゴリズムを用いたか）を例示することも重要である。例えば米国において、記載不明瞭（US112条(b)）と認定されることを回避できるからである。

下図は、学習装置の機能構成図の具体例を示したものである。

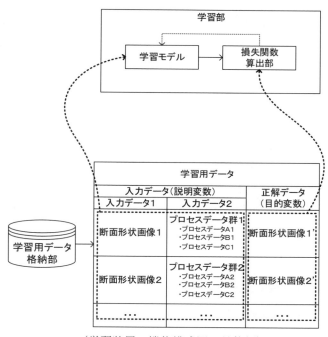

（学習装置の機能構成図の具体例）

上図に示すように、学習装置の機能構成図は、
・学習用データ格納部に格納された学習用データが読み出されること
・学習用データの"入力データ"が学習モデルに入力されること
・学習モデルより出力される出力データと、学習用データの"正解データ"とが損失関数算出部に入力されることで、損失が算出されること
・算出された損失に基づいて、学習モデルのモデルパラメータが更新されること

等が分かるように記載することが望ましい。

下図は、推論装置の機能構成図の具体例を示したものである。

第Ⅲ章　特許明細書作成

（推論装置の機能構成図の具体例）

上図に示すように、推論装置の機能構成図は、
・学習用データの"入力データ"と同じデータ項目、同じデータ形式のデータが、学習済みモデルに入力されることで、学習済みモデルが実行されること
・学習済みモデルが実行されることで、学習用データの"正解データ"と同じデータ項目、同じデータ形式のデータが、推論結果として出力されること

等が分かるように記載することが望ましい。

## 3．(2)　④　特許請求の範囲の記載において留意すべき事項
### (A)　学習装置で権利化するか、推論装置で権利化するか、両方で権利化するか

　AI適用発明について、特許請求の範囲を記載するに当たっては、学習装置（あるいは学習プログラム）で権利化するのか、推論装置（あるいは推論プログラム）で権利化するのかを、AI関連発明の利用シーンを想定しながら検討することが望ましい。

　一般に、研究・開発の段階で用いられるのは学習装置（あるいは学習プログラム）であり、研究・開発の成果を享受するのは推論装置（推論プログラム）である。したがって、自社製品の実施を確保し、かつ、他社製品の実施を差し止めるためには、推論装置（推論プログラム）で権利化を図ることが有益である。

　一方で、例えば再学習機能（あるいは再学習プログラム）が搭載された製品を販売し、当該製品を購入したユーザーが当該製品の使用中に、当該製品

が取得したデータを学習用データに追加し、自動的に再学習処理を行うようなケースについては、学習装置（学習プログラム）の権利化も必要である。あるいは、学習プログラムを搭載した製造装置を客先の工場に設置し、立ち上げ時に現場にて取得したデータを用いて学習処理を行うようなケースについても、学習装置（学習プログラム）の権利化が必要である。

これらのケースにおいて、推論装置の権利しか有していないとすると、自社製品のユーザー又は自社製造装置が設置される客先を、権利侵害として訴えることになるからである。これに対して、学習装置の権利を有していれば、競合他社による侵害製品の販売を差し止めること、競合他社による侵害装置の生産を差し止めることができる。

(B) 侵害立証の容易化

AI適用発明について、特許請求の範囲を記載するに当たっては、侵害の立証が容易となるような請求項を検討することが重要である。コストをかけて権利化したにもかかわらず、権利活用ができないといった事態を回避するためである。

侵害立証を容易にするためには、学習済みモデルの内部処理の記載を極力排除することが有効である。

一般に、コンピュータ内部でどのような処理が行われているのかを第三者が解析することは容易ではない。一方で、コンピュータを実行させる際に、どのようなデータを入力したか、あるいは、コンピュータを実行させたことで、どのようなデータが出力されたかを、第三者が立証することは比較的容易である。

AI適用発明の場合、学習済みモデルは、モデルパラメータによって特定され、モデルパラメータは、学習用データによって特定される。このため、学習済みモデルを特定するには、当該学習済みモデルが、どのような学習用データを用いて生成されたものであるのかを特定することが、侵害立証の容易化の観点から適切であると考える。学習済みモデルの処理内容を解析することなく、学習済みモデルの入力データと出力データとを確認することで、

侵害の立証が可能になるからである。

なお、学習用データによって学習済みモデルを特定するための特許請求の範囲の記載方法としては、例えば

「XXデータとYYデータとを含む学習用データを用いて学習された学習済みモデル」

等の記載方法が挙げられる。

また、当該学習済みモデルを実行させることで推論処理を行う推論部を特定するための特許請求の範囲の記載方法としては、例えば

「推論対象のXXデータを入力し、前記学習済みモデルを実行させることで推論結果を出力する推論部」

等の記載方法が挙げられる。


(C) 成果物の取扱い

　AI関連発明の場合、推論装置による推論結果に基づく成果物が、権利対象になり得る場合がある。

　例えば処理前の部材の断面形状と、処理時のプロセス条件とが入力されることで、処理後の部材の断面形状を推論する推論装置を用いて、処理後の部材の断面形状が所望の断面形状となるプロセス条件を網羅探索することで、適切なプロセス条件が導出されたとする。

　この場合、"推論装置"のみならず、"導出されたプロセス条件の下で部材を処理する処理方法"も、成果物として権利対象になり得る。

　あるいは、マテリアルズ・インフォマティックスの発明において、例えば材料の組成から材料の特性を推論する推論装置を用いて、所望の特性を有する材料の組成を網羅探索することで、適切な材料組成が導出されたとする。

　この場合、"推論装置"のみならず、"導出された組成を有する材料"も、成果物として権利対象になり得る。

　一方、AI関連発明の場合、権利対象となり得るこれらの成果物については、出願時の取扱いに注意が必要である。推論装置が特許性ありと判断されたからといって、成果物である"導出されたプロセス条件の下で部材を処理

する処理方法"や"導出された組成を有する材料"も特許性ありと判断されるとは限らないからである。

例えばAI関連発明を出願する際の特許請求の範囲において、以下のような成果物の請求項を記載したとする。

- 「請求項Xに記載の推論装置による推論結果に基づいて導出されたプロセス条件を用いて、前記部材を処理する処理方法。」
- 「請求項Yに記載の推論装置による推論結果に基づいて導出された組成を有する材料。」

この場合、仮に請求項Xに記載の推論装置や請求項Yに記載の推論装置が特許性ありと判断されたとしても、成果物である"導出されたプロセス条件の下で部材を処理する処理方法"や"導出された組成を有する材料"が、特許性ありと判断される可能性は低いと考えられる。理由は以下のとおりである。

- 上記記載の場合、"プロセス条件"や"組成"の導出過程を特定しているにすぎず、"プロセス条件"の範囲や"組成"の範囲を特定しているわけではないため、記載要件（法第36条第4項第1号、第6項第1号、第2号）を満たさないと認定される可能性が高い。
- 推論装置と成果物とを一出願とした場合、発明の単一性（法第37条）の要件を満たさないと認定される可能性が高い。

このため、上記のような成果物については、あらかじめAI関連発明の出願とは別出願とするのが妥当と考える。

なお、別出願とするに当たり、当該別出願の特許請求の範囲には、プロセス条件の範囲や組成の範囲を特定した請求項を記載する必要があると考える。

また、別出願の明細書には、導出されたプロセス条件の下で部材を処理することで、所望の断面形状が得られた試験結果を含む実施例、あるいは、導出された組成を有する材料を製造し、製造した材料の特性を測定することにより、所望の特性が得られた試験結果を含む実施例を記載することが望ましい。

ただし、推論装置の推論精度が明細書等で検証されている、又は推論装置

第Ⅲ章　特許明細書作成

による推論結果が、実際に製造した成果物の評価に代わり得るとの技術常識が出願時あった、等のケースにおいては、上記試験結果の記載を省略できる場合がある。

## 3．(2) ⑤ AI適用発明の特定分野への応用

AI適用発明は様々な技術分野に応用されており、以下に、AI適用発明の特定分野への応用例（出願事例）を示す。なお、各事例とも、請求項1のみ（一部の事例は請求項1及び請求項3）を示す。また、発明の名称も請求項1に合わせ、掲載しない他の請求項に関係する発明の名称は省略した。

　例1：保守作業サービスへの応用例（特許第6897701号）
　・分野：保守作業サービス
　・処理：前処理
　・目的：保守作業者の作業支援
　・構成：推論対象のデータに特徴がある発明

［発明の名称］保守作業支援装置
［背景］
　稼働中の空調機器の運転情報等を収集しておき、異常が発生した場合に、異常箇所を予測する予測技術が提案されている。当該技術によれば、保守作業者は、異常箇所に応じた点検作業を行うことが可能になり、効率的な保守作業を実現できる。
　しかしながら、空調機器の場合、異常箇所が同じであっても、交換または修理する部品が同じであるとは限らず、保守作業者は実際に現場に出動しない限り、故障部品を特定することができなかった。
［課題］
　保守作業者の出動回数を減らすことで保守作業を支援する保守作業支援装置を提供する。
［特許請求の範囲］

［請求項１］

　空調機器の機器情報と、該空調機器に起こる現象及び該空調機器の故障や異常によって室内または室外に対して及ぼす影響を示す現象情報と、の組み合わせを含むデータセットを取得する第１の取得部と、

　前記空調機器に対して保守作業者が行った保守作業の内容であって、交換または修理した部品あるいは交換後の新たな部品が記録された作業内容情報を取得する第２の取得部と、

　前記第１の取得部により取得されたデータセットと、前記第２の取得部により取得された作業内容情報に記録された、前記交換または修理した部品あるいは交換後の新たな部品とを関連付けて学習した学習結果に基づき、新たに取得されたデータセットから、空調機器において交換または修理すべき部品あるいは交換後の新たな部品を推論する推論部と

　を有する保守作業支援装置。

［発明の詳細な説明の概要］

＜保守作業支援システムのシステム構成（学習フェーズ）＞

　図１は、保守作業支援システム（学習フェーズ）100のシステム構成の一例を示す図である。保守作業支援システム100は、監視装置110と、ステーション120と、空調機器130_1～130_nと、保守用装置140と、保守作業支援装置160とを有する。

　監視装置110は、空調機器130_1～130_nからステーション120を介して所定周期ごとに送信される機器運転情報、機器現象情報を取得し、異常原因情報または異常箇所情報を予測し、保守用装置140に保守指示を送信する。

　保守用装置140は、監視装置110から送信される異常原因情報または異常箇所情報と、対象となる空調機器に関する機器情報と、対象となる空調機器の利用者に関する利用者情報と、保守作業の手順を定めた保守手順情報を読み出し、保守作業者150に報知する。これにより、保守作業者150は、報知された情報を把握したうえで、現場に出動する。また、保守用装置140は、保守作業者150が現場にて行った保守作業の内容を格納する。

　保守作業支援装置160は、学習用情報を取得し、交換部品または修理部品

## 第Ⅲ章　特許明細書作成

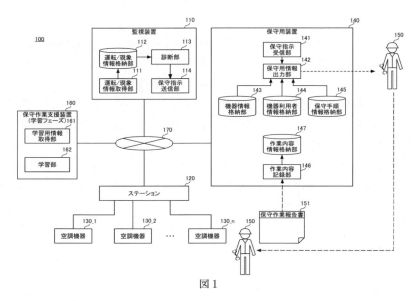

図1

を判定するモデルについて機械学習を行い、学習済みモデルを生成する。学習用情報には、機器運転情報、機器現象情報、機器情報、機器利用者情報、作業内容情報等が含まれる。

＜保守作業支援装置の機能構成（学習フェーズ）＞

図8は、保守作業支援装置160において実現される学習フェーズの機能構

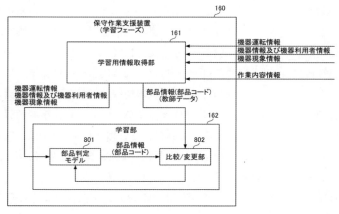

図8

成の一例を示す図である。学習部162は、機器運転情報、機器現象情報、機器情報及び機器利用者情報を部品判定モデル801に入力することで、部品判定モデル801を実行させる。これにより、部品判定モデル801は、部品情報を出力する。学習部162は、部品判定モデル801により出力される部品情報と、学習用情報に含まれる部品情報とを比較し、比較結果に応じて、部品判定モデル801のモデルパラメータを更新する。

＜保守作業支援システムのシステム構成（推論フェーズ）＞

図9は、保守作業支援システム（推論フェーズ）900のシステム構成の一例を示す図である。推論フェーズの保守作業支援システム900において、保守作業支援装置910は、推論部912を有する。

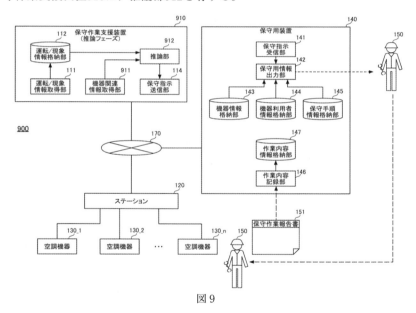

図9

＜推論部の機能構成＞

図10は、保守作業支援装置910の推論部912の機能構成の詳細を示す図である。推論部912は、保守用装置140から機器情報及び機器利用者情報を取得し、機器運転情報及び機器現象情報とともに、学習済み部品判定モデルに入力す

193

第Ⅲ章　特許明細書作成

ることで、学習済み部品判定モデルを実行させる。これにより、推論部912は、部品情報を推論し、保守用装置140に通知し、保守用装置140は部品情報を保守作業者150に報知する。

この結果、保守作業者150は、実際に現場に出動しなくても故障部品を認識することができる。

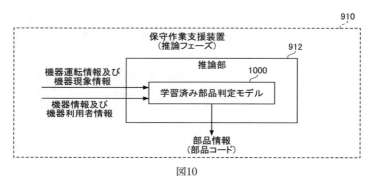

図10

［まとめ］

空調機器の場合、異常箇所が同じであっても、故障部品が同じとは限らないことに鑑みて、本出願例では、異常箇所を推論する代わりに、直接、故障部品を推論する構成とした。これにより、交換部品をもって現場に出動することが可能となり、保守作業者の現場への出動回数を減らすことが可能になる。

**例2**：仮想測定（バーチャルメトトロジー）への応用例（特許第7118170号）
・分野：仮想測定
・処理：学習／推論処理
・目的：推論精度の向上
・構成：入力データを並列に処理する学習方法／推論方法に特徴がある発明

[発明の名称] 仮想測定装置
[背景]
　製造プロセスの分野においては、対象物の処理中に測定された測定データ（複数種類の時系列データのデータセットである時系列データ群）から、結果物の検査データ（品質）を推論する仮想測定技術の活用が進められている。高精度な仮想測定処理を実行できれば、結果物の仮想的な全数検査を実現することができるからである。
[課題]
　高精度な仮想測定処理を実行可能な仮想測定装置を提供する。
[特許請求の範囲]
[請求項１]
　製造プロセスの所定の処理単位において、対象物の処理に伴い測定された時系列データ群を取得する取得部と、
　取得した前記時系列データ群を処理する複数のネットワーク部と、該複数のネットワーク部を用いて処理することで出力された各出力データを合成する連結部とを含み、該連結部より出力された合成結果が、前記製造プロセスの前記所定の処理単位において前記対象物を処理した際の結果物の検査データに近づくよう、前記複数のネットワーク部及び前記連結部を機械学習する学習部と
　を有する仮想測定装置。
[請求項３]
　製造プロセスの所定の処理単位において、対象物の処理に伴い測定された時系列データ群を取得する取得部と、
　取得した前記時系列データ群を処理する複数のネットワーク部と、該複数のネットワーク部を用いて処理することで出力された各出力データを合成する連結部とを含み、該連結部より出力された合成結果を、前記対象物を処理した際の結果物の検査データとして推論する推論部と、を有し、
　前記複数のネットワーク部及び前記連結部は、予め取得された時系列データ群を前記複数のネットワーク部を用いて処理することで、前記連結部より

第Ⅲ章　特許明細書作成

出力された合成結果が、製造プロセスの所定の処理単位において対象物を処理した際の結果物の検査データに近づくように機械学習されている、仮想測定装置。

［発明の詳細な説明の概要］

＜システム構成＞

　図1は、半導体製造プロセスと仮想測定装置とを含むシステム100の全体構成の一例を示す図である。システム100は、半導体製造プロセスと、時系列データ取得装置140_1～140_nと、検査データ取得装置150と、仮想測定装置160とを有する。

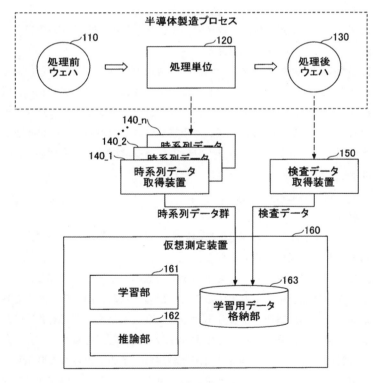

図1

半導体製造プロセスは、所定の処理単位120において、対象物（処理前ウェハ110）を処理し、結果物（処理後ウェハ130）を生成する。

　時系列データ取得装置140_1〜140_nは、それぞれ、処理単位120における処理前ウェハ110の処理に伴い、時系列データを測定し、取得する。

　時系列データ取得装置140_1〜140_nにより取得された時系列データ群は、学習用データ（入力データ）として、仮想測定装置160の学習用データ格納部163に格納される。

　検査データ取得装置150は、処理単位120において処理された処理後ウェハ130の所定の検査項目を検査し、検査データを取得する。検査データ取得装置150により取得された検査データは、学習用データ（正解データ）として、仮想測定装置160の学習用データ格納部163に格納される。

　仮想測定装置160は、学習部161及び推論部162として機能する。学習部161は、時系列データ取得装置140_1〜140_nにて取得された時系列データ群と、検査データ取得装置150にて取得された検査データとを用いて機械学習を行う。

　推論部162は、処理前ウェハの処理に伴い取得された時系列データに基づき、処理後ウェハの検査データを推論し、仮想測定データとして出力する。

＜学習部の機能構成＞

　図6は、学習部の機能性の一例を示す図である。学習部161は、分岐部610と、第1のネットワーク部620_1〜第Mのネットワーク部620_Mと、連結部630と、比較部640とを有する。

　分岐部610は、学習用データ格納部163より時系列データ群を読み出し、当該時系列データ群が、第1のネットワーク部620_1〜第Mのネットワーク部620_Mまでの複数のネットワーク部において処理されるよう、時系列データ群を分岐させる。

　第1のネットワーク部620_1〜第Mのネットワーク部620_Mは、それぞれ畳み込みニューラルネットワークをベースに構成されており、複数の層を有する。各層では、正規化処理、畳み込み処理、活性化処理、プーリング処理等が行われる。

第Ⅲ章　特許明細書作成

　連結部630は、第1のネットワーク部620_1の第N層620_1Nから出力された出力データから、第Mのネットワーク部620_Mの第N層620_MNから出力された出力データまでの各出力データを合成し、合成結果を比較部640に出力する。

　比較部640は、連結部630より出力された合成結果と、学習用データ格納部153より読み出した検査データ（正解データ）とを比較し、誤差を算出する。学習部161では、比較部640により算出された誤差が所定の条件を満たすように、第1のネットワーク部620_1～第Mのネットワーク部620_M及び連結部630に対して機械学習を行う。

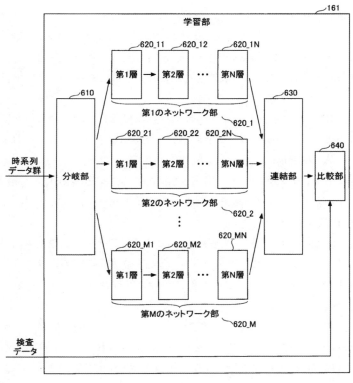

図6

<推論部の機能構成>

図12は、推論部の機能構成の一例を示す図である。推論部162は、分岐部1210と、第1のネットワーク部1220_1から第Mのネットワーク部1220_Mと、連結部1230とを有する。

分岐部1210は、時系列データ取得装置140_1～140_Nにより新たに測定された時系列データ群を取得し、取得した時系列データ群が、第1のネットワーク部1220_1～第Mのネットワーク部1220_Mにおいて処理されるよう制御する。

第1のネットワーク部1220_1～第Mのネットワーク部1220_Mは、学習部161により機械学習が行われ、各層のモデルパラメータが最適化されている。

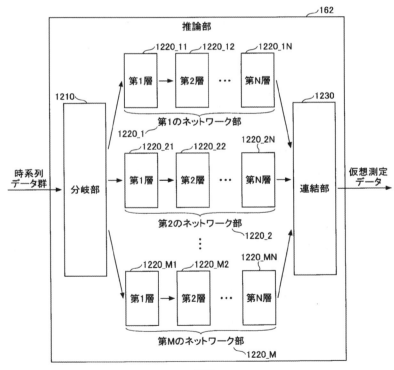

図12

第Ⅲ章　特許明細書作成

　連結部1230は、学習部161により機械学習が行われ、モデルパラメータが最適化されている。連結部1230は、第1のネットワーク部1220_1の第N層1220_1Nから出力された出力データから、第Mのネットワーク部1220_Mの第N層1220_MNから出力された出力データまでの各出力データを合成し、仮想測定データを出力する。
　このように、入力データを複数のネットワーク部を用いて並列に処理することで、入力データが多面的に解析され、精度の高い仮想測定データを出力することができる。
　［まとめ］
　一般的な機械学習モデルを用いても、高精度な仮想測定処理を実現することは難しかったところ、本出願例では、複数のネットワーク部を並列に配置し、時系列データ群を多面的に解析することで、高精度な仮想測定処理を実現することが可能になる。

　**例3**：類似画像検索への応用例（特許第7211775号）
　・分野：類似画像検索
　・処理：後処理
　・目的：検索精度の向上
　・構成：中間層から出力される特徴量を画像検索に利用した発明

　［発明の名称］検索プログラム
　［背景］
　クエリ画像に類似する類似画像を検索する際、クエリ画像内に、検索対象（衣服）と非検索対象（衣服を着用した人）とが含まれると、検索対象に類似する適切な画像を検索することができない。
　［課題］
　クエリ画像を用いた画像検索において、検索対象に応じた検索結果を出力する。
　［特許請求の範囲］

［請求項１］

　クエリ画像を入力する入力工程と、

　前記クエリ画像内に検索対象と非検索対象とが含まれていた場合に、前記クエリ画像の特徴量から前記非検索対象部分の特徴量を取り除いた特徴量と複数の画像の特徴量とに基づいて、複数の画像の中から、該検索対象に類似する物品を含み、かつ、該非検索対象を含まない画像を検索する検索工程と

　をコンピュータに実行させるための検索プログラム。

［発明の詳細な説明の概要］

＜システム構成＞

　図１は、検索システムのシステム構成の一例を示す図である。検索システム１００は、サーバ装置１１０と、ユーザ端末１７０_１〜１７０_ｎとを有する。

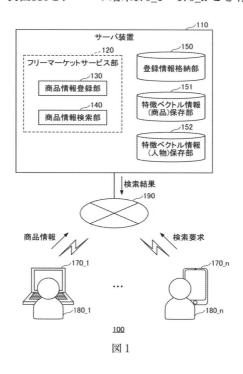

図１

## 第Ⅲ章　特許明細書作成

　サーバ装置110は、フリーマーケットサービス部120として機能し、各種商品を取引する場を提供するサービスを行う。フリーマーケットサービス部120は、商品情報登録部130と商品情報検索部140とを有する。

　商品情報登録部130は、出品する商品の商品情報を、登録情報格納部150に格納する。また、商品情報登録部130は、商品情報に含まれる商品画像から、特徴ベクトルを抽出し、特徴ベクトル情報（商品）保存部151に保存する。更に、商品情報登録部130は、商品画像のうち、商品を着用した人物が含まれる画像である着用画像について、特徴ベクトルを抽出し、特徴ベクトル情報（人物）保存部152に保存する。

　商品情報検索部140は、クエリ画像を含む検索要求を受信した場合に、特徴ベクトル情報（人物）保存部152に保存された特徴ベクトルを用いて、クエリ画像に含まれる人物の特徴量の影響を抑制する処理を行ったうえで、類似画像検索を行う。

　＜データ構成＞

　図4は、特徴ベクトル情報（商品）保存部151に保存される特徴ベクトル情報（商品）の具体例を示す図である。特徴ベクトル情報（商品）において、"商品属性情報"には、商品の属性（カテゴリ、ブランド、タイトル等）が格納され、"商品画像"には、商品単体の画像または着用画像が格納される。"特徴ベクトル"には、"商品画像"に格納された画像から抽出された特徴ベクトルが格納される。

　図5は、特徴ベクトル情報（人物）保存部152に保存される特徴ベクトル情報（人物）及び代表ベクトルの具体例を示す図である。特徴ベクトル情報（人物）500の場合、"商品画像"には、着用画像のみが格納され、"特徴ベクトル"には、着用画像から抽出された特徴ベクトルが格納される。代表ベクトル510は、抽出された特徴ベクトルに基づいて算出される。

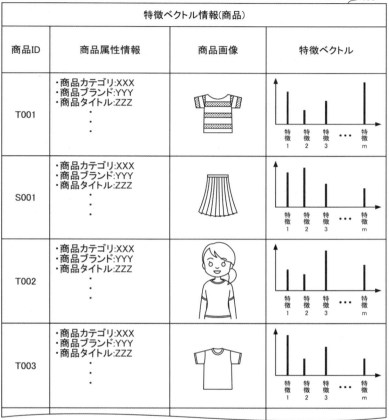

図 4

## 第Ⅲ章　特許明細書作成

| 特徴ベクトル情報（人物） | | | |
|---|---|---|---|
| 商品ID | 商品属性情報 | 着用画像 | 特徴ベクトル |
| T002 | ・商品カテゴリ:XXX<br>・商品ブランド:YYY<br>・商品タイトル:ZZZ<br>︙ | | |
| HP053 | ・商品カテゴリ:XXX<br>・商品ブランド:YYY<br>・商品タイトル:ZZZ<br>︙ | | |
| OP027 | ・商品カテゴリ:XXX<br>・商品ブランド:YYY<br>・商品タイトル:ZZZ<br>︙ | | |
| P003 | ・商品カテゴリ:XXX<br>・商品ブランド:YYY<br>・商品タイトル:ZZZ<br>︙ | | |

500

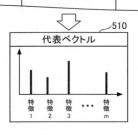

代表ベクトル　510

図5

＜学習済みモデルによる処理＞

図12は、特徴ベクトル情報（人物）及び代表ベクトル生成処理の処理内容を説明するための図である。図12において、学習済みモデル1200は、商品画像が入力された場合に、商品属性情報が出力されるように機械学習されたモデルである。図12に示すように、特徴ベクトル情報（人物）500の"特徴ベクトル"は、学習済みモデル1200に着用画像が入力された際に、中間層から出力される特徴ベクトルを抽出することで取得され、代表ベクトル510は、例えば、各着用画像の特徴ベクトルの平均値を算出することで求められる。

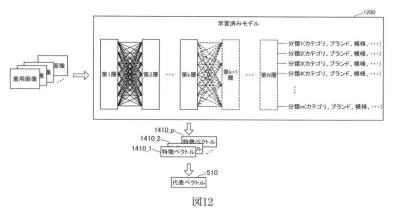

図12

図14は、特徴ベクトル情報（商品）生成処理の処理内容を説明するための図である。図14に示すように、特徴ベクトル情報（商品）400の"特徴ベク

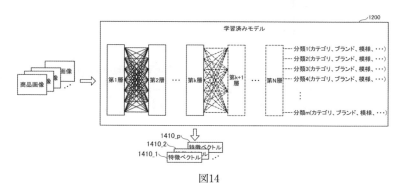

図14

### 第Ⅲ章 特許明細書作成

トル"は、学習済みモデル1200に商品画像が入力された際に、中間層から出力される特徴ベクトルを抽出することで取得される。

＜商品情報検索部の処理＞

図17は、商品情報検索処理の具体例を示す図である。クエリ画像が入力されることで、検索対象領域の特徴ベクトル1600が算出されると、代表ベクトル510により減算されることで、減算後の特徴ベクトル1701が算出される。

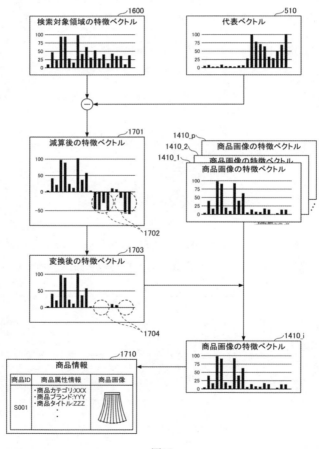

図17

これにより、クエリ画像に含まれる人物の特徴量の影響を抑制することができる。減算後の特徴ベクトル1701に、負値の特徴量が含まれる場合には、当該特徴量の値がゼロに変換され、変換後の特徴ベクトル1703が算出される。

続いて、商品画像の特徴ベクトル1410_1〜1410_pが読み出され、変換後の特徴ベクトル1703との類似度が高い商品画像の特徴ベクトルが検索される。これにより、検索された特徴ベクトルに対応付けられた商品情報を、検索結果として出力することができる。

図18(a)は、商品情報検索処理が実行された場合の検索結果が表示された様子を示している。図18(a)に示すように、クエリ画像内に、衣服と該衣服を着用した人物とが含まれていた場合でも、当該衣服に類似する衣服を含み、かつ、人物を含まない商品画像を検索することができる。

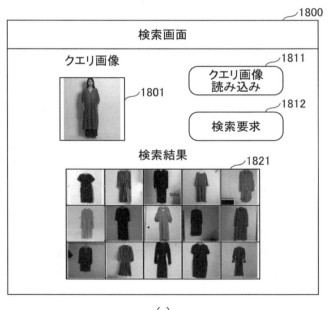

(a)

図18

第Ⅲ章　特許明細書作成

［まとめ］
　類似画像検索の場合、クエリ画像に、検索対象の衣服と非検索対象の人物とが含まれるケースにおいて、十分な検索精度が得られなかったところ、本出願例では、学習済みモデルが推論処理を実行する過程で算出する特徴ベクトルを類似画像検索処理に利用し、クエリ画像に含まれる人物の特徴量の影響を抑制する構成とした。これにより、類似画像検索における検索処理精度を向上させることが可能になる。

　例4：消耗品の劣化予測への応用例（特許第7380956号）
　・分野：消耗品の劣化予測
　・処理：後処理
　・目的：視認性向上
　・構成：推論結果の表示方法に特徴がある発明

［発明の名称］予測データ表示装置
［背景］
　バッテリ等の消耗品の劣化度合いが、機械学習モデルによって予測されるケースにおいては、ユーザが予測データの正否を判断することは、容易ではない。
［課題］
　予測データの正否を判断しやすくする。
［特許請求の範囲］
［請求項1］
　第1の期間における第1の消耗品の劣化度合いを示す第1の特性データに関する情報を入力データとし、前記第1の期間より後の第2の期間における前記第1の消耗品の劣化度合いを示す第2の特性データに関する情報を正解データとする学習用データを用いて学習処理が行われた学習済みのモデルに、前記第1の期間における予測対象の第2の消耗品の劣化度合いを示す第3の特性データに関する情報を入力し、前記第2の期間における予測対象の第2

の消耗品の劣化度合いを示す第4の特性データに関する情報を算出する予測部と、

前記第4の特性データのグラフを表示する際に、前記第1の特性データに関する情報と、前記第3の特性データに関する情報との類似度に応じた表示態様で、前記第2の特性データのグラフを合わせて表示する表示部と

を有する予測データ表示装置。

[発明の詳細な説明の概要]

＜予測データ表示システムのシステム構成（学習フェーズ）＞

図1は、学習フェーズにおける予測データ表示システム100のシステム構成及び学習装置130の機能構成の一例を示す図である。予測データ表示システム100は、特性測定装置110、学習用データ生成装置120、学習装置130を有する。

特性測定装置110は、消耗品（例えば、バッテリ）の劣化度合いを示す特性データに関する情報として、特徴量（例えば、電流データ、電圧データ）を測定し、測定した特徴量に基づいて特性データ（例えば、各サイクルにおける放電容量維持率）を生成する。

学習用データ生成装置120は、学習用データ121を生成する。学習用データには、入力データとして、測定開始時から基準時までの間に測定された特徴量が格納され、正解データとして、基準時以降の特性データの減衰率が格納される。

学習装置130は、学習用データ121を用いて、ガウス過程回帰モデル131に対して学習処理を行い、学習済みガウス過程回帰モデルを生成する。

**第Ⅲ章 特許明細書作成**

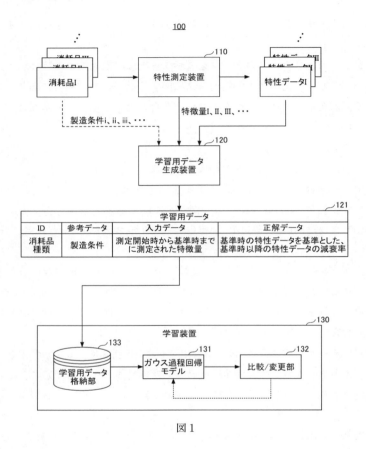

図1

＜予測データ表示処理＞

予測データ表示装置は、予測対象の消耗品の測定開始時から基準時までに測定された特徴量を学習済みガウス過程回帰モデルに入力することで、予測減衰率を算出し、基準時以降の予測データを予測するとともに、95％信頼区間を出力する。図9は、予測データ及び95％信頼区間のグラフ化例を示す図である。図9において、グラフ910は、基準時以降の予測データを折れ線グラフで示したものである。グラフ920は、基準時以降の予測データを、95％信頼区間とともに、箱ひげ図として示したものである。グラフ930は、基準

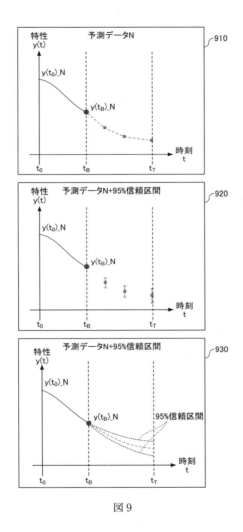

図9

時以降の予測データを、95％信頼区間とともに、曲線グラフとして示したものである。

　いずれのグラフも、予測対象の消耗品の測定開始時から基準時までの特徴量と、過去の消耗品の測定開始時から基準時までの特徴量との類似度に応じ

た表示態様で表示される。
［まとめ］
　消耗品の劣化度合いを、機械学習モデルを用いて予測した際、学習用データとの類似度に応じた表示態様により予測データを表示することで、予測データの正否をユーザが判断しやすくなった。


　**例5**：マテリアルズ・インフォマティックスへの応用例（特許第7289969号）
　・分野：マテリアルズ・インフォマティックス
　・目的：触媒の探索
　・構成：機械学習ポテンシャルを用いて、候補物質をスクリーニングする発明


［発明の名称］触媒の選択方法
［背景］
　原料から目的生成物を生成する触媒反応のための触媒を探索するにあたり、従来より探索の際のエネルギー計算に用いられてきた第一原理計算は、計算コストが膨大であった。
［課題］
　原料から目的生成物を生成する触媒反応のための触媒を効率的に探索する。
［特許請求の範囲］
［請求項1］
　原料から目的生成物を生成する触媒反応のための触媒の選択方法であって、
　前記触媒の素反応に含まれる中間体構造又は遷移状態構造のエネルギーを記述子として選択する記述子選択工程と、
　前記記述子と前記触媒の反応性との関係を表したマップを作成するマップ作成工程と、
　前記触媒の候補物質を複数種類準備する準備工程と、
　前記候補物質を固定した状態で、前記候補物質を用いた前記触媒反応に関する前記記述子を算出する第1算出工程と、

前記第１算出工程で算出した前記記述子を前記マップ上にプロットして第１プロット付きマップを作成する第１プロット工程と、

　前記第１プロット付きマップを基に前記候補物質をスクリーニングして１次スクリーニング候補物質を選択する第１スクリーニング工程と、

　前記１次スクリーニング候補物質に対して、前記１次スクリーニング候補物質の表面を緩和した状態で、前記１次スクリーニング候補物質を用いた前記触媒反応に関する前記記述子を算出する第２算出工程と、

　前記第２算出工程で算出した前記記述子を前記マップ上にプロットして第２プロット付きマップを作成する第２プロット工程と、

　前記第２プロット付きマップを基に前記１次スクリーニング候補物質をスクリーニングして２次スクリーニング候補物質を選択する第２スクリーニング工程と、

を含む触媒の選択方法。

［発明の詳細な説明の概要］

　　＜触媒の選択システムのシステム構成＞

　図１は、触媒の選択システム１の一例であり、触媒の選択装置10、記憶部20、機械学習ポテンシャル30を有する。

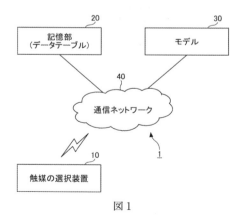

図１

## 第Ⅲ章　特許明細書作成

＜触媒の選択装置による処理＞

触媒の選択装置10は、原料である$H_2$及び$N_2$から目的生成物である$NH_3$を合成する触媒反応のための$NH_3$合成触媒の候補を選択する。

具体的には、触媒の選択装置10は、触媒を用いた$NH_3$合成の各素反応におけるエネルギーのうち、触媒での$N$-$N^*$の解離活性化エネルギーと、$N^*$と触媒との吸着エネルギーとを、機械学習ポテンシャル30（例えば、NNP（Neural Network Potential））を用いて算出する。また、触媒の選択装置10は、各素反応の反応速度を算出することで、$NH_3$合成速度を取得する。なお、触媒の選択装置10は、複数の基準触媒について上記処理を行うことで、活性マップを生成する。

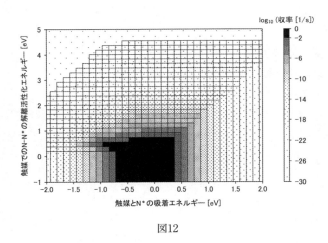

図12

図12は、$N^*$と触媒との吸着エネルギーと、触媒での$N$-$N^*$の解離活性化エネルギーとの関係を示す活性マップであり、色の濃淡は、$NH_3$合成速度を表している。

続いて、触媒の選択装置10は、複数種類の候補物質に対して、機械学習ポテンシャル30を用いて、触媒での$N$-$N^*$の解離活性化エネルギーと、$N^*$と触媒との吸着エネルギーとを算出し、活性マップ上にプロットすることで、$NH_3$合成速度の大きい候補物質を選択する。

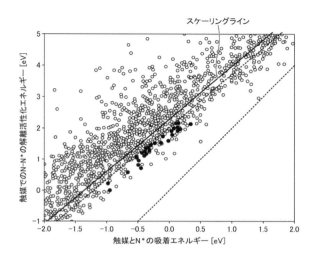

図14

　図14は、活性マップ上に複数種類の候補物質をプロットした結果の一例を示す図である。図14に示す各候補物質のプロット位置と、図12の活性マップとを比較することで、N*と触媒との吸着エネルギー及び触媒でのN-N*の解離活性化エネルギーが低く、かつ、$NH_3$合成速度が大きい候補物質を選択することができる。

　なお、触媒の選択装置10は、候補物質を固定した状態で上記処理を行うことによって候補物質を絞り込む1次スクリーニングと、絞り込まれた候補物質の表面を緩和した状態で上記処理を行うことによって候補物質を選択する2次スクリーニングの2段階で、$NH_3$合成速度の大きい候補物質を選択する。

例6：シミュレーション技術への応用例（特許第7336856号）
・分野：シミュレーション技術
・処理：最適化処理

## 第Ⅲ章　特許明細書作成

・目的：高精度なシミュレーションの実現
・構成：現実世界の観測結果を、仮想世界に反映する仕組みに特徴がある発明

［発明の名称］情報処理装置
［背景］
　現実世界を再現した仮想的なモデルを用いてシミュレーションを行うシミュレーション装置では、高精度なシミュレーションを実現することが難しかった。
［課題］
　高精度なシミュレーションを実現する。
［特許請求の範囲］
［請求項1］
　少なくとも1つのメモリと、
　少なくとも1つのプロセッサと、を備え、
　前記少なくとも1つのプロセッサは、
　現実世界の観測結果に基づく情報と、物体に関する環境変数と、に基づいて、仮想世界の状態についてシミュレーションを実行し、
　前記シミュレーションの結果と変化後の前記仮想世界の状態との間の誤差を計算し、前記誤差に基づいて前記環境変数を更新し、
　変化後の前記仮想世界の状態は、変化後の前記現実世界の観測結果に基づいて生成される、
　情報処理装置。
［発明の詳細な説明の概要］
　＜シミュレーションシステムの全体構成＞
　図1は、シミュレーションシステム100の全体構成の一例を示す図である。図1に示すように、シミュレーションシステム100は、ロボット110とシミュレーション装置120とを有する。

ロボット110は、現実世界を観測するセンサ装置111と、現実世界に作用するアーム、エンドエフェクタ等のパーツを動作させる駆動装置112と、制御装置113とを有する。制御装置113は、現実世界の観測結果に基づいて仮想世界の状態（シミュレーション装置120で処理可能な形式のデータ）を生成し、シミュレーション装置120に送信するとともに、シミュレーション装置120から、仮想世界の状態に応じたロボット制御方法を受信し、駆動装置112を制御する。

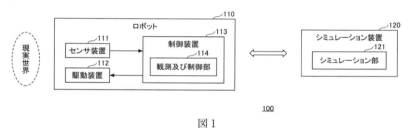

図1

<シミュレーション装置の機能構成>

図4は、シミュレーション装置120の機能構成の一例を示す図である。図4に示すように、シミュレーション装置120は、シミュレーション部121として機能し、シミュレーション部121は、仮想世界記憶部410、ロボット制御処理計算部420、報酬算出部430、微分可能物理シミュレーション計算部440、差異低減処理計算部450、差分部460を有する。

仮想世界記憶部410は、ロボット110から送信された仮想世界の各時間の状態を取得し、記憶する。ロボット制御処理計算部420は、処理対象の時間（時間 tn）における仮想世界の状態（状態（tn））と、環境変数（現実世界における物体の物性等を表す物理量）とを入力とし、ロボット制御方法を出力する。

報酬算出部430は、変化後の仮想世界の状態に基づいて報酬（出力されたロボット制御方法によるロボット110の制御の良しあしを数値化したもの）を算出する。

微分可能物理シミュレーション計算部440は、処理対象の時間（時間 tn）

第Ⅲ章　特許明細書作成

における仮想世界の状態（状態（tn））と、ロボット制御方法と、環境変数とを入力とし、処理対象の次の時間（時間 tn+1）における仮想世界の状態（状態（tn+1））を、シミュレーション結果として出力する。

差異低減処理計算部450は、シミュレーション結果を入力とし、修正後のシミュレーション結果を出力する。

差分部460は、修正後のシミュレーション結果と、変化後の仮想世界の状態（状態（tn+1））とを対比する。

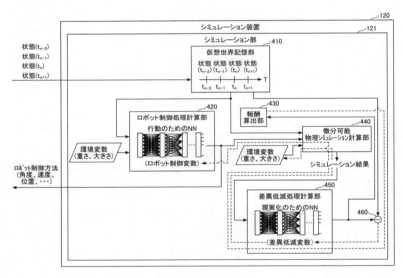

図4

＜シミュレーションシステムにおける環境変数決定処理＞

上記各部の構成のもと、シミュレーション部121は、環境変数決定処理（ここでは、一例として、ロボット110が物体をつかんで所定の位置に移動させるタスクを実行するケースにおいて、環境変数として物体の重さを決定する処理）を行う。なお、環境変数決定処理を行うにあたり、ロボット制御処理計算部420のロボット制御変数、差異低減処理計算部450の差異低減変数は、固定される。

はじめに、センサ装置111は、ロボット110が物体をつかんだ状態を撮影または計測する。続いて、制御装置113は、処理対象の時間（時間 tn）における仮想世界の状態（状態（tn））を算出する。

続いて、ロボット制御処理計算部420は、処理対象の時間（時間 tn）における仮想世界の状態（状態（tn））と、環境変数とを入力し、ロボット制御方法（ロボット110が、つかんだ物体を持ち上げるためのロボット制御方法）を出力する。

制御装置113は、ロボット制御方法に基づいて駆動装置112を制御する。このとき、ロボット110が物体をつかむ力が、物体の重さに対して小さく、ロボット110が物体を持ち上げた際に、物体がずれたとする。センサ装置111は、物体がずれて持ち上げられた状態を撮影または計測する。

制御装置113は、変化後の現実世界を撮影または計測したことに応じて変化後の仮想世界の状態（状態（tn+1））を算出し、シミュレーション装置120に送信する。

一方、微分可能物理シミュレーション計算部440には、処理対象の時間（時間 tn）における仮想世界の状態（状態（tn））と、ロボット制御方法と、環境変数とが入力され、シミュレーション結果を出力される。差異低減処理計算部450は、シミュレーション結果を入力とし、修正後のシミュレーション結果を出力する。このとき、差異低減処理計算部450が、修正後のシミュレーション結果として、ロボット110が、つかんだ物体をずれることなく持ち上げた状態を出力したとする。

差分部460は、修正後のシミュレーション結果と、変化後の仮想世界の状態（状態（tn+1））とを対比する。なお、変化後の仮想世界の状態（状態（tn+1））は、物体がずれて持ち上げられた状態であり、修正後のシミュレーション結果は、つかんだ物体をずれることなく持ち上げた状態である。

差異低減処理計算部450及び微分可能物理シミュレーション計算部440は、差分部460による対比結果に応じて誤差逆伝播を行い、環境変数を更新する（つまり、物体の重さを更新する）。

これにより、現実世界における物体の特性を環境変数として再現すること

第Ⅲ章　特許明細書作成

が可能となり、微分可能物理シミュレーション計算部440を、より現実世界に近づけることが可能になる。この結果、シミュレーション装置120によれば、高精度なシミュレーションを実現することが可能になる。
［まとめ］
　現実世界を適切に再現することができない状況では、高精度なシミュレーションを実現することが困難であったところ、本出願例では、現実世界の観測結果を仮想世界に反映させる仕組みをつくったことで、高精度なシミュレーションを実現することが可能になる。

　なお、上記出願事例（例1～例6）には挙げていないが、昨今、AI適用発明の特定分野への応用例として、生成AI（特に大規模言語モデル）の出願が増えている。そこで、AI適用発明の特定分野への応用例として、令和6年3月13日に、特許庁より公表された、「AI関連技術に関する事例の追加について」の、生成AI（大規模言語モデル）への応用例の概要を、以下に紹介する。

　例7：生成AI（大規模言語モデル）への応用例
　・分野：大規模言語モデル
　・処理：前処理
　・目的：制限文字数に応じたプロンプトの生成
　・構成：プロンプト用の文章の生成方法に特徴がある発明

［発明の名称］プロンプト用文章生成方法
［背景］
　大規模言語モデルに質問文を入力する場合、参考情報として質問文に関連した付加文章を生成し、質問文に追加する。大規模言語モデルには、制限文字数が設定されており、付加文章は、質問文の文字数と合わせた合計文字数が制限文字数以下の文字数となるように生成される必要がある。

［課題］

制限文字数以下となるプロンプトを生成する。

［特許請求の範囲］

［請求項1］

入力された質問文に対して参考情報を付加することにより、大規模言語モデルに入力するためのプロンプトをコンピュータが生成するプロンプト用文章生成方法であって、

前記大規模言語モデルは入力できるプロンプトの文字数の上限である制限文字数が設定されており、質問文を含むプロンプトを入力すると、前記質問文に関する回答文を出力する大規模言語モデルであり、

前記コンピュータが、

前記入力された質問文をもとに、当該質問文の文字数と合わせた合計文字数が前記制限文字数以下の文字数となるように、前記質問文に関連した付加文章を生成する付加文章生成ステップと、

前記入力された質問文に対し、前記付加文章生成ステップにより生成された前記付加文章を前記参考情報として追加することによって前記プロンプトを生成するプロンプト生成ステップと、

を実行することを特徴とするプロンプト用文章生成方法。

［請求項2］

前記付加文章生成ステップは、前記入力された質問文をもとに、当該質問文に関連した関連文章を複数取得し、取得された複数の前記関連文章から、前記参考情報として適した複数のキーワードを抽出し、前記複数のキーワードを使用して、前記合計文字数が前記制限文字数を超えない前記付加文章を生成するステップであることを特徴とする請求項1に記載のプロンプト用文章生成方法。

［発明の詳細な説明の概要］

＜処理の概要＞

図1は、大規模言語モデルによる処理の概要を示す図である。

第Ⅲ章　特許明細書作成

図1

＜付加文章の生成方法の概要＞

図2は、付加文章の生成方法の概要を示す図である。

図2

［まとめ］

　図2に示す手法によれば、質問文と関連性が高く参考情報として適した付加文章を、所定の文字数以内で追加することが可能になり、より信頼性が高く適切な回答文を得ることができる。

## 3．(3)　IoT関連発明

　「モノ」がネットワークと接続されることで得られる情報を活用し、新たな価値・サービスを見いだす技術（IoT関連技術）の研究開発及びビジネスへの適用が急速に進んでいる。例えば工場の機械の稼働状況、交通、気象、個人の健康状況等の様々な情報がデータ化され、それらをネットワークでつなげてまとめ、解析・利用することで、新たな付加価値を生むことができる。

　特許庁は、IoT関連技術を包括的に抽出することを可能とするため、平成28年11月に全技術分野を適用範囲とする広域ファセット分類記号「ZIT」を新設し、さらに、平成29年4月からは広域ファセット分類を12の用途別に細分化した。12の細分化項目を表に示す。

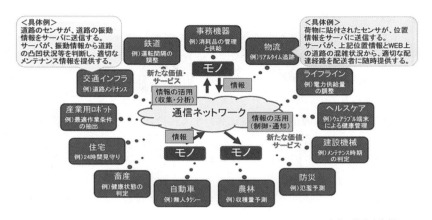

※出典:特許庁資料

　また、特許庁は、IoT関連発明の事例集を審査ハンドブックに逐次追加し、権利取得の予見性を高めている。以下、審査基準、審査ハンドブック附属書A及び附属書Bに掲載されている事例を参考にしつつ、IoT関連発明の明細書等の書き方の留意点について説明する。

| ZIT | Internet of Things［IoT］ |
|---|---|
| ZJA | ・農業用；漁業用；鉱業用 |
| ZJC | ・製造業用 |
| ZJE | ・電気、ガスまたは水道供給用 |
| ZJG | ・ホームアンドビルディング用；家電用 |
| ZJI | ・建設業用 |
| ZJK | ・金融用 |
| ZJM | ・サービス業用 |
| ZJP | ・ヘルスケア用、例．病院、医療または診断；社会福祉事業用 |
| ZJR | ・ロジスティックス用、例．倉庫、積み荷、配達または輸送 |
| ZJT | ・運輸用 |
| ZJV | ・情報通信業用 |
| ZJX | ・アミューズメント用；スポーツ用；ゲーム用 |

※出典:特許庁資料

## 3. (3) ① 発明該当性

IoT 関連発明は、データの取得、データの管理、データの分析・学習、データの利活用等に特徴を有するが、いずれにおいても「データ」についての発明該当性の判断がポイントとなる場合があり、注意すべき点として次の3点があげられる。

(i) データが情報の単なる提示に該当する場合には、「発明」に該当しない。
(ii) データのうち「構造を有するデータ」及び「データ構造」については、「プログラムに準ずるもの」に該当し得る。
(iii) プログラムに準ずる「構造を有するデータ」及び「データ構造」は、ソフトウエアとして、「発明」に該当するか否か判断する。

また、IoT 関連発明の特許請求の範囲はソフトウエア関連発明として記載されることが多いが、その場合の発明該当性の判断は、他のソフトウエア関連発明と同様の手順で行われる。

以下に、発明該当性に関連するIoT関連の事例を示す。

例1：木構造を有するエリア管理データ
（請求項1-3は発明該当性あり、請求項4は発明該当性なしの事例）

発明の名称
木構造を有するエリア管理データ、コンテンツデータ配信方法、コンテンツデータ

特許請求の範囲
【請求項1】
上位から一層のルートノード、複数層の中間ノード、一層のリーフノードの順にて構成される木構造を有するエリア管理データであって、
前記リーフノードは、配信エリアの位置情報及びコンテンツデータを有し、

前記中間ノードのうち、直下に複数の前記リーフノードを備える中間ノードは、直下の複数の前記リーフノードへのポインタ、及び、当該直下の複数のリーフノードに対応する複数の前記配信エリアを最小の面積で包囲する最小包囲矩形の位置情報を有し、

　前記中間ノードのうち、直下に複数の中間ノードを備える中間ノードは、直下の複数の前記中間ノードへのポインタ、及び、当該直下の複数の中間ノードが有する複数の前記最小包囲矩形を最小の面積で包囲する最小包囲矩形の位置情報を有し、

　前記ルートノードは、直下の複数の前記中間ノードへのポインタを有し、
　コンテンツ配信サーバに記憶されるとともに、

　前記コンテンツ配信サーバが、ルートノード又は中間ノードが有するポインタに従い、検索キーとして入力された現在位置情報を地理的に包含する配信エリアに対応するリーフノードを特定する処理に用いられる、
木構造を有するエリア管理データ。

【請求項2】
　請求項1記載の木構造を有するエリア管理データを記憶したコンテンツ配信サーバが、検索キーとして現在位置情報を取得し、

　前記ルートノード直下の複数の前記中間ノードが有する前記最小包囲矩形の位置情報と前記現在位置情報との比較により、前記現在位置情報を地理的に包含する最小包囲矩形に対応する中間ノードを特定し、

　前記現在位置情報を地理的に包含する配信エリアに対応するリーフノードが特定されるまで、前記特定された中間ノードのより下位の複数の前記中間ノードが有する前記最小包囲矩形の位置情報、又は複数の前記リーフノードが有する前記配信エリアの位置情報と前記現在位置情報との比較を繰り返し、前記特定されたリーフノードが有するコンテンツデータをユーザに配信する、
コンテンツデータ配信方法。

【請求項3】
　請求項2記載の方法であって、
　前記コンテンツデータが、ユーザのゲーム機で動作するゲームアプリケー

### 第Ⅲ章　特許明細書作成

ション上で用いられるアイテム又はキャラクタに関するデータである、コンテンツデータ配信方法。

【請求項4】

請求項3記載の方法によりユーザに配信されるコンテンツデータ。

発明の詳細な説明の概要

【技術分野】

本発明は、ユーザへのコンテンツデータ配信技術のためのデータ構造に関する。

【背景技術】

図1のように、地図上の特定の配信エリア内にて、特定のゲームアプリケーションを起動するゲーム機を有するユーザに対し、その配信エリアに対応付けられた、ゲームに関するコンテンツデータを当該ゲーム機に配信するサービスが行われている。このサービスにおいては、ユーザが移動中に特定の配信エリア内にいると判定された場合、自動的にゲーム機に当該配信エリアに対応付けられたコンテンツデータが配信される。また、ユーザは、所望するコンテンツデータを取得するために、そのコンテンツデータの配信を受けられる特定の配信エリアに物理的に移動することも想定される。

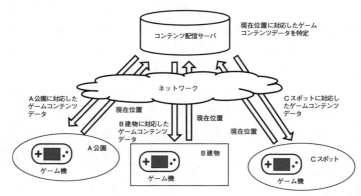

※出典：審査ハンドブック附属書B　第1章コンピュータソフトウエア関連発明

図1

【発明が解決しようとする課題】

しかし、このようなゲームアプリケーションにおいてゲーム性を高めるためには、膨大な数の配信エリアを設定する必要がある。すると、従来の技術では、ユーザの現在位置を地理的に包含する配信エリアを特定するために、全ての配信エリアの位置情報とユーザの現在位置とを比較する必要があり、演算負荷が大きい処理であった。

【課題を解決するための手段】

(省略)

【発明の実施の形態】

コンテンツ配信サーバは、ユーザが保持するゲーム機からユーザの現在位置情報を検索キーとして取得し、当該現在位置情報を地理的に包含する配信エリアを特定し、特定された配信エリアに対応付けられたコンテンツデータをユーザに配信する。当該ゲーム機は、通信機能及び現在位置取得機能を有する。コンテンツデータとしては、そのゲーム機で動作するゲームアプリケーション上で用いられるアイテムやキャラクタ等に関するデータが含まれる。コンテンツ配信サーバにおいて、配信エリア及びコンテンツデータは、下記のような木構造のエリア管理データに含まれるように管理され、コンテンツ配信サーバの備える記憶部に格納されている。

(エリア管理データのデータ構造)

各配信エリアは、その矩形における対角位置の緯度経度情報 $(x1, y1)$、$(x2, y2)$ によって、位置情報が定義される。配信エリアは、その近傍の一以上の配信エリアとともに、1つの最小包囲矩形（Minimum Bounding Rectangle）に包囲される。最小包囲矩形とは、複数の配信エリアを最小の面積にて包囲する矩形であり、配信エリアと同じく、その矩形における対角位置の緯度経度情報によって、位置情報が定義される。最小包囲矩形は、その近傍の一以上の最小包囲矩形とともに、さらに上位の最小包囲矩形に包囲される。このようにして、複数の配信エリア及び最小包囲矩形から成る木構造のデータ構造が構築される。

データ構造の最上位はルートノードであり、最小包囲矩形に対応するノー

## 第Ⅲ章　特許明細書作成

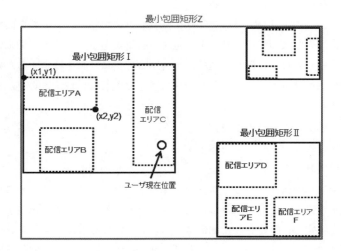

図2

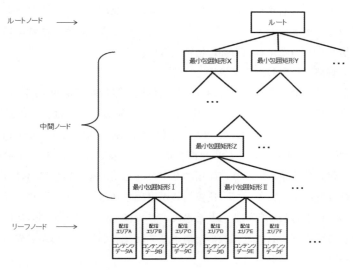

図3

ドを中間ノード、配信エリアに対応するノードがリーフノードである。ルートノードは、その直下の複数の中間ノードへのポインタを有する。各中間ノードは、対応する最小包囲矩形の位置情報、及びより下位のノードである複数の中間ノード又はリーフノードへのポインタを有する。各リーフノードは、対応する配信エリアの位置情報、及びコンテンツデータを有する。

　図２は、配信エリア及び最小包囲矩形の具体例である。配信エリアＡ～Ｃは最小包囲矩形Ｉに、配信エリアＤ～Ｆは最小包囲矩形Ⅱに包囲されている。

　図３は、図２の場合に構築されるエリア管理データのデータ構造である。最小包囲矩形Ｉに対応する中間ノードは、配信エリアＡ～Ｃに対応するリーフノードへのポインタを有し、最小包囲矩形Ⅱに対応する中間ノードは、配信エリアＤ～Ｆに対応するリーフノードへのポインタを有する。最上部のルートノードは、各中間ノードへのポインタを有する。各リーフノードには、コンテンツデータが関連付けられる。

（コンテンツデータ配信処理）

　図４を用いて、コンテンツ配信サーバが行うコンテンツデータ配信処理を説明する。ユーザが保持するゲーム機からユーザの現在位置情報を検索キーとして取得すると（Ｓ１）、ルートノード直下の中間ノードを参照し（Ｓ２）、当該中間ノードが有する位置情報と現在位置情報とを比較する（Ｓ３）。当該比較により、現在位置情報を地理的に包含する最小包囲矩形に対応する中間ノードが存在するか否かを判定し（Ｓ４）、存在する場合は、当該中間ノードの下位のノードを参照する（Ｓ５）。存在しない場合は、ユーザがいずれかの配信エリア内に存在しないと判断され、処理を終了し、コンテンツデータ配信処理を行わない。続いて、当該中間ノードの下位のノードがリーフノードであるか否かを判定する（Ｓ６）。リーフノードではない場合、すなわち中間ノードである場合はＳ３へ戻り、リーフノードに到達するまで、Ｓ３～Ｓ５の処理を繰り返す。リーフノードである場合は、当該リーフノードが有する配信エリアの位置情報と現在位置情報とを比較し（Ｓ７）、現在位置情報を地理的に包含する配信エリアに対応するリーフノードが存在するか否かを判定し（Ｓ８）、存在する場合は、当該リーフノードが有するコンテンツデータを

### 第Ⅲ章　特許明細書作成

ユーザに配信する（S9）。存在しない場合は、ユーザがいずれかの配信エリア内に存在しないと判断され、処理を終了し、コンテンツデータ配信処理を行わない。

　具体的なコンテンツデータ配信処理を図2、3の例を用いて示す。この例では、ユーザは、配信エリアC内に存在している。まず、現在位置情報と、

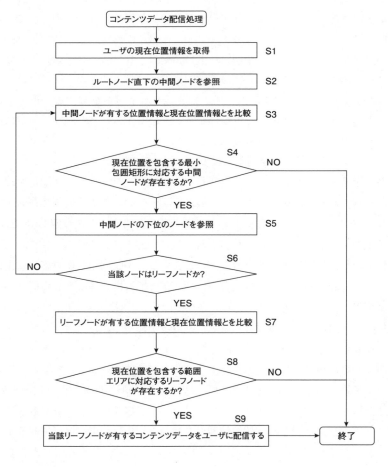

図4

ルートノード及び中間ノードが有する位置情報との比較を繰り返すことで、現在位置情報が最小包囲矩形Ⅰに地理的に包含されることを判定する。続いて、最小包囲矩形Ⅰに対応する中間ノードの下位のリーフノードが有する配信エリアA～Cの位置情報と現在位置情報との比較により、現在位置情報が配信エリアCに地理的に包含されることを判定する。よって、配信エリアCに対応するリーフノードが有するコンテンツデータがユーザに配信される。

以上のように、配信エリアを木構造で管理することにより、検索キーとして入力されたユーザの現在位置情報を地理的に包含する配信エリアを特定する処理が、木構造の段数分の比較処理のみで済む。そのため、全ての配信エリアの位置情報とユーザの現在位置との比較処理を行う従来手法と比較して、配信エリアの特定を高速に行うことができる。

［結論］
　請求項1-3に係る発明は、「発明」に該当する。
　請求項4に係る発明は、「発明」に該当しない。
［説明］
・請求項1について
　請求項1に係るエリア管理データは、ルートノード及び中間ノードが有するポインタに従った情報処理により、検索キーとして入力された現在位置情報を地理的に包含する配信エリアの特定を可能とする構造を有するデータである。よって、当該「構造を有するデータ」は、そのデータの有する構造がコンピュータによる情報処理を規定するという点でプログラムに類似する性質を有するから、プログラムに準ずるものである。

そして、請求項1の記載から、検索キーとして入力された現在位置を含む配信エリアの特定という使用目的に応じた特有の情報の演算又は加工が、エリア管理データを記憶したコンテンツ配信サーバによる一連の情報処理という、ソフトウエア（プログラムに準ずる「構造を有するデータ」）とハードウエア資源とが協働した具体的手段又は具体的手順によって実現されていると判断できる。そのため、当該「構造を有するデータ」は、ソフトウエアと

#### 第Ⅲ章　特許明細書作成

ハードウエア資源とが協働することによって使用目的に応じた特有の情報処理装置の動作方法を構築するものである。

　したがって、プログラムに準ずる「構造を有するデータ」が規定する情報処理がハードウエア資源を用いて具体的に実現されているから、請求項1に係るエリア管理データは、自然法則を利用した技術的思想の創作であり、「発明」に該当する。

・請求項2について

　請求項2の記載から、検索キーとして入力された現在位置に応じたコンテンツデータの配信という使用目的に応じた特有の情報の演算又は加工が、エリア管理データを記憶したコンテンツ配信サーバによる一連の情報処理という、ソフトウエアとハードウエア資源とが協働した具体的手順によって実現されていると判断できる。そのため、請求項2に係る方法は、ソフトウエアとハードウエア資源とが協働することによって使用目的に応じた特有の情報処理装置の動作方法を構築するものである。

　したがって、ソフトウエアによる情報処理がハードウエア資源を用いて具体的に実現されているから、請求項2に係る方法は、自然法則を利用した技術的思想の創作であり、「発明」に該当する。

・請求項3について

　請求項3は請求項2を引用するものであり、その記載から、請求項2についての判断と同様に、検索キーとして入力された現在位置に応じたコンテンツデータの配信という使用目的に応じた特有の情報の演算又は加工が、エリア管理データを記憶したコンテンツ配信サーバによる一連の情報処理という、ソフトウエアとハードウエア資源とが協働した具体的手順によって実現されていると判断できる。そのため、請求項3に係る方法は、ソフトウエアとハードウエア資源とが協働することによって使用目的に応じた特有の情報処理装置の動作方法を構築するものである。

　したがって、ソフトウエアによる情報処理がハードウエア資源を用いて具体的に実現されているから、請求項3に係る方法は、自然法則を利用した技術的思想の創作であり、「発明」に該当する。

・請求項4について

　情報の提示（提示それ自体、提示手段や提示方法）に技術的特徴を有しないような、情報の単なる提示（提示される情報の内容にのみ特徴を有するものであって、情報の提示を主たる目的とするもの）は第29条第1項柱書でいう「発明」（「自然法則を利用した技術的思想の創作」）に該当しない。

　請求項4に係るコンテンツデータは、ユーザのゲーム機で動作するゲームアプリケーション上で用いられるアイテム又はキャラクタに関するデータであって、コンテンツ配信サーバからユーザに配信されるものであることが特定されているにすぎず、当該配信処理や方法に何ら技術的特徴はない。したがって、請求項4に係るコンテンツデータは、情報の提示（提示それ自体、提示手段や提示方法）に技術的特徴を有しておらず、「ユーザのゲーム機で動作するゲームアプリケーション上で用いられるアイテム又はキャラクタに関するデータである」という情報の内容にのみ特徴を有するものであって、情報の提示を主たる目的とするものである。また、当該コンテンツデータは、エリア管理データのリーフノードに有されるのみであって、そのデータの有する構造がコンピュータによる情報処理を何ら規定するものではないから、プログラムに準ずる「構造を有するデータ」にも該当しない。

　よって、請求項4に係るコンテンツデータは、情報の単なる提示であり、全体として「自然法則を利用した技術的思想の創作」ではなく、「発明」に該当しない。

　例2：電気炊飯器の動作方法、動作プログラム
　　　（請求項1，2とも発明該当性ありの事例）

発明の名称
　電気炊飯器の動作方法、動作プログラム

特許請求の範囲
【請求項1】

### 第Ⅲ章　特許明細書作成

　　ネットワークを介して外部サーバと通信可能な電気炊飯器の動作方法であって、
　　前記外部サーバから、複数のユーザの炊き方の好み、帰宅時間及び内食の有無に関する情報を受信するステップと、
　　前記帰宅時間及び内食の有無に関する情報に基づいて、内食の予定があるユーザのうち、最も早く帰宅するユーザの帰宅時間の直前に炊飯が完了するよう、炊飯の開始時間を設定するステップと、
　　前記炊き方の好み及び内食の有無に関する情報に基づいて、内食予定の複数のユーザの炊き方の好みを最適化した炊き方で、炊飯を実行するステップと、
を含む、電気炊飯器の動作方法。

【請求項２】
　　請求項１に記載の方法を電気炊飯器に実行させるための、動作プログラム。

発明の詳細な説明の概要
　　電気炊飯器と、当該電気炊飯器を利用する複数のユーザの炊き方の好み及びスケジュール情報を管理する外部サーバとをネットワークを介して接続させた。当該外部サーバに対しては、ネットワークを介してユーザの携帯端末からアクセス可能であり、ユーザが適宜、炊き方の好みやスケジュール情報を外部サーバに登録及び更新することができる。電気炊飯器は、外部サーバから取得した、ユーザの炊き方の好み、帰宅時間及び内食の有無に関する情報を利用して、以下の付加機能を提供できる。

(1)　ユーザの帰宅時間及び内食の有無に関する情報に基づいて、内食の予定があるユーザのうち、最も早く帰宅するユーザの帰宅時間の直前に炊飯が完了するよう、炊飯の開始時間を設定する。
(2)　ユーザの炊き方の好み及び内食の有無に関する情報に基づいて、内食予定の複数のユーザの炊き方の好みを最適化した炊き方により、炊飯を実行する。炊き方の好みとしては、炊きあがりの米の食感を示す「もちもち」「しゃっきり」等があり、あらかじめユーザごとに好みが外部サーバに登

録されている。最適化した炊き方としては、内食予定のユーザ全員の好みに沿うよう、炊飯時間や温度等を適切に制御した炊飯を実行する。

［結論］
　請求項1に係る発明は、「発明」に該当する。
　請求項2に係る発明は、「発明」に該当する。
［説明］
・請求項1について
　請求項1に係る発明は、コンピュータソフトウエアを利用した電気炊飯器の動作方法である。そして当該電気炊飯器は、外部サーバから取得したユーザの炊き方の好み、帰宅時間及び内食の有無に関する情報に基づいて、炊飯の開始時間や炊き方を制御するものであるから、請求項1に係る発明は、機器である電気炊飯器が炊飯を実行するための制御又は制御に伴う処理を具体的に行うものである。よって、請求項1に係る発明は、全体として自然法則を利用した技術的思想の創作であるから、「発明」に該当する。
・請求項2について
　請求項2に係る発明は、「発明」に該当する方法をコンピュータに実行させるためのプログラムであるから、全体として自然法則を利用した技術的思想の創作であり、「発明」に該当する。

## 3．(3) ② 発明の詳細な説明及び特許請求の範囲の記載要件

　IoT関連発明は、通常、複数の装置や端末がネットワークで接続されたシステムで実現されるため、二以上の装置を組み合わせてなる全体装置の発明、二以上の工程を組み合わせてなる方法の発明等（コンビネーション）に加え、組み合わされる各装置の発明、各工程の発明等のいわゆるサブコンビネーションの発明として特許請求の範囲に記載される（3．(1) ⑤ (B), (C)参照）。この場合、請求項中に記載された「他のサブコンビネーション」に関する事項が、構造、機能等の観点からサブコンビネーションの発明の特定にどのような意味を有するのかが、明細書及び図面の記載並びに出願時の技

術常識を考慮して把握された上で、請求項に係るサブコンビネーションの発明が認定されることに留意する必要がある。

例3：検索ワードを検索サーバに送信し、返信情報を検索サーバから中継器を介して受信して検索結果を表示手段に表示するクライアント装置であって、前記検索サーバは前記返信情報を暗号化方式Aにより符号化した上で送信することを特徴とするクライアント装置。

［説明］
暗号化方式Aにより符号化した信号は、復号手段を用いなければ返信情報を把握できないことは当業者によく知られている。本願発明においては、返信情報は、検索サーバから中継器を介してクライアント装置に送信されることとされているので、復号手段が中継器、クライアント装置のどちらに存在しているのかが明らかでない。よって、サブコンビネーションの発明であるクライアント装置について、「他のサブコンビネーション」に関する事項によって、特定されているのか否かを明確に把握できない。

## 3．(3)　③　IoT関連技術の各種分野への応用

IoT関連技術は、新設された広域ファセット分類記号からも分かるように様々な技術分野で応用されており、例えば、ヘルスケア・医療等のサービス産業のように、これまでは情報通信技術とは比較的なじみの薄かった産業分野においても活発なイノベーションを生んでいる。

以下に、IoT関連技術をこれらの産業分野に応用した発明の例を示す。

例4：肌水分量モニタリングシステム（特許第6386145号）

「【請求項9】被験者が身に着ける装身品に取り付けられる電極に電圧を印加することで、前記被験者の肌表面の第1の部位の2点間の電気特性値を一定時間間隔毎に継続的に測定する測定部と、
　前記測定部に第1のネットワークを介して通信可能な情報処理端末と、を備えており、
　前記測定部又は前記情報処理端末の少なくとも一方に、
　測定した前記肌表面の電気特性値を蓄積して記憶する測定値記憶部、及び
　測定した前記第1の部位の肌表面の2点間の電気特性値から、前記第1の部位とは異なる部位である第2の部位の肌水分量を評価する評価部が設けられていることを特徴とする
　肌水分量モニタリングシステム。」

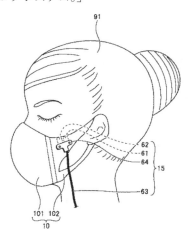

図2

## 第Ⅲ章　特許明細書作成

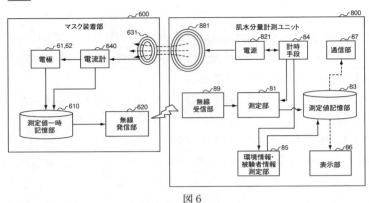

図6

〔解説〕マスク等の装身品に着脱可能に肌水分量計測装置を取り付けることで、被験者に大きな負担をかけることなく一定の時間間隔ごとに連続的に肌水分量を計測する。

例5：捜索制御装置（特許第6223735号）

「【請求項1】施設における迷子を捜索するための制御を行う捜索制御装置であって、
　施設を利用する利用者の特徴情報を含む事前登録情報を格納するデータベースと、
　前記利用者が迷子になった後に、前記データベースから取得された前記特徴情報を複数の捜索用端末に送信し、ある捜索用端末から迷子発見報告を受信した場合に、迷子発見通知を行う通知手段と、を備え、
　前記通知手段は、
　迷子発生地点と捜索用端末との距離が第1の閾値以下となる捜索用端末を選択し、当該捜索用端末に前記特徴情報を送信し、
　前記迷子発見報告を受信せずに捜索開始から所定の時間が経過した場合に、前記迷子発生地点と捜索用端末との距離が、前記第1の閾値よりも大きい第

２の閾値以下となる捜索用端末を選択し、当該捜索用端末に前記特徴情報を送信する

　ことを特徴とする捜索制御装置。」

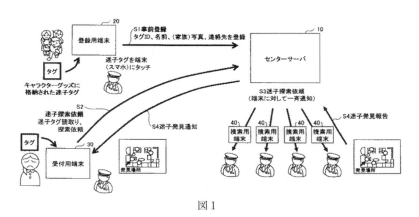

図１

（解説）テーマパーク等の施設で迷子が発生したときに、迷子の特徴情報を所定エリアの捜索用端末に送信し、一定時間経過しても発見できない場合に上記エリアを広げて捜索範囲を拡大する。

　例６：歩行経路推薦装置（特許第5847025号）

「【請求項１】ユーザの歩行動作の加速度を計測してその計測結果を表す加速度データを得る加速度計測部と、

　前記加速度計測部により得られた加速度データをもとに、前記ユーザの歩行動作の特徴を表す歩容情報を算出する歩容計算手段と、

　前記ユーザの現在位置を計測してその計測結果を表す位置データを得る位置計測手段と、

　前記ユーザによる目的地を表す情報の入力を受け付ける入力部と、

　前記ユーザの歩行エリアを少なくとも含む地図情報を記憶する地図情報データベースと、

## 第Ⅲ章　特許明細書作成

　前記位置計測手段により得られた位置データと、前記入力部により入力された目的地を表す情報とをもとに、前記地図情報データベースを検索して複数の歩行経路候補を生成し、この生成された複数の歩行経路候補の中から、前記歩容計算手段により算出された歩容情報に基づいて前記ユーザに適した歩行経路を選択する歩行経路選択手段と、

　前記選択された歩行経路を前記ユーザに提示する提示部と
を具備し、

　前記歩行経路選択手段は、

　前記計測された位置データと前記地図情報データベースをもとに、第1の計測位置から第2の計測位置までの区間における標高差を計算する標高計算手段と、

　前記第1の計測位置から前記第2の計測位置までの区間における前記ユーザの歩容情報の変化を計算する手段と、

　前記計算された標高差と、前記計算された歩容情報の変化に基づいて、前記ユーザの状態変化を判断し、ユーザの状態が一定以上変化したと判断された場合に経路変更の要求を出力する経路変更要求手段と、

　前記計測された位置データと前記入力された目的地を表す情報とをもとに、前記地図情報データベースを検索して前記第2の計測位置から前記目的地までの区間における歩行経路候補を複数生成する手段と、

　前記経路変更の要求が出力された場合に、前記生成された複数の歩行経路候補の中から前記ユーザの状態変化に適した歩行経路を選択する選択手段と
を有することを特徴とする歩行経路推薦装置。」

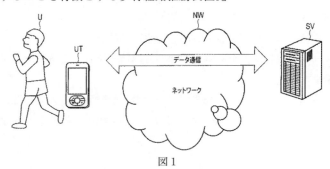

図1

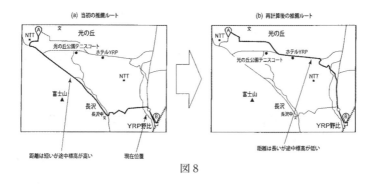

図8

（解説）ユーザーの歩行動作の加速度を基に歩容情報が算出され、現在位置から目的位置までの間に設定可能な複数の歩行経路候補の中から、上記算出された歩容情報、当該区間の標高差を基に適切な歩行経路が選択され、ユーザに提示される。

## 3．(4) 生物関連発明

審査ハンドブックでは、生物関連発明における明細書等の記載について次のように説明している。

生物関連発明とは、生物学的材料からなる若しくはそれを含む物、又は生物学的材料を生産、処理若しくは使用する方法に関する発明である。

生物学的材料とは、遺伝情報を含む材料であって、それ自体で複製又は繁殖が可能なもの、又は遺伝情報に基づいて生体中で複製が可能なものをいう。すなわち、核酸（遺伝子、ベクター等）、ポリペプチド（タンパク質、モノクローナル抗体等）、微生物及び動植物を含む。

微生物には、真菌、細菌、単細胞藻類、ウイルス、原生動物等に加え、動物又は植物の細胞（幹細胞、脱分化細胞、分化細胞を含む。）、及び組織培養物が含まれる。遺伝子工学によって得られた融合細胞（ハイブリドーマを含む。）、脱分化細胞、形質転換体（微生物）も含まれる。

動物には、動物自体、その部分、及び受精卵が含まれる。遺伝子工学によって得られた形質転換体（動物）も含まれる。

植物には、植物自体、その部分、及び種子が含まれる。遺伝子工学によって得られた形質転換体（植物）も含まれる。

遺伝子工学は、遺伝子組換え、細胞融合等により人為的に遺伝子を操作する技術を意味する。

## 3. (4) ① 発明の詳細な説明の記載要件（実施可能要件）
### (A) 物の発明について

物の発明については、発明の詳細な説明において、その物を作れ、かつ、その物を使用できるように記載されていなければならない。ただし、明細書及び図面の記載並びに出願時の技術常識に基づき、当業者がその物を作れ、かつ、その物を使用できる場合は除く。

なお、当業者がその生物学的材料を作れるように記載することができない場合には、規則第27条の2の規定に従ってその生物学的材料を寄託する必要がある。

物の発明について使用できることを示すためには、例えば遺伝子に関する発明には、遺伝子が特定の機能を有することを記載する。ここでいう「特定の機能」とは、「技術的に意味のある特定の用途が推認できる機能」のことである。構造遺伝子に関する発明の場合には、当該遺伝子によりコードされるタンパク質が特定の機能を有することを記載する。例えば請求項において、「配列番号○で表されるDNA配列からなるポリヌクレオチド。」と規定した場合には、当該ポリヌクレオチドによりコードされるポリペプチドが、酵素X活性等の機能を有することを確認したことを記載する。

物の発明について作れることを示すために、以下のように記載する。
(a) 核酸及びポリペプチドに関する発明
(i) 遺伝子等の核酸

遺伝子に関する発明について作れることを示すためには、その起源や由来、処理条件、採取や精製工程、確認手段等の製造方法を記載する。
(ii) タンパク質

組換えタンパク質に関する発明について作れることを示すためには、組換

えタンパク質をコードする遺伝子等の入手手段、当該遺伝子の微生物や動植物への導入方法、当該遺伝子を導入した形質転換体からの組換えタンパク質の採取工程、組換えタンパク質の確認手段等の製造方法を記載する。

　天然物から単離や精製等により取得したタンパク質に関する発明について作れることを示すためには、当該タンパク質を生産する微生物の入手手段やその微生物の培養方法、タンパク質の単離や精製方法等の製造方法を記載する。

(iii) 抗体

　抗体に関する発明について作れることを示すためには、免疫原の入手や製造手段、免疫方法等の製造方法を記載する。特にモノクローナル抗体の場合は、免疫原の入手や製造手段、免疫方法、抗体産生細胞の選択採取方法、モノクローナル抗体の確認手段等の製造方法を記載する。

(b) 微生物及び動植物に関する発明

(i) 融合細胞

　融合細胞に関する発明について作れることを示すためには、親細胞の予備処理、融合条件、融合細胞の選択採取方法、融合細胞の確認手段等の製造方法を記載する。

(ii) 脱分化細胞

　人工多能性幹細胞（iPS細胞）等、分化細胞の脱分化によって作成される細胞に関する発明について作れることを示すためには、分化細胞の脱分化に寄与する因子（初期化因子）、初期化因子が導入される細胞の種類、初期化因子の導入方法、初期化因子が導入された細胞の培養条件、脱分化が起こった細胞の選択方法、脱分化が起こった細胞の確認手段等の製造方法を記載する。

(iii) 形質転換体

　形質転換体に関する発明について作れることを示すためには、導入される遺伝子（又はベクター）、遺伝子（又はベクター）が導入される生物、遺伝子（又はベクター）の導入方法、形質転換体の選択採取方法、形質転換体の確認手段等の製造方法を記載する。

(iv) 微生物(遺伝子工学以外の手法によるもの)

真菌や細菌等に関する発明について明確に説明するためには、例えば真菌や細菌等の命名法による属(種)名、又はその属(種)名を付した菌株名を表示できる。また、新菌株に関する発明については、菌株の特徴及び同種内の公知の菌株との相違点(菌学的性質)を記載する。さらに、新属(種)に関する発明については、真菌や細菌等の分類学的性質を詳細に記載し、それを新属(種)として判定した理由を記載できる。すなわち、在来の類似属(種)との異同を明記し、その判定の根拠を記載する。真菌や細菌等の分類学的性質は、「Bergey's Manual of Determinative Bacteriology」等を参照して記載する。

真菌や細菌等に関する発明について作れることを示すためには、スクリーニング手段、突然変異作出手段等の製造方法を記載する。

動植物の細胞に関する発明について明確に説明し、かつ、作れることを示すためには、細胞の由来となる生物名を、原則として動物又は植物の命名法による学名又は標準和名を用いて記載する。そして、当該動物又は植物の細胞が有する特徴的な遺伝子や膜タンパク質、当該動物又は植物の細胞が有する特性等を組み合わせて記載する。作れることを示すために、更にスクリーニング手段、突然変異作出手段等の作出方法も記載する。

(v) 動植物(遺伝子工学以外の手法によるもの)

動植物自体及び動植物の部分に関する発明について作れることを示すためには、それらの製造方法として、親動植物の種類、目的とする動植物を客観的指標に基づいて選抜する方法等からなる作出過程について順を追って記載する。

動物に関する発明について明確に説明するために用いられる、動物の客観的指標としては、それらについて実際に計測される数値等により具体的に記載し、必要に応じてその特性を公知の動物と比較して記載する。

一方、植物に関する発明について明確に説明するために用いられる、植物の客観的指標としては、例えば単に収量が多いという記載ではなく、1株当たり総果数、1株当たり総果重量あるいは1アール当たり総収量のように、

従来の収量調査で慣用されている方法で具体的数値を記載し、必要に応じて公知の植物と比較して記載する。

また、葉色、果色、花色等、色に関して記載する場合は、色の三属性による表示法JIS Z8721の標準色票、色名に関するJIS Z8102又はR.H.S.カラーチャート等の公式の基準を用いて表現する。

なお、作出された動植物の特徴となる特性が、当業者が通常行っている慣用飼育条件や慣用栽培方法では発現されず、特定の環境あるいは特定の飼育条件や栽培方法でしか発現しないような場合には、それらの特定の飼育条件や栽培条件等を具体的に記載することが必要である。

(B) 方法の発明について

方法の発明については、発明の詳細な説明において、その方法を使用できるように記載されていなければならない。ただし、明細書及び図面の記載並びに出願時の技術常識に基づき、当業者がその方法を使用できる場合は除く。

(C) 物を生産する方法の発明について

物を生産する方法の発明については、発明の詳細な説明において、その方法により物を作れるように記載されていなければならない。ただし、明細書及び図面の記載並びに出願時の技術常識に基づき、当業者がその方法により物を作れる場合は除く。

(D) 生物学的材料の寄託及び分譲

生物学的材料に関する発明において、発明の詳細な説明に当業者がその生物学的材料を作れるように記載することができない場合には、微生物の寄託についての規則第27条の2の規定に従って、生物学的材料を寄託する必要がある。

また、寄託された生物学的材料は、微生物の分譲についての規則第27条の3の規定に従って、分譲される。

第Ⅲ章　特許明細書作成

(ε)　微生物の寄託及び分譲
(i)　規則第27条の２（微生物の寄託）、規則第27条の３（微生物の試料の分譲）

　微生物に係る発明について特許出願をしようとする者（以下、「出願人」という。）は、当業者がその微生物を容易に入手することができる場合を除き、その微生物を特許庁長官の指定（以下、「機関指定」という。）する機関、ブダペスト条約の締約国に該当しない国（日本国民に対し、特許手続上の微生物の寄託に関して日本国と同一の条件による手続を認めることとしているものであって、特許庁長官が指定するものに限る。）が行う機関指定に相当する指定その他の証明を受けた機関又は国際寄託当局（以下、これらを「特許手続上の寄託機関」という。）に寄託し、かつ、その受託番号を出願当初の明細書に明示するとともに、その事実を証明する書面（以下、「受託証の写し」という。）を当該出願の願書に添付しなければならない。

　特許庁長官の指定する機関（以下、「指定機関」という。）では、寄託申請を受け付けた際、直ちに「受領書」を発行し、生存確認試験を行って、微生物の生存を確認した後に「受託証」を交付する。「受領書」は、「受託証」と異なり、規則第27条の２に規定される「その微生物を寄託したことを証明する書面」ではないので、その写しを願書に添付する必要はない。

　微生物の生存確認試験はある程度の時間を要するので、出願人は「受領書」に記載された受領番号を出願当初明細書に明示して特許出願をすることができる。この場合、出願人は、「受託証」が交付されたとき、速やかに特許庁へその写しを提出しなければならない。

　「受託証」が交付されて初めて、当該微生物は当該受領日において寄託されたものとなるので、生存確認試験において生存が確認されず、「受託証」が交付されなかったときは、当該出願は受領日における寄託はなかったものとして取り扱われる。

　なお、日本へ出願をする際には、国内寄託とブダペスト条約に基づく寄託（国際寄託）のどちらかを選択することができるが、優先権主張出願で日本以外の国へ出願を予定している場合には、優先日の時点で、国際寄託が必要

となる国もあるため、注意が必要である。

　また、特許出願の後に、再寄託、他の国際寄託当局への移送、又は国内寄託からブダペスト条約に基づく寄託への変更などにより、先の寄託微生物に新たな受託番号が付されたときは、出願人又は特許権者は遅滞なく、その旨を特許庁長官に届け出なければならない。指定機関に寄託され、当該機関によって生存が確認された微生物が、その後、生存しないことが明らかになった場合には、寄託者は、当該機関から「分譲できない旨の通知」を受け取った後、速やかに元の寄託に係る微生物と同一の微生物を寄託しなければならない。そして、当該微生物に係る発明についての出願人又は特許権者は、遅滞なく、その旨を特許庁長官に届け出なければならない。その場合、後の寄託は元の寄託から引き続いて寄託されていたものとして取り扱う。

　寄託した微生物は少なくともその微生物に係る発明の特許権が存続する期間は、その微生物の分譲が可能な状態にあるように、その寄託が維持されなければならない。

(ii)　寄託義務から除外される微生物
　① 指定機関において技術的理由等によって寄託ができない微生物
　② 規則第27条の2でいう当業者が容易に入手することができる微生物（例えばパン酵母、麹菌、納豆菌などの市販されている微生物、信用できる保存機関に保存され、かつ、保存機関の発行するカタログ等により自由に分譲され得ることが出願前に明らかな微生物（この場合、当該微生物の保存番号を出願当初の明細書に記載するものとする。）、あるいは、明細書の記載に基づいて当業者が製造し得る微生物）

(iii)　受託証の写しの提出の省略
　同時に二以上の手続をする際に同一の受託証の写しを提出する場合あるいは他の出願で既に提出している受託証の写しと同じ受託証の写しを提出する場合は、規則第10条第1項及び第2項の規定に従ってその旨を申し出て、受託証の写しの提出を省略することができる。例えば分割出願をする場合や国内優先権の主張を伴う出願をする場合には、受託証の写しの提出を省略することができる。

(b) 遺伝子、ベクター、組換えタンパク質、モノクローナル抗体、動植物等の寄託

　遺伝子、ベクター、組換えタンパク質、モノクローナル抗体、動植物等の発明において、これらの物を当業者が製造できるように明細書に記載することができない場合には、寄託が必要である。これらの物を寄託する場合は、製造された遺伝子やベクターが導入された形質転換体（組換えタンパク質を産生する形質転換体を含む。）、融合細胞（モノクローナル抗体を産生するハイブリドーマを含む。）、受精卵、種子又は植物細胞等を寄託し、その受託番号等を出願当初の明細書に記載する。

## 3.（4）② 特許請求の範囲の記載要件（明確性要件）

　生物関連発明においても種々の表現形式を用いることが可能である。

　例えば「物の発明」の場合に、発明を特定するための事項として物の結合や物の構造の表現形式を用いることができるほか、作用、機能、特性、方法、用途、その他の様々な表現形式を用いることができる。

　ただし、物の発明についての請求項にその物の製造方法が記載されている場合において、当該請求項の記載が「発明が明確であること」という要件に適合するといえるのは、出願時において当該物をその構造又は特性により直接特定することが不可能であるか、又はおよそ実際的でないという事情が存在するときに限られることに留意する。

(A) **核酸及びポリペプチドに関する発明**

(a) 遺伝子等の核酸

(i) 遺伝子は、塩基配列により特定して記載することができる。

(ii) 構造遺伝子は、当該遺伝子によってコードされたタンパク質のアミノ酸配列により特定して記載することができる。

(iii) 遺伝子は、「欠失、置換若しくは付加された」「ハイブリダイズする」等の表現及び当該遺伝子の機能等を組み合わせて記載することができる。

(iv) ベクターは、その全塩基配列で特定して記載することができる。また、

各エレメントと、その機能、あるいは、ベクターの部分塩基配列とその機能によって特定して記載することもできる。
　(ⅴ)　非コード核酸は塩基配列により特定して記載することができる。また、標的遺伝子で特定して記載することもできる。
(b)　タンパク質
　(ⅰ)　組換えタンパク質は、アミノ酸配列又は当該アミノ酸配列をコードする構造遺伝子の塩基配列により特定して記載することができる。
　(ⅱ)　組換えタンパク質は、「欠失、置換若しくは付加された」「配列同一性○○％以上」等の表現及び当該組換えタンパク質の機能、更に必要に応じて当該組換えタンパク質をコードする遺伝子の起源や由来等を組み合わせて包括的な記載をすることができる。
　(ⅲ)　天然物から単離や精製等により取得したタンパク質は、その機能、理化学的性質、アミノ酸配列、製法等により特定して記載することができる。
(c)　抗体
　抗体は、抗体が認識する抗原、交差反応性等により特定して記載することができる。特にモノクローナル抗体の場合は、モノクローナル抗体が認識する抗原、モノクローナル抗体を産生するハイブリドーマ、交差反応性やモノクローナル抗体のCDRのアミノ酸配列等により特定して記載することができる。

(B)　**微生物及び動植物に関する発明**
(a)　融合細胞
　融合細胞は、当該融合細胞の親細胞、当該融合細胞が有する特徴的な遺伝子や膜タンパク質、当該融合細胞が有する特性、融合細胞の製法等により特定して記載することができる。
　融合細胞が寄託されている場合には、受託番号により特定することもできる。

(b) 脱分化細胞

脱分化細胞は、分化細胞に導入される脱分化に寄与する因子（初期化因子）、脱分化細胞の製法等により特定して記載することができる。

(c) 形質転換体

形質転換体は、導入される遺伝子（又はベクター）等により特定して記載することができる。

(d) 微生物（遺伝子工学以外の手法によるもの）

微生物は、微生物の名称、当該微生物が有する特徴となる遺伝子、当該微生物が有する特性や作出方法等の組合せを請求項に記載することで特定することができる。

微生物が寄託されている場合には、受託番号により特定することもできる。

(e) 動植物（遺伝子工学以外の手法によるもの）

動植物は、動植物の名称、当該動植物が有する特徴となる遺伝子、当該動植物が有する特性や作出方法等の組合せを請求項に記載することで特定することができる。

動植物が寄託されている場合には、受託番号により特定することもできる。

## 3．(4) ③ 図　面

図面として写真を使用する場合には、白黒写真を使用する。カラー写真は、参考資料として提出することができる。

## 3．(4) ④ 配列表

(A) 10以上のヌクレオチドからなる核酸の塩基配列又は4以上のアミノ酸が結合したタンパク質若しくはペプチドのアミノ酸配列を明細書、特許請求の範囲又は図面中に記載する場合には、当該配列を含む配列表を、「塩基配列又はアミノ酸配列を含む明細書等の作成のためのガイドライン」（特許庁のウェブサイトを参照）に示した作成方法に従って作成し、磁気ディスクに記録して願書に添付するか、電子出願ソフトにより明細書にリンクして提出する（規則第23条様式26備考41及び第24条様式29備考17参照）。

なお、発明の内容に直接関係のない配列であっても、配列を明細書、特許請求の範囲又は図面中に記載する場合には、配列表を提出する必要がある。
(B)　塩基配列又はアミノ酸配列を明細書、特許請求の範囲又は図面に記載する場合には、「塩基配列又はアミノ酸配列を含む明細書等の作成のためのガイドライン」に従って作成した配列表に記載された配列番号を用いて引用することができる。
(C)　令和4年7月1日以後にする出願では、新たに策定されたWIPO標準ST.26（以下、「ST.26」と称する。）に準拠した配列表の提出が必要である。ST.26は、配列表の内容・形式を国際的な配列データベース（INSD）の要件と合致させること、及び追加の配列型（ヌクレオチド類似体、分岐配列等）に対応すること等を目的として策定されたものである。従来のST.25からの変更点としては、例えば下記が挙げられる。

・配列表はXML形式で作成することとなり、所定のタグを用いて階層構造として表記する。
・配列表に記載する配列型が拡充し、D-アミノ酸やペプチド核酸等も対象となる。
・RNA配列中の「u」は、「t」で表される。
・アミノ酸は、1文字表記となる。

　ST.26に準拠した配列表の作成を支援するツールとして「WIPO Sequence」がWIPOから提供されている。WIPO Sequenceは、WIPOウェブサイトから無料でダウンロードできる。WIPO Sequenceは、最新版を使用することが強く推奨されているため、最新版となっていることを確認した上で配列表を作成する。

　以下、「付属書B　第2章　生物関連発明」に記載の記載要件に関する事例の一部を挙げる。
(1)　核酸の発明
〔事例　7〕「全長cDNA」
【請求項1】

### 第Ⅲ章　特許明細書作成

配列番号５で表されるDNA配列からなるポリヌクレオチド。

［説明］

発明の詳細な説明において、ポリヌクレオチドがいかなる特定の機能を有するものかが記載されていない場合は、どのように使用できるのかも不明であり、実施可能要件を満たさないと判断され得ることを示唆する事例である。

(2) タンパク質

〔事例　30〕「Ｒ受容体アゴニスト活性を有するペプチド」

【請求項１】

以下の(a)～(c)からなる群から選択されるＲ受容体アゴニスト活性を有するペプチド。

(a) 配列番号１に示されるアミノ酸配列からなるペプチド
(b) 配列番号１に示されるアミノ酸配列において、Ｃ末端のアミノ酸がフェニルアラニンからチロシンに置換されたアミノ酸配列からなるペプチド
(c) 配列番号１に示されるアミノ酸配列において、Ｎ末端から２番目のアミノ酸がロイシンからフェニルアラニン、イソロイシン又はトリプトファンに置換されたアミノ酸配列からなるペプチド

［説明］

発明の詳細な説明において、(a)のペプチドの活性については記載があるものの、当該ペプチドの変異体の活性について具体的に記載されていない場合は、出願時の技術常識を参酌して、実施可能要件及びサポート要件を満たさないと判断され得ることを示唆する事例である。

(3) 抗体

〔事例　27〕「タンパク質Ａに対して高い結合能を有するモノクローナル抗体」

【請求項１】

タンパク質Ａに解離定数：$10^{-13}$M以上、$10^{-12}$M以下で結合するモノクローナル抗体。

［説明］

当業者が追試をした時に、タンパク質Ａに解離定数：$10^{-13}$M以上、$10^{-12}$M

以下で結合するモノクローナル抗体を産生するハイブリドーマを再現性をもって取得できるとは認められない場合は、実施可能要件を満たさないと判断され得ることを示唆する事例である。

(4) 微生物

〔事例 28〕「ビフィドバクテリウム ビフィダム（Bifidobacterium bifidum）AA菌株」

【請求項1】

受託番号NITE P-○○○○により寄託された、ビフィドバクテリウム ビフィダム（Bifidobacterium bifidum）AA菌株。

［説明］

発明の詳細な説明には、ビフィドバクテリウム ビフィダム（Bifidobacterium bifidum）AA菌株を寄託した事実は記載されているが、当該寄託に関して、受託証の写しが提出されていない場合は、実施可能要件を満たさないことを示唆する事例である。なお、受託証の写しを提出することにより、拒絶理由は解消する。

(5) 細胞

〔事例 46〕「間葉系幹細胞」

【請求項1】

マウス間葉系幹細胞に由来し、無血清培地で継代培養可能であって、当該無血清培地で培養すると繊維状を呈し、目的とする細胞の馴化培地を含む培地で培養することにより、80％以上の割合で目的とする細胞に分化誘導される間葉系幹細胞H01株。

［説明］

当業者が追試をした時に、再現性をもって請求項で規定した株を取得することができない場合は、明細書の記載に基づいて当業者が製造し得る微生物ではなく、実施可能要件を満たすためには株の寄託が必要であることを示唆する事例である。

(6) 動植物

〔事例 48〕「変異マウス」

第Ⅲ章　特許明細書作成

【請求項1】
　初期病変として、生後3週齢で眼周囲に浮腫が認められるという特性を有する、皮膚炎を自然発症するRFGマウス。
　［説明］
　当業者が追試をした時に、再現性をもって請求項で規定したマウスを取得することはできない場合は、明細書の記載に基づいて当業者が製造し得る動物ではなく、実施可能要件を満たすためにはマウス（その受精卵等）を寄託する必要があることを示唆する事例である。
(7)　スクリーニング方法
　［事例　37〕イン・シリコ（*in silico*）スクリーニング方法によって同定された化合物
【請求項1】
　候補化合物の立体構造を図5に示された立体分子モデルと対比することによって、タンパク質Pに結合する化合物を同定する方法によって同定される化合物であって、同定方法が次のステップを含むもの：
　(1) …
　(2) …
　(…) …
　(n) …
　（図5の立体分子モデルは、タンパク質Pの結合ポケットを構成するアミノ酸（すなわち、アミノ酸223、224、227、295、343、366、370、378及び384）に含まれ、候補化合物の水素結合性官能基と水素結合を形成することができるヘテロ原子の位置を示すものである。
　ステップ(1)から(n)は
　a）図5に示された三次元分子モデルの座標データはタンパク質Pの原子間距離が容易に検索可能なようなデータ構造へ入力され、
　b）三次元分子モデルにおいて結合ポケットを形成するヘテロ原子と、異なる候補化合物の水素結合性官能基の間の距離が比較され、その結果、その2つの構造間の最適な水素結合に基づいたタンパク質Pの結合ポ

ケットの三次元分子モデルによる、最も安定な複合体を理論的に構成する候補化合物の同定を可能とする、データ処理方法である。

［説明］
　請求項1には、図5に示された立体分子モデルを用いた同定方法で特定される化合物が包括的に記載されているが、発明の詳細な説明には、具体例として化合物Xが記載されているのみであり、それ以外の請求項1に係る化合物については、何ら具体的に記載されていない場合は、実施可能要件及びサポート要件を満たさないと判断され得ることを示唆する事例である。また、スクリーニング方法のみで規定された「化合物」は、技術的に十分に特定されていないことが明らかであり、明細書及び図面の記載を考慮しても、請求項の記載から発明を明確に把握することができず、明確性要件を満たさないと判断され得ることを示唆する事例である。

　なお、「イン・シリコ」とは、研究対象自体を取り扱うのではなく、コンピュータでそのデータを解析することをいう語であり、バイオ・インフォマティクスの分野で使われる。これに対し、研究の目的で生体の一部を容器内に取り出した状態を指す語である「イン・ビトロ（*in vitro*）」、イン・ビトロに対して、研究対象が生体に自然のまま置かれた状態を指す語である「イン・ビボ（*in vivo*）」がある。
　バイオ・インフォマティクスとは、ゲノム解析などで得られる大量の生物学的情報の解析、諸分野への応用、そのための技術開発を行う学問分野である。情報生物学、生物情報科学とも呼ばれる。
　また、近年では、コンピュータを用いて実施するマテリアルズ・インフォマティクス（MI）の発明に関する出願も増加している。こちらについては、本章の「3．(2) AI関連発明」を参照されたい。

## 3．(5)　医薬発明

　審査ハンドブックでは、医薬発明における明細書等の記載について次のように説明している。

### 第Ⅲ章　特許明細書作成

　医薬発明は、ある物（注1）の未知の属性の発見に基づき、当該物の新たな医薬用途（注2）を提供しようとする「物の発明」である。
（注1）ここでいう「物」とは、有効成分として用いられるものを意味し、化合物、細胞、組織、及び、天然物からの抽出物のような化学構造が特定されていない化学物質（群）、並びに、それらを組み合わせたものが含まれる。以下、当該物を「化合物等」という。
（注2）ここでいう「医薬用途」とは、以下のⅰ又はⅱを意味する。
（ⅰ）　特定の疾病への適用
（ⅱ）　投与時間・投与手順・投与量・投与部位等の用法又は用量（以下、「用法又は用量」という。）が特定された、特定の疾病への適用

## 3．(5)　①　発明の詳細な説明の記載要件（実施可能要件）

　医薬発明は、一般に物の構造や名称からその物をどのように作り、どのように使用するかを理解することが比較的困難な技術分野に属する発明である。そのため、当業者がその発明を実施することができるように発明の詳細な説明を記載するためには、出願時の技術常識から、当業者が化合物等を製造又は取得することができ、かつ、その化合物等を医薬用途に使用することができる場合を除き、通常、1つ以上の代表的な実施例を記載することが必要である。そして、医薬用途を裏付ける実施例として、通常、薬理試験結果の記載が求められる。
　以下に薬理作用を裏付けるに足る薬理試験結果の記載についての具体的な考え方を示す。
　薬理試験結果は、請求項に係る医薬発明における化合物等に薬理作用があることを確認するためのものである。したがって、原則、(ⅰ)どの化合物等を、(ⅱ)どのような薬理試験系において適用し、(ⅲ)どのような結果が得られたのか、そして、(ⅳ)その薬理試験系が請求項に係る医薬発明の医薬用途とどのような関連性があるのか、の全てが、薬理試験結果として明らかにされなくてはならない。なお、薬理試験結果は、数値データで記載されることを原則とするが、薬理試験系の性質上、結果を数値データで記載することがで

きない場合には、数値データと同視すべき程度の客観的な記載で許容される場合もある。数値データと同視すべき程度の客観的な記載とは、例えば医師による客観的な観察結果などの記載である。また、用いられる薬理試験系としては、臨床試験、動物実験あるいは試験管内実験が挙げられる。

## 3. (5) ② 特許請求の範囲の記載要件
### (A) サポート要件（法第36条第6項第1号）
　サポート要件違反となる例としては、以下の場合が挙げられる。
(1)　請求項には、成分Aを有効成分として含有する制吐剤の発明が記載されているのに対し、発明の詳細な説明には、成分Aの制吐剤としての用途を裏付ける薬理試験方法及び薬理試験結果についての記載がなく、しかも、成分Aの制吐剤としての用途が出願時の技術常識からも推認可能といえないため、制吐剤を提供するという発明の課題が解決できることを当業者が認識できるように記載されているとはいえず、したがって、請求項に係る発明が発明の詳細な説明に記載したものでない場合
(2)　請求項には、性質により規定された化合物を有効成分とする特定用途の治療剤の発明が包括的に記載されているが、発明の詳細な説明には、請求項において有効成分として規定された化合物のうち、ごく僅かな具体的な化合物について特定用途を裏付ける記載がされているにすぎず、出願時の技術常識に照らしても、請求項に係る発明の範囲まで、発明の詳細な説明において開示された内容を拡張ないし一般化できるとはいえない場合

### (B) 明確性要件（法第36条第6項第2号）
　医薬発明においても種々の表現形式を用いることが可能である。
　例えば「物の発明」の場合に、発明を特定するための事項として物の結合や物の構造の表現形式を用いることができるほか、作用、機能、性質、特性、方法、用途、その他の様々な表現形式を用いることができる。
　医薬発明は、「物の発明」として、下記のように、請求項に記載することができる。

第Ⅲ章　特許明細書作成

例１：有効成分Ａを含有することを特徴とする疾病Ｚ治療剤。

例２：有効成分Ｂを含有することを特徴とする疾病Ｙ治療用組成物。

例３：有効成分Ｃと有効成分Ｄとを組み合わせたことを特徴とする疾病Ｗ療薬。

例４：有効成分Ｅを含有する注射剤、及び有効成分Ｆを含有する経口剤を含む疾病Ｖ治療用キット。

以下、「付属書Ｂ　第３章　医薬発明」に記載の記載要件に関する事例の一部を挙げる。

(1)　特定の疾病への適用

〔事例　13〕「腫瘍治療用医薬」

【請求項１】

　Ａ、Ｂ、又はＣから選択されるイソキノリン系アルカロイドのケラタン硫酸塩を有効成分として含有する腫瘍治療用医薬。

［説明］

　本事例は、公知の化合物（Ａ、Ｂ、及びＣ）を特定の塩（ケラタン硫酸塩）とすることにより腫瘍治療作用が増強されることを見いだした発明に関するものである。本事例では、実施例において腫瘍治療作用が確認されているのはＡあるいはＢのケラタン硫酸塩についてのみである。一方、出願当時に公知であった文献Ｘには、Ｃの塩酸塩が担癌モデル動物を用いた試験において腫瘍治療作用を示さなかったことが記載されている。

　ここで、ある化合物の塩が有する生理活性は、当該化合物の別の塩であっても同様であるというのが技術常識であったと認められる場合には、Ｃのケラタン硫酸塩については、塩酸塩同様、腫瘍治療作用を奏功しないとの合理的推論が成り立ち、請求項１に係る発明は、実施可能要件及びサポート要件を満たさないと判断され得ることを示唆する事例である。

(2)　「用法又は用量」が特定された、特定の疾病への適用

〔事例　11〕「喘息治療薬」

【請求項１】

10～100μg/kg体重の化合物Aが、ヒトに対して3か月当たり1回経口投与されるように用いられることを特徴とする、化合物Aを有効成分として含有する喘息治療薬。

［説明］

本事例は、喘息治療薬として公知であり、通常、10μg/kg体重程度の用量で1日1回経口投与されている化合物Aについて、10～100μg/kg体重の化合物Aを、ヒトに対して3か月当たり1回経口投与されるように用いることでも、喘息治療薬として有用であることを見いだしたことに基づく発明である。本事例では、実施例において、化合物Aを、喘息患者群（体重30kgから90kg）に対して、100μg/kg体重でそれぞれ1回経口投与するたびに、各投与群において喘息症状が少なくとも3か月にわたり軽減されたこと、及び投与期間中に副作用は報告されなかったことが薬理試験結果として記載されている。

ここで、1日1回投与とされていた喘息治療薬について、投与間隔を3か月とした場合にも同程度の用量で薬効が持続すると予測することは困難であるという技術常識が認められる場合には、100μg/kg体重よりも少ない用量で、3か月当たり1回経口投与した場合の有効性に疑義が生じ、請求項1に係る発明は、実施可能要件及びサポート要件を満たさないと判断され得ることを示唆する事例である。

## 4．PCT出願を含む外国出願への対応

外国に出願する場合に、既に出願済みの日本出願明細書を適宜変更して外国出願用の明細書を作成するという方法が一般にとられている。

しかし、最近の傾向として、国内出願の準備段階から外国出願を意識する出願人が増えている。日本出願明細書の作成時に外国に出願する予定があれば、最初から日本のみならず、出願が予定されている国の特許実務にも適合するような記載とするのが合理的である。また、そうすることによって日本出願明細書がより明確になり、内容が充実する場合も多い。

第Ⅲ章　特許明細書作成

　また、パリ条約に基づく優先権を主張して外国に出願するといういわゆるパリルートによる各国別出願があるが、その代わりに、特許協力条約（PCT：Patent Cooperation Treaty）、正式には「1970年6月19日にワシントンで作成された特許協力条約」という。以下、「PCT」と略称する。）に基づいてなされる、いわゆるPCT出願（又は国際出願）が利用されることが多い。さらに、近年では、日本出願を最初に行うのではなく、日本語によるPCT出願を日本特許庁へ最初に行う出願（いわゆる基礎なしPCT出願）も増えている。この場合、日本出願明細書を作成する代わりに、PCT出願明細書を最初に作成する必要があり、諸外国を意識した明細書の作成は必須となる。なお、PCT出願に基づいて希望国への移行手続をすることにより各国に出願する形態を、上記のパリルートに対比してPCTルートと呼ぶことがある。

　以下では、まず外国出願を意識した明細書等の作成における留意点について説明し、次いで、PCT出願について説明する。

## 4．(1)　外国出願を意識した明細書等の作成

　特許請求の範囲に関する要件は、日本、米国、欧州等で相違する。例えば請求項（クレーム）で特定される発明の単一性の範囲、多面的な記載の可否、特許の対象となり得る発明、料金体系等は国によって異なる。

　しかし、基本的にどれだけ効率的かつ効果的に権利化に結び付けることのできる内容にするかという点では、日本出願の明細書も、外国出願の明細書も、大差はないはずである。権利範囲を特定する特許請求の範囲の基礎となるのは発明の詳細な説明であり、出願当初の明細書に開示された範囲内で権利付与がなされることは、ほとんどの国で共通するからである。

　多くの国において、出願後に特許請求の範囲の補正が認められるのは、出願当初の明細書等の記載の範囲内である。したがって、日本出願の段階で発明の詳細な説明と図面を充実させておけば、外国出願の段階で大幅な補足、変更をせずに、各国での補正や、適正な範囲での権利化に十分に耐える明細書となる。

そして、理想的には、外国出願が予定されている場合は、少なくとも日本、米国、欧州、中国の最小公倍数的な内容を盛り込んでおくのが望ましい。発明はできるだけ多面的な側面から記載し、請求項で特定される発明のそれぞれについて、発明の詳細な説明及び図面で裏付けをする。外国出願時には、その国の実務に合わせて、日本出願用の明細書の一部を削除する程度、あるいは一部変更する程度で済ませられるのが理想であろう。

　以下では、外国出願を意識した明細書等の作成に当たり、特に留意すべき点について説明する。

## 4．(1)　①　明細書
### (A)　背景技術

　日本特許出願明細書に記載すべき従来技術は、日本国特許法に規定された従来技術（法第29条第1項）であることが原則である。しかしながら、日本国特許法に規定された従来技術に該当しない先行技術を従来技術として説明する場合がある。このような先行技術としては、例えば未公開の先行特許出願に記載の内容や社外に公開されていない社内での先行技術などがある。

　上記のような先行技術の記載については、米国特許出願が予定されている場合には特に注意を要する。日本特許出願の従来技術の欄に説明されている事項をそのまま米国特許出願明細書で従来技術として説明してしまうと、出願人が認めた従来技術との扱いを受ける（AAPA：Applicant Admitted Prior Art）。この結果、出願人が認めた従来技術が実際には米国特許法第102条の従来技術に該当しなくても、これをベースに、公知文献が引用されることなく、クレームされた発明が拒絶されてしまうことがある。

　このような扱いを避けるために、未公開の先行技術などは記載しないようにする、あるいは、記載の必要な場合であれば日本特許明細書の従来技術の欄で説明するのではなく、発明の実施の形態の欄に記載する方が好ましい。また、その際、当該先行技術の位置付けとして、従来技術、既知の技術、あるいは一般的な技術等であるとの説明は避け、本願開示の技術の基礎となる技術等であるとして説明することが好ましい。

第Ⅲ章　特許明細書作成

　なお、参考までに、従来技術が記載された刊行物の扱いは、日本と米国でに異なる。米国の実務では、特許出願に関与する者は情報開示義務を負う。具体的には、特許出願に関与する者は、発明の特許性に関連すると思われる事項が記載された刊行物等の情報の存在を知っている場合には、その刊行物等を情報開示陳述書（IDS：Information Disclosure Statement）により、米国特許商標庁に開示する。この義務に意図的に違反したことが特許後に判明すると、特許が権利行使不能にされてしまう可能性がある。このような刊行物等の存在を米国出願明細書に記載するのみでは、情報開示義務を果たしたとは必ずしもいえず、情報開示陳述書により米国特許商標庁に開示しなければならない。また、情報開示義務は、米国出願時のみならず、特許が発行されるまで継続的に課されるので、そのような刊行物を発見次第、速やかに情報開示陳述書を提出しなければならない。

(E)　**発明を実施するための形態**

　発明の実施の形態については、技術的な構成をできるだけ具体的かつ詳細に説明することが、外国での審査実務を鑑みた場合に好ましい。日本の審査官が、明細書に表現される技術的思想に沿って請求項を解釈する傾向にあるのと比較して、外国の審査官は、技術的思想から離れて請求項の文言のみに基づいて請求項を解釈する場合がある。特に米国の審査官は、出願人が請求項の文言に込めた意味とは無関係に、最大限に広く請求項の文言を解釈する傾向にある（最も広いクレーム解釈：broadest reasonable interpretation）。

　そのような解釈に基づいて拒絶理由が通知された場合、本願発明と引用文献との間にある本質的な相違をクレーム補正により明確化しようとしても、実施例の記載に十分な具体性が欠けていると、当該相違点を明確にするようなクレーム補正の根拠を見付けられないことがある。技術的な構成をできるだけ具体的かつ詳細に説明した実施例の記載をしておくことで、当該記載に基づいて引用文献との差異を補正により明確化しやすくなる。

　また、コンピュータ関連発明等の場合、日本では特許法上の発明として認められる請求項であるにもかかわらず、その対応クレームが、外国において

は特許適格性がないと判断されたり、技術的特徴・性質が存在しないとして進歩性の観点から特許性を否定されたりすることがある。例えば米国の場合には、クレームが司法例外（judicial exception：抽象概念、自然法則、又は自然現象）を対象としており、司法例外を実用的な応用に組み込んでいないと判断されると、特許適格性がない（米国特許法第101条）と判断される可能性がある。また、欧州や中国では、クレームに係る発明が、技術的課題、技術的手段、及び技術的効果に結び付けられていない場合、特許適格性又は進歩性の要件を満たさないと判断される可能性がある。このように特許適格性又は技術的特徴・性質がないと審査官に判断された場合、クレーム補正により、発明が実用的な応用に十分に組み込まれていること又は発明が技術的特徴・性質を有することを明示的に示す必要がある。このような補正の根拠として、発明を実施するための技術的な構成をできるだけ具体的かつ詳細に実施例に記載し、更には発明が具体的な応用に密接に結び付けられており、技術的な問題を解決して技術的な効果が得られる点を明細書中に示しておくことが好ましい。

　また、発明の実施の形態は、できるだけ豊富であることが望ましい。特に特許出願明細書の請求項中に「～する手段」とあり、これを米国特許出願明細書のクレーム（請求項）中で means＋function 形式で表現した場合には、米国特許法第112条(f)（旧第6パラグラフ）の適用を受け、「～する手段」は明細書に記載の実施例の対応部分及びその均等物に制限されて解釈される。より具体的には、クレーム中に記載される要素が、means 若しくは step 又はその代用として構造を示唆しない上位概念用語で記載され、機能的文言により規定され、さらに、十分な構造・動作等により規定されていない場合には、当該クレーム要素は明細書に記載される対応する構造・動作等及びその均等物に制限されて解釈される。したがって、米国特許出願明細書の means＋function 形式のクレームが限定的に解釈されないようにするためには、特に実施例を多面的かつ豊富に記載し、かつ、クレーム中の手段との対応関係を記載しておく必要がある。

　なお、クレーム中に記載される要素が米国特許法第112条(f)の適用を受け

た場合、それに対応する構成・動作等が明細書中に開示されている必要がある。開示がない場合には、仮に当該構成・動作等が従来技術に該当したとしても、クレーム中に記載される要素に対応する構成・動作等が不明である（すなわち米国特許法第112条(f)に規定される明細書中の対応部分が存在しない。）と判断される可能性がある。その場合、発明が不明確であるとして、クレームが拒絶理由及び無効理由を含むことになる。したがって、例えばコンピュータ関連発明であれば、クレーム中に記載された機能に対応するアルゴリズムを、数学式、文章、フローチャート、又は他の何らかの方法によって明細書中に開示しておく必要がある。例えば機械学習手段をクレーム中に記載した場合、それに対応して明細書中に「周知の機械学習モデルにより学習する」等とだけ記載するのではなく、発明が不明確とならないように、機械学習モデルとして例えばニューラルネットワークの具体的な構成等を記載しておくことが好ましい。

　また、発明の実施の形態は、日本での実施のみならず外国での実施を考慮したものとする。例えば通信分野においては、通信方式が日本と外国とで異なる場合がある。発明が異なる通信方式に共通に適用できるものであれば、発明の実施の形態として日本で実施をした形態と外国で実施をした形態との両方を記載する。そうすることにより、外国出願明細書の作成時に、その記載から容易に外国出願用クレームを作成することができる。

　また、発明の実施の形態は、欧州等の補正の制限の厳しい国での中間処理を考慮して記載することが好ましい。例えば欧州では、実施例に記載される構成「A＋B」の一部「A」のみを抜き出してクレームに記載する補正は許されず、「A＋B」の全てをクレームに記載することが要求される場合がある。すなわち、例えばクレームに「電極」が記載されており、実施例に「円柱状の銅の電極」が記載されている場合、「銅」と切り離して「円柱状」のみを実施例から抜き出して、「円柱状の電極」とクレーム補正することは許されない場合がある。実施例中の「円柱状の銅の電極」を記載した箇所において、「円柱状の電極は他の導電性材料により形成されてもよい」との記載があれば、「円柱状の電極」とクレーム補正することは許されるであろう。

また、例えば米国では、発明の実施の形態は発明者がベストと考えるものを必ず記載するといういわゆるベストモード記載要件が要求される〈米国特許法第112条(a)（旧第1パラグラフ)〉。ベストモードを含めて実施例は、当業者が実施できる程度に必要かつ十分に説明する。ベストモードを記載していない場合には、米国では審査段階において当該米国出願は拒絶される。

　また、日本出願の際には、出願審査請求の費用を考慮して特許請求の範囲に記載しない事項ではあるが、外国出願時に追加すると思われる請求項に相当する記載を、あらかじめ日本出願の明細書中に盛り込んでおく方法もある。

## 4．(1) ② 特許請求の範囲

### (A) 特許される発明の相違

　日本では権利化ができない又は難しいといわれる発明であっても、外国では特許の対象となるものがある。例えば日本では医療方法は特許の保護対象として認められないが、米国では特許の保護対象となり得る。

　外国出願が予定されているのであれば、日本特許出願明細書作成時にこのような発明の請求項を作成し、特許請求の範囲に含めないまでも、発明の詳細な説明の中に、作成した請求項の文言と同一の記載を盛り込んでおくとよい。これにより、外国出願の明細書作成時に、その記載から当該外国出願に盛り込むべきクレームを容易に作成することができる。

### (B) 実施の形態の相違

　同じ技術であっても、日本と外国とでは実施の形態が異なる場合がある。例えば信号の多重化方法や信号の定義などが日本と外国で異なる場合がある。このような場合には外国での実施の形態を考慮した請求項に相当する記載を発明の詳細な説明の中に盛り込んでおき、外国用の明細書作成時にその記載から外国出願用のクレームを作成するとよい。

### (C) 発明の単一性等の相違

　発明の単一性の概念は、各国により相違する。例えば我が国では物の発明

### 第Ⅲ章　特許明細書作成

とその物の製造方法の発明とは発明の単一性の要件を満たすが、米国では満たさない場合がある。

日本特許出願の請求項は、我が国の発明の単一性を満たすように作成すればよいが、このような日本特許出願明細書を基に米国特許出願明細書を作成して出願した場合には、米国特許商標庁より限定要求や選択要求を受ける場合がある。

また、欧州では、1カテゴリー1独立クレームの原則があり、欧州に出願することが予定されている場合には、1カテゴリーにつき1つの独立クレームのみを作成するのも一案である。

(D)　請求項の従属関係の要件の相違

日本では複数項に従属する請求項（いわゆるマルチクレーム）を作成することができる。このマルチクレームについては日本のみならず、米国、欧州、韓国、中国等でも認められている。しかしながら、米国の実務では特許庁費用の観点から、複数項に従属する請求項の作成を避けるのが一般的である。

また、令和4年4月1日に施行された特許法施行規則改正により、日本出願では「複数項に従属する請求項に複数従属する請求項（いわゆるマルチマルチクレーム）」が認められなくなった。このマルチマルチクレームは米国、中国、韓国等でも禁止されている。しかしながら、欧州ではマルチマルチクレームは認められており、このマルチマルチクレームにより補正を容易に行うことができるメリットがある。以下に例を記載する。

【請求項1】Aを含む装置。
【請求項2】Bを更に含む請求項1に記載の装置。
【請求項3】Cを更に含む請求項1又は2に記載の装置。
【請求項4】Dを更に含む請求項1から3のいずれか1項に記載の装置。（マルチマルチクレーム）

上記のようにマルチマルチクレームを含めておくことにより、例えば以下の補正が可能となる。

【請求項1】A、C、及びDを含む装置。
【請求項2】Bを更に含む請求項1に記載の装置。
【請求項3】削除
【請求項4】削除

　このように、日本と外国では請求項の従属関係の要件が相違する場合があるので、日本特許出願の特許請求の範囲を作成した際には、外国の実務に符合したクレームを別途作成して用意しておくことで、後に外国出願用のクレームを効率良く作成することができる。また、外国出願用のクレームツリーを作成しておくことも、外国出願のクレーム作成の一助となる。

　また、前述のとおり（本書第3章、2．明細書等の書き方）マルチマルチクレームの記載を日本出願の明細書の最終部分に付記することにはメリットがあるが、同様に、PCT出願の明細書の最終部分にもマルチマルチクレームを付記することができる。これによりサポート要件を満たすため補正が容易となるからである。これは補正要件が厳しい欧州では特に効果的である。

(E) **請求項の数と費用**

　日本国特許庁に支払う出願審査請求の費用は請求項の数に依存し、請求項が独立項であるか従属項であるかは問わない。

　これに対し、米国に出願する場合、クレームの総数が20を超える場合、あるいは独立クレームの数が3を超える場合は、米国特許商標庁に超過料金を支払う必要がある。また、欧州に出願する場合、クレームの総数が15を超える場合、欧州特許庁に超過料金を支払う必要がある。

　この観点からすれば、日本特許出願用の請求項を作成する際、クレームの総数を15以内にし、独立形式でも従属形式でも記載できる請求項を従属形式で記載して独立クレームの数を3以内にしておけば、そのクレームで米国出願及び欧州出願をした場合、米国特許商標庁及び欧州特許庁に支払う出願費用を抑えることができる。

(F) 請求項の文言

　他国での審査プラクティス、及び翻訳時の問題を考慮し、明確な文言で発明特定事項を規定した請求項の記載を心掛ける。例えば英語では単数か複数かを指定する必要があるので、対象の数が単数であるのか複数であるのかについては日本特許明細書の請求項を記載する際になるべく明確化しておく。

　また、例えば米国の審査段階において、審査官は合理的な最も広いクレーム解釈を行う。例えば「両電気端子が互いに接続されている」と表現した場合、両電気端子が同一の絶縁部材上に配置されていれば、互いに電気的に接続されていなくとも、当該絶縁部材を介して物理的に「互いに接続されている」と解釈される場合等がある。明確に発明を規定するためには、「両電気端子が互いに電気的に接続されている」と記載することが好ましい。また、例えば「第1の時間範囲でハイになる信号」と表現した場合、第1の時間範囲の全域でハイ（高）になるとの解釈と、第1の時間範囲の一部でのみハイになるとの解釈と、いずれの解釈も可能である。発明の意図として全域でハイになるのであれば、「第1の範囲にわたりハイを維持する信号」等と表現することが好ましい。

　また、条件節や範囲を伴う表現にも注意が必要である。例えば「温度30度以上の場合にハイになる温度検出信号」という発明特定事項は、温度30度以上のどこかの温度でハイになり、それ以外の温度ではハイでもロー（低）でもよい信号と解釈され得る。その結果、当該発明特定事項は、例えば「温度20度以上の場合にハイになる温度検出信号」を開示する文献、「温度40度以上の場合にハイになる温度検出信号」を開示する文献、「常時ハイである温度検出信号」を開示する文献、のうちのいずれの文献によっても新規性が否定される可能性があることに留意すべきである。

4. (1) ③　要約書

　米国では、判例〈209 F.3d 1337（Fed. Cir. 2000)〉により、クレーム範囲（権利範囲）を定めるに当たり要約書を用いることができる。すなわち、米国では、要約書の記載が権利範囲の解釈に影響を与える。したがって、米国

出願を考慮すれば、日本出願の要約書においても、要約書の記載が、最も広いクレームよりも狭い範囲の記載とならないように留意する必要がある。

なお、外国出願時に要約の記載を書き換えることにより、広い範囲の記載となるようにして対応することも可能である。

## 4．(1) ④ 図 面

日本では、規則第25条に、「願書に添付すべき図面は、様式第30により作成しなければならない」と規定されている。様式30には、図面作成の基本的な要件が規定されている。これに対し、例えば米国では、米国特許法施行規則（37CFR）の§1.81～§1.84及び審査便覧（MPEP）の608.02及び608.02(a)～608.02(z)において、断面図のハッチングの仕方等、図面に関する様々な事項が詳細に規定されている。一般に、日本の規定を満たす図面であっても米国の規定を満たさない場合があるのに対し、米国の規定を満たす図面は日本の規定を満たすといえる。日本特許出願明細書を作成する際に米国特許出願が予定されている場合には、日本出願の図面をできるだけ米国の規定に適合するように作成すれば、日本出願の図面を米国用に流用することができる。

また、米国ではクレームに記載の事項は図面でサポートされていることが求められ（米国特許法施行規則1.83）、クレームに記載される事項を示す図面は漏れなく日本出願の段階で入れておくことが必要となる。なお、欧州では、クレームに記載の事項の直後の位置において、当該事項に対応する図面中の参照番号を括弧内に記載することが求められる。

さらに、日本では、様式30の備考5に「原則として当該出願に係る発明の特徴を最もよく表す図を【図1】とする」旨が規定されていることから、従来技術の図を図面全体の最後にもってくることがある。しかし、欧米では、明細書中のストーリーの順に従って、従来技術の図を図1から始めるのが一般的である。日本特許出願明細書で最初に説明されている図が図1でない場合であって、米国特許出願明細書を作成する際にこの図を図1として説明する場合には、図番を説明の順に並び替える作業が必要である。この並び替え作業を回避するためには、日本特許出願明細書を作成する際に説明の順を図

第Ⅲ章　特許明細書作成

1から始めることが望ましい。

## 4．(1) ⑤　その他

　翻訳を考慮し、明細書中の文章において、英語にすると複数の関係代名詞が入る複雑な修飾関係を避け、主語と述語が明確な文章を作成するよう心掛ける。一般に、日本語の文章では主語が省略される場合があるが、明細書にあっては主語を省略せずに記載するのが望ましい。また、単語同士の結び付きが明確な文章を記載することが望ましいが、当該技術分野に精通していない翻訳者が読んだ場合にも明確である文章を記載することが望ましい。

　例えば「炭素を含む窒素を吸収する物質」という日本語は、「炭素を含む物質が窒素を吸収する」という意味であることは技術分野に精通している者であれば一義的に理解できる。しかしながら、この日本語は、単語同士の結び付きが不明確である。この例において、「窒素」を「化合物」に置き換えて、「炭素を含む化合物を吸収する物質」という日本語にした場合、「炭素を含む物質が、化合物を吸収する」という解釈と、「物質が、炭素を含む化合物を吸収する」という解釈と、どちらの解釈もあり得ることになる。このように、文章の構成は同一であっても、各単語の意味に依存して、文章の意味に多義性が生じたり、生じなかったりする。

　翻訳者は、当該分野の技術的内容に熟知した者であることが好ましい。しかしながら現実には、翻訳者が当該分野の専門家ではなかったり、翻訳者の技術的知識が十分でなかったりする場合もある。そのような場合、単語の意味に依存した単語間の結び付きの有無を、翻訳時に確実に読み取れない可能性がある。その結果、上記の「炭素を含む窒素を吸収する物質」という文章を翻訳する場合、「物質が、炭素を含む窒素を吸収する」との意味に誤って翻訳してしまう可能性がある。したがって、誤訳の生じにくい文章とするためには、各単語の意味に依存した単語同士の結び付きが明確なだけでは不十分であり、文章の表現・構造として、単語同士の結び付きが明確であることが好ましい。例えば上記の例でいえば、「炭素を含み窒素を吸収する物質」とするだけで、意味はより明確になる。

また、1つの文章を余り長くし過ぎないようにすることにも留意すべきである。一文が長すぎる文章は、分かりにくく誤解されやすい。文章が長くなる場合には、適宜句点（。）を打ち、二文以上に分ける。文章を短くすることにより、技術的意味が明確になり、また、対応する英文を作成しやすい場合が多い。

　さらに、代名詞（「その」「これ」等）はなるべく用いないことが望ましい。代名詞が何を指しているのか不明な場合があるからである。

　また、周知でない技術用語は、言い換えたり、英語を挿入したりするなどして、誤訳が発生しないようにする。さらに、「～から構成される」「～からなる」等の表現をなるべく避けるようにする。翻訳するときに「～」以外を含まない表現になってしまうことを避けるため、「～を含む（including）」等の表現にすることが望ましい。

### 4．(2)　PCT出願

　PCTは、出願人の各国別出願や各国特許庁の重複審査等の重複労力を軽減する目的で締結された条約である。PCTによれば、1つの国際出願をして国際出願日が認められると、その国際出願日から各指定国における正規の国内出願としての効果が認められる（PCT第11条(3)）。我が国は、1978年7月1日に批准書の寄託を行い、同年10月2日から、国際出願の受理を開始した。平成16年1月1日施行の改正PCTによれば、出願人が一の国際出願を一の受理官庁に提出すれば、自動的に全てのPCT締約国が指定されたものとなる。

### 4．(2)　①　PCT出願の態様

　日本国特許庁に提出するPCT出願は、日本語又は英語を用いて作成しなければならない。そのPCT出願について、国際調査機関（日本国特許庁又は欧州特許庁）が、国際調査報告及び、PCT出願の請求の範囲に記載された発明が新規性、進歩性、産業上の利用可能性を有するか否かについての拘束力のない見解を示す国際調査見解書を作成する。出願人は、国際調査報告

### 第Ⅲ章 特許明細書作成

等を見て、必要があれば請求の範囲を補正し、コメントを提出することができる。また、出願人の請求（国際予備審査の請求）により、PCT出願の請求の範囲に記載された発明が新規性、進歩性、産業上の利用可能性を有するか否かについての拘束力のない見解を示す国際予備審査報告〈特許性に関する国際予備報告（特許協力条約第二章）〉が、国際予備審査機関により作成される。出願人が上記請求をしない場合、国際調査見解書に基づいて特許性に関する国際予備報告（特許協力条約第一章）が国際事務局により作成される。

優先日から原則として30か月以内に、希望する締約国に対して国内段階移行の手続（翻訳文提出、費用支払等）を行うことで、PCT出願は各移行国での現実の特許出願となる。

PCT出願をする際には、先行する日本国内出願に基づく優先権を主張することができる（PCT第8条）。PCT出願は、通常、いわゆるパリルートによる各国別出願の代わりになされる出願であるから、先の日本出願に基づいて優先権を主張する場合が多いであろう。優先権の主張を伴うPCT出願の場合、国内優先権主張を伴う国内出願と同様に、実施例を追加することができ、また、外国で権利化を図るかどうかの判断を持ち越すことができる。

### 4．(2) ② PCT出願の利害得失

優先日より12か月以内に出願するパリルートによる各国別出願の場合と比較して、PCT出願による場合には、各国移行期限が優先日より30か月（国によっては31か月）であることから、各国への移行費用の発生を先延ばしできる。また、PCT出願自体は日本語で作成すればよいので、出願を急いでいる場合など、特に時間的に有利である。国際調査報告書等を見てから、移行すべきか否かを判断でき、また、移行前の国際段階で請求の範囲を補正できるのも利点である。さらに、30か月以内の移行時において、真に移行が必要な国のみ移行すればよく、無駄な移行費用を抑えることができる。

一方、PCT出願では、出願時において基本手数料、調査手数料、送付手数料等の高額な公的手数料を納付する必要があり、更に移行時においても結

局、翻訳料や移行国現地費用等のパリルートと同様な費用を支払う必要があるので、トータル的にはパリルートに比較して高額になるという不利益がある。PCT出願は、1つの国際出願により各希望締約国へ移行することから、どこの移行国に対しても同じ請求の範囲の記載をもって移行せざるを得ず、また、翻訳は原則として逐語訳であるという制約があり、各国別法制に合わせて請求の範囲等を移行後に補正する必要がある。これに対し、パリルートによれば、各国の保護対象、記載要件、発明の単一性にそれぞれ合わせて、プログラム特許、医療特許、多数項従属項など、最適な特許請求の範囲の形態で各国別に出願できるという利点がある。また、PCT出願では、各国移行までに時間的余裕があることに伴い、各国移行を遅らせると、各移行国における権利化が遅れてしまうという側面がある。

　パリルートとPCTルートとのどちらを選択するかは、上記の各要件を判断し、利害得失を考慮した上で決定すべきである。

## 4．(2) ③ 手続上の留意点

　PCT出願をすれば、日本を含む全てのPCT締約国が自動的に指定されたものとなる。したがって、先にされた日本出願に基づく優先権を主張してPCT出願すると、自動的に日本も指定され（自己指定）、日本における優先権主張の効果はいわゆる国内優先権（法第41条）を主張したものと同じになる。その結果、基礎となる国内出願は、その出願日（優先日）から1年4月経過後に取り下げたものとみなされる（法第42条）。

　したがって、PCT出願において実施例の追加がなく、基礎となる日本出願で権利化を望む場合には、上記みなし取下げを回避するために、PCT出願において日本の指定を外しておく必要がある。そして、PCT出願時に日本の指定を外さなかった場合には、日本での権利化を図るためには、優先日から1年4月以内に日本の指定を取り下げるか、PCT出願の日本への移行手続を行う必要がある。

　なお、日本を指定から外して、日本出願に基づく優先権を主張してPCT出願をする場合において、日本での審査結果を国際調査に利用することが

できるときは、PCT出願の国際調査料の一部が出願人に返還される。したがって、費用面を考慮すれば、これを利用するのも一案である。

## 4.(2) ④ 明細書等に記載すべき事項及び留意点

日本特許庁を受理官庁としてPCT出願する際には、以下に記す国際出願法（正式には、「特許協力条約に基づく国際出願等に関する法律」）に従って行う必要がある。また、国際出願法を実施するために、以下に記す施行令及び施行規則が制定されている。

以下、国際出願法、施行令及び施行規則に基づいた国際出願における明細書等の記載に関して、その概要を説明する。

国際出願法

---

国際出願法第3条（抄）
　国際出願をしようとする者は、日本語又は経済産業省令で定める外国語で作成した願書、明細書、請求の範囲、必要な図面及び要約書を特許庁長官に提出しなければならない。

---

国際出願法施行規則

---

国際出願法施行規則第12条
　法第3条第1項の経済産業省令で定める外国語は、英語とする。
同第17条（抄）
　明細書には、その発明の属する技術の分野における専門家がその実施をすることができる程度に、明確かつ十分にその発明の説明を記載しなければならない。
同第18条（抄）
　請求の範囲には、保護が求められている事項を発明の技術的特徴により明確かつ簡潔に記載しなければならない。この場合において、請求の

範囲は、明細書により十分に裏付けされていなければならない。
同第20条（抄）
　要約書には、明細書、請求の範囲及び図面に記載されている発明の概要を記載しなければならない。

(A) **明細書**

　明細書に記載すべき事項及び留意点は、上記「(1)　外国出願を意識した明細書等の作成」に加え、以下のとおりである。明細書に記載すべき事項については、国際出願法施行規則第17条の様式第8も参照されたい。

(a)　冒頭に「発明の名称」を表示する。
(b)　その発明の関連する「技術分野」を明示する。
(c)　その発明の理解、調査及び審査のために有用であると思われる「従来の技術」を明示するとともに、なるべく当該技術に関する文献を引用する。後に日本に移行することを考慮し、「先行技術文献情報」を記載することにより法第36条第4項第2号の要件を満たしておくことが望ましい。
(d)　その発明が「解決しようとする技術的課題」及びその「解決方法」を理解することができるように、請求の範囲に記載されている発明を開示するとともに、その発明が従来の技術との関連において有する有利な効果を記載する。しかしながら、必ずしも達成されるとは限らない効果まで記載してしまうと、将来権利行使の際に特許発明の技術的範囲を狭く解釈されるおそれがあるので注意を要する。
(e)　図面があるときは、図についての簡単な説明を記載する。
(f)　請求の範囲に記載されている発明の実施をするための形態のうち、少なくとも出願人が最良であると考えられるものを記載する。その記載は、実施例を用いて、図面があるときはその図面を引用して行う。米国へ移行することを考慮する場合、いわゆるベストモードを開示しておく。
(g)　必要があるときは、その発明の産業上の利用方法、生産方法又は使用方法を明示する。

## 第Ⅲ章 特許明細書作成

(h) 各国における保護対象の相違を考慮して、多様な実施例を記載しておくことが望ましい。例えばコンピュータソフトウエア関連発明の場合には、フローチャート以外に、そのソフトウエアを実行するハードウエアやプログラムを記録する媒体等も記載しておくことが望ましい。医療関係の発明の場合には、手術、診断又は治療方法に加え、手術、診断又は治療装置や、手術、診断又は治療装置の作動方法等も記載しておくことが望ましい。

(i) 各国における登録商標の相違を考慮して、登録商標である可能性のある用語を使用する場合には注意を要する。

(j) 先行する日本国内出願に基づく優先権の主張を伴うPCT出願の場合、国内優先権の場合と同様に、PCT出願において、新規事項を追加することができる。ただし、先行する日本国内出願に記載されていない新規事項の部分については、優先権主張の効果は認められない。

　また、PCT出願において、先行する日本国内出願に記載された内容を漏れなく記載する必要がある。

(k) 先行する日本国内出願に基づく優先権の主張を伴うPCT出願をし、米国に国内移行する場合、米国出願明細書中に、基礎となる日本出願の内容を"incorporation by reference"する（参照により含める）ことが可能である。これによって、米国出願用明細書の本文中の記載から欠落している内容であっても、基礎日本出願の明細書に記載されているものであれば、"incorporation by reference"に基づいて米国出願用明細書の本文中の記載に随時追加することが可能になる。"incorporation by reference"は、具体的には、PCT出願の明細書の最後に、「本国際出願は、○年○月○日に出願した日本国特許出願第○○号に基づく優先権を主張するものであり、日本国特許出願第○○号の全内容を本国際出願に援用する」と記載する。

　上記の"incorporation by reference"は米国特許法施行規則（37 CFR）の§1.57に基づくものであるが、PCTの国際出願法施行規則の§4.18にも同様の規定が設けられている。このPCTの規定によれば、優先権主張を伴う国際出願に明細書、請求の範囲又は図面の欠落があった場合に、優先権主張の基礎となる先の出願に記載されているものを引用により補充す

る旨をあらかじめ願書に記載しておくことで（実際には願書に記載済み）、欠落部分の補充が可能となる。ただし、補充手続には時期的要件等がある点、更には当該規則を留保している国がある点に注意が必要である。

(1) 様式8によれば、明細書には、原則として、次の見出しを記載する。
 ・技術分野
 ・背景技術
 ・発明の概要（又は発明の開示）
 ・図面の簡単な説明
 ・発明を実施するための形態（又は発明を実施するための最良の形態）
 ・産業上の利用可能性

すなわち、明細書等は次のように記載する。

---

明細書

発明の名称
技術分野
背景技術
発明の概要（又は発明の開示）
図面の簡単な説明
発明を実施するための形態（又は発明を実施するための最良の形態）
産業上の利用可能性

---

請求の範囲

---

要約書

### (B) 請求の範囲

請求の範囲に記載すべき事項及び留意点は、上記「(1)外国出願を意識した明細書等の作成」に加え、以下のとおりである。

(a) 「多数従属請求の範囲においては、原則として他の多数従属請求の範囲を引用して記載してはならない」とされている（国際出願法施行規則第18条様式9備考6）。

(b) 発明の単一性を満たしていないと認められた場合には、国際調査機関により、追加手数料の納付が命じられる。国際出願当初は発明の単一性を満たしていると思われた複数の請求項が、国際調査機関により新たな従来技術が発見された結果、先行技術に対して貢献する共通の技術的特徴が失われることにより、高額な追加手数料の納付が命じられることがある。したがって、従来技術をよく調査した上で、慎重に請求の範囲を記載することが望ましい。

(c) 各国において保護対象に相違があるため、請求の範囲にどのようなカテゴリーの発明を記載するかは、難しい問題である。多様なカテゴリーの発明を記載しておいて、指定国に応じて削除するということも一案である。

以下の表に示すように、例えばプログラムクレームは、日本及び欧州では認められるが、米国及び中国では認められず、韓国では認められる場合がある。一方、媒体クレームは、日本のみならず、米国、欧州、中国、及び韓国でも認められる。

これらのことに鑑み、PCT出願では、プログラムクレームを作成し、米国等へ移行する際に補正でプログラムクレームを削除し、媒体クレームにすることが一案である。ただし、この場合、PCT出願の明細書には、媒体クレームをサポートするのに十分な記載をする必要があることに留意する。

また、PCT出願では、プログラムクレームを作成せずに、日本や欧州に移行する際に自発補正でプログラムクレームを追加することも一案である。ただし、この場合、PCT出願の明細書には、プログラムクレームをサポートするのに十分な記載をする必要があることに留意する。

なお、PCT出願において、コンピュータプログラムは国際調査を要しない対象となっており、プログラムクレームにつき国際調査報告は作成されない場合がある（PCT第17条(2)(a)ⅰ、PCT規則39.1）。

|  | 日 | 米 | 欧 | 中 | 韓 | PCT上の取扱い |
|---|---|---|---|---|---|---|
| プログラム | ○ | × | ○ | × | △ | ×※ |
| 媒体 | ○ | ○ | ○ | ○ | ○ | ○ |

※：国際調査報告は作成されない場合がある。

(d) PCT出願では、各国移行時に提出する各国言語の明細書は、国際出願の明細書の翻訳文であることが求められる。したがって、請求の範囲における記載においても、日本語の請求項の記載の翻訳文を、そのまま移行用明細書の請求項の記載とする必要がある。請求項の文言において発明が明確でないとしても、翻訳者の解釈により文言を追加したり、削除したり、変更したりすることは好ましくない。翻訳作業の一環として言語変換時に必然的に生ずる表現の変更にはある程度の自由度が許されるであろうが、翻訳者の恣意的な判断が含まれるような変更は避けるべきである。一般的に外国出願の予定がある日本語明細書を作成する場合には、前述のように、他国での審査プラクティス、及び翻訳時の問題を考慮し、明確な文言で発明特定事項を規定した請求項の記載を心掛ける必要がある。PCT出願の日本語での請求項の記載については、パリルートにより出願予定である場合に比較して、より一層文言の明確さに注意を払うべきである。

(C) 図　面

図面に記載すべき留意点は、上記「(1) 外国出願を意識した明細書等の作成」に加え、以下のとおりである。
(a) 切断面には、平行斜線を引く。この場合において、引用符号及び引き出し線の明瞭な読み取りが妨げられてはならない。
(b) 図の大きさ及び作図の明瞭性は、3分の2の線縮尺による写真複製した

## 第Ⅲ章　特許明細書作成

場合に全ての細部を容易に識別することができるようなものとする。
(c)　図面の尺度を示すときは、図式を用いて表示する。
(c)　図面に関する全ての数字又は文字は、括弧、円又は引用符を用いてはならない。
(e)　図面に関する全ての数字、文字及び引き出し線は、簡潔かつ明瞭なものとする。この場合において、数字又は文字とともに、括弧、円又は引用符を用いてはならない。
(ニ)　図面には、その理解に欠くことができない単語・語句を除くほか、文言を記載してはならず、図面には符号を付して、内容説明は明細書に記載する。例えば米国で要求される従来技術であることを示す表示（Prior Art Legend）を付してはならない。

# 第IV章
# 通常特許出願以外の出願

第Ⅳ章　通常特許出願以外の出願

　これまで、特許出願の特許明細書作成に関する記載要件及び基本的事項について説明してきた。ここでは、特許明細書作成のバックグラウンドとして、通常特許出願以外の出願について簡単に説明する。

# 1．国内優先権主張出願

　国内優先権制度は、パリ条約上の優先権制度と同様な内容を、我が国における特許出願に適用する制度である。
　基本的な発明についての先の出願を基礎として、1年以内であれば、改良発明等を取り込んだ内容の特許出願を行うことができ、技術開発の成果について、包括的に、かつ、漏れのない形で特許保護を得ることができる。
　国内優先権制度を利用した出願を国内優先権主張出願という。

---

法第41条（抄）

　特許を受けようとする者は、次に掲げる場合を除き、その特許出願に係る発明について、その者が特許又は実用新案登録を受ける権利を有する特許出願又は実用新案登録出願であつて先にされたもの（以下「先の出願」という。）の願書に最初に添付した明細書、特許請求の範囲若しくは実用新案登録請求の範囲又は図面に記載された発明に基づいて優先権を主張することができる。
　一　その特許出願が先の出願の日から1年以内にされたものでない場合（その特許出願が故意に先の出願の日から1年以内にされなかつたものでないと認められる場合であつて、かつ、その特許出願が経済産業省令で定める期間内に経済産業省令で定めるところによりされたものである場合を除く。）
　二　先の出願が、分割出願又は変更出願等である場合
　三　先の出願が、その特許出願の際に、放棄され、取り下げられ、又は却下されている場合
　四　先の出願について、その特許出願の際に、査定又は審決が確定し

ている場合
　五　先の出願について、その特許出願の際に、実用新案法第14条第2項に規定する設定の登録がされている場合
2　前項の規定による優先権の主張を伴う特許出願に係る発明のうち、当該優先権の主張の基礎とされた先の出願の願書に最初に添付した明細書、特許請求の範囲若しくは実用新案登録請求の範囲又は図面に記載された発明についての第29条等の規定の適用については、当該特許出願は、当該先の出願の時にされたものとみなす。
4　第1項の規定による優先権を主張しようとする者は、その旨及び先の出願の表示を記載した書面を経済産業省令で定める期間内に特許庁長官に提出しなければならない。

---

法第42条（抄）
　前条第1項の規定による優先権の主張の基礎とされた先の出願は、その出願の日から経済産業省令で定める期間を経過した時に取り下げたものとみなす。

---

規則第27条の4の2第1項（抄）
　特許法第41条第1項第1号の経済産業省令で定める期間は、先の出願の日から1年2月とする。

---

規則第27条の4の2第3項柱書及び第1号（抄）
　特許法第41条第4項の経済産業省令で定める期間は、…特許出願について…優先権の主張をする場合、優先日（…優先日について変更が生じる場合には、変更前の優先日又は変更後の優先日のいずれか早い日）から1年4月の期間が満了する日又はこれらの規定による優先権の主張を伴う特許出願の日から4月の期間が満了する日のいずれか遅い日までの間（出願審査の請求又は出願公開の請求があつた後の期間を除く。）

第Ⅳ章　通常特許出願以外の出願

> 規則第28条の4第2項(抄)
> 　2．特許法第42条第1項から第3項までの経済産業省令で定める期間は、1年4月とする。

## 1．(1)　国内優先権制度の活用

国内優先権制度は、次の場合に活用できる。

## 1．(1)　①　新たな実施例、変形例、実験データ等、新たな内容を補充する場合

先の出願をした後に、先の出願に記載されていない新たな実施例、新たな変形例、新たな実験データ、新たな観点での発明の記述（新たな多面的又は階層的観点での記述）、新たな効果等、新たな内容を補充し、強くて広い特許権が得られる明細書とする。

同業他社と発明の先陣争いをしている分野では、発明が完成したといえる段階で、手元にある実施例等に基づいて出願を行って出願日を確保し、その後、他の実施例、実験データ等を補充して、さらに、特許請求の範囲、明細書及び図面を見直して完全なものにする場合に用いることができる。

## 1．(1)　②　漏れのない特許権を得るために、請求項を補充する場合

先の出願をした後に、先の出願に記載されていない新たな多面的又は階層的観点により、明細書の記載を補充するとともに、この補充した事項に対応した請求項を新たに設ける。又は先に出願された一又は複数の出願に記載された複数の発明の上位概念に関して、明細書の記載を補充するとともに、一又は複数の先の出願に記載された複数の発明の上位概念の請求項を新たに追加することにより、漏れのない特許権の取得が可能な明細書とする。

## 1．(1) ③　法第37条の規定を活用し、複数の発明をまとめて出願する場合

　一連の発明について前後して複数の出願をしたとき、法第37条の規定を活用して関連発明を一出願にまとめて国内優先権主張出願を行う場合がある。なお、国内優先権主張出願において、新たに付加された請求項があれば、その請求項をサポートする事項を明細書に記載することが必要となる。一連の発明について前後して複数の出願をした場合、関連する発明をまとめて外国出願する場合の基礎出願としても活用できる。

## 1．(2)　国内優先権制度の概要

## 1．(2)　①　国内優先権の主張の要件

(A)　既特許出願の出願人は、当該出願（先の出願）を基礎として、その日から1年以内に特許出願をし、その際に優先権（国内優先権）を主張する（法第41条第1項柱書）。

(B)　次の場合は、優先権を主張することができない（法第41条第1項各号）。
　(a)　後の出願が先の出願の日から1年以内にされたものでない場合
　(b)　先の出願が分割出願又は変更出願等である場合
　(c)　先の出願が後の出願の際に、放棄され、取り下げられ、又は却下されている場合
　(d)　先の出願について、後の出願の際に、査定又は審決が確定している場合
　(e)　先の実用新案登録出願について、後の出願の際に、実用新案権の設定の登録がされている場合

　なお、優先権主張を伴う特許出願について、先の出願の日から1年以内に特許出願をすることができなかった場合であっても、それについて正当な理由があり、かつ、当該出願が「先の出願の日から1年2月」以内にされた場合には、当該国内優先権の主張をすることができる（法第41条第1項第1号、規則第27条の4の2第1項）。

第Ⅳ章　通常特許出願以外の出願

## 1．(2)　②　国内優先権の主張の手続

　国内優先権を主張しようとする者は、原則として、その旨及び先の基礎出願の表示を記載した書面（優先権主張書面）を特許出願と同時に特許庁長官に提出する。

　当該「優先権主張書面」の提出期限については、出願と同時でなくても「最先の優先日から1年4月以内又は優先権の主張を伴う特許出願の日から4月の期間が満了する日のいずれか遅い日までの間（ただし、出願審査の請求又は出願公開の請求があった後の期間を除く。）」であれば提出できる（法第41条第4項、規則第27条の4の2第3項第1号）。

　また、「優先権主張書面」の補正についても、同じ期間内に限りできる（法第17条の4、規則第11条の2の3第1号）。

## 1．(2)　③　国内優先権の効果

(A)　国内優先権の主張を伴う特許出願（後の出願）に係る発明のうち、当該優先権の主張の基礎とされた先の出願の当初明細書等に記載されている発明について
　(a)　法第29条
　(b)　法第29条の2本文
　(c)　法第39条第1項から第4項まで
等の規定を適用するときは、当該後の出願は、先の出願の時に出願されたものとみなして取り扱われる。先の出願の当初明細書等に記載されていたものであるか否かの判断は、補正に関する審査基準に示されている新規事項の例による。また、先の出願の出願日と後の出願の出願日との間に拒絶の理由の根拠となり得る先行技術が発見されたときのみ、優先権主張の効果について、請求項ごとに判断される。

(B)　優先権の主張は、先の出願の日から1年4月を経過した後は、その主張を取り下げることができない（法第42条第2項、規則第28条の4第2項）。
　　また、優先権の主張を伴う後の出願が、先の出願の日から1年4月以内に取り下げられたときは、同時に当該優先権主張は取り下げられたものと

みなされる（法第42条第3項、規則第28条の4第2項）。

(C) 優先権を適法に主張したときは、その基礎となった先の出願はその先の出願の日から1年4月を経過した時に取り下げられたものとみなされる（法第42条第1項、規則第28条の4第2項）（いわゆる「みなし取下げ」）。

上記(B)における国内優先権主張の取下げができる期間、及び(C)におけるみなし取下げとなる期間についても、平成26年の法改正で改正された。

なお、出願審査の請求ができる期間及び特許権の存続期間の計算については、後の出願の出願日が起算日となる。

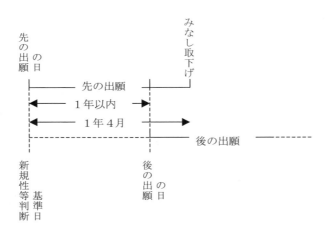

## 1．(3) 国内優先権制度利用に当たっての留意点

(i) 国内優先権主張出願は、新規事項を追加することが可能であるので、補正の制限が厳しい状況において有効である。

ただし、基礎出願に記載されていない新規事項の部分については、優先権主張の効果は認められない。したがって、実施例補充型の国内優先権主張出願において、先の出願に開示の実施例と優先権主張出願で補充された実施例（当該補充実施例は、基礎出願と優先権主張出願との間に出願された他者の特許出願に含まれていた実施例と同じ実施例であった。）の双方を包含する請求項の新規性等判断基準日は後の出願日とされた例がある

(東京高判平成15.10.08 平14(行ケ)539〔人工乳首事件〕)。

(ii) 先の出願の出願人と後の出願の出願人は、後の出願時点において完全に同一であること。

(iii) 優先権主張出願の期限（先の出願から1年以内）を確認の上、期限までに特許出願をする。

(iv) 国内優先権主張出願の願書には、その基礎となる全ての先の出願の出願番号及び出願日を記載する。

(v) 先の出願が国内優先権又はパリ条約による優先権の主張を伴う場合には、その主張の基礎となった出願の明細書に記載された発明については、後の出願において優先権を主張しても、優先権の効果は認められない（法第41条第2項括弧書）。

(vi) 先の出願に記載された事項であっても、後の出願に記載されなかったものについては、先の出願が法第29条の2で規定する「他の出願」とならない（法第41条第3項）。したがって、後の出願において、先の出願に記載された内容を漏れなく記載する必要がある。

(vii) PCT出願は、指定国に関し全指定とみなされるので、日本国についても自動的に指定がなされる（いわゆる「自己指定」）。したがって、日本国の先の出願を基礎とした優先権の主張を伴うPCT出願をした場合、日本国の指定を取下げない限り、そのPCT出願は自動的に日本国に関して国内優先権主張出願としての取扱いを受ける。そして、日本での権利化を図るためには、日本への国内段階移行手続を行う必要がある。

## 1. (4) 出願日認定のためのみの出願（法第38条の2）を基礎とする国内優先権主張出願

特許法条約（PLT）に対応するため、出願日の認定に関する規定（法第38条の2）が設けられている。

---

法第38条の2（抄）
　特許庁長官は、特許出願が次の各号のいずれかに該当する場合を除き、

> 特許出願に係る願書を提出した日を特許出願の日として認定しなければならない。
> 　一　特許を受けようとする旨の表示が明確でない場合。
> 　二　特許出願人を特定できない場合。
> 　三　明細書であると外見上認められる書類が添付されていない場合。

　例えば通常の願書に技術論文を添付して特許出願すると、技術論文が外見上「明細書」であると認められ、上記の法第38条の2第1項の要件を満たすから、その提出日が出願日として認定される。

　しかし、そのような出願は方式的要件に不備があるため、出願後速やかに、特許庁から手続補正指令（方式）が発せられる（法第17条第3項第2号）。その内容は、例えば以下のようなものである。

　「手続補正指令書（方式）
　　この出願は、法令に定める要件を満たしていないので、この手続補正指令書発送の日から2月以内に、下記事項を補正してください。
　　これらの補正をしないときは、この出願を却下することになりますので注意してください。
　1．特許請求の範囲が添付されていません。
　2．明細書が正確に記載されていません。明細書は、特許法施行規則様式第29（特許法施行規則第24条）により作成しなければなりません。
　3．要約書が添付されていません。
　　…」

　このような手続補正指令に対して、その指摘に従い、技術論文を本来の明細書に補正し、特許請求の範囲と要約書を追加し、技術論文の中の図を新たに図面とする、等の手続補正を行う対応が考えられる。

　しかし、そのような大掛かりな手続補正を、実体的に新規事項を追加することなく行うことは、困難な場合が多いと考えられる。

　したがって、指定期間内に、国内優先権主張出願を行うことが、現実的な対応であると考えられる。なお、指定期間は通常2か月であり、何もせずに

この期間を徒過すると、出願が却下されて（法第18条第1項）係属しなくなるため、以後、国内優先権主張出願をすることはできなくなることに留意が必要である。

この場合の、国内優先権の主張の手続や、効果については、上述したところと同じである。

## 2．分割出願

### 2．(1) 分割出願制度の概要

特許出願人は複数の発明を含んでいる特許出願から、一部の発明を抜き出して新たな特許出願とすることができ、これを分割出願という（法第44条第1項）。分割出願が法上の要件を満たしていれば、その分割出願は元の特許出願（この出願を「原出願」という。「親出願」ということもあり、その場合の分割出願は「子出願」という。）の時にしたものとみなされ（法第44条第2項）、いわゆる出願日の遡及効が認められる。

また、分割出願に対しては、法第50条の2が適用される。

---

法第44条（特許出願の分割）（抄）

　特許出願人は、次に掲げる場合に限り、二以上の発明を包含する特許出願の一部を一又は二以上の新たな特許出願とすることができる。

一　願書に添付した明細書、特許請求の範囲又は図面について補正をすることができる時又は期間内にするとき。

二　特許をすべき旨の査定（第163条第3項において準用する第51条の規定による特許をすべき旨の査定及び第160条第1項に規定する審査に付された特許出願についての特許をすべき旨の査定を除く。）の謄本の送達があつた日から30日以内にするとき。

三　拒絶をすべき旨の最初の査定の謄本の送達があつた日から3月以内にするとき。

2　前項の場合は、新たな特許出願は、もとの特許出願の時にしたものとみなす。…（略）
　3　（以下略）

法第50条の2（既に通知された拒絶理由と同一である旨の通知）（抄）
　審査官は、特許出願について拒絶の理由を通知しようとする場合において、当該拒絶の理由が、他の特許出願（当該特許出願と当該他の特許出願の少なくともいずれか一方に第44条第2項の規定が適用されたことにより当該特許出願と同時にされたこととなっているものに限る。）についての…（略）…拒絶の理由の通知に係る拒絶の理由と同一であるときは、その旨を併せて通知しなければならない。

## 2．(2)　法第44条のポイント

(A)　特許査定後30日以内に分割出願が可能である（法第44条第1項第2号）。
(B)　拒絶査定後に、不服審判を請求しなくても、3月以内に分割出願が可能である（法第44条第1項第3号）。
(C)　他の特許出願（例えば原出願）の審査において通知済みの拒絶の理由が審査官により分割出願において再度発せられる場合には、通知済みである旨の通知がされ、最後の拒絶理由通知を受けた場合と同様の補正の制限（目的外補正の禁止）が課される（法第17条の2第5項、第6項）。

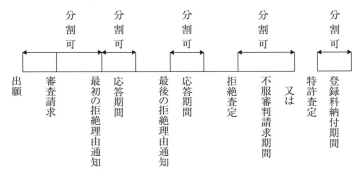

## ２．(3)　分割出願の活用

分割出願は、次の場合に活用できる。

### ２．(3)　①　原出願が発明の単一性に違反している場合

複数の関連発明をまとめて１件の特許出願をしたが、審査において法第37条の規定（発明の単一性）に違反する旨の拒絶理由通知を受けたことに応答して、特許請求の範囲に記載した複数の発明の関係を検討し、必要な場合には、単一性を満たさない請求項の発明を抜き出して分割出願を行う。

### ２．(3)　②　限定的減縮等の補正要件を満たす補正では対応不可能である場合

例えば原出願について最後の拒絶理由通知又は拒絶査定を受けたが、請求項に記載された発明に対して構成要素（発明特定事項）を追加又は変更するなど、いわゆる限定的減縮等の補正要件を満たさない発明について、特許権を取得する必要がある場合には、そのような発明について分割出願を行い、権利化を図る。

あるいは、最後の拒絶理由通知において、以前にした補正が新規事項追加違反である旨の指摘がされた場合、新規事項であると指摘された事項を削除又は変更する補正は限定的減縮等に該当しないので許されず、その出願については適法な手続では対応できない状況に陥ることがある。このような状況において、新規事項であると指摘された事項を削除又は変更した請求項に係る発明について分割出願を行う。

### ２．(3)　③　いわゆるシフト補正に該当する補正をする必要がある場合

原出願について拒絶理由通知を受けた後に、拒絶理由で指摘されたSTFを有しない発明についても特許権取得が必要となった場合、分割出願を行う。

## 2．(3) ④　パテントポートフォリオの構築

　特許出願後における市場等の状況の変化や、例えば無線通信・放送に係る技術標準仕様の事後的確定により、特許出願した発明の重要性が一層増大した場合において、係属中の関連特許出願を見直し、より適切な特許権群を取得するために複数の請求項群の再構築が望まれることがある。競合他社の製品を完全にカバーする有効な特許権や、技術標準仕様に適合した標準必須特許権を取得するために、パテントポートフォリオを構築するよう1件又は複数件の分割出願を行う。

　審査が終了した後であっても特許査定謄本送達日から30日以内に分割出願をすることができるので、拒絶理由が通知されることなく特許査定されたような場合においても、特許査定された請求項に係る発明とは異なる発明についての特許権取得を図ることができる。

　特許出願が、IoT関連技術における全体システムや、ネットワークに接続されるサーバ、センサ、ユーザー端末等の各装置や、セキュリティー対策等に関する様々な複数の発明を含む場合、また、AI関連技術における機械学習に関する発明やAI判定の利用に関する発明等の複数の発明を含む場合には、分割出願が有効である。AI関連技術やIoT関連技術は多種多様な技術分野に応用可能であり、AI関連技術やIoT関連技術に係る発明の明細書に様々な応用例を記載しておいた場合には、原出願請求項に係る発明とは異なる技術分野に応用する発明について分割出願の可能性を検討し将来の権利行使に備えることもできる。

## 2．(3) ⑤　変更出願に先立つ分割出願

　特許出願を実用新案登録出願や意匠出願に変更すると、その特許出願は取り下げたものとみなされる（実法第10条第5項、意匠法第13条第4項）。特許出願の係属を維持したまま、実用新案権や意匠権を取得したい場合には、その特許出願からまず分割出願をし、その後その分割出願を実用新案登録出願や意匠出願に変更するという手続を行うことにより、原特許出願を残すことができる。

## 2．(4) 分割出願の要件

分割出願としての効果を享受するためには、次に示す、形式的要件及び実体的要件を充足する必要がある。

### 2．(4) ① 形式的要件

(A) 分割時において、原出願の出願人と分割出願の出願人が完全に一致していること（法第44条第1項）。

(B) 出願の分割が明細書等について補正をすることができる時若しくは期間内、特許査定（前置審査における特許査定を除く。）謄本の送達日から30日以内又は拒絶査定謄本の送達日から3月以内になされること（法第44条第1項）。

これらの期間が延長されたときは、分割可能期間も延長される（法第44条第5項、第6項）。

(C) 分割出願の発明者は原出願の発明者の一部又は全部でなければならない（原出願の発明者以外の者を分割出願の発明者として分割出願の願書に記載することはできない。）という運用が特許庁において行われている。したがって、出願の願書において、特許請求の範囲に係る発明の発明者にとどまらず、明細書又は図面のみに記載した発明の発明者も記載しておくことが賢明である。明細書又は図面のみに記載した発明についての分割出願の可能性を担保するためである。

### 2．(4) ② 実体的要件

出願の分割が補正をすることができる時又は期間内（補正可能期間内）になされた場合（法第44条第1項第1号）に、以下のA及びBの要件を満たす必要がある。

(A) 原出願の分割直前の明細書等に記載された発明の全部を分割出願に係る発明としたものでないこと

すなわち、原出願の明細書等に記載された複数の発明の全てを分割出願

の特許請求の範囲に記載したようなものであってはならない。
(B) 分割出願の明細書等に記載された事項が、原出願の出願当初の明細書等に記載された事項の範囲内であること

　すなわち、原出願の当初記載事項ではない新規事項を分割出願の明細書等に追加記載してはならない。原出願の出願当初の明細書等に記載された事項の範囲内であるか否かの判断基準は、新規事項追加補正であるか否かの判断基準と同様である。

　出願の分割が、補正をすることができない期間である、特許査定後30日以内の期間又は拒絶査定後3月以内の期間（拒絶査定不服審判請求時を除く）（補正不可期間内）になされた場合には、さらに、次の要件が課される。
(C) 分割出願の明細書等に記載された事項が、原出願の分割直前の明細書等に記載された事項の範囲内であること

　すなわち、分割直前の原出願明細書等に記載されていない事項を分割出願の明細書等に記載してはならない。つまり、原出願について補正をしたことにより、原出願の出願当初記載事項の一部が原出願明細書等から削除された場合において、その後、補正不可期間内にされた分割出願の明細書等に上記の削除した事項を記載してはならない。

　原出願の補正可能期間内に分割をする場合には、原出願の分割直前の明細書等に記載されていない事項であっても、原出願の出願当初記載事項については、補正により原出願の明細書等に記載し回復した上で出願の分割を行うことができることを勘案し、補正可能期間内の分割出願には上記(C)の要件を課していない。一方、補正不可期間内にはそのような補正回復ができないので、分割出願の明細書等にもそのような事項の記載を許す必要がなく上記(C)の要件を課したものである。

## 2．(5)　分割出願の手続

(A)　分割ができる期間内に、新たな特許出願として分割出願を行う。

(B) 願書において、以下のとおり、分割出願である旨を表示する。
【特記事項】特許法第44条第1項の規定による特許出願
(C) 実体的要件が満たされているか否かが簡単に判別できないとして、審査官から以下の事項を記載した上申書の提出が求められることがある。
 (a) 原出願の分割直前又は出願当初の明細書からの変更箇所
 (b) 分割出願の請求項に係る発明としたことの根拠となる原出願の出願当初の明細書等の記載事項
(D) 原出願において提出済みの所定の書面又は書類（例えば優先権証明書）は、分割出願において提出を省略できる（法第44条第4項）。

## 2.(6) 分割出願の効果

分割出願は原出願の時にしたものとみなされ（法第44条第2項）、いわゆる出願日の遡及効が認められる。その結果、分割出願の審査において、新規性、進歩性、先願等の特許要件を判断する基準日が原出願の出願日となるという利益が得られる。

出願日を起算日とする期間は、原則として、原出願日を起算日として計算される。例えば審査請求期間は原出願日から3年であり、特許権の存続期間は原出願日から原則として20年となる。

## 2.(7) 分割出願に関する留意点

(A) 分割出願の明細書等に記載する事項は全て原出願の当初記載事項の範囲内でなければならないことに留意する。したがって、原出願の当初記載事項ではない原出願新規事項を記載すると、分割の要件を満たさなくなり出願日遡及効が認められなくなる。
(B) 補正不可期間内において分割出願をする場合には、分割出願の内容が原出願の分割直前明細書等の記載事項の範囲内に限定されることに留意する。
(C) 分割出願に係る発明（分割出願の特許請求の範囲に記載された発明）は、分割後の原出願に係る発明とは異ならなければならない。両発明が同一である場合には、一発明一特許の原則に反し、法第39条第2項の規定が適用

され、特許庁長官により協議指令が発せられる。

(D) 原出願から一部の発明を抜き出して分割出願するときに原出願の明細書等を補正することがあるが、その際、分割に係る発明についての説明を原出願の明細書等から削除してしまうと元に戻せない場合があるので留意する。将来、原出願から再度の分割出願（子出願が複数になる場合の後の子出願を「弟出願」という。）をする可能性があるからである。

(E) 原出願の明細書等に記載されている事項は漏れなく分割出願（子出願）の明細書等にも記載するように留意する。分割出願に係る発明以外の発明に関する説明も省略せずに、分割出願の明細書等に記載し、かつ、全ての図面を提出する。分割出願から更なる分割出願（孫出願）をする可能性があるからである。

(F) 子分割出願の遡及効が認められないことが確定すると、その孫出願までもが親出願日への遡及効が認められなくなってしまうことに留意する。したがって、孫出願の分割をする可能性がある場合には、子出願の分割要件違反を必ず治癒しておくのがよい。

(G) 原出願日から3年以上経過している場合には、分割日から30日以内に分割出願について審査請求をする（法第48条の2第2項）。

(H) 原出願（親出願）から分割した出願（子出願）から更に分割出願（孫出願）をする場合には、孫出願が子出願及び親出願の双方に対して実体的要件の全てを満たす必要があることに留意する。

(I) 原出願の特許査定謄本送達日から30日以内であっても、設定登録料を納付し、特許権の設定登録がなされた後は、原出願が特許庁に係属しなくなるため出願の分割ができなくなることに留意する。

(J) 他の特許出願（例えば原出願）の審査において通知済みの拒絶の理由と同一の拒絶の理由が分割出願の審査において通知される場合には、審査官によりその旨が併せて通知され（法第50条の2）、最後の拒絶理由通知を受けた場合と同様の取扱いがされる（法第17条の2第5項）。その結果、同一の拒絶の理由である旨が通知された場合においてする特許請求の範囲の補正に対しては、いわゆる限定的減縮等の補正制限が課される（法第17

条の2第5項、第6項)。したがって、仮の請求項として親出願の請求項と同じ請求項で分割出願をした場合に、補正により請求項を変更する前に拒絶理由が通知されてしまうという事態を回避するよう留意する。

## 3．意匠への出願変更

### 3．(1) 概　要

特許法、実用新案法及び意匠法は、いずれも知的創造物の創作を保護する法律であり、特許出願又は実用新案登録出願における技術的思想の創作内容が、物品や建築物の形状等、又は画像に表れている場合には、特許出願から意匠登録出願への（意匠法第13条第1項、(以下「3．意匠への出願変更」においては、意匠法を単に「意法」という。)、又は実用新案登録出願から意匠登録出願への（意法第13条第2項)の出願変更（出願形式の変更)が可能である。

以下の説明においては、特許出願には実用新案登録出願を含めることとする。

> 意匠法第13条(出願の変更)(抄)
> 　特許出願人は、その特許出願を意匠登録出願に変更することができる。ただし、その特許出願について拒絶をすべき旨の最初の査定の謄本の送達があつた日から三月を経過した後は、この限りでない。

特許法及び実用新案法の保護対象は、技術的思想の創作であるのに対し、意匠法の保護対象は、物品や建築物の形状等、及び画像（いずれも部分を含む。）であって、視覚を通じて美感を起こさせるものである点で、特許法及び実用新案法と意匠法との保護対象は異なるものであるが、技術的思想の創作の成果が、物品の形状等に表れる場合は少なくない。

また、先願主義の下では、出願を急いだために、自己の創作をどの法律で保護すべきかの検討時間が十分でない場合や、ある新しい形状等を有する発明をし、それが技術的に効果のあるものと考えて特許出願をしたものの、技術的側面での権利化が難しいと判断がなされる一方で、外観にも特徴が表れていると考えられる場合がある。

　そのような際に、出願変更により、適法な手続を経て変更された新たな意匠登録出願は、元の特許出願又は実用新案登録出願の時にしたものとみなされることとなり、出願人の救済を図ることができる。

　特許庁が発行する「特許行政年次報告書」によれば、年によって増減はあるものの、近年は150件／年程度の意匠登録出願への出願変更がなされている。以下の説明において、特許出願は実用新案登録出願も含む。

### 3.(2)　意匠登録出願への出願変更が認められるための要件

　特許出願から意匠登録出願への出願変更が認められ、出願変更による意匠登録出願が元の特許出願の時にしたものとみなされるためには、以下の全ての要件を満たす必要がある。

### 3.(2)　①　形式的要件

(A)　特許出願から意匠登録出願への変更の場合は、元の特許出願について拒絶をすべき旨の査定〈審判から審査へ差し戻されて再び拒絶査定となる場合法第106条を除く。〉の謄本の送達があった日から3か月以内であること（※）

(B)　変更による新たな意匠登録出願の出願人と、元の特許出願人又は元の実用新案登録出願人とは同一であること（承継人の場合を除く）

　※：意匠登録出願への時期的要件を定めたものであるが、元の特許出願について拒絶をすべき旨の最初の査定の謄本の送達があった日から3か月以内であれば、元の特許出願が審判請求中であったとしても、その特許出願を意匠登録出願に出願変更することができる。

### 3．(2) ② 実体的要件

上記3．(2) ①の要件を満たす場合、以下の(A)及び(B)の要件を満たす必要がある。

(A) 元の特許出願の最初の明細書及び図面中に、<u>変更による新たな意匠登録出願の意匠が明確に認識し得るように、例えばいわゆる6面図等の、具体的な意匠が表れていることに記載されていること</u>（※）
(B) <u>変更による新たな意匠登録出願の意匠が、元の特許出願の最初の明細書及び図面に表された意匠と同一であること</u>
　※：意匠権は、保護対象の形状等の外観について意匠登録を受けようとするものであるため、元の特許出願の最初の明細書及び図面中に、形状等が明確に特定できる具体的な意匠が表れていることが必要である。また、この場合、新たな意匠登録出願の意匠が、元の特許出願の一の図に表れていなかったとしても、他の図において表れていればよい。もし元の特許出願時に出願変更も視野に入れている場合は、元の特許出願の時点から具体的な形状等を表すよう意識して図面や明細書を作成しておくことが重要である。

### 3．(3) 出願変更に先立つ分割出願

　特許出願を意匠登録出願に変更する場合、元の特許出願は取り下げたものとみなされる（意匠法第13条第4項）。
　特許出願についても係属を希望する場合には、まず特許出願を分割し、その分割出願を意匠登録出願に変更することが一般的に行われている。この方法によれば、1つの知的創作について、特許権と意匠権等の複数の権利を取得することが可能となる。（第Ⅳ章2．分割出願　参照）

### 3．(4) 元の特許出願に複数の意匠が表れている場合の出願変更

　元の特許出願に複数の意匠が表れている場合には、それぞれの意匠を対象とする2以上の意匠登録出願に変更することができる（下図参照）。
　出願の変更は、元の出願と新たな出願とは内容的に同一性を有しているこ

とが必要であるが、保護対象の客体が異なることから、複数の意匠の対象となる客体が特許出願に存在していることがある。

このような複数の意匠を包含する元の出願の変更については、意匠法において対象となる客体の全てが保護されるものであることから、分割の手続を経過するまでもなく可能であると解するか、変更すると同時に分割が行われた（分割の手続を省略した。）と解するかに相違があるとしても、結果的には2以上の意匠登録出願とすることができる。

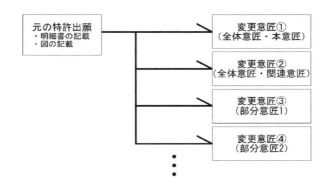

## 3．(5)　意匠の部分に係る出願変更

特許出願の最初の明細書及び図面に、意匠登録を受けようとする部分が明確に認識し得るような具体的な記載があり、出願の変更の前と後の内容が同一と認められる場合には、特許出願から、意匠の部分について意匠登録を受けようとする意匠登録出願へ出願変更することができる（上図参照）。

## 3．(6)　適法な意匠登録出願への変更とは認められない場合の例

一方で、以下のような場合には、特許出願から意匠登録出願への出願変更が認められない。出願変更が認められない場合、意匠登録出願の出願日は、元の特許出願の出願日に遡及しないため、留意が必要である。

第Ⅳ章　通常特許出願以外の出願

① 元の特許出願の最初の明細書及び図面中に、変更による新たな意匠登録出願の意匠が明確に認識し得るような具体的な記載がない場合
② 変更による新たな意匠登録出願の意匠が、元の特許出願の最初の明細書及び図面に明確に認識し得るような具体的な記載により表された意匠と同一でないと認められる場合
③ 変更による新たな意匠登録出願の意匠が、元の特許出願の最初の明細書及び図面の記載以外のものを付加した場合

適法な意匠登録出願への変更の手続と認められない場合は、新たな意匠登録出願については、元の特許出願の時にしたものとはみなされず（出願日は遡及せず）、変更のあった時にしたものとして取り扱われる。

## 3．(7) 意匠の新規性喪失の例外規定の適用を受ける場合の提出書面

以下の場合に、出願の変更における新たな意匠登録出願について意匠法第4条第2項〔新規性の喪失の例外〕の規定の適用を受けることができる。
① 元の特許出願について新規性の喪失の例外の規定の適用を受けようとする旨を記載した書面を出願と同時に提出し、かつ、証明書を30日以内に提出しているとき。(※)
② 元の特許出願について新規性の喪失の例外の規定の適用を受けようとする旨を記載した書面のみを提出している場合であって、出願の変更が元の出願の日から30日以内に行われたとき。

この場合は、新たな意匠登録出願について元の出願の日から30日以内に証明書を提出しなければならない。(※)
　※：当該書面を提出する者の責めに帰することができない理由による期間徒過後の救済については、以下の2つの要件を満たすものに限り、認められる。
　　(ア) 手続をすることができる期間（以下、「所定の期間」という。）内に手続をすることができなかったことについて、出願人、権利者、申請者又

はその代理人（以下、「出願人等」という。）の「責めに帰することができない理由」があること
(イ) 所定の期間内にすることができなかった手続を救済手続期間内にすること

なお、上記(ア)の「出願人等の責めに帰することができない理由」とは、「天災地変のような客観的な理由に基づいて手続をすることができない場合」のほか、「通常の注意力を有する当事者が通常期待される注意を尽くしてもなお避けることができないと認められる事由」をいうものと解されている。

元の出願について新規性の喪失の例外の規定の適用の手続を行っていない場合であっても、以下の場合であれば、新規性の喪失の例外の規定の適用を受けることができる。

(i)意匠の公開の日から1年以内に変更し、かつ、(ii)新たな意匠登録出願の際に、新規性の喪失の例外の規定の適用を受けようとする旨を記載した書面を出願と同時に提出し、かつ、(iii)証明書を30日以内に提出しているときは、上記と同様に意匠法第4条第2項の規定の適用を受けることができるものとして取り扱われる。

変更による新たな意匠登録出願をする場合には、元の特許出願について提出された書面又は書類であって、意匠の新規性の喪失の例外の規定の適用を受けようとする場合の手続に必要な書面（意匠法第4条第3項の規定により提出しなければならない書面）は、当該新たな意匠登録出願をすると同時に特許庁長官に提出されたものとみなされる（意匠法第13条第6項で準用する意匠法第10条の2第3項）。

3．(8) パリ条約による優先権等を主張しようとする場合の提出書面

優先権の主張を伴った特許出願から変更された新たな意匠登録出願につい

第Ⅳ章　通常特許出願以外の出願

て優先権の主張の効果が認められるためには、元の特許出願が第一国への最初の出願の日から6か月以内にされている場合に限られる。

　以下の場合に、出願変更における新たな意匠登録出願について、パリ条約による優先権等の主張の規定の適用を受けることができる。

① 　元の特許出願について優先権の主張の手続の規定による書面を出願と同時に提出し、かつ、証明書を所定の期間内（※）に提出しているとき。
　　最初の出願の日（第一国への出願の日）から6月以内に元の特許出願をしている場合に限り、同規定の適用を受けることができる。
② 　元の特許出願について優先権の主張の手続による書面のみを提出している場合であって、出願の変更が元の特許出願の日から3月以内に行われているとき。
　この場合は、新たな意匠登録出願について元の出願の日から所定の期間内（※）に、証明書を提出しなければならない。
　※：意匠登録出願の日から3月以内（国際意匠登録出願の場合は国際公表があった日から3月以内）

　なお、元の特許出願に対して提出された書面のうち、パリ条約による優先権を主張しようとする場合（パリ条約の例による場合も含む。）の手続に必要な書面（意匠法第15条第1項で準用する特許法第43条から第43条の3の規定により提出しなければならない書面）は、当該新たな意匠登録出願をすると同時に特許庁長官に提出されたものとみなされる（意匠法第13条第6項で準用する意匠法第10条の2第3項）。

## 3．(9)　PCT出願からの出願変更

　PCT出願であって、特許出願とみなされた国際出願から、意匠登録出願の出願変更については、以下のとおりである。
① 　日本語特許出願について
　日本語特許出願（法第184条の6第2項）については、出願人の氏名（名

称）及び住所（居所）、発明者の氏名及び住所（居所）、国際出願番号等の所定事項を記載した書面を国内書面提出期間内に提出するとともに、手数料（法第195条第2項）を納付した後であれば変更することができる。
② 外国語特許出願について
　外国語特許出願（法第184条の4第1項）については、上記(1)に加え、法第184条の4第1項に規定する明細書、請求の範囲、図面（図面の中の説明に限る）及び要約の日本語による翻訳文を国内書面提出期間内に提出した後であれば、意匠登録出願に出願変更を行うことができる。

## 3．(10) 意匠登録出願への出願変更での留意点

　なお、出願人の救済のために設けられた制度であるが、以下の点に留意した上での制度活用が望ましい。
① 出願当初から意匠登録出願を行った場合に比べて、権利化までの時間と費用を要すること
　意匠登録出願の場合、権利化までの期間は、拒絶理由がない場合には、出願から7月程度で権利化が可能であるが、特許出願からの変更の場合、権利化までにそれ以上の期間を要する。また、特許出願に要した費用に加え、新たな意匠登録出願への出願変更のための手数料を要する。
② 模倣品発生のリスクが生じやすい
　出願から権利化までの期間を要するため、第三者による模倣品が生じやすいリスクがある。
③ 変更後の意匠登録出願に基づく外国出願が困難
　出願変更がなされた新たな意匠登録出願を基礎出願とする場合、パリ条約に基づく優先期間の起算日は、元の特許出願の出願日となる。当該起算日から、意匠の優先期間である6か月以内に第2国出願を行わなければならないため、時期的要件の制約が大きい点に留意を要する。

# 第Ⅴ章
# 明細書等の記載に関する判決例

## 第Ⅴ章　明細書等の記載に関する判決例

　審決取消請求事件の判決例を、明細書等の記載に関して分類すると、明細書等の記載事項の意義を判示するもの、明細書等の記載事項の要件に関して判示するもの、及び明細書等の記載事項をどのように解釈するかを判示するものに大別できる。

　ここでは、明細書等の記載に関する判決例から、
　１．明細書等の記載事項の意義
　２．明細書等の記載事項の要件
　３．明細書等の記載事項の解釈
に関するものを紹介する。
　また、明細書等の記載として、特に問題となることが多い
　４．数値限定の発明の記載と解釈
に関するものを紹介する。
　更に、
　５．「発明該当性」及び「産業上の利用可能性」の判断
に関する判決例についても紹介する。
　これらの判決例のうち、明細書等の記載要件を争点とする判決例は、特許法で規定する要件に違反するか否かの判断を示したものであり、明細書等の作成において、どのような点が問題となるかを示している。
　なお、判決例をそのまま引用して紹介している関係で、本章及び次章において、使用されている「明細書」には、「特許請求の範囲」が含まれている場合がある。
　以下で紹介する判決例は、例えば「平24（行ケ）10221」のように、年、符号、番号で識別される。
　符号は、下記の事件を示している。
　オ：最高裁判所の事件で、民事の上告事件
　受：最高裁判所の事件で、民事の上告受理事件
　行ツ：最高裁判所の事件で、行政の上告事件
　行ヒ：最高裁判所の事件で、行政の上告受理事件

ネ：高等裁判所の事件で、民事の控訴事件
行ケ：高等裁判所の事件で、行政の第一審の訴訟事件
ワ：地方裁判所の事件で、民事の通常の訴訟事件

# 1．明細書等の記載事項の意義

明細書等の記載事項の意義に関する判決例を紹介する。

## 1．(1) 特許制度と明細書の記載に関する要件

次の判決で紹介する「特許法旧第36条第5項第1号」は、平成6年法律第116号で改正された、現在の「特許法第36条第6項第1号」である。

> 特許制度は、発明を公開させることを前提に、当該発明に特許を付与して、一定期間その発明を業として独占的、排他的に実施することを保障し、もって、発明を奨励し、産業の発達に寄与することを趣旨とするものである。そして、ある発明について特許を受けようとする者が願書に添付すべき明細書は、本来、当該発明の技術内容を一般に開示するとともに、特許権として成立した後にその効力の及ぶ範囲（特許発明の技術的範囲）を明らかにするという役割を有するものであるから、特許請求の範囲に発明として記載して特許を受けるためには、明細書の発明の詳細な説明に、当該発明の課題が解決できることを当業者において認識できるように記載しなければならないというべきである。特許法旧36条5項1号の規定する明細書のサポート要件が、特許請求の範囲の記載を上記規定のように限定したのは、発明の詳細な説明に記載していない発明を特許請求の範囲に記載すると、公開されていない発明について独占的、排他的な権利が発生することになり、一般公衆からその自由利用の利益を奪い、ひいては産業の発達を阻害するおそれを生じ、上記の特許制度の趣旨に反することになるからである。

そして、特許請求の範囲の記載が、明細書のサポート要件に適合する

否かは、特許請求の範囲の記載と発明の詳細な説明の記載とを対比し、特許請求の範囲に記載された発明が、発明の詳細な説明に記載された発明で、発明の詳細な説明の記載により当業者が当該発明の課題を解決できると認識できる範囲のものであるか否か、また、その記載や示唆がなくとも当業者が出願時の技術常識に照らし当該発明の課題を解決できると認識できる範囲のものであるか否かを検討して判断すべきものであり、明細書のサポート要件の存在は、特許出願人（特許拒絶査定不服審判請求を不成立とした審決の取消訴訟の原告）又は特許権者（平成15年法律第47号附則２条９項に基づく特許取消決定取消訴訟又は特許無効審判請求を認容した審決の取消訴訟の原告、特許無効審判請求を不成立とした審決の取消訴訟の被告）が証明責任を負うと解するのが相当である。

知財高判平成17.11.11 平17(行ケ)10042

## １．(2)　法第36条第４項及び法第36条第６項の意義

## １．(2)　①　法第36条第４項の意義

　特許法36条４項１号は、発明の詳細な説明の記載は「その発明の属する技術の分野における通常の知識を有する者がその実施をすることができる程度に明確かつ十分に、記載したもの」でなければならないと規定している。

　特許制度は、発明を公開する代償として、一定期間発明者に当該発明の実施につき独占的な権利を付与するものであるから、明細書には、当該発明の技術的内容を一般に開示する内容を記載しなければならない。

　特許法36条４項１号が上記のとおり規定する趣旨は、明細書の発明の詳細な説明に、当業者が容易にその実施をすることができる程度に発明の構成等が記載されていない場合には、発明が公開されていないことに帰し、発明者に対して特許法の規定する独占的権利を付与する前提を欠くことになるからであると解される。

知財高判平成25.04.11 平24(行ケ)10299

## 1．(2) ② 法第36条第4項第1号の意義（実施可能要件と委任省令要件との関係）

　当裁判所は、委任省令違反があるとした審決の判断は誤りであると判断する。以下、その理由を述べる。

　審決は、特許法36条4項1号に規定する委任省令要件について、「本件の明細書、段落…には、本件発明が解決しようとする具体的な課題が記載されている。」とした上で、「請求項1～9、…に係る発明は、段落0007～…に記載された課題の何れにも該当しないものである。」とし、「本件の明細書は、請求項1～9、…に係る発明について、発明が解決しようとする課題及びその解決手段その他の当業者が発明の技術上の意義を理解するために必要な事項を記載したものではないから、経済産業省令で定めるところにより記載したものであるとは認められない。」と判断した（審決書57頁30行～58頁32行）。

　しかし、委任省令違反があるとした審決の上記判断は、誤りである。

　すなわち、特許法36条4項は、「発明の詳細な説明の記載は、次の各号に適合するものでなければならない。」と定め、同条同項1号において、「経済産業省令で定めるところにより、その発明の属する技術の分野における通常の知識を有する者がその実施をすることができる程度に明確かつ十分に記載したものであること。」と定めている。そして、上記の「経済産業省令」に当たる特許法施行規則24条の2は、「特許法第三十六条第四項第一号の経済産業省令で定めるところによる記載は、発明が解決しようとする課題及びその解決手段その他のその発明の属する技術の分野における通常の知識を有する者が発明の技術上の意義を理解するために必要な事項を記載することによりしなければならない。」と定めている。

第Ⅴ章　明細書等の記載に関する判決例

> 　特許法36条4項1号において、「通常の知識を有する者がその実施をすることができる程度に明確かつ十分に記載したものであること」(いわゆる「実施可能要件」)を規定した趣旨は、通常の知識を有する者(当業者)がその実施をすることができる程度に明確かつ十分に記載したといえない発明に対して、独占権を付与することになるならば、発明を公開したことの代償として独占権を付与するという特許制度の趣旨に反する結果を生ずるからである。ところで、そのような、いわゆる実施可能要件を定めた特許法36条4項1号の下において、特許法施行規則24条の2が、(明細書には)「発明が解決しようとする課題及びその解決手段その他のその発明の属する技術の分野における通常の知識を有する者が発明の技術上の意義を理解するために必要な事項」を記載すべきとしたのは、特許法が、いわゆる実施可能要件を設けた前記の趣旨の実効性を、実質的に確保するためであるということができる。
> 　そのような趣旨に照らすならば、特許法施行規則24条の2の規定した「技術上の意義を理解するために必要な事項」は、実施可能要件の有無を判断するに当たっての間接的な判断要素として活用されるよう解釈適用されるべきであって、実施可能要件と別個の独立した要件として、形式的に解釈適用されるべきではない。
> 　もとより、特許法施行規則24条の2の求める事項は、発明の詳細な説明中の「課題及びその解決手段」に記載される必要もなく、当業者が発明の技術上の意義を当然に理解できれば足りるのであって、明示的な記載は必要ない。
>
> 知財高判平成21.07.29 平20(行ケ)10237

## 1.(2) ③　法第36条第6項の意義

次の判決で紹介する「特許法第36条第5項」は、平成6年法律第116号で改正され、現在の「特許法第36条第6項」である。

特許法の36条5項は、「…特許請求の範囲の記載は、次の各号に適合するものでなければならない。」と規定した上、1号で「特許を受けようとする発明が発明の詳細な説明に記載したものであること。」と規定している。同号は、明細書のいわゆるサポート要件を規定したものであって、特許請求の範囲の記載が明細書のサポート要件に適合するか否かは、特許請求の範囲の記載と発明の詳細な説明の記載とを対比し、特許請求の範囲に記載された発明が、発明の詳細な説明に記載された発明で、発明の詳細な説明の記載により当業者が当該発明の課題を解決できると認識できる範囲のものであるか否か、また、その記載や示唆がなくとも当業者が出願時の技術常識に照らし当該発明の課題を解決できると認識できる範囲のものであるか否かを検討して判断すべきものである。

知財高判平成18.10.04 平17（行ケ）10579

## 1．(2)　④　法第36条第6項第1号の意義（法第36条第4項との関係）

　法36条は、特許出願をする際に提出する願書に記載すべき事項について要件を定めているが、このうち、願書に添付する明細書の「発明の詳細な説明」に係る記載に関しては法36条4項1号が、願書に添付する「特許請求の範囲」に係る記載に関しては同条6項1号等が、それぞれ記載すべき要件を峻別して規定している。

　すなわち、法36条4項1号は、「発明の詳細な説明」の記載については、「発明が解決しようとする課題及びその解決手段その他のその発明の属する技術の分野における通常の知識を有する者が発明の技術上の意義を理解するために必要な事項」（特許法施行規則24条の2）により「その発明の属する技術の分野における通常の知識を有する者がその実施をすることができる程度に明確かつ十分に記載したものである」ことを、その要件として定めている。同規定の趣旨は、特許制度は、発明を

### 第Ⅴ章　明細書等の記載に関する判決例

公開した者に対して、技術を公開した代償として一定の期間の独占権を付与する制度であるが、仮に、特許を受けようとする者が、第三者に対して、発明が解決しようとする課題及びその解決手段その他の発明の技術上の意義を理解するために必要な事項を開示することなく、また、発明を実施するための明確でかつ十分な事項を開示することなく、独占権の付与を受けることになるのであれば、有用な技術的思想の創作である発明を公開した代償として独占権が与えられるという特許制度の目的を失わせることになりかねず、そのような趣旨から、特許明細書の「発明の詳細な説明」に、上記事項を記載するよう求めたものである。

これに対して、法36条6項1号は、「特許請求の範囲」の記載について、「特許を受けようとする発明が発明の詳細な説明に記載したものであること」を要件としている。同号は、特許権者は、業として特許発明の実施をする権利を専有すると規定され、特許発明の技術的範囲は、願書に添付した「特許請求の範囲の記載」に基づいて定めなければならないと規定されていること（法68条、70条1項）を実効ならしめるために設けられた規定である。仮に、「特許請求の範囲」の記載が、「発明の詳細な説明」に記載・開示された技術的事項の範囲を超えるような場合に、そのような広範な技術的範囲にまで独占権を付与することになれば、当該技術を公開した範囲で、公開の代償として独占権を付与するという特許制度の目的を逸脱するため、そのような特許請求の範囲の記載を許容しないものとした。例えば、「発明の詳細な説明」における「実施例」等の記載から、狭い、限定的な技術的事項のみが開示されていると解されるにもかかわらず、「特許請求の範囲」に、その技術的事項を超えた、広範な技術的範囲を含む記載がされているような場合には、同号に違反するものとして許されない。

このように、法36条6項1号の規定は、「特許請求の範囲」の記載について、「発明の詳細な説明」の記載とを対比して、広すぎる独占権の付与を排除する趣旨で設けられたものである。

**知財高判平成22.01.28　平21（行ケ）10033**

## 1. (2) ⑤ 法第36条第6項第2号の意義

> ところで、特許法36条6項2号によれば、特許請求の範囲の記載は、「発明が明確であること」という要件に適合するものでなければならない。特許制度は、発明を公開した者に独占的な権利である特許権を付与することによって、特許権者についてはその発明を保護し、一方で…発明の利用を図ることを通じて、発明を奨励し、もって産業の発達に寄与することを目的とするものであるところ（特許法1条参照）、同法36条6項2号が特許請求の範囲の記載において発明の明確性を要求しているのは、この目的を踏まえたものであると解することができる。
>
> **最判平成27.06.05 平24(受)2658**

## 1. (2) ⑥ 法第36条第6項第2号の意義（法第36条第4項との関係）

> 法36条6項2号は、特許請求の範囲の記載に関し、特許を受けようとする発明が明確でなければならない旨規定する。同号がこのように規定した趣旨は、仮に、特許請求の範囲に記載された発明が明確でない場合には、特許の付与された発明の技術的範囲が不明確となり、第三者に不測の不利益を及ぼすことがあり得るので、そのような不都合な結果を防止することにある。
>
> そして、特許を受けようとする発明が明確であるか否かは、特許請求の範囲の記載だけではなく、願書に添付した明細書の記載及び図面を考慮し、また、当業者の出願当時における技術的常識を基礎として、特許請求の範囲の記載が、第三者に不測の不利益を及ぼすほどに不明確であるか否かという観点から判断されるべきことはいうまでもない。
>
> 上記のとおり、法36条6項2号は、特許請求の範囲の記載に関して、「特許を受けようとする発明が明確であること。」を要件としているが、同号の趣旨は、それに尽きるのであって、その他、発明に係る機能、特

## 第Ⅴ章　明細書等の記載に関する判決例

性、解決課題又は作用効果等の記載等を要件としているわけではない。

　この点、発明の詳細な説明の記載については、法36条4項において、「経済産業省令で定めるところにより、その発明の属する技術の分野における通常の知識を有する者がその実施をすることができる程度に明確かつ十分に、記載しなければならない。」と規定されていたものであり、同4項の趣旨を受けて定められた経済産業省令（平成14年8月1日経済産業省令第94号による改正前の特許法施行規則24条の2）においては、「特許法第三十六条第四項の経済産業省令で定めるところによる記載は、発明が解決しようとする課題及びその解決手段その他のその発明の属する技術の分野における通常の知識を有する者が発明の技術上の意義を理解するために必要な事項を記載することによりしなければならない。」と規定されていたことに照らせば、発明の解決課題やその解決手段、その他当業者において発明の技術上の意義を理解するために必要な事項は、法36条4項への適合性判断において考慮されるものとするのが特許法の趣旨であるものと解される。また、発明の作用効果についても、発明の詳細な説明の記載要件に係る特許法36条4項について、平成6年法律第116号による改正により、発明の詳細な説明の記載の自由度を担保し、国際的調和を図る観点から、「その実施をすることができる程度に明確かつ十分に、記載しなければならない。」とのみ定められ、発明の作用効果の記載が必ずしも必要な記載とはされなくなったが、同改正前の特許法36条4項においては、「発明の目的、構成及び効果」を記載することが必要とされていた。

　このような特許法の趣旨等を総合すると、法36条6項2号を解釈するに当たって、特許請求の範囲の記載に、発明に係る機能、特性、解決課題ないし作用効果との関係での技術的意味が示されていることを求めることは許されないというべきである。

知財高判平成22.08.31　平21（行ケ）10434

## 1．(3) 当業者について

　本願発明の属する技術の分野における通常の知識を有する者、すなわち当業者の範囲について検討するに、前記二に認定したように、本願発明が非ノイマン型電子計算機に係るものとはいえ、ノイマン型電子計算機の欠点を解決することを課題とする以上、その明細書には、右課題の対象とされたノイマン型電子計算機関連の技術者にとって、発明が容易に実施することができるようその技術的事項が記載されることが必要である。しかして、前記二の事実によれば、ノイマン型電子計算機は本願出願の優先権主張の日前において広く一般に用いられていた電子計算機であると認めることができるから、本願発明における当業者とは、ハードウエア及びソフトウエアを含めノイマン型、非ノイマン型を問わず広く電子計算機の研究、開発部門に属する者を指すものと解するのが相当である。この点に関し、原告は、本願発明が属する技術分野はノイマン型電子計算機の技術分野とは峻別された非ノイマン型電子計算機に係る分野であり、したがって、本件にいう当業者も右のような技術分野における当業者であると解すべき旨を主張するが、右に述べたように、本願発明の課題に照らし、電子計算機関連の技術者の中からノイマン型電子計算機関連の技術者をその当業者の範囲から除外すべき理由を見出すことができない。

東京高判平成03.04.25 昭62(行ケ)250

## 1．(4) 特許請求の範囲について

　明細書中において特許請求の範囲の項の占める重要性は、とうてい発明の詳細な説明の項又は図面と同一に論ずることはできない。すなわち、特許請求の範囲は、ほんらい明細書において、対世的な絶対権たる特許

第Ⅴ章　明細書等の記載に関する判決例

権の効力範囲を明確にするものであるからこそ、…特許発明の技術的範囲を確定するための基準とされる。

最判昭和47.12.14 昭41(行ツ)1

## 1．(5)　明細書について

## 1．(5)　①　記載の程度

　原告は、構成要件 e − 1 及び e − 2 はバネの作用を要件としていないから、本件発明には、バネの関与なしに構成要件 e − 1 及び e − 2 を実現し、バネの作用により構成要件 e − 3 を実現するものも包含されるところ、発明の詳細な説明にはその具体的構成の開示がなく、実施可能要件及びサポート要件違反である旨主張する。

　しかし、構成要件 e − 1 及び e − 2 は電気スイッチの一般的な機能を規定するもので、本件発明の技術的特徴ではないと考えられるところ、特許法はそうした部分についてまで、実施可能要件及びサポート要件として網羅的に実施例を開示することを要求しているとは解されない、すなわち、構成要件 e − 1 及び e − 2 の機能におけるバネの関与の有無は発明を特定するための事項ではないところ、かかる発明を特定するための事項ではない技術的事項に着目し、実施可能要件及びサポート要件を問うことは適切ではないと解される。加えて、電気スイッチに関し、構成要件 e − 1 及び e − 2 の機能にバネが関与するか否かに着目して分類することが一般的であるとは認められず、原告独自の分類であると解されることに照らすと、バネの関与なしに構成要件 e − 1 及び e − 2 を実現し、バネの作用により構成要件 e − 3 を実現する構成が発明の詳細な説明に具体的に記載されていないとしても、実施可能要件及びサポート要件違反であるということはできないから、原告の上記主張は採用することができない。

知財高判平成22.07.28 平21(行ケ)10252

> 特許制度は、発明を公開する代償として、一定期間発明者に当該発明の実施につき独占的な権利を付与するものであるから、明細書には、当該発明の技術的内容を一般に開示する内容を記載しなければならない。法36条4項が上記のとおり規定する趣旨は、明細書の発明の詳細な説明に、当業者が容易にその実施をすることができる程度に発明の構成等が記載されていない場合には、発明が公開されていないことに帰し、発明者に対して特許法の規定する独占的権利を付与する前提を欠くことになるからであると解される。
>
> そして、本件のような物の発明における発明の実施とは、その物を生産、使用等をすることをいうから(特許法2条3項1号)、物の発明については、その物を製造する方法についての具体的な記載が必要であるが、そのような記載がなくても明細書及び図面の記載並びに出願時の技術常識に基づき当業者がその物を製造することができるのであれば、実施可能要件を満たすということができる。
>
> 知財高判平成23.04.14 平22(行ケ)10247

## 1. (5) ② 課題を解決するための手段

特許請求の範囲の記載の文言を「課題を解決するための手段」の欄に記載する場合が多い。しかしながら、特許請求の範囲の記載の文言を「課題を解決するための手段」の欄に記載したとしても、サポート要件が認められなかった判決を紹介する。

> 本願発明が解決すべき課題は、電界効果トランジスタ(MOSFET)への高バイアス印加の低減であると認められるところ、発明の詳細な説明の段落【0047】(著者注:「発明の効果」の欄の段落)の記載…によれば、同課題は、「電界効果トランジスタをレベルシフト抵抗及び高耐圧ピンチ抵抗等の高電位部から引き離して配置することとしたため」に解

決されるものであり、また、発明の詳細な説明に記載された各実施例をみても、それらはいずれも、高電位部と分離され、又は高電位部から隔てられた領域ないし位置に電界効果トランジスタを配置する構成であると認められる。

　他方、近接配置された本願発明については、当業者において上記課題が解決されるものと認識することができることを窺わせる記載は、…発明の詳細な説明に何ら存在せず（なお、段落【0011】（著者注：「課題を解決するための手段」の段落）…は、請求項1の記載（本願発明の構成）を再掲した上、その効果を結論的に述べるものにすぎない。）、また、本願当時の当業者の技術常識に照らし、当業者において、そのように認識することができたものと認めるに足りる証拠もない。

　したがって、近接配置された本願発明について、サポート要件を充足するものと認めることはできない。

知財高判平成21.03.17 平20（行ケ）10357

## 1. (5) ③ 実施例

　明細書には、必要があるときは、出願に係る発明を具体化した実施例を記載する。以下に、実施例の意義に関する判決例を紹介する。

　明細書に記載された実施例は、特許請求の範囲に記載された発明が実際上どのように具体化されるかを示すものではあるが、当該特許請求の範囲に記載された発明の要件をみたすすべての事例についてまで実施例を示す必要はなく、当該発明の範囲が実施例として記載された事例にのみ限定すべきでないことは当然である。

東京高判平成02.05.31 昭62（行ケ）100

　実施例は、特許出願人において最良の結果をもたらすと思う構成を記載したにすぎず、実施例の記載から発明の要旨を限定することはできな

い。

　　　　　　　　　　　東京高判平成07.08.03 平3(行ケ)225

## 1．(5)　④　比較例

　比較例が当該発明の実施例に比して効果の劣る従来技術に基づく発明を記載したものである…。

　　　　　　　　　　　東京高判平成04.12.15 平3(行ケ)68

## 1．(5)　⑤　発明の効果

　明細書は技術文献として、当業者が容易にその実施をすることができる程度にその発明の目的、構成と共にその特有の効果をなるべく具体的に記載すべきものである。

　　　　　　　　　　　東京高判平成02.06.19 平元(行ケ)259

## 1．(5)　⑥　実験データ

　確かに、明細書には発明の目的、構成及び効果を記載すれば足り、効果の存在を確証するに足る実験データを必ずしも記載する必要はないが、明細書は技術文献として、当業者が容易にその実施をすることができる程度にその発明の目的、構成と共にその特有の効果をなるべく具体的に記載すべきものであるから、当業者がそれだけでは当該発明の特有の効果があることを容易に理解することができない場合には、その効果の生ずる理由を記載し、実験データ等を具体的に示して従来技術による例と当該発明による例とを対比することによって差異を明確にしなければな

らないものというべきである。

東京高判平成02.06.19 平元(行ケ)259

## 1. (6) 図面について

願書に添付される図面は、発明の内容を理解しやすくするために明細書の補助として使用されるとした判決例を紹介する。

特許図面は、発明の内容を理解し易くするために明細書の補助として用いられるものであるから、その発明の特徴とするところを理解するのに役立つ程度の正確さで記載されていれば足り、その寸法比率を設計図面のように正確に描くことまでは要求されていないものと認められる。

東京高判平成06.04.14 平2(行ケ)290

しかし、願書に必要な場合添付される図面は、発明の内容を理解しやすくするために明細書の補助として使用されるものであることは、これを願書の添付図面として「明細書及び必要な図面」と規定した特許法36条2項の規定の趣旨から明らかであり、特に機械的構造物の各部分の位置関係の説明等においては、文書によるよりも図示した方がより明確に理解を得ることができるものであることは当裁判所に顕著な事実である。したがって、明細書の発明の詳細な説明の記載と図面により、その特許請求の範囲に記載された発明の内容が理解されるのであれば、その発明の詳細な説明の記載が不備であるということはできない。

東京高判平成06.12.07 平3(行ケ)213

願書に添付された図面は、当該発明の技術内容を具体的に表現しているものであるが、発明の構成を理解し易くするための補助的作用を営むにすぎず、設計図面のような正確性を要求されるものではない、しかも、引用例の第7図を見ると、$a=5t$の関係にあるように理解されること

は、被告も認めるところであり、引用例に接する当業者が、両者の関係について、明細書には何らの記載も存しないにもかかわらず、第5図のみに依拠して、両者は$a=3t$の関係にあることを前提として引用例記載の発明を理解するということはできない。

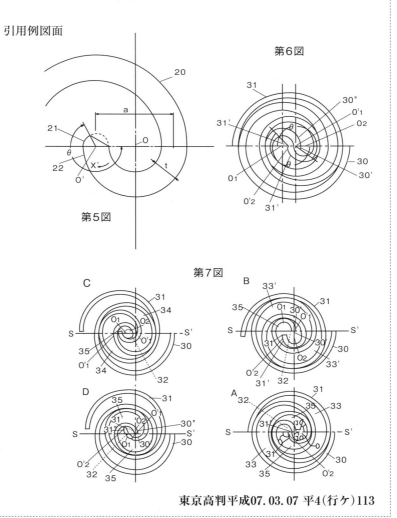

東京高判平成07.03.07 平4(行ケ)113

第Ⅴ章　明細書等の記載に関する判決例

## 2．明細書等の記載事項の要件

次に、明細書等の記載事項の要件に関する判決例を紹介する。

### 2．(1)　特許請求の範囲の記載について(特許請求の範囲の特定の仕方)

　　被告は、構成要件…のように特定の測定方法を用いて物質（本願発明においては蛍光物質）を特定する方法は、同一物質についても複数の測定方法があり得る以上、特許請求の範囲に規定された特定の測定方法から物質を知ることはできても、逆に物質から右測定方法を知ることができず、その意味で両者の間に相互に一対一の対応関係が成立しないから、特定方法として不明瞭である旨主張しているが、特許請求の範囲における構成の特定は、その記載から構成を一義的に知ることができれば特定の問題としては必要にして十分というべきであり、例えば、物質の特定が被告の主張するように必ず成分の関係でなされなければ、発明の構成の特定方法として不明瞭であるということはできないから、この点に関する被告の主張は採用しがたい。

　　また、被告は、もし物質を特定するのに特定の測定方法を用いることが許されるなら、同一の物質につき、測定方法ごとに複数の重複した権利が存在することになって混乱を来すとも主張するが、仮に、同一の物質について複数の測定方法を用いて特定した発明が別々に出願されたとしても、各特定方法による物質の特定が十分である限り、所期の目的を達成するために必須の構成はそれぞれにおいて明瞭であって、これを不明瞭とすることはできない。

　　　　　　　　　　　　　　　東京高判平成02.06.28 平元(行ケ)50

＊サブコンビネーション発明

> 本件発明1の構成が、液体インク収納容器とそれを搭載する記録装置を組み合わせたシステムを前提にして、そのうち液体インク収納容器に関するものであって、上記システムに専用される特定の液体インク収納容器がこれに対応する記録装置の構成と一組のものとして発明を構成していることは明らかである。
> したがって、本件発明1の容易想到性を検討するに当たり、記録装置の存在を除外して検討するのは誤りであり、相違点2における「前記受光手段に投光するための」との限定は、液体インク収納容器の発光部の構成を限定するものであるということができ、これに反する相違点2についての審決の判断には誤りがある。
>
> 知財高判平成23.02.08 平22(行ケ)10056

## 2.(2) 発明の詳細な説明の記載について

## 2.(2) ① 実施をすることができる程度

＊化学物質発明

> 化学物質につき特許が認められるためには、それが現実に提供されることが必要であり、単に化学構造式や製造方法を示して理論上の製造可能性を明らかにしただけでは足りず、化学物質が実際に確認できるものであることが必要であると解すべきである。なぜなら、化学構造式や製造方法を机上で作出することは容易であるが、そのことと、その化学物質を現実に製造できることとは、全く別の問題であって、机上で作出できても現実に製造できていないものは、未だ実施できない架空の物質にすぎないからである。
>
> 東京高判平成12.09.05 平11(行ケ)207

## 第Ⅴ章　明細書等の記載に関する判決例

＊用途発明：次の判決で紹介する「特許法第36条第5項第1号」は、平成6年法律第116号で改正された、現在の「特許法第36条第6項第1号」である。

---

　医薬についての用途発明においては、物質名や化学構造からその有用性を予測することは困難であって、発明の詳細な説明に有効量、投与方法、製剤化のための事項がある程度記載されていても、それだけでは、当業者は当該医薬が実際にその用途において有用性があるか否かを知ることはできず、発明の課題が解決できることを認識することはできないから、さらに薬理データ又はこれと同視することのできる程度の事項を記載してその用途の有用性を裏付ける必要があるというべきである。そして、その裏返しとして、特許請求の範囲の記載が発明の詳細な説明の裏付けを超えているときには、特許請求の範囲の記載は、特許法36条5項1号が規定するいわゆるサポート要件に違反するということになる。

知財高判平成19.03.01 平17(行ケ)10818

---

＊電子商店に関する発明

---

　しかしながら、本件補正発明は、販売対象商品をデジタルコンテンツに限定しているところ、そもそも、そのような無体のデジタルコンテンツについて、Webページ上に陳列されて視認可能となるような「商品の外観など」…に関する画像データを観念することは、それ自体困難である。しかも、本件補正明細書は、ここにいう「商品の外観など」と販売対象商品であるデジタルコンテンツとの関係について何ら説明を加えていないから、本件補正明細書の記載によっても、本件補正発明の請求項に記載された「商品」であるデジタルコンテンツに関する「データの画像」という技術的意義は、明らかではない。そのため、本件補正明細書は、商品データの画像の大きさに関する情報をいかなる形態で保存・管理しているかや、陳列対象商品として選出された商品（の画像デー

タ）の占有面積…に応じてどのように陳列される商品数を決定し、更に最終的な商品の陳列位置を決定する…に当たり、商品データの画像の大きさをどのように要素として考慮しているのかを、当該商品であるデジタルコンテンツを対象としてみた場合に、いずれも明らかにしているとはいえない。

よって、デジタルコンテンツに関する「商品データの画像」を前提にして本件補正発明をどのように実施することができるのかは、本件補正明細書の発明の詳細な説明欄の記載を参酌しても不明確であるといわざるを得ず、したがって、同欄の記載は、当業者が本件補正発明の実施をすることができる程度に明確かつ十分に記載したものであるとはいえない。

知財高判平成22.12.08 平22（行ケ）10125

＊医薬の発明

原告は、本願発明の各有効成分は公知であり、各成分の製造方法、各成分を疾患の治療のために投与する方法も公知であるから、本願発明の技術分野は、充分に開発されており、当業者の技術水準や技術常識は高いので、ウリジン類とコリン又はコリン塩を組み合わせた実験的証拠は不必要であると主張する。

しかし、原告が高いとする当業者の技術水準や技術常識によっても、ウリジン類とコリン又はコリン塩を含む組成物が人の脳シチジンレベルを上昇させることを合理的に説明できないから、原告の主張は失当である。

原告は、ウリジンとコリンを投与することにより生体内で所定の効果が得られるという点は甲19～21に記載されており、本願明細書を技術常識及び一般的な薬理学的原理と結びつけて理解した当業者は、本願発明を本願の発明の詳細な説明の教示に従って容易に実行できるから、当業者の技術水準や技術常識を考慮すれば、ウリジン類とコリン又はコリン塩との実験的証拠は不必要であるとも主張する。

しかし、原告が提示する甲19～21は、本件出願後に公開された学術論

第Ⅴ章　明細書等の記載に関する判決例

文であり、原告が指摘する内容も、本件出願の優先日前の技術常識や技術水準についてのものということはできないから、原告の主張は、本件出願の優先日における技術常識や技術水準に基づくものではない。したがって、原告の主張は理由がない。

知財高判平成25.02.12 平24(行ケ)10071

＊組成物の発明

(5) 以上検討したところによれば、本件明細書に接した当業者は、塩基の濃度及びpHと、基板からのポリマー、エッチング・アッシング残渣の除去作用、及び回路材料である金属の腐食作用との間に関係性があるとの技術常識を考慮して、pHを調整することにより、ポリマー、エッチング・アッシング残渣の除去と金属で形成された回路の損傷量を許容し得る範囲に抑えることの両立が可能であることを一応理解できるとはいえるものの、反面、本件明細書の発明の詳細な説明においては、当該調整の出発点となるべき具体的組成物の実際のpHの値が一切明らかにされていない上、基板からのポリマー、エッチング・アッシング残渣の除去作用と回路材料である金属の腐食作用との関係において、どの程度のpHの調整が必要であるのかについての具体的な情報が余りにも不足しているといわざるを得ない。そのため、当業者が、本件明細書の発明の詳細な説明の記載に基づいて、本件訂正発明に係る組成物を生産しようとする場合、具体的に使用するレジストや回路材料等を念頭に置いて、基板からのポリマー、エッチング・アッシング残渣の除去と回路の損傷量を許容し得る範囲に抑えることとが両立した適切な組成物を得るためには、的確な手掛かりもないまま、試行錯誤によって各成分の配合量を探索せざるを得ないところ、このような試行錯誤は過度の負担を強いるものというべきである。

したがって、本件明細書の発明の詳細な説明の記載は、訂正後発明1～7の組成物を生産でき、かつ、使用することができるように具体的に

記載されているものとはいえない。

知財高判平成30.07.05 平29(行ケ)10143

## 2．(2) ② 過度な実験・試行錯誤を要するか否かについて

　なお、本件審決の上記③の判断は、全てのパラメータの開示が必要あることを述べたものではなく、炭素膜の形成に影響を及ぼす他のパラメータの存在を指摘して、開示条件の記載が少ないことを指摘したものにすぎないと解される。そして、被告が主張するような無数の試行錯誤があるわけではなく、当業者にとって過度な試行錯誤とまではいえない。
…
　しかし、本願明細書に記載された複数の条件の全範囲で、本願発明が製造できる必要はなく、技術分野や課題を参酌して、当業者が当然行う条件調整を前提として、【0010】ないし【0012】に記載された範囲から具体的製造条件を設定すればよい。
…
　本来、物の発明において、適用可能な条件範囲全体にわたって、実施例が必要とされるわけではない。物の発明においては、物を製造する方法の発明において、特許請求の範囲に製造条件の範囲が示され、公知物質の製造方法として、方法の発明の効果を主張しているケースとは、実施例の網羅性に関して、要求される水準は異なるものと解される。

知財高判平成23.04.14 平22(行ケ)10247

## 2．(2) ③ その他
### (A) 付随的事項・余事事項

　付随的事項・余事事項とは、請求項に係る発明自体に直接関わる事項ではなく、請求項の発明を説明するに当たり、付随的に説明した事項又は補正の

## 第Ⅴ章　明細書等の記載に関する判決例

結果、現在の請求項に関係なくなった事項である。付随的事項・余事事項であれば、これらに記載不備が存在しても、通常は、明細書の記載不備ということにはならない。

付随的事項・余事事項に関する判決例を紹介する。

> 　本願明細書によれば、本願考案は、海難に遭遇し、船上において乗客又は乗員を収容した海難用救命器に、海上の漂流に耐え、救命器としての本来の機能を果たし得る構造を備えさせることをこの主要課題としているものであるから、止着具の構成、取り外しの点は、それ自体…実用に関する付随的な事項というべきである。そして、本願明細書によれば、本願考案の海難用救命器に関する構成や作用効果等の記載に不備がなく、考案自体の理解に格別の支障はないものと認められるし、また、止着具の構成、取り外しについても、前記の程度の記載があれば常識に照らしても、当業者が原告主張のような種々の方法を採用し得るであろうことも容易に推測し得るところであるから…、単にこの点に関する記載が具体的でないことのみを捉えて、被告主張のように、本願明細書には当業者が考案を容易に実施し得る程度の記載がなく、したがって明細書の記載に不備…があるとすることは到底できないものというべきである。
>
> 　　　　　　　　　　　　　東京高判平成元.10.24 昭63(行ケ)121

> 　上記各記載はいずれも、特許請求の範囲に記載された本願発明の原理的な説明がなされている部分に関連して、あるいは本願発明の技術的手段を具体化した実施例に相当するものとして記載されたものであって、単なる余事記載であるということはできないし、本願明細書に接する者にとって、これらの記載が本来抹消すべきものであることが明白であるとも認め難く、原告の上記主張は採用できない。
>
> 　　　　　　　　　　　　　東京高判平成08.05.16 平6(行ケ)120

(B) 自然法則に違反した事例

自然法則に違反した出願を明細書の記載不備で拒絶された事例は多い。以下にその一例を挙げる。

> 本願の水上エレベーター装置は、…それを実際に稼働させようとすれば、最初の動作に必要な外力は無視するとしても、水の抵抗や構成部材間の摩擦等、水上エレベーター装置全体で発生するエネルギー損失分を補償する必要があること、すなわち、本願の水上エレベーター装置では、装置外からエネルギーの供給を受けないということを前提とするのであるから、少なくとも上記エネルギー損失分に相当するエネルギーを装置自体において発生し続ける必要があることは技術的に明らかである。
> 
> しかるに、本願明細書を精査しても、上記エネルギー損失分の補償の点についての明確な記載はなく、装置外からのエネルギーの供給を受けずに、どのようにして上記…の動作を得ることができるのかについての合理的な説明を見出すこともできない。…本願発明の前記目的を達成するための技術的手段が不明瞭であるとした審決の認定、判断に誤りはなく…
> 
> 東京高判平成07.12.26 平5(行ケ)215

# 3．明細書等の記載事項の解釈

次に、明細書等の記載事項の解釈に関する判決例を紹介する。

## 3．(1) 解釈一般

### 3．(1) ① 原　則

> 特許出願の審査・審判に当たって、明細書の記載は、日本語の文理に従って解釈すべきことは当然であり、客観的に確定できる文理上の解釈

第Ⅴ章　明細書等の記載に関する判決例

と、出願人が表現しようと意図した内容が一致する場合、その文理上の解釈をもって明細書の記載を解釈すべきである。

東京高判平成元.11.29 昭60（行ケ）55

## 3．(1) ② 実施例の裏付け

明細書の文意が必ずしも明らかでなく、単に文字面のみを追えば複数の解釈が可能であつても、そのうち実施例を伴わない不自然な解釈は採用すべきでなく、実施例の裏付けのある解釈のみを明細書の記載と理解すべきである。蓋し、そのように解するのが、発明を第三者が容易に実施できるようその内容を正確に公開することが求められている明細書制度の趣旨にも合致する所以であるからである。

東京高判平成02.02.22 昭63（行ケ）213

＊パラメータ発明

本件発明は、特性値を表す二つの技術的な変数（パラメータ）を用いた一定の数式により示される範囲をもって特定した物を構成要件とするものであり、いわゆるパラメータ発明に関するものであるところ、このような発明において、特許請求の範囲の記載が、明細書のサポート要件に適合するためには、発明の詳細な説明は、その数式が示す範囲と得られる効果（性能）との関係の技術的な意味が、特許出願時において、具体例の開示がなくとも当業者に理解できる程度に記載するか、又は、特許出願時の技術常識を参酌して、当該数式が示す範囲内であれば、所望の効果（性能）が得られると当業者において認識できる程度に、具体例を開示して記載することを要するものと解するのが相当である。…

PVAフィルムの熱水中での完溶温度（X）を60℃～100℃のX軸、平衡膨潤度（Y）を1.0～3.0のY軸に取ったXY平面に、式（1）の基準

式を斜めの実線で、式（2）の基準式を縦の破線で表した上、これに上記実施例及び比較例で用いられたPVAフィルムの熱水中での完溶温度（X）と平衡膨潤度（Y）の値をプロットした別紙1の第1図に見るとおり、同XY平面において、上記二つの実施例と二つの比較例との間には、式（1）の基準式を表す上記斜めの実線以外にも、他の数式による直線又は曲線を描くことが可能であることは自明であるし、そもそも、同XY平面上、何らかの直線又は曲線を境界線として、所望の効果（性能）が得られるか否かが区別され得ること自体が立証できていないことも明らかであるから、上記四つの具体例のみをもって、上記斜めの実線が、所望の効果（性能）が得られる範囲を画する境界線であることを的確に裏付けているとは到底いうことができない。

　そうすると、本件明細書に接する当業者において、PVAフィルムの完溶温度（X）と平衡膨潤度（Y）とが、XY平面において、式（1）の基準式を表す上記斜めの実線と式（2）の基準式を表す上記破線を基準として画される範囲に存在する関係にあれば、従来のPVA系偏光フィルムが有する課題を解決し、上記所望の性能を有する偏光フィルムを製造し得ることが、上記四つの具体例により裏付けられていると認識することは、本件出願時の技術常識を参酌しても、不可能というべきであり、本件明細書の発明の詳細な説明におけるこのような記載だけでは、本件出願時の技術常識を参酌して、当該数式が示す範囲内であれば、所望の効果（性能）が得られると当業者において認識できる程度に、具体例を開示して記載しているとはいえず、本件明細書の特許請求の範囲の本件請求項1の記載が、明細書のサポート要件に適合するということはできない。

第Ⅴ章　明細書等の記載に関する判決例

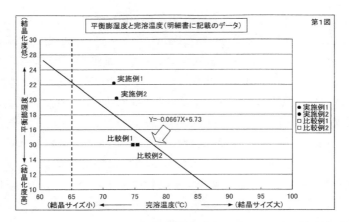

知財高判平成17.11.11 平17(行ケ)10042

## 3．(1)　③　技術用語の解釈

「コンピュータ用語辞典」…の…項には、…との記載が認められ、…するものと推認できるところである。しかしながら、前記のような一般的記載は、あくまで、当該技術用語の、一般的ないし典型的な技術的意義を明らかにしたものにすぎないから、その記載内容をもって、直ちに具体的に開示された引用例の当該用語の技術的意義を限定してしまうことは相当ではなく、引用例の当該用語の技術的意義が上記の典型的な意義に止まるのか、それ以外の技術的事項まで包含しているのかについては、まず、当該具体的な記載内容に即して検討すべきである。

東京高判平成06.09.08 平4(行ケ)111

明細書の技術用語は学術用語を用いること、用語はその有する普通の意味で使用することとされているから…、明細書の技術用語を理解ないし解釈するについて、辞典類等における定義あるいは説明を参考にする

ことも勿論必要ではあるが、それのみによって上記理解ないし解釈を得ようとするのは相当でなく、まず、当該明細書又は図面の記載に基づいて、そこで用いられている技術用語の意味あるいは内容を理解ないし解釈すべきである。

東京高判平成07.10.19 平6(行ケ)78

## 3．(1) ④ 新規事項に関する判断
### (A) 原　則

　平成6年改正前の特許法は、補正について「願書に添付した明細書又は図面に記載した事項の範囲内において」しなければならないと定めることにより、出願当初から発明の開示が十分に行われるようにして、迅速な権利付与を担保し、発明の開示が不十分にしかされていない出願と出願当初から発明の開示が十分にされている出願との間の取扱いの公平性を確保するととともに、出願時に開示された発明の範囲を前提として行動した第三者が不測の不利益を被ることのないようにし、さらに、特許権付与後の段階である訂正の場面においても一貫して同様の要件を定めることによって、出願当初における発明の開示が十分に行われることを担保して、先願主義の原則を実質的に確保しようとしたものであると理解することができる…。

　このような特許法の趣旨を踏まえると、平成6年改正前の特許法17条2項にいう「明細書又は図面に記載した事項の範囲内において」との文言については、次のように解するべきである。

　すなわち、「明細書又は図面に記載した事項」とは、技術的思想の高度の創作である発明について、特許権による独占を得る前提として、第三者に対して開示されるものであるから、ここでいう「事項」とは明細書又は図面によって開示された発明に関する技術的事項であることが前提となるところ、「明細書又は図面に記載した事項」とは、当業者に

第Ⅴ章 明細書等の記載に関する判決例

　よって、明細書又は図面のすべての記載を総合することにより導かれる技術的事項であり、補正が、このようにして導かれる技術的事項との関係において、新たな技術的事項を導入しないものであるときは、当該補正は、「明細書又は図面に記載した事項の範囲内において」するものということができる。…

　もっとも、明細書又は図面に記載された事項は、通常、当該明細書又は図面によって開示された技術的思想に関するものであるから、例えば、特許請求の範囲の減縮を目的として、特許請求の範囲に限定を付加する訂正を行う場合において、付加される訂正事項が当該明細書又は図面に明示的に記載されている場合や、その記載から自明である事項である場合には、そのような訂正は、特段の事情のない限り、新たな技術的事項を導入しないものであると認められ、「明細書又は図面に記載された範囲内において」するものであるということができるのであり、実務上このような判断手法が妥当する事例が多いものと考えられる。

　　　　　　　　　　知財高判平成20.05.30 平18(行ケ)10563

(B) 除くクレームの場合

　「ただし、…を除く。」などの消極的表現（いわゆる「除くクレーム」）によって特許出願に係る発明のうち先願発明と同一である部分を除外する訂正を請求する場合がある。

　このような場合、特許権者は、特許出願時において先願発明の存在を認識していないから、当該特許出願に係る明細書又は図面には先願発明についての具体的な記載が存在しないのが通常であるが、明細書又は図面に具体的に記載されていない事項を訂正事項とする訂正についても、平成6年改正前の特許法134条2項ただし書が適用されることに変わりはなく、このような訂正も、明細書又は図面の記載によって開示された技術的事項に対し、新たな技術的事項を導入しないものであると認めら

れる限り、「明細書又は図面に記載した事項の範囲内において」する訂正であるというべきである。

知財高判平成20.05.30 平18（行ケ）10563

(C) **数値限定の場合**

　…特許出願人が特許を受けようとする発明を特定するために必要と認める事項のすべてを記載しなければならない」と規定する。同規定は、特許請求の範囲には、「…特許を受けようとする発明の構成に欠くことができない事項のみを記載」すべきとされていた同項2号の規定を改正したものである（平成6年法律第116号）。従来、特許請求の範囲には、発明の構成に不可欠な事項以外の記載はおよそ許されなかったのに対して、同改正によって、発明を特定するのに必要な事項を補足したり、説明したりする事項を記載することも許容されることとされた。そこで、これに応じて、特許請求の範囲に係る補正においても、発明の構成に不可欠な技術的事項を付加する補正のみならず、それを補足したり、説明したりする文言を付加するだけの補正も想定されることになる。

　したがって、補正が、特許法17条の2第3項所定の出願当初明細書等に記載した「事項の範囲内」であるか否かを判断するに際しても、補正により特許請求の範囲に付加された文言と出願当初明細書等の記載とを形式的に対比するのではなく、補正により付加された事項が、発明の課題解決に寄与する技術的な意義を有する事項に該当するか否かを吟味して、新たな技術的事項を導入したものと解されない場合であるかを判断すべきことになる。…本件補正は、本件発明の解決課題及び解決手段に寄与する技術的事項には当たらない事項について、その範囲を明らかにするために補足した程度にすぎない場合というべきであるから、結局のところ、明細書、特許請求の範囲又は図面のすべての記載を総合することにより導かれる技術的事項との関係において、新たな技術的事項を導

第Ⅴ章　明細書等の記載に関する判決例

　入していない場合とみるべきであり、本件補正は不適法とはいえない。…「熱損失係数1.0～2.5kcal／平方メートル・h・℃」との値が、本件発明の課題解決の機序との関係において、客観的な技術的意義を有するものと解することはできない。

　　　　　　　　　　　　　知財高判平成22.01.28 平21（行ケ）10175

　注：本件補正は、出願当初の明細書に記載されていない「熱損失係数1.0～2.5kcal／㎡・h・℃」の値を請求項に記載したものである。

(D)　訂正請求における「のみ」の追加及び削除

　そして、第1次、第2次補正において、訂正明細書の特許請求の範囲の請求項1における「安定化剤としてY203のみを…含み、」との記載を「安定化剤としてY203を…含み、」との記載に補正する点が、特許請求の範囲の拡張に当たることは明らかであるから、審決が、第1次、第2次補正につき、これが訂正請求書の要旨を変更する補正であるとして、採用しなかったことに誤りはないものといわざるを得ない。…新規事項を追加した場合を含め、訂正請求に内容的な瑕疵が存在する場合に、その瑕疵を解消する補正が、常に訂正請求書の要旨の変更に当たるものとは限らないから、訂正拒絶理由の通知によって、訂正請求書の補正をする機会が付与されることの意義が存在しないわけではなく、したがって、逆に、訂正拒絶理由の通知があったからといって、そこで指摘された拒絶理由についての補正がすべて許されなければならないものではない。補正が許容されるか否かが、補正自体の要件を具備するかどうかに係ることは極めて当然のことである。そして、新規事項の追加を含む訂正請求書の補正が、訂正請求書の要旨の変更に当たるものとして採用されないことにより、当該訂正請求自体も認められないこととなったとしても、そのような内容の訂正請求をしたこと自体による結果であって、そのこと自体が特許法1条の目的に反するものとは到底いい難い。

> 東京高判平成12.03.29 平10(行ケ)407

　判決は、「のみ」を削除する訂正請求書の補正は、特許請求の範囲の拡張となるので、請求書の要旨を変更する。また、「のみ」を追加する補正は、新規事項の追加に当たり許されないと審決を支持した。

(E) 「触媒添加」の削除

> 　この記載によれば、本件請求項2及び3には、触媒添加の工程が明記されていないのに、触媒が添加された「希釈水素シルセスキオキサン樹脂溶液」(本件請求項2) 又は触媒が添加された「希釈水素シルセスキオキサン樹脂プレセラミック被膜」(本件請求項3) が得られたと記載されており、特許請求の範囲の記載としてやや不自然な点があり、甲第5号証(本件明細書)及び弁論の全趣旨によれば、この「触媒添加」の記載部分は誤記であった可能性も一概に否定することはできない。
> 　しかしながら、特許請求の範囲の記載に誤記があるか否かは、特許権者の主観的意図にかかわらず、第三者ないし当業者との関係で客観的に判断されるべきところ、本件請求項2及び3における「触媒添加」が誤って記載されたものであり、それが削除された記載が正しいことが本件明細書に接する当業者にとって客観的かつ一義的に明らかであると認めることはできない。
>
> 東京高判平成12.03.02 平10(行ケ)336

第Ⅴ章　明細書等の記載に関する判決例

(F)　先行技術文献の内容の追加

>　…上記補正により、本件補正後の明細書（甲6）の段落【0002】に、従来技術として、「上述の請求項1の前文に従うハイブリッドディスクは、特開平8－297659号公報に開示されている。…このハイブリッドディスクの全体の厚さ（全高）は1.8mmであり、CDディスク2aの厚さとDVDディスク2bの厚さの割合は2対1である。」との記載が追加された。
>　上記記載は、特開平8－297659号公報を先行技術文献として追加するにとどまらず、補正後の特許請求の範囲の請求項1に係る発明が、「2枚の異なった厚さを有するCDディスクとDVDディスクとを接着して形成したもの」を前提としていることを示すとともに、「CDディスクの厚さとDVDディスクの厚さの割合が約3対2」であって、従来のもの（2対1）と相違することを示すものであるから、本件出願に係る発明の評価に関する情報、若しくは、同発明の実施に関する情報を追加する補正に該当するものと認められる。
>　したがって、本件補正のうち本件明細書の発明の詳細な説明の補正も、本件明細書等に記載された範囲においてするものとは認められないとした審決の判断に誤りはない。
>
>　　　　　　　　　　　　知財高判平成17.12.19 平17(行ケ)10050

## 3．(2)　特許請求の範囲の記載の解釈

### 3．(2)　①　原　則

審決取消請求事件における解釈の基本「特許出願に係る発明の新規性及び進歩性について審理するに当たっては、発明の要旨は、特段の事情のない限り、願書に添付した明細書の特許請求の範囲の記載に基づいてされるべきである」ことを示した判決である。

特許法29条1項及び2項所定の特許要件、すなわち、特許出願に係る発明の新規性及び進歩性について審理するに当たっては、この発明を同条1項各号所定の発明と対比する前提として、特許出願に係る発明の要旨が認定されなければならないところ、この要旨認定は、特段の事情のない限り、願書に添付した明細書の特許請求の範囲の記載に基づいてされるべきである。特許請求の範囲の記載の技術的意義が一義的に明確に理解することができないとか、あるいは、一見してその記載が誤記であることが明細書の発明の詳細な説明の記載に照らして明らかであるなどの特段の事情のある場合に限って、明細書の発明の詳細な説明を参酌することが許されるにすぎない。

最判平成03.03.08 昭62（行ツ）03

　なお、発明の要旨は、特段の事情のない限り、願書に添付した特許請求の範囲の記載に基づいてなされるべきであるとの原則は、権利侵害訴訟においては、適用されない。次の判決を参考にされたい。

　特許権侵害訴訟において、相手方物件が当該特許発明の技術的範囲に属するか否かを考察するに当たって、当該特許発明が有効なものとして成立している以上、その特許請求の範囲の記載は、発明の詳細な説明の記載との関係で特許法36条のいわゆるサポート要件あるいは実施可能要件を満たしているものとされているのであるから、発明の詳細な説明の記載等を考慮して、特許請求の範囲の解釈をせざるを得ないものである。
　そうすると、当該特許発明の特許請求の範囲の文言が一義的に明確なものであるか否かにかかわらず、願書に添付した明細書の発明の詳細な説明の記載及び図面を考慮して、特許請求の範囲に記載された用語の意義を解釈すべきものと解するのが相当である。

知財高判平成18.09.28 平18（ネ）10007

第Ⅴ章　明細書等の記載に関する判決例

## 3．(2)　②　発明の詳細な説明の参酌

　　発明の要旨の認定、すなわち特許請求の範囲に記載された技術的事項の確定は、まず、特許請求の範囲の記載に基づくべきであり、その記載が一義的に明確であり、その記載により発明の内容を的確に理解できる場合には、発明の詳細な説明に記載された事項を加えて発明の要旨を認定することは許されず、特許請求の範囲の記載文言自体から直ちにその技術的意味を確定するのに十分といえないときにはじめて詳細な説明中の発明の技術的課題（目的）、実施例等に関する記載を参酌できるにすぎないと解される。

　　　　　　　　　　　　　　東京高判平成05.12.21　平04(行ケ)116

　　本件特許の明細書では、［課題を解決するための手段］の第3段落末尾における、「25％を超えると断面層としての空気層が有効に生かされず、また不織布が硬く感触性が悪くなる。」との記載が、訂正前においても訂正後においても維持され、訂正明細書においても繊維体積分率「5～25％」の間で効果があるとの認識で記載されている。本件公知公用発明は繊維体積分率が約17.9～20.7％であって、上記数値範囲に包含されるものであるから、必然的に本件の明細書における当初の認識に包含される効果は備えているものである。

　　　　　　　　　　　　　　東京高判平成16.11.08　平15(行ケ)468

　注：この平15(行ケ)468の判決は、解決手段の記載が特許請求の範囲の解釈に参酌され、解決手段の記載を補正しなかったために不利に扱われた事例である。

3．(2) ③　特許請求の範囲の記載に誤記のある場合

　そうすると、当業者であれば、本願発明の特許請求の範囲に記載された前記1の「枢着」の語が「固着」の意味で使用されていることは当然に理解することができるというべきであり、特許請求の範囲に記載された前記1の「枢着」は「固着」の誤記であることが明らかであるから、本願発明の特許請求の範囲に「固着」又は「固定」という語が使用されず、この「枢着」という語が用いられているからといって、本願発明の構成が不明であるということはできず、したがって、特許請求の範囲の記載不備に該当するということもできない。
東京高判平成06.03.08 平04(行ケ)226

3．(2) ④　特許請求の範囲の記載と明細書の記載とが矛盾する場合

　特許出願に係る発明の要旨は、願書に添付した明細書の特許請求の範囲の記載に基づいて認定すべきものであって、直接、明細書の発明の詳細な説明欄の記載に基づいて認定すべきものではない。もし、特許請求の範囲の記載から把握される発明と明細書中に開示された実施例とが対応していなければ、特許を受けようとする発明は発明の詳細な説明に記載されたものでなければならないという要件を満たさないことになるだけである。発明の詳細な説明及び実施例に対応させるべく、読み替え前と後とで特許請求の範囲に記載された技術内容を実質的に変更するような読み替え（訂正）を行い、その読み替えた語句に基づいて発明の要旨を認定することは許されないものというべきである。
東京高判平成16.03.11 平12(行ケ)64

第Ⅴ章　明細書等の記載に関する判決例

## 3.(2) ⑤　明細書中の定義の解釈の事例

　　原告主張の【0054】ないし【0055】の記載は、実施例の説明の一部として、特定の実施例と関連づけて記載されているものであり、【0054】及び【0055】の定義を、特許請求の範囲の記載に含めて適用すると明記されているものでもない。
　　したがって、【0054】及び【0055】に上記のような定義が記載されているとしても、本件特許請求の範囲が当然にこの定義に従って記載されているものと認めることはできない。

東京高判平成12.09.19 平10(行ケ)326

## 3.(2) ⑥　特許請求の範囲に記載された用語の解釈
### (A)　「参照符号の解釈」

　　実用新案登録請求の範囲を記載する際、図面中の符号を付す理由は、考案の内容の理解を迅速且つ容易にするための補助的手段として利用することにあり、考案の詳細な説明の欄の実施例についての説明と同じ上刃8、下刃6等の用語、符号が使用されているからといって、本願考案の要旨となる構成要件を、その実施例として示された具体的構成にのみ限定して解釈すべきものではない。

東京高判平成03.09.30 平元(行ケ)31

### (B)　「において」の解釈

　　特許請求の範囲の記載として、「…において」という表現形式の場合、「において」の前に記載された事項が、公知事項ないし上位概念を表示する場合の用語例として通常用いられることが多いということはいいう

るとしても、常にそうであるとは限らないし、また、上記のような場合においても、当該部分が発明の前提要件をなしている場合には、その限りにおいて発明の対象ないし範囲を限定することとなるものであることは、いうまでもないところであるから、このような場合には、この部分を全く無視すべきではなく、上記部分をも含めて発明の要旨を定めるべきものと解すべき。

(東京高判昭和49.05.29 昭47(行ケ)121)

(C) 「わずかに」の解釈

　上記のとおり本件明細書の発明の詳細な説明の記載と図面とを参酌した上で、本件特許発明1は、地震時において本体側に設けられた係止手段の係止部が、開き戸の係止具の係止部に当たり、それ以上開き戸が開かないようにするとの構成を理解したとしても、その開き戸が開く程度については、特許請求の範囲の記載に「わずかに」と極めて抽象的に表現されているのみで、特許請求の範囲の他の記載を参酌しても、その内容が到底明らかになるものとはいえない。

　そして、本件明細書の発明の詳細な説明にも、その「わずかに」で表わされる程度を説明したり、これを示唆するような具体的な記載はない。

　そうすると、当業者にとって、その技術常識を参酌したとしても、本件特許発明1の「わずかに」と記載される程度を理解することは困難であって、特許請求の範囲の記載が不明確であるといわざるを得ない。

知財高判平成21.12.10 平21(行ケ)10272

(D) 「近傍」の解釈

　しかし、本件訂正発明1及び2は、前記2(2)で述べたとおり、真空状

第Ⅴ章　明細書等の記載に関する判決例

態における溶剤等の攪拌・脱泡作業によって、溶剤の温度の上昇、溶剤に内在する気泡の膨張等が生じ、溶剤が容器より噴出したり溢れ出したりすることを防ぐことを技術課題とするものであるところ、本件訂正発明2における温度の検知手段は、この課題を解決する観点から、容器の温度を測定するために設けられた手段であり、容器内の溶剤等の温度を測定できる位置に設置すれば、その役割を果たすことができるものと認められる。そして、本件訂正発明2では、その設置位置として「容器の上端部の近傍」と特定されているところ、近傍という言葉自体は、「近所、近辺」（岩波書店刊、広辞苑第6版）と一般に理解されており、また、多数の特許請求の範囲の記載で使用されている技術的用語であること（乙5の1及び2）を考慮すると、「近傍」の範囲を更に数値により限定して具体的に特定しなければ、本件訂正発明2発明が有する上記技術的意義との関係において、課題を達成するための構成が不明瞭となるものではない。

　したがって、本件訂正発明2における「容器の上端部の近傍」について、当業者（その発明の属する技術の分野における通常の知識を有する者）は、「容器の上端部」の「近辺」と認識し、かつ、「検知手段」が「容器に収納された溶剤等の温度」を検知できる範囲を指示するものと理解することができるから、これと同旨の審決の上記判断に誤りはなく、原告の上記主張を採用することはできない。

　　　　　　　　　　　　　　知財高判平成22.07.28 平21（行ケ）10329

(E) 「対応する」の解釈

　「対応する」の一般的意味が「両者の関係が釣り合うこと」と理解されていることは、当裁判所において顕著であり…、これが原告主張のように「正確に比例する」との意味にのみ用いられるものということができない。

東京高判平成08.10.30 平5(行ケ)181

(F) 「被覆する」の解釈

　原告は、国語辞書における被覆の定義等に基づき、「表面を被覆する」という語は格別「一部」と言わない限り表面全体を覆い被せることを意味する旨主張する。
　確かに、甲第9、第10号証によれば、「被覆」とは、「おおいかぶせること」（広辞苑第五版2265頁）、「物の表面を他の物でかぶせ包むこと」（岩波国語辞典第五版992頁）と説明されていることが認められるが、この説明のみから、格別一部と言わない限り、「被覆」は1本ごとの繊維の表面全部を覆い被せるものに限定されるべきであると認めることはできないから、この点の原告の主張は採用することができない。

東京高判平成12.02.03 平10(行ケ)327

(G) 「用いる」の解釈

　本件発明1の酸性水中油型乳化調味料が、「焼成用あるいはフライ用食品に用いる」ことが好適であることがうかがわれるものの、「焼成用あるいはフライ用食品」にのみもっぱら用いられることを意味するものと解することはできず、このことは、本件訂正の経緯からも明らかである。
　そうすると、本件発明1は、「焼成用あるいはフライ用食品」にのみもっぱら用いられる「酸性水中油型乳化調味料」であるということはできないから、請求項1における「焼成用あるいはフライ用食品に用いる」との文言は、本件発明1に係る「酸性水中油型乳化調味料」の使用目的ないし属性についての主観的な認識を示すにとどまり、本件発明1

第Ⅴ章

の効果の顕著性を検討するに際して参酌することはともかく、「物」の発明である本件発明1の構成を限定する意義を有するものと認めることはできないというべきである。

知財高判平成18.04.27 平17（行ケ）10223

### (H) 「及び／又は」の解釈

(2) 明確性要件について

ア　本件発明1の特許請求の範囲（請求項1）には、「ナトリウム（Na）を5～50ppm及び／又はカリウム（K）を5～100ppm含有する」との記載がある。JISの「規格票の様式及び作成方法 JIS Z 8301」（甲4）によれば、「及び／又は」の用語が「並列する二つの語句を併合したもの及びいずれか一方の3通りを一括して示す場合」に用いられることが認められる。そうすると、この文言は、…、①「ナトリウム（Na）を5～50ppm及びカリウム（K）を5～100ppm含有する」場合（①の場合）、②「ナトリウム（Na）を5～50ppm含有する」場合（②の場合）、③「カリウム（K）を5～100ppm含有する」場合（③の場合）の三つの場合が本件発明1に該当することを表現したものと理解できる。

…

以上によれば、①の場合は「ナトリウム（Na）」及び「カリウム（K）」の両者を含有する場合におけるそれぞれの含有量を規定したものであり、②の場合及び③の場合は、それぞれ「ナトリウム（Na）」又は「カリウム（K）」のいずれか一方のみを含有し、他方を含有しない場合におけるその含有量を規定したものと理解できる。

そうすると、「ナトリウム（Na）を5～50ppm及び／又はカリウム（K）を5～100ppm含有する」との記載を含む本件発明1の特許請求の範囲（請求項1）の記載から本件発明1の技術的範囲を明確に把握できるといえるから、請求項1は明確性要件に適合するというべきである。

知財高判平成25.09.26 平24(行ケ)10451

## (I) 「A、B及びC」の解釈

　イ　次に、本件審決は、本願発明の「芝草の密度、均一性及び緑度を改良」は、芝草の品質を表す密度、均一性及び緑度という3つの要素のうちの少なくとも1つを改良することを意図していると解釈し、本願発明と刊1発明とに実質的な相違がない旨判断した。
　しかしながら、本願の特許請求の範囲の請求項1における「芝草の密度、均一性及び緑度を改良」が、芝草の品質のうち、密度、均一性及び緑度という3つの要素の全てを改良することを意味することは、文言上明らかであって、これを3つの要素のうちの少なくとも1つを改良することを意図していると解することはできない。
　したがって、本件審決の上記判断には、その前提に誤りがある。

知財高判平成26.09.24 平25(行ケ)10255

## (J) 造語の解釈

　以下の例は、国語辞典に登載されていない造語をめぐって、争いとなった判決例である。
　出願人に特に不利益をもたらしたとはいえないが、国語辞典に登載されていない造語は特許請求の範囲記載の発明を不明確にし、また、外国語への翻訳が困難となる場合がある。
　国語辞典や専門用語辞典に登載されていない造語を、最も重要な書類である特許請求の範囲に使用することは避けるべきであろう。

　請求項2の「当接」との用語は、被告も指摘するとおり、一般的に用いられる言葉ではなく、広辞苑や大辞林にも登載されていないが、この

# 第Ⅴ章 明細書等の記載に関する判決例

言葉を構成する「当」と「接」の意味に照らすと、「当たり接すること」を意味すると解することができる。そうすると、請求項2の「前記カバー体(3)の内面と前記保持部(5)の上面とは当接する」とは、「カバー体(3)の内面と保持部(5)とが当たり接すること」を意味し、「前記カバー体(3)におけるヒンジ結合側端縁部は前記保持板(2)のヒンジ結合側端縁部と当接可能になっており」とは、「カバー体(3)のヒンジ結合側端縁部と保持板(2)のヒンジ結合側端縁部とが、当たり接することが可能な状態となっていること」を意味するものと一応理解できる。
…

そうすると、請求項2の「当接」という用語の技術的意義が一義的に明確に理解することができないとして、本件訂正明細書及び図面を参酌するとしても、同請求項の「当接」は「当たり接すること」を意味するにとどまるというべきであって、…。

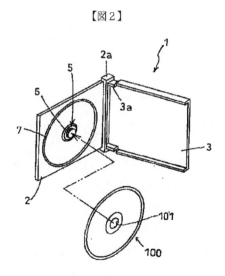

【図2】

知財高判平成19.03.08 平18(行ケ)10277

＊参考：造語である「掛合部」の解釈について、権利行使に関する判決例がある（平23（ネ）10035）。

## 3．(2) ⑦ 「一義的に明らか」に係る判断

> 　本願発明の「スロット」が、その周囲4方を電極により囲まれた細長い長方形状の小穴を意味するのか、これに限られず、櫛形電極により形成されるコ字状の溝も含む意味であるのかは、文言自体のみでは明らかではないという以外にない。本願明細書の請求項9の記載全体を見ても、この点については、明らかとはならない。そうすると、本願発明の「スロット」は、その技術的意義を、特許請求の範囲の記載自体から一義的に明確に理解することができないものということになる。そこで、本願明細書の他の記載を参酌することにする。
> 　　　　　　　　　　　　　　　　　東京高判平成15.12.11 平14（行ケ）479

> 　「一義的に明らか」とは、単に文字面のみを追った文理を指すものと機械的に理解するのは相当ではなく、実用新案登録請求の範囲の記載から考案が全体として有する技術的意義を把握することが可能であるならば、実用新案登録請求の範囲の中の一部の記載が文理自体からその技術的意義を把握しにくいように見られる場合においても、当該記載部分について考案の詳細な説明における技術的事項の記載を参酌して、その技術的意義を明らかにすることは許される。
> 　　　　　　　　　　　　　　　　　東京高判平成05.04.27 平4（行ケ）39

## 3．(2) ⑧ 製造方法によって特定された生産物の発明
(A) 発明の認定

> 　物の発明についての特許に係る特許請求の範囲にその物の製造方法が

第Ⅴ章　明細書等の記載に関する判決例

記載されている場合であっても、その発明の要旨は、当該製造方法により製造された物と構造、特性等が同一である物として認定されるものと解するのが相当である。

最判平成27.06.05 平24(受)2658

(B)　発明の明確性

物の発明についての特許に係る特許請求の範囲にその物の製造方法が記載されている場合において、当該特許請求の範囲の記載が特許法36条6項2号にいう「発明が明確であること」という要件に適合するといえるのは、出願時において当該物をその構造又は特性により直接特定することが不可能であるか、又はおよそ実際的でないという事情が存在するときに限られると解するのが相当である。

最判平成27.06.05 平24(受)2658

なお、製造方法によって特定された生産物の発明（いわゆるプロダクト・バイ・プロセス・クレーム（PBPクレーム））に関する事件として、上記最高裁判決と同日に別の最高裁判決が出されており（平24(受)1204）、発明の技術的範囲について、同趣旨の判断が示されている。

…前記最高裁判決が、物の発明についての特許に係る特許請求の範囲にその物の製造方法が記載されている場合において、当該特許請求の範囲の記載が明確性要件に適合するといえるのは、出願時において当該物をその構造又は特性により直接特定することが不可能であるか、又はおよそ実際的でないという事情が存在するときに限られると判示した趣旨は、特許請求の範囲にその物の製造方法が記載されている場合の技術的範囲は、当該製造方法により製造された物と構造、特性等が同一である物として確定されるが、そのような特許請求の範囲の記載は、一般的に

> は、当該製造方法が当該物のどのような構造又は特性を表しているのかが不明であり、権利範囲についての予測可能性を奪う結果となることから、これを無制約に許すのではなく、前記事情が存するときに限って認めるとした点にある。そうすると、特許請求の範囲に物の製造方法が記載されている場合であっても、上記一般的な場合と異なり、当該製造方法が当該物のどのような構造又は特性を表しているのかが、特許請求の範囲、明細書、図面の記載や技術常識から一義的に明らかな場合には、第三者の利益が不当に害されることはないから、明確性要件違反には当たらない。
>
> 知財高判平成29.12.21 平29（行ケ）10083

## 3．(3) 発明の詳細な説明の解釈

## 3．(3) ① 周知技術・周知事項の参酌

> このように、上記周知の技術を前提に本願明細書の記載を見ると、「最良の画像構造部を有する」の意味は明らかであるというべきであり、これを審決が述べるように「最良の画像構造部を有する」とはいかなる意味なのか、さらには「画像構造部」とは何を意味しているのかも不明である、ということはできない。…本願明細書で用いられている意味は、上記周知事項を参酌すれば、原告主張の意味に十分理解が可能であって明細書中にこれを特定する記載がなくとも、意味内容が不明であるということはできない。
>
> 東京高判平成07.03.08 平4（行ケ）124

## 3．(3) ② 出願後に提出された実験結果

> …原告は、…本願明細書の実施例1と同じ手順で調製し、実験例1及

第Ⅴ章　明細書等の記載に関する判決例

　び2で述べた手法で検証したところ、…所望の抗菌、抗ウイルス及び抗真菌作用を奏することが示されたと主張する。
　しかし、明細書等に記載されていなかった事項について、出願後に補充した実験結果等を参酌することは、特段の事情がない限り、許されないというべきところ、原告が主張する上記実験結果は本願の当初明細書に記載されておらず、それがいつ、どこで行われた実験であるか明らかでないばかりか、同主張が平成23年8月26日付け「技術説明書」と題する書面により初めて主張されていることからすれば、上記実験は本件訴訟提起後に行われたと推認されるし、本願の当初明細書又は出願時の技術常識から上記実験の結果が示唆ないし推認されるような特段の事情も認められないから、そもそも上記実験結果を参酌することはできないというべきである。

　　　　　　　　　　　　　知財高判平成23.12.26 平22（行ケ）10402

## 4．数値限定の記載と解釈

### 4．(1)　特許請求の範囲における前提条件の記載と数値限定

　本願発明が規定するイオン注入量は、前項(3)で摘示した本願明細書の記載からも明らかなように、発明の詳細な説明の項においては、注入不純物としてボロンを用い、基板として10～20Ω・cm、したがって、これに対応する不純物濃度のものを用いた場合に適切な数値範囲であるとされているものであり、これらの前提条件が異なれば…、その数値範囲も異なり得るものであることはその記載自体からも窺われるところ、前掲甲第4号証に徴すれば、本願明細書の特許請求の範囲には、それらの前提条件を何ら限定することなく、右数値範囲をそのまま特許請求の範囲に記載しているものであることが認められることに照らせば、本願発

明が規定するイオン注入量の数値範囲に厳密な意味での数値限定としての意義を認めることはできず、もとより、右規定の数値範囲にいわゆる臨界的な意義を認め得るような記載を本願明細書中に見いだすこともできない。

東京高判平成02.11.22 平元(行ケ)188

## 4．(2) 発明の詳細な説明における臨界的意義の記載

## 4．(2) ① 臨界的意義の記載が不要な場合

よって検討するに、被告は、明細書特許請求の範囲において、…その数値限定にいわゆる臨界的意義がある場合にのみ、許されるべきである、と解しているように思われる。なるほど、例えば、新規性、進歩性などの消極的特許要件の存否の判断において、ある発明が数値限定の有無の点についてのみ、比較対象たる公知技術と相違する場合には、その数値限定の範囲が特異なものであること、すなわち、その数値限定の内と外とでは作用効果上、顕著な差異があるという臨界的意義をもつことが特許性を確保するための決め手となる。したがって、このような場合には、被告のいうように、発明の詳細な説明中に臨界的意義が明記されていなければならない。

しかしながら、数値限定は、必ずしも臨界的意義を有する場合にのみなされるわけではないのであって、例えば、従来技術の改良にかかる発明において、その従来技術それ自体を表わすために、それの名称を用いる代わりに、数値限定を用いることも、しばしば行われているところである。本願発明は、まさしくこのような場合に相当する。すなわち、本願の主成分のモル比範囲は決して特異性のあるものではなく、単に、それ自体公知の強誘電性セラミック組成物を示すにすぎないのである。…

したがって、本願発明の場合には、主成分のモル比範囲の数値限定に

ついてとくに臨界的意義を明記する必要はないというべきであるから、これを発明の詳細な説明中に明記しておかなければならないという被告の主張は失当といわなければならない。

(東京高判昭和56.04.09 昭51(行ケ)111)

## 4.(2) ② 臨界的意義の記載が必要な場合

本願発明と引用例記載の発明のように、その触媒組成物の用途や構成成分の組成及びモル比において差異がなく、その一構成成分であるバリウム化合物の窒素含有量においても重複するものにあって、右の窒素含有量0.1重量％を境に、それ以下のものとこれを超えるものが別発明になるというためには、少なくとも、右数値を境に両者の奏する作用効果が質的又は量的に本質的に相違するものであることが明細書上明瞭に示されていることを要する。

東京高判平成02.09.25 平元(行ケ)169

## 4.(2) ③ 数値限定と実施例又は比較例の数値の関係

そこで本願発明における右数値の臨界的意義についてみるに、…実施例1にあっては1.43、実施例2にあっては、1.37、実施例3にあっては、1.25であり、また、比較例1にあっては1.09、比較例2にあっては1.11であることが合わせて認められる。…本願発明の酸素／プロピレン比の下限値（1.17）に臨界性を認め得るためには、該下限値を境にしてその直前の数値をとるものの奏する効果とその直後の数値をとるものの奏する効果に顕著な差異が明らかに認められることが必要であるところ、右実施例及び比較例における各数値は、いずれも本願発明の該下限値と対比して、直前の数値もしくは直後の数値と見るにはその間の差がありす

ぎるために該下限値の近傍値とは認められず、これら実施例及び比較例における効果の相違をもって本願発明の該下限値の臨界性を論ずることは相当でない。

東京高判平成04.02.27 平2(行ケ)164

## 4．(2) ④ 官能に基づく評価テストの場合

どのような状態をもって快適とし、どのような状態をもって不快とするかは、個々人によって大きな差があるから、本件発明の要件である「快適度」（別紙図面の「快適曲線」）は、客観的に定義されなければ技術的意義を持ち得ないものというべきであるのに、前掲甲第2号証によれば、本件発明の明細書には「快適度」あるいは「快適曲線」の定義について何らの記載も存在しないことが認められる。

【図6】

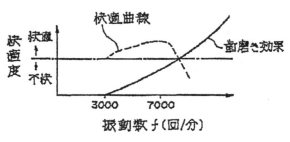

東京高判平成12.02.22 平11(行ケ)50

## 4．(2) ⑤ 複数の観察者の主観的判断の場合

原告は、本件数値は、観察者個々の主観的判断によるものであり、か

# 第Ⅴ章　明細書等の記載に関する判決例

つ、それを境に適否の判断が急激な変化を示すものではないとしても、それを臨界的意義あるものとするに足りる実験により得られた数値、すなわち、最も関係の深いテレビジョン視聴者多数による実験に基づく適否判断の基準であるという意味で、本願発明の特許性の根拠となる限界値としての資格を十分に有する数値である旨主張する。

　しかし、映像の特性の適否判断は、測定器に頼るというよりは複数の観察者による視覚的判断に依存して行われることが、当技術分野の常識であることは原告の自認するところであるから、この技術常識に従い、複数の観察者による視覚的判断を実験により求め、この結果から表示像の輝度の適切な数値を決定することは、当業者が格別の創意工夫なくして行えることというほかはない。したがって、このような実験に基づくことを理由に、本件数値が本願発明の特許性の根拠となる限界値としての資格があるとする原告の主張は、およそ理由がない。

東京高判平成05.07.28 平元(行ケ)239

## 4.(2) ⑥　数値が引用例と重複する場合

　発明を構成する必須要件が数値範囲によって規定されている場合に、それと対比される発明の数値範囲が完全に一致しなければ同一とはいえないというものではなく、両者の数値範囲が完全に一致していなくても、重複すれば同一といえるものである。

東京高判平成05.08.16 平5(行ケ)67

## 4.(2) ⑦　技術的思想が違うが数値が一致する場合

　たしかに、右3成分の関係のみを対比すれば引用例の実施例においても同様の関係を満たすものがある…が…本願発明の構成は、前記のとお

り引用例記載の発明とは異なる技術思想に基づいて着想され、この構成により、炭素及び窒素の組成のみを引用例記載の発明のように定めただけではもたらされることのない効果を奏し得たのであるから、本願発明と同様の関係を満たす実施例が引用例の中にたまたまあったとしても、それが本願発明同様の技術思想の裏付けを持つものでないことが明らかである以上、右実施例の存在をもって、本願発明の技術的意義を否定し去ることは相当ではない。

**東京高判平成02.02.13 昭62(行ケ)247**

## 4.(2) ⑧ 補助資料による補足

もっとも、数値限定の臨界的意義については、それが明細書に具体的に記載されていなくとも、どのような作用効果を奏するかが明細書に記載されている限り、当業者は明細書の記載から当該発明の奏する作用効果を知ることができるから、限定された数値範囲内のものがその範囲外のものに比して格別に顕著な作用効果を奏することを出願人において他の補助的資料により証明することが許されないというものではない。

**東京高判平成05.12.14 平4(行ケ)168**

## 4.(3) 数値限定の解釈

特許取得の段階では、特許請求の範囲において数値を限定しても、その数値に関して技術的意義のない場合は、その数値限定に基づいて特許性が認められることはない。一方、権利取得後の権利行使の段階では、特許請求の範囲において数値限定がある場合は、その数値の技術的意義の有無にかかわらず、数値限定を前提に特許発明の技術的範囲が判断される場合がある（「第Ⅵ章4」及び「第Ⅵ章6」参照）。

## 4.(3) ① 数値限定の技術的意義が認められなかった事例

以下に、特許取得の段階で数値限定の意義が認められなかった判決例を紹介する。

> また、審決も指摘するように、前掲甲第2号証の3によれば、本願明細書に「更に強度比は、0.45〜0.70であるのが好ましく、特に0.50〜0.65であるのが好ましい。又、全光拡散反射率は65％以上であるのが好ましく、特に70％以上であるのが望ましい。」との記載があることが認められるところ、表示性は元来なだらかに変化するものであり、それなればこそ、右記載のようにA及びB構成の数値範囲内においてもなお表示性の差が見られるところであって、右に記載された数値が表示性についての特段の効果を示す臨界的意義を有するものと認めるべき決定的資料は見いだしがたい。
>
> 東京高判平成元.12.26 昭62(行ケ)106

> 本件各発明におけるグレーズ層の厚さ「60μm以下」という数値は、実験により求められたものであると認められる。しかし、グレーズ層の厚さが独立した穿孔の形成に影響を与えるとの知見が既に得られていることからすれば、このような実験によってこのような数値を得ることは当業者ならば適宜行い得ることというべきである。
>
> 東京高判平成15.11.13 平14(行ケ)606

> 延伸フィルムの複屈折率差の波長依存性（$\Delta n1 / \Delta n2$）が、その材料の種類によって決まる固有値であることは、原告が主張するとおり、当業者に周知の技術事項であるから、環状オレフィン系高分子からなる延伸フィルムの複屈折率差の波長依存性（$\Delta n1 / \Delta n2$）の固有の値については、仮に本件出願時においてその波長依存性が「$\Delta n1 / \Delta n2 < 1.05$」であることが知られていなかったとしても、当業者がその測定をすれば容易に判明する事項である。したがって、環状オレフィン系高分

> 子からなる延伸フィルムについて、その波長依存性を測定することが困難であるとの特段の事情がない限り、その波長依存性の数値を明確にしたことが本願補正発明の進歩性を基礎付けるものとはならないのである。
>
> 東京高判平成16.08.31 平15(行ケ)177

> 当初の本件明細書はもとより、上記手続補正書中にも、ハブとウェブの厚さ比を1.10〜2の範囲に限定し、その上限値を2、下限値を1.10とすることについて、原告主張のような顕著な作用効果を奏するものであるとの技術的意義を明らかにした記載は見当たらない。…本願発明1で厚さ比を1.10〜2に限定したことの技術的意義は、当業者の当然に認識する上記技術的事項を前提に、ベルトプーリのハブとして十分な耐久性を製造コスト等についても考慮した上で所望の範囲に限定した程度のものにすぎないのであり、他に、上記数値限定が原告主張のような顕著な作用効果を奏する臨界的意義を有するものであることを認めるに足りる証拠はないから、本願発明1の規定する厚さ比の数値は、当業者が当然に採用することができる範囲であって、格別な技術的意義を有するものということはできない。
>
> 東京高判平成16.03.10 平15(行ケ)312

## 4.(3) ② 数値限定の技術的意義が認められた事例

少ないながらも、数値限定の技術的意義が認められた事例がある。数値限定の技術的意義が認められるには、明細書中に、技術的観点から数値限定の意義が説明されている必要がある。

> 本件訂正明細書の段落【0007】（著者注：「効果及び作用」の欄）には訂正第1発明の数値限定によりその作用効果が達成されることは記載されておらず、原告の主張する効果である発光輝度の向上と発光寿命の長期化は前記数値限定による効果とは認められないと主張する。

しかしながら、本件訂正明細書に、「【0025】又、上記低キャリア濃度ｐ層51のホール濃度は…ホール濃度が$1 \times 10^{16}/cm^3$以上となると、低キャリア濃度ｎ層４とのマッチングが悪くなり発光効率が低下するので望ましくなく、$1 \times 10^{14}/cm^3$以下となると、直列抵抗が高くなりすぎるので望ましくない。」、「【0026】更に、高キャリア濃度ｐ＋層52のホール濃度は…ホール濃度が$2 \times 10^{17}/cm^3$以上のｐ＋層はできない。$1 \times 10^{16}/cm^3$以下となると、直列抵抗が高くなりすぎるので望ましくない。」との記載があることは前示のとおりである。

これらの記載によれば、本件訂正明細書の段落【0007】に数値限定に関する記載がないとしても、他の箇所（上記引用箇所）には、訂正第１発明の数値限定の意義が「低キャリア濃度ｎ層４とのマッチング」、「発光効率」、「直列抵抗」という用語を用いて示されている。そして、この低キャリア濃度ｎ層とのマッチングによる発光効率の低下の防止、直列抵抗の増大の防止は発光輝度の向上と発光寿命の長期化に寄与することは技術常識上明らかであり、発光輝度の向上と発光寿命の長期化という効果が前記数値限定による効果であるということができる。

東京高判平成14.06.18 平12（行ケ）91

## ４．(4) 引用公報の特許請求の範囲における数値限定の解釈

公開特許公報等に開示された発明の特許請求の範囲において、発明の要旨として一定の範囲の数値が記載されている場合、その一部を除外して発明を限定的に解釈することが許されるのは、数値自体が極めて広範囲に及び全く臨界的意義を有しないときや、明らかに技術常識に反するような数値を含んでいるとき等の例外的場合に限られるべきものである。

本件審決では、これと異なり、単に実施例として具体的に開示されていないことを理由に、特許請求の範囲に示された発明の要旨である数値範囲から、その一部を除外して認定したものであって、到底許されるこ

とではない。

東京高判平成10.12.16 平9(行ケ)199

## 4.(5) 付随的な目的に対応する数値限定の記載の程度

　導出圧力の最小化のみを目的とする場合の数値限定と、これが単に付随的な目的にすぎない場合の数値限定では、必然的に相違が生じ、後者の場合には、他の条件との兼ね合いにより、当該目的達成の程度が変化することは明らかである。…
　以上からすれば、本件特許発明における、流路の有効内径に関する数値限定部分において、他のパラメータにつき記載がないことをもって、実施可能要件に違反するということはできず、原告の主張は理由がない。

知財高判平成22.07.20 平21(行ケ)10244

# 5.「発明該当性」と「産業上の利用可能性」の判断

## 5.(1) 発明該当性の判断

　本願発明…が特許法29条柱書の「発明」に該当するか否かを判断する。
　審決は、本願発明において、人間が各手段を操作してポイント管理を行う場合とコンピュータがポイント管理を行う場合とがあるとした上で、「発明」該当性を判断しているが、原告らは、本願発明において人間が各手段を操作してポイント管理を行う場合はあり得ず、コンピュータがポイント管理を行う場合しかないと主張し、このような本願発明は特許法29条柱書の「発明」に該当すると主張する。
(1) 人間が各手段を操作してポイント管理を行う場合について

原告らは、本願発明において人間が各手段を操作してポイント管理を行う場合はあり得ないと主張する。
　しかし、第1補正前の特許請求の範囲の請求項11…において、「（累積ポイントの）記憶」、「受信」、「加算」等の行為の主体がコンピュータに限定されていないし、…各行為を人間が行うことも可能である。…
　本願発明の各行為を人間が実施することもできるのであるから、本願発明は、「ネットワーク」、「ポイントアカウントデータベース」という手段を使用するものではあるが、全体としてみれば、これらの手段を道具として用いているにすぎないものであり、ポイントを管理するための人為的取り決めそのものである。したがって、本願発明は、自然法則を利用した技術的思想の創作とは、認められない。
(2)　コンピュータがポイント管理を行う場合について
　本願発明は「ポイント管理方法」の発明であるところ、ポイント管理における各ステップの行為主体がコンピュータであることは、旧請求項11には、明示されておらず、コンピュータの構成要素、すなわちハードウエア資源を直接的に示す事項は、何も記載されていない。上記旧請求項11には、「データベース」、「ネットワーク」との記載があるが、「データベース」は整理して体系的に蓄積されたデータの集まりを意味し、「ネットワーク」は通信網又は通信手段を意味するもので、いずれの文言もコンピュータを使ったものに限られるわけではない。したがって、上記旧請求項11の記載からは、本願発明の「ポイント管理方法」として、コンピュータを使ったものが想定されるものの、ソフトウエアがコンピュータに読み込まれることにより、ソフトウエアとハードウエア資源とが協働した具体的手段によって、使用目的に応じた情報の演算又は加工を実現することにより、使用目的に応じた特有の情報処理装置の動作方法を把握し得るだけの記載はない。

知財高判平成18.09.26 平17（行ケ）10698

(1) 本件特許発明1の技術的意義
…

　以上によると、本件特許発明1は、ステーキ店において注文を受けて配膳をするまでの人の手順（本件ステーキ提供方法）を要素として含むものの、これにとどまるものではなく、札、計量機及びシール（印し）という特定の物品又は機器（装置）からなる本件計量機等に係る構成を採用し、他のお客様の肉との混同が生じることを防止することにより、本件ステーキ提供方法を実施する際に不可避的に生じる要請を満たして、「お客様に好みの量のステーキを安価に提供する」という本件特許発明1の課題を解決するものであると理解することができる。

(2) 本件特許発明1の発明該当性
　前記(1)のとおり、本件特許発明1の技術的課題、その課題を解決するための技術的手段の構成及びその構成から導かれる効果等の技術的意義に照らすと、本件特許発明1は、札、計量機及びシール（印し）という特定の物品又は機器（本件計量機等）を、他のお客様の肉との混同を防止して本件特許発明1の課題を解決するための技術的手段とするものであり、全体として「自然法則を利用した技術的思想の創作」に該当するということができる。

　したがって、本件特許発明1は、特許法2条1項所定の「発明」に該当するということができる。

知財高判平成30.10.17 平29(行ケ)10232

## 5.(2) 産業上の利用可能性の判断

(1) 産業上利用可能性について
　…本件発明は、いわゆるフィットネス、スポーツジム等の筋力トレーニングに関連する産業において利用できる技術を開示しているといえる。

#### 第Ⅴ章　明細書等の記載に関する判決例

そして、本件明細書中には、本件発明を医療方法として用いることができることについては何ら言及されていないことを考慮すれば、本件発明が、「産業上利用することができる発明」(特許法29条1項柱書)であることを否定する理由はない。

(2) 医療行為方法について

　…本件発明が治療方法あるいは医業類似行為に用いることが可能であったとしても、本件発明が「産業上利用することができる発明」(特許法29条1項柱書)であることを否定する根拠にはならない。

知財高判平成25.08.28 平24(行ケ)10400

# 第Ⅵ章

# 権利行使に関する判決例

## 第Ⅵ章　権利行使に関する判決例

　ここでは、権利行使という観点から、明細書の記載がどのような点で問題となるか、また、有効な明細書の記載はどうあるべきかについて、判決例を参照しつつ説明する。

# 1．特許権及び特許発明の技術的範囲

　特許権については、法第68条に、「特許権者は、業として特許発明の実施をする権利を専有する」と規定され、特許発明を排他的に支配するものとされている。すなわち、特許権とは、特許発明の他人による実施を排して特許発明を独占的に実施することのできる権利であるということができる。
　そこで、この特許発明の独占的実施が認められる範囲である「特許発明の技術的範囲」について、特許法は「特許発明の技術的範囲は、願書に添付した特許請求の範囲の記載に基づいて定めなければならない」(法第70条第1項)と規定し、更に「前項の場合においては、願書に添付した明細書の記載及び図面を考慮して、特許請求の範囲に記載された用語の意義を解釈するものとする」(同条第2項)と規定している。

＊判決例
**知財高判平成18.09.28　平18(ネ)10007〔図形表示装置及び方法事件〕**
　特許権侵害訴訟において、特許発明の特許請求の範囲の文言が一義的に明確なものであるか否かにかかわらず、願書に添付した明細書の発明の詳細な説明の記載及び図面を考慮して、特許請求の範囲に記載された用語の意義を解釈すべきであるとした事例
(1)　判決要旨
　特許法第70条第1項は、「特許発明の技術的範囲は、願書に添付した特許請求の範囲の記載に基づいて定めなければならない」、同条第2項は、「前項の場合においては、願書に添付した明細書の記載及び図面を考慮して、特許請求の範囲に記載された用語の意義を解釈するものとする」と規定しているところ、元来、特許発明の技術的範囲は、同条第1項に従い、願書に添付し

た特許請求の範囲の記載に基づいて定められなければならないが、その記載の意味内容をより具体的に正確に判断する資料として明細書の記載及び図面にされている発明の構成及び作用効果を考慮することは、なんら差し支えないものと解されていたのであり（最判昭和50.05.27昭50(オ)54）、平成6年法律第116号により追加された特許法第70条第2項は、その当然のことを明確にしたものと解すべきである。

ところで、特許明細書の用語、文章については、①明細書の技術用語は、学術用語を用いること、②用語は、その有する普通の意味で使用し、かつ、明細書全体を通じて統一して使用すること、③特定の意味で使用しようとする場合には、その意味を定義して使用すること、④特許請求の範囲の記載と発明の詳細な説明の記載とは矛盾してはならず、字句は統一して使用することが必要であるところ（特許法施行規則様式29〔備考〕7、8、14イ）、明細書の用語が常に学術用語であるとは限らず、その有する普通の意味で使用されているとも限らないから、特許発明の技術的範囲の解釈に当たり、特許請求の範囲の用語、文章を理解し、正しく技術的意義を把握するためには、明細書の発明の詳細な説明の記載等を検討せざるを得ないものである。

また、特許権侵害訴訟において、相手方物件が当該特許発明の技術的範囲に属するか否かを考察するに当たって、当該特許発明が有効なものとして成立している以上、その特許請求の範囲の記載は、発明の詳細な説明の記載との関係で特許法第36条のいわゆるサポート要件あるいは実施可能要件を満たしているものとされているのであるから、発明の詳細な説明の記載等を考慮して、特許請求の範囲の解釈をせざるを得ないものである。

そうすると、当該特許発明の特許請求の範囲の文言が一義的に明確なものであるか否かにかかわらず、願書に添付した明細書の発明の詳細な説明の記載及び図面を考慮して、特許請求の範囲に記載された用語の意義を解釈すべきものと解するのが相当である。

(2) 解説

発明の技術的範囲の認定に当たって、特許請求の範囲の記載の文言が一義的に明確であるか否かにかかわらず、発明の詳細な説明の記載及び図面の記

載の参酌が許されることを明示的に示したものであり、特許権侵害訴訟における特許請求の範囲の解釈の基本を示した判決であるといえる。

## 2．特許発明の技術的範囲の確定

　侵害訴訟においては、問題とされる製品又は方法（通常、訴訟の場においては「イ号物品」又は「イ号方法」として表すことがある。本章では簡単に「イ号」ということがある。）が特許発明の技術的範囲に属するか否かが争われる。

　イ号が特許発明の技術的範囲に属するか否かの判断は以下の手法によってなされるのが普通である。

(1)　まず、特許請求の範囲の記載を要件ごとに分解（分説）する。例えば特許請求の範囲の記載が、「Aと、Bと、Cと、からなるD装置。」である場合、これを構成要件ごとに分説すると次のようになる。

　①　Aと、
　②　Bと、
　③　Cと、
　④からなるD装置。

(2)　次に、イ号について分説し、特許請求の範囲に対応させて、特徴を分説する。

　①　aと、
　②　bと、
　③　cと、
　④からなるd装置。

(3)　次に、両者を対比させることになるが、この対比は構成要件①についてみれば、aがAを充足するか否かを判断して行う。構成要件②ないし④についても同様に判断する。ここで、aがAを充足するとは、aがAと同じ構成と作用効果を有している場合をいう。そして、イ号が構成要件①ないし④を充足すると判断されたとき、イ号は特許発明の技術的範囲に属すると結論付

けられる（「文言侵害」という。）。一方、本件発明のいずれかの構成要件が充足されない場合にはイ号は技術的範囲に属しないこととなる。ただし、文言侵害が成立しない場合であっても、一定の条件を満たす場合に、例外的に「均等侵害」として侵害が認められる場合がある（後述の「8．均等論」参照）。

## 3．権利行使における特許明細書の役割

　上述のように、特許権の範囲を定める特許発明の技術的範囲が、特許明細書の記載、とりわけ特許請求の範囲によって定められるものであることからすれば、特許権の価値は、その特許明細書の出来いかんによって左右されると言っても過言ではない。

　ライセンス交渉あるいは侵害訴訟の場において、第三者の製造した製品、あるいは実施行為が当該特許発明の技術的範囲に属するか否かが争われるが、このとき、特許請求の範囲の解釈に当事者間で争いが生じ、これについて議論が戦わされるのである。すなわち、通常、訴訟において、原告側の特許権者は、相手側の製品が、当該特許発明の技術的範囲に属すると主張し、一方、訴えられた被告側は特許請求の範囲に属しないと主張して争う。

### 3．(1)　特許請求の範囲の役割

　対象製品（通常、「イ号物品」という。）が特許発明の技術的範囲に属するか否かは、特許請求の範囲の記載に基づいて判断される。したがって、特許権について争いが生じた場合には、まず、特許請求の範囲の記載及び明細書の記載内容が吟味されることになる。特に特許請求の範囲の記載は権利範囲そのものを示す部分であるから、その記載の文言そのものが問題となり、その記載内容は、客観的にも、真に権利者が意図する内容が特許請求の範囲の記載から把握できるか否か、特許明細書の記載全体があらゆる観点から吟味されることになる。例えば極端な例として、記載中の句読点の付け方によって意味するところが異なる場合もあり、これが争いの種となる場合もある。

#### 第Ⅵ章　権利行使に関する判決例

何の疑いもなく使用した技術用語が、極めて狭い意味に解釈される場合もある。

このように、権利行使の場面においては、特許明細書の記載内容が、俎上に載せられ攻撃にさらされるわけであり、特許明細書は、この攻撃に耐えられるものでなくてはならず、正に、特許明細書の質が問われる代表的な場面といえる。

特許請求の範囲については、既に第Ⅲ章で述べたように、特許請求の範囲の記載は、「請求項に区分して、各請求項ごとに特許出願人が特許を受けようとする発明を特定するために必要と認める事項の全てを記載しなければならない」（法第36条第5項）とされている。この規定からすると、特許請求の範囲は、特許を受けようとする発明を特定するために必要な事項を全て記載したものでなければならないから、特許成立後の特許請求の範囲に記載された発明、すなわち、特許発明は、その特許請求の範囲の記載された全ての事項によって特定されるものであるということとなる。

このように、特許請求の範囲には、発明を特定するための事項（構成要件）が記載されるが、この発明を特定するための事項の記載と特許発明の技術的範囲の関係を示すと次のようになる。

〔例〕

例1．【請求項1】体温を電気信号に変換して出力するセンサと、該センサの出力を温度値に変換して表示する表示部を備える電子体温計。

この場合、特許発明の電子体温計は「体温を電気信号に変換して出力するセンサ」（要件a）と、「センサの出力を温度値に変換して表示する表示部」（要件b）を備えるという事項によって特定される。

したがって、「体温を電気信号に変換して出力するセンサ」（要件a）と、「センサの出力を温度値に変換して表示する表示部」（要件b）をともに備えた電子体温計（要件a＋要件b）は、この特許発明の技術的範囲に属するということになる。なお、要件aと要件bを備えているものであれば、他の要件（構成要素）を追加的に有していてもこの特許発明の技術的範囲に属する。

例2．【請求項1】体温を電気信号に変換して出力するセンサと、該センサの出力を温度値に変換して表示する表示部と、センサ出力の変化が停止したことを検知して音声信号を発生する音声発生部を備える電子体温計。

　この場合、「体温を電気信号に変換して出力するセンサ」（要件ａ）と、「該センサの出力を温度値に変換して表示する表示部」（要件ｂ）と、「センサ出力の変化が停止したことを検知して音声信号を発生する音声発生部」（要件ｃ）を備える電子体温計（要件ａ＋要件ｂ＋要件ｃ）は、この特許発明の技術的範囲に属することになる。

　上記の２例を比較した場合、例えば音声発生部を備えていない電子体温計が第三者によって実施された場合、Ａの特許は、音声発生部（要件ｃ）に関する条件が付されていないため、この実施製品をカバーすることができる。一方、Ｂの特許の場合は、音声発生部（要件ｃ）を備えることが条件であるため、この製品をカバーすることができない。

例3．【請求項1】体温を電気信号に変換して出力する熱電対からなるセンサ（要件ａ′）と、該センサの出力を温度値に変換して表示する表示部（要件ｂ）を備える電子体温計。

　この場合、例えばセンサとして感温磁気素子が使われている電子体温計は、センサが熱電対であるという構成要件ａ′の条件を満たさないため、この製品をカバーすることができない。

　以上のように、特許請求の範囲の記載は、発明を特定するための事項（構成要件）が少ないほど、また、上位概念で記載するほど、権利範囲は広くなり、事項（構成要件）が多いほど、また、それを下位概念で記載するほど、権利範囲は狭くなる。

　特許請求の範囲の記載は、既に説明したように、「特許を受けようとする発明が発明の詳細な説明に記載したものであること（法第36条第6項第1

第Ⅵ章

## 第Ⅵ章 権利行使に関する判決例

号)」、また、「特許を受けようとする発明が明確であること（法第36条第6項第2号)」が必要である。権利行使の場面において、特許請求の範囲に記載された事項が不明確であると判断されたり、発明の詳細な説明との関係が不明瞭であると判断されたりすると、次の判決例に示されるように、権利行使上、不利益に扱われることが少なくない。

＊**判決例**
**東京地判平成06.02.09 平3(ワ)10082〔鍵盤楽器事件〕**
　特許請求の範囲の「性格の異なる2つの5音音階」が発明の詳細な説明に記載されている「2系列の日本音階」に限定して解釈された事例
(1)　判決要旨
　本件明細書の発明の詳細な説明欄には、「邦楽の音階その他の五音音階を主体に配列した鍵盤を有し」という記載があり、この記載部分のみからすると、本件発明の「性格の異なる2つの五音音階の鍵盤」には、右のような2系列の邦楽演奏のための五音音階の鍵盤だけでなく、「その他の五音音階」も含まれるかのようである。しかしながら、「その他の五音音階」が具体的にどのような性格の五音音階なのかは開示されておらず、その意味するところは極めて広範かつ不明確であって、邦楽演奏をしやすくするという本発明の目的に何ら資するところはないと言わざるを得ないし、本件明細書には、前記のように、邦楽には2系列の音階があることから、それぞれの系列の邦楽を演奏しやすいように配列した鍵盤を2段に組み合わせる構成のみが開示されているにすぎない。
　したがって、本件明細書の「その他の五音音階」という記載部分のみを根拠として、本件発明における五音音階が、系列化の困難な音階まで含むものと考えることはできず、本件発明における「性格の異なる2つの五音音階の鍵盤」とは、前記のとおり、本件明細書の2系列の邦楽を演奏するための五音音階の鍵盤に限られるとするのが相当である。
(2)　解説
　本件は特許請求の範囲に記載された「性格の異なる五音音階」の意味が不

明瞭であるとされ、結局は実施例に記載された「2系列の邦楽を演奏するための五音音階」に限定されて解釈されたものであるが、特許請求の範囲の記載に「性格の異なる五音音階」なる表現を使用したことからして、明細書の作成の段階においては、当然に実施例に限らない音階をも含ませる意図があったと推測される。しかしながら、裁判所の判断は、「性格の異なる」は不明瞭であるとするものであって、客観的にみて意味が確定できないという判断である。「性格の異なる五音音階」について、邦楽の音階に限ることなく他の音階も明細書中に他の実施例とともに記載されていれば、また、別の結論となり得たものと考えられる。

**＊判決例**
**東京地判平成29.07.27 平28(ワ)35763〔会計処理方法事件〕**
　機械学習を利用して生成されたアルゴリズムの適用は対応テーブルを参照していないので、非侵害であるとされた事例
(1) 判決要旨
　構成要件13Eは、「前記対応テーブルを参照した自動仕訳は、前記各取引の取引内容の記載に対して、複数のキーワードが含まれる場合にキーワードの優先ルールを適用し、優先順位の最も高いキーワードにより、前記対応テーブルの参照を行う」というものである。被告方法が上記アのとおりの本件発明13における「取引内容の記載に複数のキーワードが含まれる場合には、キーワードの優先ルールを適用して、優先順位の最も高いキーワード1つを選び出し、それにより取引内容の記載に含まれうるキーワードについて対応する勘定科目を対応づけた対応テーブル（対応表のデータ）を参照することにより、特定の勘定科目を選択する」という構成を採用しているとは認めるに足りず、かえって、被告が主張するように、いわゆる機械学習を利用して生成されたアルゴリズムを適用して、入力された取引内容に対応する勘定科目を推測していることが窺われる。…したがって、被告方法は構成要件13C及び13Eを充足しない。
(2) 解説

## 第Ⅵ章 権利行使に関する判決例

ソフトウエア関連特許について侵害・非侵害が争われた事例。被告製品の具体的な入出力データに基づき、特許発明の一部構成要件を充足していないことが立証された。

＊判決例
**知財高判平成30.05.24 平29（ネ）10033〔改修引戸装置事件〕**
　「ほぼ同じ高さ」の解釈を与えた事例
(1)　判決要旨
　構成要件Eの「ほぼ同じ高さ」とは、「取付け補助部材」の高さ寸法を既設下枠の寸法、形状に合わせたものとすることにより、「背後壁の上端」と「改修用下枠の上端」とを、その間に高さの差が全くないという意味での「同じ高さ」とする構成を念頭に、しかし、そのような構成にしようとしても寸法誤差、設計誤差等により両者が完全には「同じ高さ」とならない場合もあり得ることから、そのような場合をも含めることを含意した表現であると理解される。
　被告各装置には、既設下枠の背後壁の上端と改修用下枠の上端の高さの差が5mm未満のものは存在せず、その理由は、控訴人が意識的に既設下枠の背後壁の上端と改修用下枠の上端との高さに5mm以上の差を設けていることによるものと認められる。そうすると、被告各装置は、「既設下枠の背後壁の上端」と「改修用下枠の上端」とを「同じ高さ」にしようとはしておらず、その結果、両者の高さの差がバリアフリーの観点から明らかに「段差」と評価される程度に至っていることから、構成要件Eを充足せず、本件発明の技術的範囲に含まれないというべきである。この認定に反する被控訴人らの主張はいずれも採用し得ない。
(2)　解説
　「ほぼ同じ高さ」が、同一の高さだけに限定されずに寸法誤差程度の差がある場合も含むと解釈された上で、被告製品が5mm以上の差があることにより構成要件非充足と判断された。明細書を作成する際に、幅のある用語を使用するだけでは十分とはいえず、どの程度の差まで権利範囲に含まれるか

を明確に定義しておくことが好ましい。

**＊判決例**
**東京地判平成19.07.26 平17(ワ)10223〔プラズマエッチング設備におけるエンドポイントの検出装置事件〕**

特許発明（特許第3148128号）の構成要件F「かつ前記ブラケットは反応室内のプラズマとの間に設けられる電界の強さを減らすことができるように前記感知窓を前記ブラケットとの間に所定の空間を確保して取り付けられる」における「所定の空間」の意義が争点となった事例

(1) 判決要旨

本件特許発明における「所定の空間」とは、感知窓が反応室壁の外に突出した部分の外周とブラケットの内周との間に設けられた空間で、感知窓とブラケットが接触しないようにするものであり、これにより反応室内のプラズマとブラケットとの間に形成される電界の強度が減少するとの効果を奏するものをいうと解すべきである。イ号物件の感知窓が反応室壁の外側に突出した部分の外周とその外側に取り付けられたブラケットとの内周との間には「空間」が設けられており、そのため、感知窓とブラケットが接触していない。そして、イ号物件における上記空間により、反応室内のプラズマとブラケットとの間に形成される電界の強度が減少することは明らかである。したがって、イ号物件における上記「空間」も、本件特許発明の構成要件Fにいう「所定の空間」に該当するものと認められる。

(2) 解説

本件において、被告は、「所定の空間」について、「本件明細書には「…電界の強さを減らすことができるように、前記感知窓20との距離Lができる限り遠く離れるように設置しなければならない。望ましくは5mm以上の空間を確保するのがよい」という記載しかなく、図4及び図5にも、単に距離Lの寸法線が示されているだけで、電界を減らす程度の大きさの意義を把握することができないと主張したが、判決は、感知窓とブラケットの間に両者が接触しない「空間」が設けられていれば、「所定の空間」の要件を満たすと

した。明細書の記載からすると、単に接触させない空間というだけのものでもないように思われるが、明細書記載の5mm以上の根拠が不明としつつ、5mm以上でなければ、所期の目的を達成できないものではないとして、被告の主張を退けている。ただし、本件では、被告の先使用権が認められた。

　特許請求の範囲の記載において、ある物理量を具体的数値範囲で特定することなく、「所定の」用語を使用して特定することがある。特許請求の範囲の記載において、「所定の」の用語自体からはその意味を確定することができないため、その意義については、当然に明細書の記載が参照されることとなる。後にその用語の意義について問題とされる場合を想定して、少なくとも、作用効果との関連において、その根拠を明らかにしておくことは必要であろう。

**＊判決例**
**東京高判平成17.01.27 平16(ネ)1589〔液晶組成物事件〕**
　「『AとBからなる』との文言は、AとB以外の第三成分を排除する趣旨で使用する」と解釈された事例
(1)　判決要旨
　控訴人は、本件明細書の特許請求の範囲には、「一般式(1)で表される非カイラル化合物」と「一般式(2)又は(3)で表されるカイラル化合物」のみからなる「液晶組成物」と記載されていないのであって、「AとBからなる」との文言は、「AとBを用いている」との文言と同義であり、AとB以外の第三成分を排除する意味合いはないと主張する。

　確かに本件明細書の特許請求の範囲には、「下記一般式(1)で表される非カイラルな化合物と、吸着剤に対する吸着性が一般式(1)で表される非カイラルな化合物より大きくない下記一般式(2)または一般式(3)で表されるカイラルな化合物からなり、…アクティブマトリックス用ネマチック液晶組成物」と記載されていて、「一般式(1)で表される非カイラル化合物」と「一般式(2)又は(3)で表されるカイラル化合物」のみからなる「液晶組成物」とは記載されていない。

しかし、「AとBからなる」との文言は、AとB以外の第三成分を排除する趣旨で使用するのが通常であるから、本件明細書の特許請求の範囲や発明の詳細な説明にAとB以外の第三成分を明示的に加える旨の記載があるなどの特段の事情が認められない限り、「AとBからなる」との文言が「AとBを用いている」との文言と同様にAとB以外の第三成分を排除する意味合いがないと解することはできない。

(2) 解説

「AとBからなりCを含まない組成物」は「AとBのみからなる組成物」を意味しており、特段の事情がない限り、「AとB以外にDも含む組成物」は発明の技術的範囲に含まれないとされた。

＊判決例
**大阪地判平成16.02.10 平11(ワ)3012〔サーマルヘッド用印刷回路基板事件〕**
「よりなる」を「のみよりなる」と解釈された事例
(1) 判決要旨

本件発明は、有機金ペーストを採用したことによる不都合を解消するために、従来技術と異なり、ボンディングパッド部の表層部分に限り、有機金ペーストに代わるものとして無機金ペーストを採用したものであって、このような重要な構成要素である無機金ペーストの一部でも従来使用されていた有機金ペーストにするようなことは、従来技術の問題点が改めて生じかねず、本件発明の予定していないところというべきである。このことは、本件特許の出願経過上、拒絶査定に対する審判請求事件において、拒絶査定の根拠となった引用例との相違点につき、「本願発明は、抵抗体から導出される導体パターンのほとんどを有機金とし、その末端部（ボンディングパッド部）の表層のみを無機金とした点で、引用例とは全く異なります」と原告が主張し、本件明細書の発明の詳細な説明においても、課題を解決するための手段及び作用の項において、「導体パターンの末端部に形成される幅広のボンディングパッド部の表層を構成する無機金ペースト」とするのに対し、「ボンディングパッド部以外の導体パターンは、従来と同様有機金ペーストで構成され

## 第Ⅵ章 権利行使に関する判決例

ている」と、発明の効果の項においても、「導体パターンは有機金ペーストより形成してある」とするのに対し、「前記導体パターンの末端部に形成する幅広のボンディングパッド部の表層は無機金ペーストより形成してある」と、それぞれ無機金ペーストと有機金ペーストとを対照的に記載していることからも裏付けられる。

　したがって、このような本件発明の内容等に照らせば、本件発明の構成要件Cにいう「無機金ペーストよりなる」というのも、有機金ペーストを含まないという意味で、無機金ペーストのみよりなることを予定しているというべきであり、有機金ペーストよりなる場合はもとより、無機金ペーストと有機金ペーストとを混合したものよりなる場合は、上記構成要件を充足しないというべきである。

(2) 解説

　「よりなる」を「のみよりなる」と解釈された本事例は、明細書の「課題を解決するための手段」の欄の記載と、出願経過を参酌した上で、判決がなされたものである。

　このような判決が存在する以上、特許請求の範囲を作成する際、他の成分・要素を必ず排除しなければならない場合を除き、「よりなる」「からなる」の記載を避けることが賢明であろう。

＊判決例
**最判平成27.06.05 平24(受)1204〔プラバスタチンラクトン及びエピプラバスタチンを実質的に含まないプラバスタチンナトリウム、並びにそれを含む組成物事件〕**
〔原審：知財高判平成24.01.27 平22(ネ)10043〕

　いわゆるプロダクト・バイ・プロセス・クレームの特許発明の技術的範囲の確定の在り方について争われた事例

(1) 判決要旨

　① 特許が物の発明についてされている場合には、その特許権の効力は、当該物と構造、特性等が同一である物であれば、その製造方法にかかわ

らず及ぶこととなる。

　したがって、物の発明についての特許に係る特許請求の範囲にその物の製造方法が記載されている場合であっても、その特許発明の技術的範囲は、当該製造方法により製造された物と構造、特性等が同一である物として確定されるものと解するのが相当である。

② 物の発明についての特許に係る特許請求の範囲にその物の製造方法が記載されている場合において、当該特許請求の範囲の記載が特許法第36条第6項第2号にいう「発明が明確であること」という要件に適合するといえるのは、出願時において当該物をその構造又は特性により直接特定することが不可能であるか、又はおよそ実際的でないという事情が存在するときに限られると解するのが相当である。

(2) 解説

　従来、特許権侵害訴訟において、プロダクト・バイ・プロセス・クレーム（PBPクレーム）の技術的範囲については、「製造方法によって特定された物に限定されず、物質が同じなら侵害していると判断すべき」（物質同一説）と、「製造方法が違う場合は侵害しない」（製法限定説）とで学説や判決が分かれていたが、本件の原審である平22(ネ)10043の判決（知財高裁大合議体）は、製法を特定した物の発明の特許権は、「同じ方法で作られた物」に限られる」との原則を示し、その上で、「物の構造又は特性により直接的に特定することが出願時において不可能又は困難であるとの事情が存在するとき」は、製造方法に限定されることなく、「物」一般に及ぶと解釈されることとした。しかしながら、本判決は、上記原審の考え方を否定し、上記判決要旨①に示すように、PBPクレームの技術的範囲について、「当該製造方法により製造された物と構造、特性等が同一である物として確定されるものと解するのが相当である」として物同一説を採用することを明確にしたものであるが、一方において、上記判決要旨②に示すように、PBPクレームが「特許法第36条第6項第2号にいう『発明が明確であること』という要件に適合するといえるのは、出願時において当該物をその構造又は特性により直接特定することが不可能であるか、又はおよそ実際的でないという事情が存在する

### 第Ⅵ章　権利行使に関する判決例

ときに限られると解するのが相当である」としており、原則としてPBPクレームは明確性要件に適合しないとして扱われることになる。

なお、PBPクレームに関する事件として、同日に最高裁判決が出されており（平24(受)2658)、PBPクレームの発明の認定について、同趣旨の判断が示されている。

＊判決例
知財高判平成30.01.25 平29(ネ)10072〔人脈関係登録システム、人脈関係登録方法と装置、人脈関係登録プログラムと当該プログラムを記録したコンピュータ読取可能な記録媒体事件〕
　「送信したとき」の解釈が争点となった事例
(1) 判決要旨

　原判決が適示する広辞苑第六版（甲9）、大辞林第三版（甲10）、用字用語新表記辞典（乙22）及び最新法令用語の基礎知識改訂版（乙23）の各記載によれば、構成要件1D及び1Fにおける「送信したとき」の「とき」は、条件を示すものと解釈するのが日本語的に素直な解釈であるというべきであり、この点に関する原判決の認定判断に誤りがあるとは認められない。また、仮にこれが時（時間）を表す表現であると解釈したとしても、先後関係を問わない、ある程度幅をもった表現といえる「送信するとき」ではなく、あえて過去形であり動作が完了していることを表す表現である「送信したとき」という文言が用いられていることからすれば、「送信」と「関連付け」との先後関係については、やはり「送信」が「関連付け」に先行すると読むのが日本語的に素直な解釈であるというべきである。したがって、構成要件1D及び1Fにおける「送信したとき」の「とき」を条件又は時（時間）のいずれに解釈したとしても、特許請求の範囲の記載は、「送信」を先に実行し、その後に「関連付け」を実行することを規定するものと解釈するのが相当である。

(2) 解説

　クレームに記載された「…とき」の意味を解釈する上で参考になる判決で

ある。なお、控訴人は「仮に原判決のとおりに解釈したとしても、被控訴人サーバが少なくとも本件各発明と均等なものとして、その技術的範囲に含まれる」とも主張したが、原審の争点整理段階でそのような均等侵害の主張をしていなかったため、時機に後れた攻撃防御方法に当たるものとして却下された。

## 3．(2)　明細書の役割

　特許発明の技術的範囲は、特許請求の範囲の記載により定められるが「発明の詳細な説明」の記載が考慮されないというわけではない。すなわち、特許法には「願書に添付した明細書の記載及び図面を考慮して、特許請求の範囲に記載された用語の意義を解釈するものとする」と規定されている（法第70条第2項）。

　発明の詳細な説明は特許請求の範囲に記載された発明を裏付けるものであるから、特許請求の範囲を解釈する場合の資料となることは当然である。したがって、例えば特許請求の範囲に記載される用語の意義が一義的に定まらないような場合に、まず、発明の詳細な説明の記載が参考とされる。このような意味において、明細書の発明の詳細な説明の記載が特許発明の技術的範囲の解釈に当たり最も重要な判断材料となるといえる。

　しかしながら、特許発明の技術的範囲を特許請求の範囲の記載を離れて発明の詳細な説明の実施例に限定して解釈することや、発明の詳細な説明に記載されているが特許請求の範囲に記載されていない事項を特許発明の技術的範囲に含めることは許されない。

　発明の詳細な説明は、当業者が実施し得る程度に明確にかつ十分に記載しなければならないとされている（法第36条第4項第1号）。このことは、特許は社会に対して技術を公開したことの代償として付与されるものであり、これを保証するための規定といえるから、権利付与後に、明細書の発明の詳細な説明の記載を検討した結果、特許請求の範囲の記載と発明の詳細な説明の記載に矛盾があったり、あるいは、特許請求の範囲に記載した事項について、具体的な開示が不足したりしていることが判明した場合、意図した権利

第Ⅵ章　権利行使に関する判決例

を主張することは困難になると覚悟しなければならない。

＊判決例
**知財高判令和03.11.25　令3（ネ）10058〔遠隔監視方法および監視制御サーバ事件〕**
　被告製品は、本件発明の「携帯端末」には当たらず、また、本件発明と均等なものとの主張自体、当を得ないものであるとされた事例
（1）判決要旨
（文言侵害の成否について）
　ここでいう「携帯端末」は、通常の用語からすると、携帯することが可能な端末であると理解することはできるが、携帯することが可能である端末は種々のものが想定されるため、その端末の種別は特許請求の範囲からは必ずしも一義的に明確に定義することはできない。
　そこで、特許請求の範囲に記載された用語の意義を解釈するために、本件明細書の記載についてみると、本件明細書には、「本発明のさらに好ましい実施態様においては、前記コンテンツが、受理された画像の略中央部部分の画像から構成される。これにより、表示装置が小さい携帯端末において、顧客により十分認識可能な画像を表示することが可能となる。‥‥」（【0007】）、「このように構成された監視システム10において、ある施設の所有者や管理責任者である顧客は、監視を必要とする施設、監視サービスの内容、顧客の携帯端末やPDAなどの携帯端末28などを、制御サーバ24の側に伝達する。これは‥‥ユーザが携帯端末やパーソナルコンピュータなどを利用してインターネットを介して、上記情報を制御サーバ24に伝達してもよい」（【0019】）、「なお、上記コンテンツは、CCDカメラ14にて撮影されキャプチャされた画像全体ではなく、中央部の所定の範囲の画像とするのが望ましい。これは、携帯端末の表示装置は非常に小さいため、全体を表示すると、顧客により認識不可能な画像となる可能性があるからである。‥‥」（【0023】）、「上記画像DB52の画像は、顧客の要求により所望のように取得することができる。これは、たとえば、携帯端末28から指示を与えることにより、或いは、他の

パーソナルコンピュータから指示を与えることにより実現される。… ユーザ（顧客）は、携帯端末やパーソナルコンピュータを操作して、制御サーバ24にアクセスするときに、顧客IDおよびパスワードを伝達する（ステップ701）…」（【0031】）「…上記ステップ704、714は、特に、携帯端末28にて画像を参照しているときに有用である。或いは、パーソナルコンピュータなどにて画像を参照している場合には、上記ステップ704、714を省略して、顧客の側において画像をプリントアウトしてもよい」（【0033】）との記載があり、【図1】には「携帯端末28」として携帯電話が描かれている。

　このように、本件明細書においては、「携帯端末」は、「表示装置は非常に小さい」もの（【0007】【0019】）であり、「PDA」（Personal Digital Assistant）を含むが（【0019】）、「パーソナルコンピュータ」とは別の端末（【0019】、【0031】、【0033】）としてその用語が用いられている。

　したがって、本件発明1の「携帯端末」は、表示装置が小さい端末であり、典型的には携帯電話端末を念頭に置いたものであり、少なくともパソコンとは別の端末であると解することができる（均等侵害の成否について）。

　これに対し、被告製品は、監視装置からの異常検出によって監視装置により撮影された画像データを伝達する端末は、携帯電話のような表示装置が小さい端末ではなく、また、端末からの遠隔操作命令により受理された画像のうち他の領域の画像を参照すること示す命令である「パンニング」を含む遠隔操作命令を受理し、その領域の画像を携帯端末に伝達するステップを含まないため、顧客がいずれの場所においても施設の異常等を適切に把握することができ、表示装置が小さい「携帯端末」でも顧客は十分に認識可能な画像を表示することができ、顧客が参照したい領域を特定して「携帯端末」に提示することができるようにしたことにより、施設の所有者や管理責任者が外部からの侵入や異常の発生を知り、その内容を確認することができるという本件各発明の効果を奏するものと認めることはできない。

　したがって、被告製品は、本件各発明の本質的部分を備えているものと認めることはできず、被告製品の相違部分は、本件各発明の本質的部分でないということはできないから、均等論の第1要件を充足しない。

# 第Ⅵ章 権利行使に関する判決例

図1

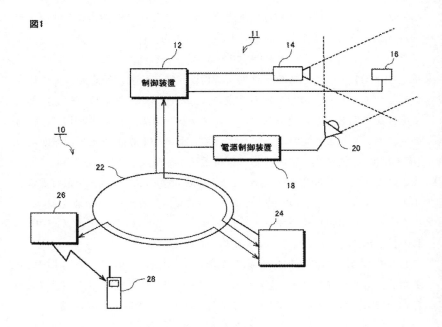

(2) 解説

　特許権者は、特許出願時は既にノート型パソコンが主流となっていたから、「パソコン」を本件各発明における「携帯端末」と称しても何ら差し支えない旨、また、本件各発明は、携帯端末の形態及び形状を問題としておらず、携帯電話は広義のパソコンであるといえる旨を主張したが、判決は、本件各発明における「携帯端末」は、携帯電話のような表示装置が小さい端末であり、少なくともパソコンを含まないものであり、また、その相違は本質的部分であると判示した。

＊判決例
東京地判平成13.05.29 平11（ワ）3942〔艶出し洗浄方法事件〕
　特許請求の範囲に記載された「泡調整剤」の用語は一般的に用いられるものでなく、明細書中にも定義されていないから、明細書に記載された作用効

果を奏する「泡調整剤」と解すべきと判断されて権利行使が不成功に終わった事例

(1) 判決要旨

「泡調整剤」という用語は、技術用語として一般に用いられるものではなく、本件明細書中にも何ら定義されていない。結局、「泡調整剤」の意味は明確でなく、本件明細書に記載された作用効果を奏するものを「泡調整剤」と解するほかない。すなわち、基剤に2ｗｔ％を超えない範囲で配合され、発生した泡を消泡させる作用を奏するものと考えるべきである。

原告の主張するように、被告製品の混合物に含まれる低モル付加物に消泡作用があるとしても、それが基剤に含まれる乳化剤である界面活性剤に分布して存在しているものである限り、基剤に加えられた別個の成分とならないから、本件特許発明の「泡調整剤」とはいえないというべきである。

(2) 解説

本事件は、特許請求の範囲の記載中の「泡調整剤」なる用語の意味が不明瞭であるとして、その意味を明細書に記載された作用効果を奏するものとして、限定的に解釈された例である。権利を広く取得する目的で抽象的あるいは成熟していない用語を使用すると、意図に反して限定的に解釈される場合がある。このような場合、不明瞭と攻撃されないようにするためにも、明細書中に定義をしておくなり、実施例において対応関係が明確となるようにしておく必要がある。

＊判決例

**東京地判平成15.02.13 平14(ワ)3021〔電子翻訳装置事件〕**

補正により削除された出願当初明細書の記載部分をも参酌して構成要件の技術的解釈がなされた事例

(1) 判決要旨

本件明細書の記載によれば、本件特許発明は、翻訳動作の実行を自動的に指示するものであり、人の手が介入することを排除するものであることが、明らかである。

#### 第Ⅵ章　権利行使に関する判決例

　当初明細書と本件明細書を比較すると、本件明細書では、上記のような大幅な補正による変更があり、かつ、発明の趣旨を記載した部分がまるごと削除されているため、本件特許発明の特徴部分が何であるかは非常に理解しにくくなっているといえる。しかしながら、上記当初明細書の記載からは、本件特許発明の特徴は、単語であれ、文章全体であれ、元言語の対象部分の読み取りが終了し、読み取り終了指示が出されると、自動的に翻訳が開始される点にあると認められる。

　被告製品は「文章終端マーク」を検出することによって「文翻訳手段」の動作が指示されているとはいえない。

(2)　解説

　本件発明の「指示手段」は、実施例などの記載を根拠に、「読み取り手段」の動作時に終端マークを検出するものと解すべきであるとされた。文字読み取り機能が停止している状態で、「文翻訳手段」に対して動作を指示する手段は含まないと限定的に解釈された。「文翻訳手段」の「文翻訳」には単語翻訳、逐語翻訳なども前処理は含まないとされ、終端マークが検出されるまでは「文翻訳」は開始されないとの原告の主張は認められなかった。


＊判決例
#### 東京地判平成13.09.28 平11（ワ）25247〔情報伝達方式事件〕

　明細書中の課題及び解決手段の参酌により、クレームの文言が狭く解釈された事例

(1)　判決要旨

　「コンピュータ」の処理負担を軽減するためには、「コンピュータ」のハードウエアの仕事量自体を減少させることが必須であり、不揮発性バッファメモリを設けるのみならず、「コンピュータ」のハードウエアから独立した「伝送制御手段」を設けることによって初めて「コンピュータ」の処理負担を軽減することが可能になるというべきであり、原告の主張は採用できない。

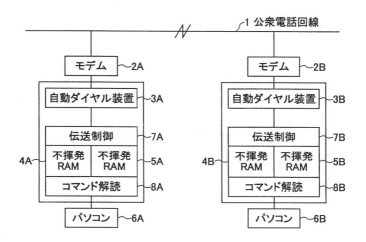

(2) 解説

本件は、明細書中の課題と解決手段を参酌することで、「伝送制御手段」が「コンピュータ」とは別のハードウエアとして解釈された事例である。

**＊判決例**

**東京地判平成16.12.28 平15(ワ)19733〔アイスクリーム充填苺事件〕**

特許発明（特許第3359624号）の構成要件「外側の苺が解凍された時点で、柔軟性を有し且つクリームが流れ出ない程度の形態保持性を有していることを特徴とする」について、実施例に記載のとおりの「寒天及びムース用安定剤」を含有することが必要であるとして限定的に解釈された事例

(1) 判決要旨

本件特許請求の範囲の「外側の苺が解凍された時点で、柔軟性を有し且つクリームが流れ出ない程度の形態保持性を有していることを特徴とする」との記載は、「新鮮な苺のままの外観と風味を残し、苺が食べ頃に解凍し始めても内部に充填されたアイスクリームが流れ出すことがなく、食するのに便利である」(明細書【0008】) という本件特許発明の目的そのものであり、かつ、「柔軟性を有し且つクリームが流れ出ない程度の形態保持性」という文

#### 第Ⅵ章　権利行使に関する判決例

言は、本件特許発明におけるアイスクリーム充填苺の機能ないし作用効果を表現しているだけであって、本件特許発明の目的ないし効果を達成するために必要な具体的な構成を明らかにするものではない。

　特許請求の範囲が、上記のように、作用的、機能的な表現で記載されている場合には、当該記載に加えて明細書の発明の詳細な説明の記載を参酌し、その範囲を確定すべきものと解するのが相当である。

　本件明細書の発明の詳細な説明によれば、本件特許発明における「外側の苺が解凍された時点で、柔軟性を有し且つクリームが流れ出ない程度の形態保持性を有していることを特徴とする」アイスクリームに該当するためには、通常のアイスクリーム成分のほか、少なくとも「寒天及びムース用安定剤」が含まれていることが必要である。

　これに対して被告製品は、前記記載の工程を経て製造されるもので、その成分の構成は、別紙「苺アイス成分配合表」に記載のとおりであるから、その成分に「寒天及びムース用安定剤」が含まれていないことは明らかであり、本件特許発明の技術的範囲に含まれない。

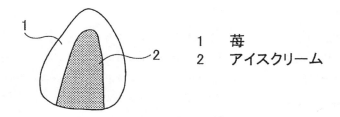

(2) 解説

　特許請求の範囲の記載が機能的表現の記載を含むものであったために、当該部分について実施例に記載のとおりに限定的に解釈されて権利行使が不成功に終わった事例である。特許請求の範囲に記載された発明の構成が、作用的、機能的な表現で記載されている場合において、全てその技術的範囲に含まれていると解すると、明細書に開示されていない技術思想に属する構成までもが発明の技術的範囲に含まれることとなり、出願人が発明した範囲を超

えて特許権の保護を与える結果となりかねず、特許法の理念に反するという考えに基づくものである。特許請求の範囲に機能的表現を含む場合には、明細書には豊富な実施例を盛り込むように心掛けることが必要である。単一の実施例にのみ裏付けされた機能的な表現の特許請求の範囲は、このように、実施例に限定されて解釈される危険が多い。なお、機能的に記載された特許請求の範囲については、後述の「7．機能的に記載された特許請求の範囲の解釈」も参照されたい。

**＊判決例**
**東京地判平成18.03.29 平17(ワ)1104〔除湿装置事件〕**
　特許請求の範囲に記載された用語について、明細書を通じて一貫した概念と使用されていないために、特定の実施例を参酌して限定的に解釈されて非侵害とされた事例
(1)　判決要旨
　本件発明（請求項5）の構成要件Ⅷの「パージエア取入領域」について、本件明細書の各実施例の説明において、「パージ通路」との区別は明確でなく、同じ「パージエア取入領域」の語によって示される部分も、各実施例によっては必ずしも同一でない。そして、本件明細書の特許請求の範囲には、本件発明（請求項5）以外にも請求項1から請求項4が記載されているところ、本件明細書に開示されている各実施例の中には、本件発明の実施例であるかどうかは明らかでないものもあるから、本件発明の構成要件Ⅷの「パージエア取入領域」の解釈に当たっては、本件発明の作用効果についての記載、及び当事者間について争いのない第8実施例の記載を参酌するのが最も適切である。

## 第Ⅵ章　権利行使に関する判決例

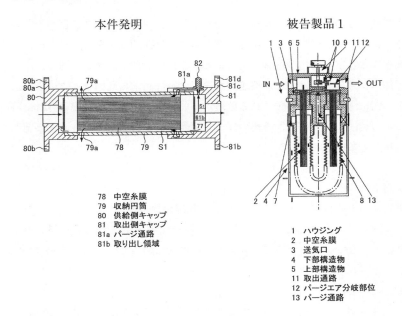

本件発明の作用効果の記載及び同実施例の構成からすれば、本件発明の作用効果のうち、「ケースには複雑な通路を形成する必要がない」とは、ケースには単なる開口以上の通路を形成する必要がないという意味であると考えられ、本件発明の「パージエア取入領域」は、この単なる開口だけを介して低圧領域に直結していることが必要であると解される。

被告製品の下部構造に形成された上記各Ｌ字型の通路は、ハウジングケースにおける単なる開口などとは異なる複雑な通路であるし、上部構造物に形成された取出通路等よりも長いものであるから、原告が「パージエア取入領域」と主張する領域が、単なる開口だけを介して低圧領域に直結しているということはできない。

(2) 解説

本件明細書の第1実施例では、「パージエア取入領域」と「パージ通路」とは異なる部分として説明され、第2実施例では、「パージエア取入領域としてのパージ通路17e」と記載され、「パージエア取入領域」が「パージ

通路」を意味するように記載される等、「パージエア取入領域」について、「パージ通路」との区別が明確でなく、同じ「パージエア取入領域」の語によって示される部分も、各実施例によって同一でないため、結局、特定の実施例に基づいて上記判示のように解釈されたものである。特許請求の範囲に使用する用語について、実施例の対応関係が明瞭でない場合や統一的な意味で使用されていない場合に本例のように不利な結果となる場合が生ずる。明細書作成に当たっては十分に留意すべきである。

## 4．特許請求の範囲の解釈における判断資料

　技術的範囲の確定は、前述のように特許請求の範囲の記載を基に明細書及び図面の記載を参酌して行われるが、これだけで常に明確に解釈できるとは限らない。このような場合には更に他の資料が参酌される。以下、参考資料が参酌された例を示す。

### 4．(1)　出願時の技術水準

　特許発明は出願時の技術水準に照らして、新規性、進歩性ある発明に付与されるものである以上、特許請求の範囲の解釈に際しても、出願時の技術水準が当然に考慮される。

　例えば特許請求の範囲をその文言通りに解釈すると、公知の技術を含んでしまうような場合、これをそのまま解釈することは不合理であるとして、公知のものを含まないように解釈することが行われる場合がある（公知技術除外説、公知技術抗弁説）。通常は、技術的範囲を限定する方向で解釈され、結果として、要件を充足しないとの結論に至る場合が多い。

　ただし、特許請求の範囲が公知技術を含むと、特許発明は、無効理由を有することとなり、権利行使が制限されるため（後述の「10．無効理由が存在する場合」も参照）、最近では、被疑侵害者側は法第104条の3に基づいて特許無効の抗弁を主張して争う場合が多い。

# 第Ⅵ章　権利行使に関する判決例

**＊判決例**
**最判昭和49.06.28　昭47(オ)659〔シャッター事件〕**
　公知の部分を除外して特許発明の技術的範囲を確定すべきと判示した事例
(1)　判決要旨
　特許権は新規な工業的発明に対して与えられるものである以上、その当時において公知であった部分は新規な発明とはいえないから、特定の特許発明の技術的範囲を確定するに当たっては、その当時の公知の部分を除外して新規な技術的思想の趣旨を明らかにすることができるものと解するのが相当である。
(2)　解説
　この判決の趣旨は、特許請求の範囲の記載どおりにその特許発明の技術的範囲を認定すると、出願時における公知技術を含むこととなり、このような場合は、その公知技術を含まないように、技術的範囲を定めることができるというものである。

## 4.(2)　出願審査経過（包袋資料の参酌）

　出願から登録までの手続において出願人が表明した認識や意図が参酌される。この包袋資料（特許庁に出願、提出された書類、特許庁から発送された書類）を参酌することについては、発明者ないし出願人が認識した限度内で発明を保護すればよいという「認識限度論」と、出願人が審査や審判の過程、あるいは審決取消訴訟などで公に表明した事項について、後に、これに反することを主張することは信義則に反するとするもので許されないとする、いわゆる「エストッペル法理」（包袋禁反言）との２つの側面を持つ。
　具体的には以下のような例が挙げられる。
　　イ　拒絶理由通知書に対する意見書で主張した内容や補正した事項を参酌して解釈される場合。
　　ロ　異議申立てに対する答弁書の内容が参酌されて解釈される場合。
　　ハ　分割出願や変更出願の原出願の審査手続が参酌される場合。
　　ニ　無効審判に対する答弁書や訂正請求書で述べた内容が参酌される場合。

＊判決例
知財高判平成26.03.13 平25(ネ)10091〔美顔器事件〕
　出願過程において、出願人が本件発明から意識的に除外した技術であると認定された事例
(1)　判決要旨
　上記(1)の経過に加え、前記1(3)認定の公知技術によれば、引例7に係る発明は、弁杆に相当するバルブが上昇した際にガス流通路が閉塞され、バルブが下降した際にガス流通路が開通する機構を有するものであったことに照らせば、控訴人は、引例7の存在を理由とする拒絶理由を回避するために、本件特許発明における弁杆の連動とガス流通路の開閉との関係を補正④のように補正することにより、引例7が開示するのと同様の構成、すなわち弁杆が上昇した際にガス流通路が閉塞され、弁杆が下降した際にガス流通路が開通する構成を意識的に除外したということができる。
(2)　解説
　原告は、意見書では引例7と特許発明との間の構成及び効果の相違を主張していないから意識的除外に当たらない旨を主張したが、出願経過からみて引例7に開示された構成を除外したものと判断せざるを得ないと判示された。


＊判決例
東京地判平成26.04.16 平24(ワ)24317〔ハイドロキシシンナム酸誘導体又はこれを含むトウキ抽出物を含有する痴呆予防及び治療用の組成物事件〕
（控訴審：知財高判平成26.10.23 平26(ネ)10051）
　本件特許の出願経過からすると、被告製品が本件発明の技術範囲に属すると主張することは、禁反言の原則により許されないとされた事例
(1)　判決要旨
　本件特許の出願経過に鑑みると、特許庁審査官は、出願当初の請求項1ないし7（補正後の請求項1ないし6）記載の発明は、その文言が単なる「組成物」であってもそれが医薬組成物に係る発明であることを前提とし、また、前同請求項8ないし13（前同7ないし12）記載の発明は食品組成物に係る発

明であることを前提とした上で審査し、同請求項1ないし7に係る発明について引用文献2を適用して新規性を有しないとしない一方で、同請求項8ないし13に係る発明については、引用文献2との関係で新規性を有しないとして拒絶査定をすると、本件特許権者が当該請求項を全て削除する補正をしたことから、本件発明がもはや食品組成物に係る発明を含まない医薬組成物に係る発明であることが明かになり、更に前記イ（オ）の「フェルラ酸又はイソフェルラ酸である」との記載を追加する補正により、引用文献1との関係でも新規性が肯定できるとして、本件発明について特許査定したものと認められ、本件特許権者においては、かかる特許庁審査官の認識を前提に対応して、前記イの補正を経て本件発明の特許査定に至ったものと認められる。

また、本件発明は、痴呆「予防及び治療用の」組成物であると記載されるところ、食品は治療の用途で用いられるものでないから、痴呆の予防のみならず「治療用の」組成物であるとした上記記載の組成物は、食品組成物でなく、医薬組成物であると解するのが自然である。そうすると、上記出願経過を経て、特許査定がされた本件発明において、原告が、構成要件Cの「組成物になお、食品組成物が含まれると解されるとして、被告各製品が本件発明の技術的範囲に属すると主張することは、禁反言の原則により許されないと解するのが相当である。

参考：本件特許クレーム

「【請求項1】　フェルラ酸又はイソフェルラ酸であるハイドロキシシンナム酸誘導体又はこれの薬学的に許容される塩を痴呆の予防及び治療に有効量で含有する痴呆予防及び治療用の組成物。」

(2)　解説

形式的にはクレームの「組成物」は医薬組成物と食品組成物の双方を含むものの、拒絶理由及び拒絶査定における特許庁審査官の判断の内容が参酌されて医薬組成物のみを含むと限定解釈された。

## 4．(3)　辞書の参酌

本件明細書中に定義されていない用語の解釈に当たっては、辞書が参酌さ

れることがある。

**＊判決例**
東京地判平成30.10.19 平29（ワ）22041〔洗濯用ネット事件〕
　辞書により用語の解釈がなされ権利行使が不成功に終った事例
(1)　判決要旨
　構成要件Ｂの「逆台形状」の意義に関し、本件明細書の段落…には、本件発明の把持部12が「逆台形形状」である旨の記載があるが、その形状の定義や意義についての記載は存在しない。そこで、一般的な用法を参酌すると、広辞苑第六版（乙１）には、「台形」とは「一組の対辺が平行な四辺形」であると記載され、かつ、上底が下底より短い四辺形の図が掲載されている。これによれば、「逆台形」とは、「上底が下底より長く一組の対辺が平行な四辺形」をいうと解するのが相当である。このような理解に立って本件明細書の図２に図示された把持部をみると、その上部（引き手から遠い部分を「上部」、引き手に近い部分を「下部」という。）の直線が下部の直線より長く、その側辺が直線状であるので、本件明細書における「逆台形状」という語の意義は、上記の一般的用法に沿うものであると認められる。
(2)　解説
　特許請求の範囲にある文言「逆台形状」の解釈に当たり、本件明細書中に定義がなく広辞苑が参酌された結果、被告製品が本件発明の構成要件を充足しないと判断された事例である。権利範囲を明確に確定するために、出願の時点において用語を（できれば広く）定義をしておくことが好ましい。

## 5．特許請求の範囲に記載された必要以上の限定

　特許請求の範囲には、発明を特定するために、発明の本質を捉えて発明の構成要素（発明を特定するための事項）を過不足なく記載することが基本であるが、何が必須の要素であるかを判断することは必ずしも容易なことではない。後になって、特許請求の範囲の記載が必要以上の限定が付されていた

第Ⅵ章　権利行使に関する判決例

ものであったと認識し、後悔することも少なくないと思われる。次に、上記必要以上の限定が付されていたために、権利行使に失敗した事例等を紹介する。

**＊判決例**
**東京地判昭和59.05.14 昭57（ワ）10801〔自動車車体の洗浄および乾燥装置事件〕**
　数値を必要以上に限定したために権利行使が不成功に終わった事例
(1) 判決要旨
　本件考案の構成要件Ｂにおける「指示軸に中間部を360度自由に回転できるよう軸支される揺動腕」とは、その文言通り、揺動腕が支持軸に中間部を360度自由に回転できるよう軸支される構成を規定したものであって、このような構成を有しないものは、本件考案の技術的範囲に属しないことを明示したものと認められる。
　そうすると、本件考案の構成要件Ｂに対応する被告製品の構成ｂにおいて、前者の揺動腕に対応する後者のトップブラシアームは、前者の支持軸に対応するトップブラシアーム軸に287度しか自由に回動できないように軸支されているのであるから、この点において被告製品は本件考案の構成要件Ｂを欠き、したがって、その余の点につき判断を加えるまでもなく、被告製品は本件考案の技術的範囲に属しないことが明らかである。
(2) 解説
　本件は審査過程で、拒絶理由を逃れるために当初限定のない回転角の角度について「360度」と補正して限定を加えたものである。考案の本質からして360度である必要はないものであったと考えられるが、「360度」と限定したために上記のように判断される結果となったものである。
　なお、同様な例として、イ号方法及び装置の中心角±8度の角度範囲においてのみ回動する点が、「360度回転調節自在」「360度回転自在」のものと均等であると認められないとした判決例がある（東京高判平成12.02.29 平10（ネ）5220〔支持真柱建込み方法事件〕）。

＊判決例

東京高判平成09.06.17 平8(ネ)4682〔包装材料をヒートシールする方法及び装置事件〕

（原審：東京地判平成08.09.30 平6(ワ)13949）

形状を必要以上に特定したために、権利行使が不成功に終わった事例

(1) 判決要旨

控訴人は、その出願過程において、特許異議申立てにおいて引用された公知技術であるフランス特許公報記載の発明による拒絶を免れるため、本件発明の突条の形状を「ほぼ矩形の平らな先端面を有する突条」に限定したものであることは明らかである。

そうすると、控訴人らが、右出願過程における限定に反し、被控訴人装置の構造における「ほぼ円弧状の先端面」を有する突条についても本件発明の技術的範囲に含まれるものと主張することについては、出願人の出願過程における主張に反するものとして、信義則上許されないというべきである。

特許法第70条第1項の解釈に当たり、侵害を主張される装置の構成が特許発明の構成要件の一部を充足しないとしても、特許発明と均等と認められるときは、その技術的範囲に属するとの法理論を採用する場合において、均等の成立要件をどのように定立するにしても、当該特許発明の出願から特許査定に至る特許権取得の過程において出願拒絶を免れるために当該構成要件を限定し、これが認められて特許査定を得たにもかかわらず、限定された構成要件に含まれない構成を均等を理由にその技術的範囲に属するとすることは、技術的範囲を特許請求の範囲の字句通りに確定して適用することから生ずる不合理を是正して権利者を保護する均等論の趣旨に反するものである。

(2) 解説

本件は、本件発明の突条の形状について、審査の過程において、「ほぼ矩形の平らな先端面を有する突条」に限定する補正をしたために、突条が「ほぼ円弧状の先端面」を有する装置を押えることができなくなったケースである。「ほぼ矩形の平らな先端面」であるから、厳密な意味で「矩形の平らな先端面」を意味するものでないとする権利者の主張は受け入れられなかっ

た。「円弧状」の先端面を有するものであっても同様に機能するものであれば、「ほぼ矩形の」が必要以上の限定であったことになる。

**＊判決例**
**東京地判平成22.11.30 平21（ワ）7718〔餅事件〕**
　（控訴審：知財高判平成24.03.22 平23（ネ）10002）
　特許請求の範囲（請求項1）の構成要件Bの「載置底面又は平坦上面ではなくこの小片餅体の上側表面部の立直側面部の立直側面である側周表面に」の「載置底面又は平坦上面ではなく」の文言の解釈が争点となり、原審（東京地裁）と控訴審（知財高裁）とで判断が分かれた事例

(1)　判決要旨
原審判決要旨
　本件発明の特許請求の範囲（請求項1）の記載及び本件明細書の記載事項を総合すれば、本件発明は、「切り込みの設定によって焼き途中での膨化による噴き出しを制御できると共に、焼いた後の焼き餅の美感も損なわず実用化でき」るようにすることなどを目的とし、切餅の切り込み部等（切り込み部又は溝部）の設定位置を、従来考えられていた餅の平坦上面（平坦頂面）ではなく、「上側表面部の立直側面である側周表面に周方向に形成」する構成を採用したことにより、焼き途中での膨化による噴き出しを制御できるとともに、「切り込み部位が焼き上がり時に平坦頂面に形成する場合に比べて見えにくい部位にあるというだけでなく、オーブン天火による火力が弱い位置にあるため、焼き上がった後の切り込み部位が人肌での傷跡のような忌避すべき焼き形状とならない場合が多い」などの作用効果を奏することに技術的意義があるというべきであるから、本件発明の構成要件Bの「載置底面又は平坦上面ではなくこの小片餅体の上側表面部の立直側面である側周表面に、…切り込み部又は溝部を設け」との文言は、切り込み部等を設ける切餅の部位が、「上側表面部の立直側面である側周表面」であることを特定するのみならず、「載置底面又は平坦上面」でないことをも並列的に述べるもの、すなわち、切餅の「載置底面又は平坦上面」には切り込み部等を設けず、「上

側表面部の立直側面である側周表面」に切り込み部等を設けることを意味するものと解するのが相当である。

控訴審判決要旨

ア　構成要件Bにおける「載置底面又は平坦上面でなく」との記載は、「側周表面」であることを明確にするための記載であり、載置底面又は平坦上面に切り込み部又は溝部（以下、「切り込み部等」ということがある。）を設けることを除外するための記載でないと判断する。この点、被告は、「載置底面又は平坦上面でなく」との記載部分は、「この小片餅体の上側表面部の立直側面である側周表面に」との記載部分とは切り離して意味を理解すべきであって、「載置底面又は平坦上面」には、「一若しくは複数の切り込み部又は溝部」を設けない、という意味に理解すべきであると主張するが、①「特許請求の範囲の記載」全体の構文を含めた、通常の文言解釈、②本件明細書の発明の詳細な説明の記載、及び③出願経過等を総合評価するならば、被告主張は採用できない。

(ｱ)　特許請求の範囲の記載によれば、「載置底面又は平坦上面でなく」との記載部分直後に「この小片餅体の上側表面部の立直側面である側周表面に」との記載部分が、読点が付されることなく続いているのであって、そのような構文に照らすならば、「載置底面又は平坦上面ではなく」との記載部分は、その直後の「この小片餅体の上側表面部の立直側面である」との記載部分とともに、「側周表面」を修飾しているものと理解するのが自然である。

(ｲ)　発明の詳細な説明欄の記載によれば、本件発明の作用効果として、①加熱時の突発的な膨化による噴き出しの抑制、②切り込み部位の忌避すべき焼き上がり防止（美感の維持）、③均一な焼き上がり、④食べやすく、おいしい焼き上がり、が挙げられている。そして、本件発明は、切餅の立直側面である側周表面に切り込み部等を形成し、焼き上がり時に、上側が持ち上がることにより、上記①ないし④の作用効果が生ずるものと理解することができる。これに対して、発明の詳細な説明欄において、側周表面に切り込み部等を設け、さらに、載置底面又は平坦上面に切り

#### 第Ⅵ章　権利行使に関する判決例

込み部等を形成すると、上記作用効果が生じないなどとの説明がされた部分はない。「載置底面又は平坦上面ではなく」との記載は、通常は、最も広い面を載置底面として焼き上げるのが一般的であるが、そのような態様で載置しない場合もあり得ることから、載置状態との関係を示すため、「側周表面」を、より明確にする趣旨で付加された記載と理解することができ、載置底面又は平坦上面に切り込み部等を設けることを排除する趣旨を読み取ることはできない。

　(ｳ)　本件特許に係る出願過程において、原告は、拒絶理由を解消しようとして、一度は、手続補正書を提出し、同補正に係る発明の内容に即して、切餅の上下面である載置底面又は平坦上面ではなく、切餅の側周表面のみに切り込みが設けられる発明である旨の意見を述べたが、審査官から新規事項の追加に当たるとの判断が示されたため、再度補正書を提出して、前記の意見も撤回するに至った。したがって、本件発明の構成要件Bの文言を解釈するに当たって、出願過程において、撤回した手続補正書に記載された発明に係る「特許請求の範囲」の記載の意義に関して、原告が述べた意見書に拘束される筋合いはない。むしろ、本件特許の出願過程全体をみれば、原告は、撤回した補正に関連した意見陳述を除いて、切餅の上下面である載置底面又は平坦上面には切り込みがあってもなくてもよい旨を主張していたのであって、そのような経緯に照らすならば、被告の上記主張は採用できない。

(2)　解説

　本件は、本件特許発明（請求項1）の構成要件Bの「載置底面又は平坦上面ではなく」の文言が、載置底面又は平坦上面に切り込み部等を設けることを除外する意味で使用されているのか、除外する意味でなく、「側周表面」を明確にするために修飾するために使用されたのか、いずれにも解釈できるため、原審（東京地裁）と控訴審（知財高裁）で判断が異なった事例である。控訴審において、原審の判断が覆され、原告（権利者）の主張が認められる結果となったが（中間判決）、原告が主張するように、本件発明は、「載置底面又は平坦上面」に切り溝を設けるか設けないかについて要件としていない

のであれば、「載置底面又は平坦上面ではなく」は、正に誤解を招く不要な文言であったということになる。

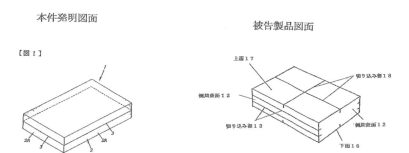

## 6. 数値限定のある特許請求の範囲の権利解釈

特許請求の範囲に数値範囲を記載して発明を特定することがあるが、権利解釈において数値範囲の解釈が問題となることが少なくない。

**＊判決例**
**東京地判平成15.06.17 平14(ワ)4251〔マルチトール含蜜結晶事件〕**

数値限定のある発明において、明細書中に数値の具体的測定方法の記載がないため、原告の差止請求が認められなかった事例
(1) 判決要旨
数値限定された特許請求の範囲について、「従来より知られた方法」により測定すべき場合において、従来より知られた方法が複数あって、通常いずれの方法を用いるかが当業者に明らかとはいえず、しかも測定方法によって数値に有意の差が生ずるときには、数値限定の意味がなくなる結果となりかねず、このような明細書の記載は、十分なものといえない。このような場合に、対象製品の構成要件の充足性との関係では、通常いずれの方法を用いるかが当業者に明らかとはいえないにもかかわらず、特許権者において特定の測定方法によるべきことを明細書に明らかにしなかった以上、従来より知ら

第Ⅵ章 権利行使に関する判決例

れたいずれの方法によって測定しても、特許請求の範囲の記載の数値を充足する場合でない限り、特許権侵害にはならないというべきである。

(2) 解説

マルチトールの見掛け比重の測定方法については、原告は、糖アルコールの技術分野でその性質測定に採用されるJISに規格する方法によるべきとし、被告製品の含有するマルチトール含蜜結晶粉末のゆるみ見掛け比重をJISかさ比重測定装置（JIS K 6721）で測定したところ、「0.650〜0.750」であり、本件発明構成要件B「見掛け比重が0.650〜0.750」の範囲内にあると主張した。一方、被告は、本件特許権の優先権主張日前にマルチトール見掛け比重の測定方法として唯一知られたパウダーテスター法により被告製品を測定したところ、その見掛けの比重は0.750を超える値であったとして争った。判決は、上述の理由により、「被告製品は、構成要件Bを充足することはできない」として原告の請求を棄却した。

＊判決例
**東京地判平成26.06.24 平24(ワ)15614〔電子材料用銅合金及びその製造方法事件〕**

特許請求の範囲に記載された「45個/mm$^2$以下」の要件に「0個/mm$^2$」が含まれるか否かが争点となった事例

(1) 判決要旨

本件訂正発明2の構成要件F"にいう「5〜10$\mu$mの大きさの介在物個数が圧延方向に平行な断面で45個/mm$^2$以下である」ことにつき、本件明細書の記載によれば、本件訂正発明2は、「介在物の分布の制御を行うことにより」従来技術の問題点を解決するものであり、5〜10$\mu$mの粗大な介在物の分布が圧延方向に平行な断面において45個/mm$^2$未満であれば曲げ加工性等の特性を損なうことがないとの知見に基づくものである。そして、5〜10$\mu$mの粗大な介在物が0個であれば、「粗大な介在物の分布」は問題とならないから、本願明細書の記載を考慮すると、上記大きさの介在物が0個/mm$^2$の場合はその技術的範囲に属しないと解することができる。

これに加え、原告は、析出物粒子の粒径を全て5μm以下にすることは容易である旨をいう拒絶理由通知に対し、本件意見書において、介在物を小さくすれば銅合金の特性改善が図られることは知られていたが、粗大な介在物が存在してもその個数が一定限度であれば良好な特性が得られるという、粗大な介在物の分布の概念を新たに導入した点に本件発明の意義がある旨を述べたものである。本件意見書の上記記載は、5～10μmの大きさの介在物が存在する場合にのみ本件発明の技術的意義が認められ、5～10μmの介在物が0個の場合はその技術的範囲に含まれないことを前提としていると解される。

　そうすると、上記介在物の個数が構成要件F"の「45個/mm$^2$以下」に0個の場合が含まれると主張することは、上記出願手続における主張と矛盾するものであり、禁反言の原則に照らして許されないというべきである。

(2) 解説

　特許請求の範囲に下限値を伴わない数値範囲を記載した場合に、権利行使の場面において、その範囲に0の場合を含むか否かが問題となる場合がある。本件の場合、上記明細書の記載や意見書等の記載を考慮したとしても、「0個の場合」が含まれると解釈する余地がないとはいえないようにも思われるが、本件では「0個の場合」は含まれないとされた。このような場合に「0の場合」を含ませるか否かを十分に検討した上で数値範囲を記載することが必要であろう。

# 7．機能的に記載された特許請求の範囲の権利解釈

　特許請求の範囲の記載において装置や物を、構造によって特定しないで、機能的に表現する場合がある。機能的に表現することにより、できるだけ広い範囲の権利を得たいという場合に多く用いられる。特許請求の範囲を機能的に表現することは我が国はもちろんのこと諸外国においても広く認められている。我が国においては、機能的に記載された特許請求の範囲を、権利解釈する場合にどのように解釈するかは、米国のように特許法上規定されては

#### 第Ⅵ章 権利行使に関する判決例

いない（米国においては、means plus function クレームについて、米国特許法第112条(f)により、明細書に記載された構造等とその均等物にしか及ばないとされている。）。以下に、機能的に表現された特許請求の範囲の解釈についての代表的な判決例を紹介する。

**✕判決例**
**東京地判昭和52.07.22 昭50(ワ)2564〔貸しロッカー事件〕**

本考案の請求の範囲の記載が抽象的で、技術的課題を提示するにとどまり、解決手段を示したものとはいえないとして考案の構成要件を実施例の具体的構成と同一に認定して侵害が否定された事例

(1) 判決要旨

既に判示したとおり、本件考案においては、右課題の解決のために鍵の挿入又は抜取りという手段及び遮蔽板という手段を具体的に挙げているので、右課題の解決を示しているかのように見られるが、右各手段についての表現は、抽象的であり、右各手段が具体的にいかなる中間的機構を有すれば、鍵の挿入又は抜取りという動作と遮蔽板の作動という動作とを連動させることができるかについては、実用新案登録請求の範囲の記載のみによっては知ることはできないから、右のような抽象的記載をもって、右解決手段を示したものということはできない。

本考案は、その明細書の右のような抽象的な実用新案登録請求の範囲の記載のみによっては、到底、その技術的範囲を定めることはできないというべきである。そこで、本件考案の技術的範囲を定めるためには、右明細書の考案の詳細な説明の項及び図面の記載に従い、その記載どおりの内容のものとして、限定して解さなければならない。したがって、本件考案の構成要件を具備した装置が全て本件考案の技術的範囲内にあるものということはできない。

参考：本件考案の構成要件

　A．鍵2の挿入により硬貨投入口8を開き、

　B．鍵2の抜取りにより硬貨投入口を閉じる遮蔽板9を設けた、

C．貸しロッカーの硬貨投入口開閉装置。
(2) 解説
　本件考案の技術的範囲は確かに広いが、必ずしも機能的クレームとはいえないように思われる。このように、機能的クレームとみなされるおそれがある場合、クレームが実施例限定で解釈される可能性を考慮して、クレームの裏付けとなる実施例を複数例記載しておくことが肝要であろう。

＊判決例
**東京地判平成10.12.22 平8(ワ)22124〔磁気媒体リーダー事件〕**
　本件実用新案登録請求の範囲の記載の「上記磁気ヘッドが下降位置にあるときは上記磁気ヘッドの回動を規制し、」との記載は、本件考案の目的そのものを記載したにすぎず、「回動規制手段」という抽象的な文言によって、本件考案の磁気媒体リーダーが果たすべき機能ないし作用効果のみを表現しているものであって、本件目的及び効果を達成するための必要な具体的構成を明らかにするものでないと認められる、として「回動規制手段」につき、明細書で開示された具体的な構成に基づいてこれを限定的に解釈され、侵害が否定された事例
(1) 判決要旨
　実用新案登録請求の範囲に記載された考案の構成が機能的、抽象的な表現で記載されている場合において、当該機能ないし作用効果を果たし得る構成であれば全てその技術的範囲に含まれると解すると、明細書に開示されていない技術思想に属する構成までもが考案の技術的範囲に含まれ得ることとなり、出願人が考案した範囲を超えて実用新案権による保護を与える結果となりかねないが、このような結果が生ずることは、実用新案権に基づく考案者の独占権は当該考案を公衆に対して開示することの代償として与えられるという実用新案法の理念に反することとなる。したがって、実用新案登録請求の範囲が右のような表現で記載されている場合には、その記載のみによって考案の技術的範囲を明らかにすることはできず、右記載に加えて明細書の考案の詳細な説明の記載を参酌し、そこに開示された具体的な構成に示されて

## 第Ⅵ章　権利行使に関する判決例

いる技術思想に基づいて当該考案の技術的範囲を確定すべきものと解するのが相当である。ただし、このことは、考案の技術的範囲を明細書に記載された具体的な実施例に限定するものではなく、実施例と記載されていなくても、明細書に開示された考案に関する記述の内容から当該考案の属する技術の分野における通常の知識を有する者（以下、「当業者」という。）が実施し得る構成であれば、その技術的範囲に含まれるものと解すべきである。

これを本件についてみると、右に認定したところによれば、本件考案の構成要件Fの「回動規制手段」につき、明細書で開示されている構成には、保持板及び磁気ヘッドホルダーの双方に回動規制板を設け、その一方に係合部を、他方にピンを設けるという構成、並びに、保持板及び磁気ヘッドホルダーのいずれか一方に設けた回動固定板に係合部を設け、他方にピンを固定するという構成しかなく、それ以外の構成についての具体的な開示はない。したがって、本考案の「回動規制手段」は、右のとおり本件明細書に開示された構成及び本件明細書の考案の詳細な説明の記載から当業者が実施し得る構成に限定して解釈するのが相当である。

参考：本件考案の構成要件
- A．磁気ヘッドを媒体に摺接走行させて情報の記録或いは再生を行う磁気リーダーにおいて、
- B．上記磁気ヘッドをレバーに回動自在に支持すると共に、
- C．該レバーを前記媒体に沿って走行させる保持板に回動自在に支持することにより、
- D．上記磁気ヘッドが上記媒体との摺接位置と上記媒体から離間した下降位置との間を移動可能とし、
- E．上記磁気ヘッドと上記保持板との間に、
- F．($\alpha$)上記磁気ヘッドが下降位置にあるときは上記磁気ヘッドの回動を規制し、
  ($\beta$)上記磁気ヘッドが媒体との摺接位置にあるときは上記磁気ヘッドを回動自在とする回動規制手段を設けたことを特徴とする
- G．磁気媒体リーダー。

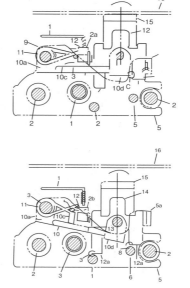

本件考案図面　　　　　　　イ号図面
第4図

(2) 解説

　明細書の実施例のみならず、明細書の内容から当業者が実施し得る構成であれば考案の技術的範囲に含まれると判示された。ただし、「当業者が実施し得る構成」の範囲は明細書の具体的な開示に基づいて認定されている。

＊判決例

**大阪地判平成11.03.18 平7（ワ）13135〔情報処理装置事件〕**

　特許請求の範囲の記載が「…手段」で表現されている特許発明について、文言上は本件発明の構成要件を充足するように見えても、本件発明の本質的な作用効果を奏しない技術は本件発明の技術的範囲に属しないとして差止請求が棄却された事例

(1) 判決要旨

　原出願の内容及び拒絶査定の理由、原出願に係る発明と本件発明との比較

第Ⅵ章　権利行使に関する判決例

からすると、本件発明は、入力情報中に含まれる終端情報を検出して自動的に情報処理動作を実行するという公知技術を前提に、終端情報検出する対象を、入力情報を認識する前の情報ではなく、入力情報を認識した後の情報とすることによって、前記基礎となる事実に記載した、(A)ノイズ除去、(B)タイミングのよい実行指示という２つの作用効果を有する点に着目して特許が付与されたものと理解するのが相当である。そして、本件発明の本質的要素がこのようなものである以上、これらの作用効果を奏しない技術は、たとえ文言上は本件発明の構成要件を充足するように見えても、本件発明の技術的範囲には属しないと解するのが相当である。

参考：本件特許の構成要件
A．処理すべき未処理情報を入力する入力手段と、
B．前記入力手段に入力された情報を認識する認識手段と、
C．前記認識手段で認識された未処理情報に基づいて、それに対応する処理済情報に処理する情報処理手段と、
D．前記認識手段から出力される認識後の情報中に存在する終端情報を検出した際、前記情報処理手段に処理動作を実行させる処理実行指示手段と
E．を備えてなる情報処理装置。

(2) 解説

本判決例も、特許請求の範囲の記載が機能的に表現された発明の技術的範囲を発明の詳細な説明の実施例を参酌して限定的に解釈された例であるが、これらの例をもって機能的に記載された特許請求の範囲が好ましくないということはできない。機能的に記載された特許請求の範囲は記載を包括的に広く表現できるという意味で重要であり、これを十分に活用することは必要である。しかしながら、上記判決例にも示されるように、特許請求の範囲の記載を裏付ける明細書の記載が十分でないと、かえって限定的に解釈される可能性もあり、機能的に記載した用語の意味を発明の詳細な説明中に的確に定義し、明示しておくとともに、実施例をできるだけ豊富にして発明を十分に開示することが必要である。

＊判決例

知財高判令和元.10.30 平31(ネ)10014〔プロタンパク質コンベルターゼスブチリシンケクシン9型（PCSK 9）に対する抗原結合タンパク質事件〕

機能的クレームの解釈について判示した事例

(1) 判決要旨

控訴人は、本件各発明は、参照抗体1又は2と競合する機能のみによって発明を特定する機能的クレームであり、このような機能的クレームの場合、当該機能ないし作用効果を果たし得る構成全てを技術的範囲に含まれると解すると、明細書に開示された技術思想と異なるものも発明の技術的範囲に含まれ得ることとなり、出願人が発明した範囲を超えて特許権による保護を与える結果となるから、機能的クレームについては、クレームの記載に加え、明細書の発明の詳細な説明の記載を参酌し、出願人が明細書で開示した具体的な構成に示された技術思想に基づいて当該発明の技術的範囲を確定すべきであり、明細書の記載から当業者が実施し得る範囲に限定解釈すべきであると主張する。そして、本件各明細書の記載から当業者が実施可能な範囲は、本件各明細書記載の実施例である具体的な抗体又は当該抗体に対して特定の位置のアミノ酸の1若しくは数個のアミノ酸が置換されたアミノ酸配列を有する抗体に限られるから、本件各発明の技術的範囲は、上記各抗体又は当該抗体に対して特定の位置のアミノ酸の1若しくは数個のアミノ酸が置換されたアミノ酸配列に限られ、これらとはアミノ酸配列が異なる被告モノクローナル抗体及び被告製品は、本件各発明の技術的範囲に属しない旨主張する。

本件各発明をいわゆる「機能的クレーム」と呼ぶかはさておき、特許発明の技術的範囲は、特許請求の範囲の記載に基づいて定めなければならず、明細書の記載及び図面を考慮して、そこに開示された技術的思想に基づいて解釈すべきであって、控訴人の主張は、サポート要件又は実施可能要件の問題として検討されるべきものである。本件各明細書に開示された技術的思想は、参照抗体1又は2と競合する単離されたモノクローナル抗体が、PCSK 9がLDLRに結合するのを妨げる位置及び／又は様式で、PCSK 9に結合し、

第Ⅵ章　権利行使に関する判決例

PCSK 9とLDLR間の結合を遮断し（中和）対象中のLDLの量を低下させ、対象中の血清コレステロールの低下をもたらす効果を奏するというものである。そして、被告モノクローナル抗体及び被告製品は、上記技術的思想に基づいて解釈された本件各発明の技術的範囲に属することは、前記のとおりである。

(2)　解説

「特許発明の技術的範囲は、特許請求の範囲の記載に基づいて定めなければならず、明細書の記載及び図面を考慮して、そこに開示された技術的思想に基づいて解釈すべき」との判示は、権利行使の観点から有効な明細書を作成する上での参考となるであろう。

## 8．均等論

### 8．(1)　「ボールスプライン軸受」事件

これまで述べてきたように、たとえ特許請求の範囲の記載が、技術的に広い文言で特許を取得したとしても、そのまま文言通りに広く解釈されるとは限らない。むしろ、権利の成立過程の主張や、新たに発見された公知資料の存在などが働き、限定されて解釈される場合も少なくない。

一方、特許請求の範囲の文言上からは、特定の要件について、要件を満たさない場合、すなわち、技術的範囲に属しない場合であっても、技術的範囲を拡大して解釈して問題の実施製品をその技術的範囲に含めるべきとする「均等論」の考え方がある。「均等論」とは、実施形態に、特許請求の範囲の記載の文言上異なる点が存在したとしても、その差異は実質的には均等のものである場合には、特許発明の技術的範囲に含めるべきとする考え方である。この「均等論」の判断基準については、均等論の適用が争点となり、最高裁まで事件が持ち込まれて争われた下記の「ボールスプライン軸受」事件の判決の中で明確に示された。

＊判決例
最判平成10.02.24 平6(オ)1083〔ボールスプライン軸受事件〕
（原　　審：東京高判平成06.02.03 平3(ネ)1627）
（第一審：東京地判平成03.04.19 昭58(ワ)12677）
　本件は最高裁が、均等論の我が国現行法の下において適用可能であることを認めたという意味で注目すべき事例

(1)　判決要旨
　特許権侵害訴訟において、相手方が製造等をする製品又は用いる方法（以下、「対象製品等」という。）が特許発明の技術的範囲に属するかどうかを判断するに当たっては、願書に添付した明細書の特許請求の範囲の記載に基づいて特許発明の技術的範囲を確定しなければならず（特許法七〇条一項参照）、特許請求の範囲に記載された構成中に対象製品等と異なる部分が存する場合には、右対象製品等は、特許発明の技術的範囲に属するということはできない。しかし、特許請求の範囲に記載された構成中に対象製品等と異なる部分が存する場合であっても、(1)右部分が特許発明の本質的部分ではなく、(2)右部分を対象製品等におけるものと置き換えても、特許発明の目的を達することができ、同一の作用効果を奏するものであって、(3)右のように置き換えることに、当該発明の属する技術の分野における通常の知識を有する者（以下「当業者」という。）が、対象製品等の製造等の時点において容易に想到することができたものであり、(4)対象製品等が、特許発明の特許出願時における公知技術と同一又は当業者がこれから右出願時に容易に推考できたものではなく、かつ、(5)対象製品等が特許発明の特許出願手続において特許請求の範囲から意識的に除外されたものに当たるなどの特段の事情もないときは、右対象製品等は、特許請求の範囲に記載された構成と均等なものとして、特許発明の技術的範囲に属するものと解するのが相当である。けだし、（一）特許出願の際に将来のあらゆる侵害態様を予想して明細書の特許請求の範囲を記載することは極めて困難であり、相手方において特許請求の範囲に記載された構成の一部を特許出願後に明らかとなった物質・技術等に置き換えることによって、特許権者による差止め等の権利行使を容易に

## 第Ⅵ章 権利行使に関する判決例

免れることができるとすれば、社会一般の発明への意欲を減殺することとなり、発明の保護、奨励を通じて産業の発達に寄与するという特許法の目的に反するばかりでなく、社会正義に反し、衡平の理念にもとる結果となるのであって、(二) このような点を考慮すると、特許発明の実質的価値は第三者が特許請求の範囲に記載された構成からこれと実質的に同一なものとして容易に想到することのできる技術に及び、第三者はこれを予期すべきものと解するのが相当であり、(三) 他方、特許発明の特許出願時において公知であった技術及び当業者がこれから右出願時に容易に推考することができた技術については、そもそも何人も特許を受けることができなかったはずのものであるから (特許法二九条参照)、特許発明の技術的範囲に属するものということができず、(四) また、特許出願手続において出願人が特許請求の範囲から意識的に除外したなど、特許権者の側においていったん特許発明の技術的範囲に属しないことを承認するか、又は外形的にそのように解されるような行動をとったものについて、特許権者が後にこれと反する主張をすることは、禁反言の法理に照らし許されないからである。

(2) 解説

判決では均等論の適用が可能となる要件として以下の5つの要件を挙げている。

特許請求の範囲に記載された構成中に対象製品等と異なる部分が存在する場合であっても、

① 右部分が特許発明の本質的部分でなく (非本質性)、
② 右部分を対象製品等におけるものと置き換えても、特許発明の目的を達することができ、同一の作用効果を奏するものであって (置換可能性)、
③ 右のように置き換えることに、当該発明の属する技術の分野における通常の知識を有する者 (以下、「当業者」という。) が、対象製品等の製造等の時点において容易に想到することができたものであり (置換容易性)、
④ 対象製品等が特許発明の特許出願時における公知技術と同一又は当業者がこれら右出願時に容易に推考できるものではなく (公知技術除外)、

⑤　対象製品等が特許発明の特許出願手続において特許請求の範囲から意識的に除外されたものに当たるなど特段の事情もない（意識的除外）。

ときは、右対象製品等は、特許請求の範囲に記載された構成と均等なものとして、特許発明の技術的範囲に属するのが相当であるとしている。

上記要件のうち、①第1要件の「本質的部分」でないことに限定した点が注目される。また、③第3要件の置換容易性の判断時期が侵害時であることが明確にされた。

上記の④第4要件については、本判決以前では、均等論の適用される場合の要件として特に挙げられていなかったものである。公知技術と同一又はこれから出願時に容易に推考できる対象製品を含むように特許発明の技術的範囲を拡大して解釈することは、その特許発明が公知技術と同一又はそれから容易に推考できる技術を含むことであり、このことは、その発明が無効となる蓋然性が極めて高いということである。本件では特許発明を拡大して解釈した場合、無効となる蓋然性が高いものであってはならないことを明確にしたものである。この要件は、特許発明が公知の類似技術が多数ある中で成立した場合は、均等論の適用が困難となり、逆にパイオニア発明のような場合には障害とならないように作用するものと考えられる。

また、上記の⑤の第5要件については、均等論の適用の場合においてもエストッペルの原則が当てはまることを明確にしたものである。

実際の訴訟の場においては、上記5要件のうち、均等論の適用を主張する側が要件①、②、③について主張、立証を行えばよく、均等論の適用を否定する側が要件④、⑤について主張、立証を行う。

最高裁判決以降の均等論に関する判決について説明する。

上記の平6（オ）1083「ボールスプライン軸受」事件の最高裁判決は、我が国では最高裁判所が均等論に関し初めて論及し、均等論成立の5要件を示した点で画期的なものといえる。そして、同判決が出された後、均等論の適用が争点となった事件については上記の5要件を挙げて判断したケースが多く出されている。上記の5要件を全て満たすことはかなり厳しい条件であり、

多くは均等が否定された事例である。ここで、幾つかの事例を挙げておく。

## 8．(2) 均等が否定された事例

### 第1要件（非本質性）
＊判決例
**大阪地判平成10.09.17 平8(ワ)8927〔徐放性ジクロフェナクナトリウム製剤事件〕**

　均等論の第1要件が非充足であると判断された事例
(1)　判決要旨
　　3　争点（一）（本質的部分）について
　(一)　前記のとおり、均等が成立するためには、特許請求の範囲に記載された構成中の対象製品等と異なる部分が特許発明の本質的部分ではないことを要する。
　そうすると本件特許発明出願時には、特許請求の範囲記載の構成に関しては、腸溶性皮膜としての3種の物質の存在、速効性の薬剤と遅効性の薬剤を混合した徐放性製剤、また、ジクロフェナクナトリウムに非水溶性皮膜を施した遅効性ジクロフェナクナトリウムがいずれも公知であったということができる。右のような公知技術に加え、本件特許明細書中に「以上のように腸溶性物質については、本発明者らが種々の物質についても検討を重ね、その結果メタアクリル酸—メチルメタアクリレートコポリマー（商品名オイドラギットL・S）、メタアクリル酸—エチルアクリレートコポリマー（商品名オイドラギットL30D)、ヒドロキシプロピルメチルセルロースフタレート（商品名HP）がすぐれた徐放性を示すことを見出したものである。」（本件公報四欄16～23行）と記載されていることを合わせて考慮して検討すると、本件特許発明の特徴的部分は、(1) ジクロフェナクナトリウムの皮膜物質として、腸溶性物質である3種の物質を選定した点、(2) ジクロフェナクナトリウムに腸溶性皮膜を施した徐放部と、該皮膜を施さない速放部を特定重量比率で組み合わせたことにより、ジクロフェナクナトリウムという特定の有効成分に対して優れた徐放性を有する製剤を生み出した点にあるというべきで

ある。

　したがって、本件特許発明において、皮膜を特許請求の範囲記載の3種の腸溶性物質にすることは本質的部分というべきであり、右部分をASに置き換えたイ号医薬品は、目的達成のための技術的思想としての同一性を欠くものというべきである。

(2) 解説

　イ号医薬品の腸溶性皮膜に用いられているAS（ヒドロキシプロピルメチルセルロースアセテートサクシネート）は、本件特許発明の腸溶性皮膜 HP（ヒドロキシプロピルメチルセルロースフタレート）と実質的に同一、あるいは均等物といえるかについて争われ、裁判所は、HPとASの化合物は化学構造式が明らかに異なり、別個の物質であるとした上で、均等の第1要件（本質的部分でないこと）及び第3要件（置換容易性があること）を満たしていないとして均等を否定している。

　本判決では、特に第1要件の「本質的部分でないこと」の「本質的部分」について以下のとおり定義が示されている点が注目される。

　「右にいう特許発明の本質的部分とは、特許請求の範囲に記載された特許発明の構成のうちで、当該特許発明特有の作用効果を生じるための部分、換言すれば、右部分が他の構成に置き換えるならば、全体として当該特許発明の技術思想とは別個のものと評価されるようなものと解するのが相当である」

　なお、上記事件の原告と同じ原告が同じ特許権に基づき異なる会社を被告として東京地裁に提訴した。この事件では「均等を認めず」という結論は同じであるが、理由が要件①、⑤を用いた点で要件①、③を用いた大阪地裁と異なっている（東京地判平成11.01.28 平8(ワ)14828〔徐放性ジクロフェナクナトリウム製剤事件〕）。

**＊判決例**
**知財高判平成20.04.23 平19(ネ)10096〔人工魚礁事件〕**

　明細書に開示された技術思想に基づき特許発明の本質的部分を認定した事

## 第Ⅵ章　権利行使に関する判決例

例

(1)　判決要旨

　本件特許の出願経過によれば、控訴人は、本件特許発明について、…乙17公報等記載の発明との関係では、カキ殻を利用したこと、及びカキ殻を充填した通水性ケースを壁や柱全体の構成部材としたことに特徴がある旨の主張をしている。…控訴人は、上記のとおり、本件特許の出願経過において、本件特許発明について、…乙17公報等記載の発明との関係では、カキ殻を利用したことに特徴があることを主張していたことが認められる。そうすると、本件特許発明については、…カキ殻を利用したという点についても、本件特許発明に特有の課題解決手段を基礎付ける特徴的な部分であるということができる。以上のとおり、被告製品21M型の「ホタテ貝殻」は、本件特許発明の構成要件Aの「カキ殻」とは、本件特許発明の本質的部分において相違しており、…均等が認められる要件のうち、第1要件は認められない。

(2)　解説

　本件特許発明の場合は、単に特許請求の範囲に「カキ殻」と明記されているだけでなく、実施例も「カキ殻」についてのものであり、その技術思想としても、カキ殻が「多数の穴」であるから優れていることを明らかにしていることから、「カキ殻」であることが発明の本質的部分であるとした。

＊判決例

**神戸地判平成10.11.16 平9(ワ)1291〔シュレッダー用切刃事件〕**

　均等5要件のうち、要件1について判断して均等を否定した事例

(1)　判決要旨

　本件考案の出願経過を参酌すれば、構成要件Aの、取付台部分を軸に「嵌着」するという構成は、本件考案の本質的部分というべきである。被告切断刃の構成aは、切断刃の取付部分と一体であり、本件考案の構成要件Aと相違するから、要件①本質的部分でないことを満たさず、その余の構成を検討するまでもなく被告切断刃は本件実用新案権を侵害しない。

(2) 解説

本判決で注目されるのは、上記構成要件Aとは特許請求の範囲を分説したときの、「…において」のプレアンブルに相当する「おいて書き」の部分である。一般的には「…において、」の後に本質的部分があると理解されるが、本件においては、「構成要件Aは他の構成要件と一体となっているものであり、構成要件Aは本件考案の本質的部分である」と認定している。

## 第2要件（置換可能性）

＊判決例

**東京高判平成13.03.28 平12（ネ）2087〔精子採取器事件〕**

被控訴人商品は考案の作用効果を奏さないことに基づき置換可能性がないと判断された事例

(1) 判決要旨

本件考案の出願経過で控訴人が特許庁に提出した意見書等によると、上記「蓋体」に係る要件は、容器本体の形状と相まって、カップ麺の容器に類似した外観を形成することによって、病院等で持ち運ぶ際に一見して使用目的が分からないようにするという作用効果を奏するものと認められる。他方、被控訴人商品における「包装」は、カップ麺の容器に類似した外観を形成するものでないことは明らかである上、病院等で持ち運ぶ際には包装は既に取り外した状態であると考えられることから、本件考案の「蓋体」を被控訴人商品における包装と置き換えた場合に、同一の効果を奏するということはできない。

(2) 解説

本件考案は「容器本体に被せられた蓋体」をその構成要件とするが、被控訴人商品はこのような蓋体を備えていないところ、蓋体の奏する作用効果の重要性に鑑み、均等であるとの控訴人の主張は退けられた。

## 第3要件（置換容易性）

＊判決例

**東京地判平成10.10.07 平3(ワ)10687〔負荷装置システム事件〕**

被告装置が特許発明と均等であるとの原告の主張が認められなかった事例

(1) 判決要旨

(5) 構成が異なる部分について、置換が容易である。

ア　円筒形主電極については、本件装置ロの上付き構造の主電極は、珍しいものではなく、従来例にも、液体抵抗器で主電極を上部で支持固定している例、電動機で回転部に電気を供給するブラシを上から設ける方式と下から設ける方式が適宜使用されている例等があるから、円筒形主電極を下付き構造から上付き構造に置換することは容易である。

主電極を上付き構造にすることは、例えば1908年出願の英国特許明細書（甲第四三号証）に示されているとおり、何ら新しいものではなく、当業者であれば極めて容易に推考できるものである。

イ　ガラリについては、ガラリをフードに置換することが容易であることは、家庭の台所の換気扇や工場の排煙口において、外気と接する開口部をフードで覆うものとガラリで覆うもの（又はガラリを開閉自在にしたシャッター式）とが適宜選択して用いられている例や、ビルやマンションの通気管口にガラリ又はフードが取り付けられている例等多くの従来技術から明らかである。

本件装置ロBに存在する仕切り板は、ガラリの名残というべきものであり、右主張を裏付ける。

(2) 解説

本事件は、第2要件（置換可能性）及び第3要件（置換容易性）について判断し、第3要件の置換容易性を充足しないとして均等を否定している。そして、均等の容易性の判断基準について次のように判示している。

「均等認定の要件の置換容易性の容易さの程度は、特許法第29条第2項所定の、公知の発明に基づいて「容易に発明することができた」という場合と異なり、当業者であれば誰もが特許請求の範囲に明記されているのと同じよ

うに認識できる程度の容易さと解すべきである」

## 第5要件（意識的除外）
＊判決例
**東京高判平成16.10.27 平16（ネ）3458〔防波堤用異形コンクリートブロック及びその製造方法事件〕**

　被控訴人（原審被告）製品は、本件特許発明（防波堤用異形コンクリートブロック及びその製造方法）の構成要件Ｅの「酸化鉄系鉄鉱石の粒径は5.0～0.1mm」（構成要件Ｅ）を充足せず、また、この相違する部分は均等の第1及び第5の要件を満たさないとして均等の成立を否定した原審が支持された事例

(1) 判決要旨

　被控訴人製品においては「酸化鉄系鉄鉱石の粒径は8.0～0mm」（被控訴人製品構成ｅ）であり、この点で本件発明の構成においては、「酸化鉄系鉄鉱石の粒径は5.0～0.1mm」（構成要件Ｅ）と構成を異にするところ（本件相違部分）、構成要件Ｅの「酸化鉄系鉄鉱石の粒径は5.0～0.1mm」の部分は本件特許発明の本質的部分を構成するものであり、均等の第1要件を満たさない。

　また、本件特許出願手続における経緯に照らせば、出願人である控訴人は、意識的に、粒径40～5.0mmの酸化鉄系鉄鉱石を特許請求の範囲から除外する補正を行って、酸化鉄系鉄鉱石の粒径を5.0～0.1mmに限定したというべきである。

　被控訴人製品は、上記のとおり、本件相違部分において本件特許発明と構成を異にするところ、本件相違部分に関する構成は、上記のとおり、本件特許発明の特許出願手続において特許請求の範囲から意識的に除外されたものというべきであるから、被控訴人製品は、均等の第5要件も満たさない。

(2) 解説

　粒径40～5.0mmの酸化鉄系鉄鉱石を特許請求の範囲から除外する補正は、少なくとも外形的には粒径40～5.0mmの酸化鉄系鉄鉱石が特許発明の技術

第Ⅵ章　権利行使に関する判決例

的範囲に属しないことを承認したものと解されるべき行為であろう。

＊**判決例**
**東京地判平成29.10.30　平28(ワ)35182〔携帯端末サービスシステム事件〕**
　均等5要件のうち、要件1（非本質的部分）及び要件5（特段の事情）について判断して均等を否定した事例
(1)　判決要旨
　特許庁審査官は、平成21年10月19日を起案日とする拒絶理由通知書（甲20）において、出願当初の特許請求の範囲の請求項1及び同2に係る各発明については、それぞれ、特許法第29条第2項の規定により特許を受けることができない旨、他方で、請求項5ないし同7に係る各発明については、拒絶の理由を発見しない旨通知した。…原告は、平成21年12月25日付け手続補正書（甲21）により明細書を補正し、これにより、特許請求の範囲は、登録時のもの（本件特許特許請求の範囲）となった。なお、原告は、同日付け意見書（甲22）により、本件特許請求の範囲の請求項1について、出願当初の特許請求の範囲の請求項1に、同2及び同5を統合したものである旨主張した。これに対し、特許庁審査官は、拒絶の理由を発見しないとして、特許査定をした（甲23）。
　そうすると、原告は、構成要件F（「表示部に仮想モールと、基本パーツを組み合わせてなる基本キャラクターとを表示させ」）及び同G（「基本キャラクターが、前記仮想モール中に設けられた店にて前記パーツを購入する」）の全部又は一部を備えない発明については、本件発明の技術的範囲に属しないことを承認したか、少なくともそのように解されるような外形的行動をとったものといえる。したがって、「仮想モール」に対応する構成を有していない被告システムについては、均等の成立を妨げる特段の事情があるというべきであり、同システムは、均等の第5要件（特段の事情）を充足しない。
(2)　解説
　均等の第5要件に関し、原告は、被告システムは構成要件F及びGも充足するとの立場から「第5要件に関する被告の主張は失当である」と述べるに

とどまり、要件5の非充足について明確に主張していない。

＊判決例
**東京地判平成22.04.23 平20(ワ)18566〔発泡樹脂成形品の取出方法事件〕**
　コンベア高さ調節に係る構成が、特許庁での審査段階で審査官から通知された拒絶理由に対応して、出願人が当該拒絶理由を回避しようと意識的に加えたものであることは、出願経過から明らかであり、この認定に反する原告の主張は、手続補正書及び意見書の記載自体からみて、採用することができないとされた事例
(1)　判決要旨
　手続補正書により、当初明細書のコンベア高さ調節を構成要件として含まない請求項（1～5）とコンベア高さ調節を構成要件として含む請求項（6）とが記載されていた特許請求の範囲をコンベア高さ調節を構成要件として含むものに限定したことが、出願経過から外形的に明らかであるところ、そうである以上、補正に際しての出願人の主観的意図にかかわらず、特許権者が後にこれと反する主張をすることは、禁反言の法理に照らし許されないというべきである。均等の第5要件にいう特許請求の範囲からの除外は、拒絶理由を回避するための行動でなければならない必要はない。すなわち、たとえ自発的に行った補正であったとしても、外形的に特許請求の範囲を限定した以上、特許権者が後にこれと反する主張をすることは、やはり禁反言の法理に照らして許されないものであるからである。
(2)　解説
　拒絶理由を回避するためではない補正であっても意識的除外であると解釈される場合があり、減縮補正は慎重に行うことが好ましい。

## 8. (3)　均等が認められた事例
　上記最高裁判決以後、均等が認められた事例は少ないが、均等の5要件を判断して均等を認めた例を紹介する。

## 第Ⅵ章　権利行使に関する判決例

＊判決例
**大阪地判平成11.05.27　平8(ワ)12220〔注射方法及び注射装置事件〕**

被告装置を用いて行う注射液の調製方法は、本件方法発明と均等であるとして、侵害差止等が認められた事例

(1) 判決要旨
　2（一）　本質的部分について
　(1) 前記のとおり、均等の成立要件にいう本質的部分とは、特許請求の範囲に記載された特許発明の構成のうちで、当該特許発明特有の作用効果を生じさせる技術的思想の中核をなす特徴的部分をいうと解すべきである。
　(2) これを本件についてみると、前記のとおり、本件特許発明の優先権主張日において、多室シリンダアンプルの構成、注射装置においてネジ機構を用いる構成は公知であり、ネジ機構により注射液を調製する方法についても周知技術であったということができるから、本件方法発明は、これらの構成を結合して、後側可動壁部材をネジ機構によりゆっくりと押すことにより敏感な薬剤を簡易に調製する方法を開示した点に特徴的部分があるというべきであり、このような構成を採用したことが本件特許発明の本質的部分であると解される。
　(3) 被告装置を用いた注射液の調製方法は、多室シリンダアンプルの後側可動壁部材をネジ機構でゆっくり移動させて注射液を調製する方法を採用していることは前記のとおりであり、右方法と本件方法発明の異なる部分は、注射液を調製する際に、ほぼ垂直に保持して行うか、水平に近い斜め状態に保持して行うかの点であるから、右相違点は本件方法発明の本質的部分ではない。
　（二）　置換可能性について
　被告装置は、針先を水平に近い斜めの状態に保持して注射液を調製するものであるが、「ほぼ垂直に保持」するという本件方法発明の構成をこのように置換しても、二室シリンダアンプルの後側可動壁部材をネジ機構を用いてゆっくり押すことにより、敏感な薬剤の簡易な調製を可能としたという本件方法発明の目的を達することは被告も認めるところであって、本件方法発明

と同一の作用効果を奏するものということができるから、置換可能性があると認められる。

（三） 置換容易性について

本件方法発明の「ほぼ垂直に保持する」との構成を、被告方法のように、水平に近い斜め状態に保持する構成に置換しても、水平よりも針先が上に向いていれば、注射液がこぼれることがないことは明らかであり、また、二室シリンダアンプルにおいて、注射器を垂直に保持すれば、ネジ機構によるピストンの移動に関係なく前室に薬液が流入することがないが、これを斜め状態に保持した場合でも、連絡通路の大きさが極端に大きい場合でなければ、ピストンの移動に関係なく急激に薬液が前室に流入することがないことは被告も認めるところであって、このことは被告装置の構造上明らかであるから、右部分の置換は、当業者が被告装置の製造時点において容易に想到することができたものであるということができる。

（四） 公知技術からの容易推考性について

本件全証拠によっても、被告方法が、本件装置発明の優先権主張日の時点において、公知技術と同一又は当業者がこれから右出願時に容易に推考できたと認めるに足りる証拠はない。

（五） 意識的除外等の事情について

本件全証拠によっても、被告方法が本件特許発明の出願手続において特許請求の範囲から意識的に除外されたものに当たるなどの特段の事情があると認めるに足りる証拠はない。

なお、被告は、本件方法発明における「ほぼ垂直に保持された状態で」との要件が、拒絶理由通知に対する出願人の手続補正により付加されたものであることを主張しているが、右の拒絶理由通知の趣旨は、前記のとおり、注射液を調製する際に空気の混入を防ぐようにすることは常套手段であるということにあったものであるから、手続補正により付加された「ほぼ垂直に保持された状態で」との要件は、右の拒絶理由通知における特許拒絶理由を回避するために付加された要件ではないことは明らかであり、しかもこれ自体は前記のように注射液を調製する際の常套手段を記載したにすぎないから、

第Ⅵ章 権利行使に関する判決例

これをもって特許請求の範囲の記載から意識的に除外されたものに当たる特段の事情があるということはできない。

(2) 解説

本事件は、ペン型注射器及びカートリッジ製剤からなる被告装置及びこれを用いて行う注射液調整方法は、本件特許権の請求項1の方法発明と請求項5の装置発明の技術的範囲に属するか否かについて争われた事例である。そして、方法発明について、被告装置を、針先を「水平よりわずか上向きに保持して」薬剤を調整する方法が、「ほぼ垂直に保持された状態」とする本件方法発明と均等なものとして、5つの均等要件を全て判断した上で認めた事例である。

なお、装置発明については、均等は認めなかったが、被告装置は、本件方法発明の実施のみに使用されるものとして間接侵害を認めている。

なお、本件は控訴されたが、控訴棄却となり、原判決が支持されている。

大阪高判平成13.04.19 平11(ネ)2198

＊判決例

東京地判平成30.12.21 平29(ワ)18184〔骨切術用開大器事件〕

補正で追加された構成要件について均等侵害が認められた珍しい事例

(1) 判決要旨

第5要件に関し、被告は、構成要件Eは本件補正によって追加されたものであるところ、本件拒絶理由通知に対する本件意見書における…との記載によれば、原告は、被告製品のように係合部を別部材とする構成を特許発明の対象から意識的に除外したと理解することができるから、均等侵害は成立しないと主張する。

しかし、本件意見書には、…などの記載がある。

上記記載によれば、本件意見書の主旨は、特許庁審査官に対し、引用例1が一対の揺動部材を開示していることを指摘し、それに対し、本件発明は、開閉可能な2対の揺動部材を組み合わせ、一方の揺動部材を他方の揺動部材に係合するための係合部を設けることにより、両揺動部材が同時に開くこと

を可能にするものであることを説明する点にあるというべきである。そして、同意見書には、係合部の構成、すなわち、係合部を揺動部材の一部として構成するか、揺動部材とは別の部材により構成をするかを意識又は示唆する記載は存在しない。そうすると、被告の指摘する「2組の揺動部材を備える点、および、揺動部材の一方に、他方に係合する係合部を備える」との記載は、上記説明の文脈において本件発明の構成を説明したものにすぎないというべきであり、同記載をもって、同意見書の提出と同時にされた本件補正により構成要件Eが追加された際に、原告が、係合部を揺動部材とは別の部材とする構成を特許請求の範囲から意識的に除外したと認めることはできない。したがって、被告製品は第5要件を充足する。

(2) 解説

意見書の書き方によって、補正により追加された構成要件についての均等侵害適用の有無が左右される場合があるので、意見書の記載、特に引用発明との相違の記載に関しては、慎重に選択した表現が好ましい。

## ＊判決例
### 知財高判平成18.09.25 平17(ネ)10047〔椅子式エアマッサージ機事件〕

出願当時に容易に想到し得た対象製品に係る構成を特許請求の範囲に含めなかったというだけでは、当該対象製品に係る構成を特許請求の範囲から意識的に除外したということはできないとした事例

(1) 判決要旨

2 均等侵害の成否について

そこで、控訴人製品3、4が構成要件A3を充足しないとしても、同各製品の構成が本件発明5と均等なものとして、本件発明5の技術的範囲に属するといえるかどうかについて、更に検討する。

(1) 均等侵害の要件の充足性について

ア 本質的部分（第1要件）

本件発明5の本質的部分について、控訴人は、その脚載置部の相対向する側面に空気袋をそれぞれ配設した点にあると主張する。…

## 第Ⅵ章　権利行使に関する判決例

　本件発明5の上述した課題、構成、作用効果に照らすと、本件発明5の本質的部分は、座部用袋体及び脚用袋体の膨脹のタイミングを工夫することにより、脚用袋体によって脚部を両側から挟持した状態で、座部用袋体を膨脹させ、脚部及び尻部のストレッチ及びマッサージを可能にした点にあるというべきであり、そのために必要な構成要素として、空気袋を膨脹させて使用者の各脚を両側から挟持するという構成には特徴が認められるとしても、使用者の各脚を挟持するための手段として脚載置部の側壁の両側に空気袋を配設するのか、片側のみに空気袋を配設し、他方にはチップウレタン等の緩衝材を配設するのかという点は、発明を特徴付ける本質的部分ではないというべきである。

　イ　置換可能性（第2要件）

　控訴人は、控訴人製品3、4のチップウレタン等と本件発明5の空気袋の間に置換可能性があるとはいえないと主張する。

　しかしながら、脚載置部の側壁の一方の空気袋を、緩衝材として用いられるチップウレタン等に置換した場合であっても、一方の空気袋の押圧力により、相対する面に設けられたチップウレタン等に脚部が押しつけられた場合には、当該チップウレタン等から脚部に対して押圧力が生じ、脚部は両側から柔らかく包まれるような形で空気袋とチップウレタン等との間に挟持され、押圧されることになるのであるから、脚載置部の側壁の一方の空気袋をチップウレタン等に置換しても、その目的や作用効果に格別の差異はないものと認められる。したがって、控訴人製品3、4は　一方の空気袋をチップウレタン等で置換しても本件発明5の椅子式エアーマッサージ機の目的を達し、同様の作用効果を奏するものということができる。

　ウ　置換容易性（第3要件）

　控訴人は、脚載置部の側壁の一方を緩衝材のウレタンで置換したマッサージ機の構成について特許権を取得したことなどを理由として、本件発明5の脚載置部の側壁の一方に配設された空気袋をチップウレタン等で置換することは容易ではないと主張する。

　しかしながら、控訴人は、脚載置部の側壁の両側に空気袋を配設した控訴

人製品1、2を当初製造、販売し、その後、側壁の一方に配設された空気袋を緩衝材であるチップウレタン等に置換した控訴人製品3、4を製造販売しているところ、チップウレタン等には柔軟性があることは公知であるから、当業者であれば、控訴人製品3、4の製造等の時点において脚載置部の側壁の一方に配設された空気袋をチップウレタン等に置換しても空気袋を両側に配設した場合と同様の作用効果を奏することは、容易に推考し得たというべきである。…

エ　控訴人製品の容易推考性（第4要件）

控訴人は、置換可能性及び置換容易性が認められるのであれば、控訴人製品3、4は、本件発明5の特許出願時に、当時の公知技術から当事者が容易に推考できたものであると主張する。しかしながら、後に判示するとおり、本件発明5は、その出願時における公知技術から当業者が容易に想到し得たものではないから、その脚載置部の側壁の一方をチップウレタン等で置換したにすぎない控訴人製品3、4についても、当業者が容易に推考できたものということはできない。

オ　意識的な除外（第5要件）

控訴人は、本件特許5の出願当時、マッサージ機の脚受部に中間壁を設けることや、身体の各部との接触を緩和する材料としてチップウレタン等を採用することが公知の技術であったにもかかわらず、被控訴人は、袋体が各脚部の両側に配設される構成のみを選択したのであるから、脚部の一側方のみが袋体である構成を本件発明5から意識的に除外したものと評価できると主張する。

しかしながら、特許侵害を主張されている対象製品に係る構成が、特許出願手続において特許請求の範囲から意識的に除外されたというには、特許権者が、出願手続において当該対象製品に係る構成が特許請求の範囲に含まれないことを自認しあるいは補正や訂正により当該構成を特許請求の範囲から除外するなど、当該対象製品に係る構成を明確に認識し、これを特許請求の範囲から除外したと外形的に評価し得る行動がとられていることを要すると解すべきであり、特許出願当時の公知技術等に照らし、当該対象製品に係

第Ⅵ章　権利行使に関する判決例

る構成を容易に想到し得たにもかかわらず、そのような構成を特許請求の範囲に含めなかったというだけでは、当該対象製品に係る構成を特許請求の範囲から意識的に除外したということはできないというべきである。

　本件においては、本件特許5の特許権者である被控訴人が、特許出願手続において、脚載置部の側壁の一方のみに空気袋を配設し、他方にチップウレタン等を配設する構成を採用しても本件発明5の目的や効果を達成できることを明確に認識し、これをことさらに除外したと評価し得る行動をとったと認めるに足る証拠はない。

したがって、控訴人の主張は採用できない。

(2)　均等侵害についての結論

　以上によれば、控訴人製品3、4の脚載置部の一方の側壁の空気袋をチップウレタン等に置換したとしても、同各製品の構成は本件発明5と均等なものとして、本件発明5の技術的範囲に属するということができる。

(2)　解説

　本事件において、本件特許発明（特許第3121727号）の構成要件A3の「前記座部の前部に設けられ、かつ、圧搾空気の給排気に伴って膨張し、膨張時に使用者の脚部をその両側から挟持する脚用袋体が配設された脚載置部」について、「側壁の一方に空気袋を配設し、他方にチップウレタンを配設した脚載置部」とした控訴人製品（原審被告製品）が均等侵害の要件を満たすとして、原審（東京地判平成15.03.26 平13(ワ)3485）の判決を支持した。

　知財高裁は、置換可能性につき、「脚載置部の側壁の一方の空気袋を、緩衝材として用いられるチップウレタン等に置換した場合であっても、一方の空気袋の押圧力により、相対する面に設けられたチップウレタン等に脚部が押しつけられた場合には、当該チップウレタン等から脚部に対して押圧力が生じ、脚部は両側から柔らかく包まれるような形で空気袋とチップウレタン等との間に挟持され、押圧されることになるのであるから、脚載置部の側壁の一方の空気袋をチップウレタン等に置換しても、その目的や作用効果に差異はないものと認められる」とし、更に「チップウレタン等が能動的に脚部

を押圧する機能を有するかどうかは、置換可能性について判断を左右するものでない」として置換可能性を認めた。

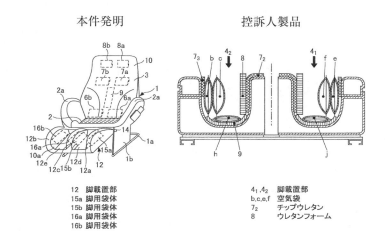

| | |
|---|---|
| 12 | 脚載置部 |
| 15a | 脚用袋体 |
| 15b | 脚用袋体 |
| 16a | 脚用袋体 |
| 16b | 脚用袋体 |

| | |
|---|---|
| $4_1, 4_2$ | 脚載置部 |
| b,c,e,f | 空気袋 |
| $7_2$ | チップウレタン |
| 8 | ウレタンフォーム |

## 8．(4) まとめ

　以上、均等が認められなかった例、均等が認められた例を紹介したが、侵害訴訟において均等論を主張する場合は、飽くまでも文言侵害の主張が受け入れられない場合を想定した場合の非常手段である。したがって、権利行使を考慮した特許請求の範囲の記載の観点からすれば、対象とする被疑製品を均等論に頼ることなく、文言侵害として侵害が成立するような特許請求の範囲の記載、すなわち、発明の本質に関わらない部分においても容易に侵害を逃れることを可能にするような不用意な限定が存在しないかどうかを絶えず留意することが肝要である。

## 9．間接侵害

　既に述べたように、特許発明の技術的範囲は、特許請求の範囲の記載に基いて定められる。そして、問題とされる製品あるいは方法（イ号）が特許請

### 第Ⅵ章　権利行使に関する判決例

求の範囲に記載された発明の構成要件のいずれかを欠いている場合は、イ号はその特許発明の技術的範囲に属さず、特許権の侵害は成立しない。しかしながら、特許法は一定の行為に限り特許権の侵害とみなすという規定を置いている（法第101条）。この規定は、そのまま放置すると必然的に特許権の侵害に結び付くため、事前に侵害行為とみなして禁止する趣旨で設けられたものである。この侵害の態様は特許発明の技術的範囲に属する侵害（直接侵害）に対し、「間接侵害」と呼ばれる。

**＊判決例**
**東京高判平成08.05.23 平6（ネ）1708〔位置合わせ載置方法事件〕**
　本件特許の方法発明に対し、控訴人装置が特許発明の方法のみに使用されるものとであるとして間接侵害の成立を認めた事例
(1)　判決要旨
　控訴人装置は、本件特許発明の構成要件の全てを充足するから、同装置の使用は本件発明を実施するというべきであり、控訴人装置の仮受台にウエハの何らかの洗浄効果があるとしても、本件発明も予定する洗浄効果で、付随的なものにすぎず、社会通念上、経済的、商業的ないし実用的と認められる用途ではなく、他に同装置の仮受台に他の機能又は目的があるとは認めることはできないから、同装置の仮受台は本件発明に係る位置合わせ載置方法の実施にのみ使用される物ということができ、したがって、控訴人が控訴人装置を業として製造、譲渡等をすることは、本件特許権を侵害すると認められる。
(2)　解説
　間接侵害の成立の成否が争われるケースでは、問題となっている「物」が法第101条にいう「のみ」の要件を満たすか否か、すなわち、「他の用途」の有無について争われる場合が少なくない。この「のみ」については、「社会通念上、経済的、商業的ないし実用的と認められる他の用途がないこと」が現在では確立した判断基準とされている。
　なお、上述したように平成14年の法改正により間接侵害が認められるための条件が追加され、これにより上記「のみ」の要件が必ずしも満たされてい

なくても間接侵害が認められることとなったが、この場合、対象となる物が、日本国内において広く流通しているものでなく、発明による課題の解決に不可欠のものであり、かつ、その物がその特許に係る発明の実施に使用されることを認識していること（悪意）の条件が必要となる。

　法第101条の間接侵害の規定は、被疑製品（方法）が、特許請求の範囲の記載の要件を全て満たさない場合、すなわち、文言侵害が成立しない場合であっても、一定の要件の下に侵害とみなすことを定めた規定である。権利者が間接侵害を主張する場合の例として、例えば第三者が、特許請求の範囲に記載された要素の一部を部品としてあるいは半製品として製造、販売などの実施をする場合、あるいは、方法発明やシステム発明において、特許請求の範囲に複数当事者が存在し、第三者がその当事者が行う一部について実施するような場合が挙げられる。間接侵害が認められるためには法第101条に規定する要件を満たさなければならない以上、権利行使の場面においては、理想的には間接侵害の主張に頼ることなく、直接侵害で訴えることが好ましいことは当然である。したがって、権利行使を考慮した特許請求の範囲の記載という観点からすると、複数の構成要素からなる発明において、そのうちの一部の構成要素自体で発明が成立しないかどうか、あるいは、複数当事者のうちの一部の当事者のみの行う方法や使用装置のみで発明が成立しないかどうかを検討し、必要に応じてそれらについて直接侵害に相当する特許請求の範囲の記載ができないかどうか検討する必要があろう（「第Ⅲ章、2.(2) ②権利行使を考慮した基本的事項」参照）。

## 10. 無効理由が存在する場合

　現行法において特許権者の権利行使の制限に関して以下のとおりの規定が設けられている。
　「法第104条の3　特許権又は専用実施権の侵害に係る訴訟において、当該特許が特許無効審判により無効にされるべきものと認められるときは、特

### 第Ⅵ章　権利行使に関する判決例

許権者又は専用実施権者は、相手方に対してその権利を行使することができない。

　２　前項の規定による攻撃又は防御の方法については、これが審理を不当に遅延させることを目的として提出されたものと認められるときは、裁判所は、申立てにより又は職権で、却下の決定をすることができる。

　３　第百二十三条第二項の規定は、当該特許に係る発明について特許無効審判を請求することができる者以外の者が第一項の規定による攻撃又は防御の方法を提出することを妨げない」

　特許侵害訴訟において、特許に無効理由があるとの被告の特許無効の抗弁が認められ、原告の請求が認められなかった事例が少なからずある。無効理由としては、法第29条第1項第3号（新規性欠如）のみならず、法第29条第2項（進歩性欠如）や法第36条（明細書等の記載要件違反）の規定に基づくものなど多様である。

　なお、第3項の規定により、冒認等を理由とする特許無効審判の請求人適格を真の権利者に限定しても、それにより無効の抗弁の主張権者が真の権利者に限定して扱われることはない。

＊判決例
**東京地判平成15.01.20 平14(ワ)5502〔資金別貸借対照表事件〕**
　考案が自然法則を利用した技術思想の創作に当たらないとする被告の無効の主張が認められた事例

(1) 判決要旨

　本件考案は、貸借対照表について、「損益資金」「固定資金」「売上仕入資金」及び「流動資金」の4つの資金の観点から捉えたこと、各資金に属する勘定科目を、貸方と借方に分類することにより、各部ごとの貸方と借方の差額により求めた現金預金を認識できるようにしたことに特徴がある。

　そうすると、上記本件考案は、専ら、一定の経済法則ないし会計法則を利用した人間の精神活動そのものを対象とする創作であり、自然法則を利用した創作ということはできない。また、本件考案の効果、すなわち、企業の財

務体質等を知ることができる、企業の業績の予想を的確に行うことができる、損益の認識が容易にできる、貸借対照表、損益計算書、資金繰り表など個別に表を作成する必要がない等の効果も、自然法則の利用とは無関係の会計理論ないし会計実務を前提とした効果にすぎない。

　本件考案は、実用新案法第2条第1項にいう「自然法則を利用した技術的思想」に該当しないから、本件実用新案登録は、第3条第1項柱書に反する無効理由を有することが明らかである。

(2) 解説

　無効審決が確定する前に、侵害訴訟において無効理由が存在することが明らかであるか否かについて裁判所が判断した事例であり、判決では、ビジネスモデル関連の発明（考案）における発明該当性要件が判示された。

＊判決例
東京地判平成18.02.28 平16(ワ)20601〔魚釣用電動リール事件〕
　本件特許発明は進歩性を有せず、特許無効審判により無効とされるべきものであるとして原告の請求が棄却された事例

(1) 判決要旨

　本件特許発明は、乙1号証の発明である両軸受け型リールに、乙3号証（フランス特許）記載の「電機モータ16の回転速度を待避端部位置からアクティブ端部位置まで連続的に増減させるレバー形態の操作部在21を回転可能に設けること」を適用することにより当業者が容易に想到することができたものと認められる。

　なお、本件特許に対する無効審判請求事件の訂正請求による訂正は、単に乙第5号証及び乙第6号証の周知な設計事項を付加したにすぎず、仮に上記訂正が認められたとしても無効を回避することができないというべきである。したがって、本件特許発明は進歩性を有せず、特許無効審判により無効にされるべきものと認められるから、原告は特許法第104条の3により権利行使することができない。

(2) 解説

### 第Ⅵ章　権利行使に関する判決例

　上級審でも、原判決に控訴人主張の引用例発明１の認定の誤りはなく、また、控訴人主張の一致点の認定の誤り・相違点の看過はなく、原判決の判断は相当であるとされた。

＊判決例
**東京地判平成18.07.20 平17(ワ)2649〔水性接着剤事件〕**
　本件特許は、改正前特許法第36条第４項に規定する実施可能要件を満たしていなから、同法第123条第１項第４号に該当し、特許無効審判により無効とすべきものと認められるとして、原告の請求が棄却された事例
(1)　判決要旨
　以上によれば、本件明細書によっては、触媒（過酸化水素水）を重合の初期に多量に使用しないという製造方法を用いる場合において、当業者において、特別な知識を付加することなく、また、当業者に過度の試行錯誤を強いることなく、貯蔵弾性率 $G'a$ 及びずり応力 $\tau a$ の値を構成要件Ｅ及びＦ所定の範囲内に調整する具体的手段について、当業者がその実施することができる程度に明確にかつ十分に記載されているとはいえず、改正前特許法第36条第４項所定のいわゆる実施可能要件を充足するとは認められないというべきである。したがって、本件特許は同法第123条第１項第４号に該当し、特許無効審判により無効とすべきものと認められるから、特許法第104条の３第１項により、原告は、被告に対し、本件特許権に基づく権利行使をすることはできないというべきである。
(2)　解説
　明細書には、特許権者が最良と思う実施例が３つ記載されているが、いずれも重合の初期に触媒を多量に使用した例であって、そのような特定の製造条件を用いない製造方法における数値範囲の開示が不十分であったため、裁判所は、実施可能要件について、「本件のような数値の範囲を限定した特許については、当業者に対し、複数の数値を所定の範囲内に調整するために過度の試行錯誤を強いることなく実施し得る場合でなければ、実施可能要件を充足するということはできない」と判示した。

＊判決例
**知財高判平成21.03.18 平20（ネ）10013〔遠赤外線放射体事件〕**

特許請求の範囲の記載中の「10μm以下の平均粒子径」の「平均粒子径」の定義（算出方法）や測定方法が明らかでなく、特許法第36条第6項第2号の明確性要件を満たしていないとして特許無効の抗弁が認められ、差止請求が棄却された事例

(1) 判決要旨

「10μm以下の平均粒子径」という場合の「粒子径」については、技術的に見て粒子をふるいの通過の可否等の見地から二次元的に捉えたり、体積等の見地から三次元的に捉えたりするなど様々な見地があり得る中で、本件明細書（甲2、乙A20の2）を精査しても、「粒子径」をどのように捉えるのかという見地からの記載はなく、平均粒子径の定義（算出方法）や採用されるべき測定方法の記載も存しない。これを踏まえると、本件発明の「10μm以下の平均粒子径」の「径」を、本件明細書の段落【0035】等の記載に照らして当然に、ふるい径等の幾何学的径や投影面積円相当径等でなく体積相当径という意味であるということは困難であるし、仮に体積相当径とみることができたとしても、本件発明の「10μm以下の平均粒子径」が特許法にいう明確性要件を満たすということができない。

「10μm以下の平均粒子径」という文言が明確であるかどうかを検討するに当たり、この文言の意義が、どのような測定装置を使用しても「平均粒子径」が10μm以下であるかが確認できればよいという意味であると解して明確性の要件を満たすとすることは、当業者に過度の試行錯誤を課するものであって発明特定事項の開示として相当でなく、また、「平均粒子径」について明確性の要件の充足を要しないというに等しいものというほかない。

(2) 解説

本件では、本件発明の「平均粒子径」の定義や測定方法が明細書に記載されていないため、法第36条第6項第2号の明確性要件を満たしておらず、法第123条第1項第4号の無効理由を有するとして控訴人の求めた差止請求が棄却された。本件発明は材料（遠赤外線放射体）の「平均粒子径」が問題と

なったが、当該技術分野において「平均粒子径」の定義や測定方法が種々あり、一義的に特定することができず、また、どのような測定方法を使用したとしても、同一の測定結果が得られるとは認められないとして、明確性要件を欠くとされた。本判決は、物を特性等で特定する場合、それを特定するための試験・測定方法や算出方法が標準的に定められていないもの、あるいは当該技術分野で慣用されているものでない場合には、明細書中に一義的に特定できるように記載しておくべきことがいかに重要であるかを教えるものであるが、この点に関して、本書第Ⅲ章　1．(3)　②　(B)　(a)　(3)を参照されたい。

## 11．属地主義の原則

特許権についての属地主義の原則とは、各国の特許権が、その成立、移転、効力等につき当該国の法律によって定められ、特許権の効力が当該国の領域内においてのみ認められることを意味するものであるところ（最判平成09.07.01 平7(オ)1988、最判平成14.09.26 平12(受)580参照）、我が国の特許法においても、上記原則が妥当するものと解される。

しかしながら、ネットワーク型システムの発明やネットワークを通じて送信されるプログラムの発明について、サーバ等の一部を国外に設置することによって特許を容易に回避し得ることとなれば、特許権侵害の責任を免れることとなってしまうところ、現代のデジタル社会において、これらの発明の適切な保護の在り方が模索されていた。

＊判決例（ネットワーク型システムの発明）
知財高判令和05.05.26 令4(ネ)10046〔コメント配信システム事件〕
　サーバとネットワークを介して接続された複数の端末装置を備えるシステムの発明について、日本国外に存在するサーバと日本国内に存在するユーザ端末からなるシステムを新たに作り出す行為が、上記発明の実施行為として、法第2条第3項第1号にいう「生産」に該当するとされた事例

(1) 判決要旨

ネットワーク型システムの発明について、属地主義の原則を厳格に解釈し、当該システムを構成する要素の一部であるサーバが国外に存在することを理由に、一律に我が国の特許法第2条第3項の「実施」に該当しないと解することは、サーバを国外に設置さえすれば特許を容易に回避し得ることとなり、当該システムの発明に係る特許権について十分な保護を図ることができないこととなって、妥当ではない。

他方で、当該システムを構成する要素の一部である端末が国内に存在することを理由に、一律に特許法第2条第3項の「実施」に該当すると解することは、当該特許権の過剰な保護となり、経済活動に支障を生ずる事態となり得るものであって、これも妥当ではない。

これらを踏まえると、ネットワーク型システムの発明に係る特許権を適切に保護する観点から、ネットワーク型システムを新たに作り出す行為が、特許法第2条第3項第1号の「生産」に該当するか否かについては、当該システムを構成する要素の一部であるサーバが国外に存在する場合であっても、当該行為の具体的態様、当該システムを構成する各要素のうち国内に存在するものが当該発明において果たす機能・役割、当該システムの利用によって当該発明の効果が得られる場所、その利用が当該発明の特許権者の経済的利益に与える影響等を総合考慮し、当該行為が我が国の領域内で行われたものとみることができるときは、特許法第2条第3項第1号の「生産」に該当すると解するのが相当である。

以上の事情を総合考慮すると、本件生産1の1は、我が国の領域内で行われたものとみることができるから、本件発明1との関係で、特許法第2条第3項第1号の「生産」に該当するものと認められる。

(2) 解説

本判決は、ネットワーク型システムの発明における属地主義の原則について、知財高裁の解釈を示したものであり、システムを構成する要素の一部であるサーバが国外に存在する場合であっても、特許権の侵害が成立する可能性を示したことは、デジタル社会におけるネットワーク技術の重要性を反映

第Ⅵ章　権利行使に関する判決例

したものといえる。

　ただし、知財高裁は、主として4つの判断基準を示した上で、事情を総合考慮して判断する必要があることも判示していることから、権利行使を考慮した特許請求の範囲の記載という観点からすると、端末とサーバからなるシステム全体の請求項だけでなく、より直接的に権利侵害の主張を行うことができる請求項も検討すべきである。例えば端末やサーバを装置として特定した請求項や端末で用いられるプログラムなど、様々なバリエーションが考えられる（第Ⅲ章3．(1) ⑤ (B)「コンピュータの利用形態に応じた請求項の作成」も参照されたい）。

　なお、本判決は、重要な事項を判示した大合議判決であるだけでなく、日本における第三者意見募集制度が初めて利用された案件であり、第三者の意見が広く集められ、これらを踏まえて判決がなされたことも画期的である。

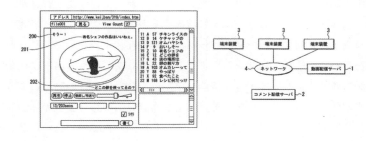

**※判決例（ネットワークを通じて送信されるプログラムの発明）**
**知財高判令和04.07.20 平30（ネ）10077〔表示装置、コメント表示方法、及びプログラム事件〕**

　国外に所在するサーバから日本国の領域内に所在するユーザーに向けられたプログラムの配信が、日本国の領域内で行われたものと評価するのが相当であるとされ、当該配信が日本国特許法第2条第3項第1号にいう「提供」に該当するとされた事例

(1)　判決要旨

　ネットワークを通じて送信され得る発明につき特許権侵害が成立するため

に、問題となる提供行為が形式的にも全て日本国の領域内で完結することが必要であるとすると、そのような発明を実施しようとする者は、サーバ等の一部の設備を国外に移転するなどして容易に特許権侵害の責任を免れることとなってしまうところ、数多くの有用なネットワーク関連発明が存在する現代のデジタル社会において、かかる潜脱的な行為を許容することは著しく正義に反するというべきである。他方、特許発明の実施行為につき、形式的にはその全ての要素が日本国の領域内で完結するものでないとしても、実質的かつ全体的にみて、それが日本国の領域内で行われたと評価し得るものであれば、これに日本国の特許権の効力を及ぼしても、前記の属地主義には反しないと解される。

したがって、問題となる提供行為については、当該提供が日本国の領域外で行われる部分と領域内で行われる部分とに明確かつ容易に区別できるか、当該提供の制御が日本国の領域内で行われているか、当該提供が日本国の領域内に所在する顧客等に向けられたものか、当該提供によって得られる特許発明の効果が日本国の領域内において発現しているかなどの諸事情を考慮し、当該提供が実質的かつ全体的にみて、日本国の領域内で行われたものと評価し得るときは、日本国特許法にいう「提供」に該当すると解するのが相当である。

これらの事情に照らすと、本件配信は、その一部に日本国の領域外で行われる部分があるとしても、これを実質的かつ全体的に考察すれば、日本国の領域内で行われたものと評価するのが相当である。

(2) 解説

本判決は、国外に所在するサーバから日本国の領域内に所在するユーザーに向けられたプログラムの配信について、問題となる提供行為に対して、幾つかの要件を設けた上で、実質的かつ全体的にみて、日本国の領域内で行われたものと評価し得るときは、日本国特許法にいう「提供」に該当するとしたものである。

我が国では、平成14年に特許法が改正され、プログラムが特許法の保護対象となったことにより、コンピュータプログラムの特許を取得できるように

なった。本判決から理解されるように、プログラムの特許は現代のデジタル社会において知財戦略上、極めて重要なツールといえる。

## 12. 注目すべき判決

これまで、特許発明の技術的範囲の確定の手法や特許権の権利行使について、特に特許明細書の記載が問題となった事例を中心に述べてきた。ここで、権利行使に強い特許明細書とはどのような特許明細書であるのか、まとめると次のようなことがいえる。

(1) 特許請求の範囲の記載が、広い技術的範囲（権利範囲）をカバーできるものであること

このためには、他社のいかなる実施形態をもカバーでき、広範な請求項とこれを裏付ける豊富な実施例を有していることが重要である。

(2) 権利行使しやすい請求項となっていること

すなわち、侵害の確認が容易に行える請求項となっていることが好ましい。例えば制御手段における演算処理内容が分からない限り侵害の確認ができないような請求項は可能な限り避けるべきである。

また、他人の実施行為を想定した権利行使がしやすい請求項となっているかどうかも重要な要素である。例えば物、方法、物の製造方法、プログラム等、発明のカテゴリーが適切に選択されていることも重要な要素である。また、例えばビジネス方法特許などにありがちな、複数の発明の実施行為者が想定される場合に、各実施行為者に対して個別に権利行使できる請求項を用意しておくことも肝要である。

(3) 相手の反論に対して対応できる明細書であること

具体例として、以下のような事項が挙げられる。

① 請求項の記載が明確であること（不明確、あるいは曖昧な点はない、あるいは、実施例との関係で矛盾する点はない、等）。

② 明細書中の記載に瑕疵がないこと。

③ 数値範囲を含む発明において、これを十分にサポートする実施例が記

載されていること。また、必要な測定条件等が定義、あるいは開示されていること。
④ 特許取得過程において、不利となる手続がないこと。
⑤ 相手の特許無効の主張に対して、訂正などで対応可能な明細書となっていること。

以上、権利行使に当たって明細書に要求されることは、多岐にわたる。したがって、万全を期して取得した特許の場合であっても、予期せぬ実施形態で侵害を免れられたり、特許権侵害訴訟の場において、思わぬ反撃を受けたり、また、権利者の意図とは異なる用語の解釈が行われたりする。少しでも多くの事例に接しておくことは、今後の権利取得に有益である。以下、注目すべき判決例を挙げていくこととする。

＊判決例
**最判平成19.11.08 平18(受)826〔インクタンク事件〕**
**（原審：知財高判平成18.01.31 平17(ネ)10021）**
インクジェットプリンタ用インクに関する特許の特許権者により我が国及び国外で譲渡された特許製品の使用済みインクタンク本体を、第三者が利用しこれを加工するなどして製品化したインクタンクについて、特許権者による権利行使が認められた事例
(1) 判決要旨
我が国の特許権者等が国内外で特許製品を譲渡した場合には、当該特許製品については、特許権はその目的を達成したものとして消尽し、特許権の効力は、当該特許製品の使用、譲渡等には及ばず、特許権者は、当該特許製品について特許権を行使することは許されない。国外において特許製品を譲渡した場合においては、特許権者は、譲渡人に対しては、譲渡人との間で当該特許製品について販売先ないし使用地域から我が国を除外する旨の合意をした場合を除き、譲受人から当該特許製品を譲り受けた第三者及びその後の転得者に対しては、譲受人との間で上記合意した当該特許製品にこれを明確に

## 第Ⅵ章　権利行使に関する判決例

表示した場合を除き、当該製品を我が国に輸入し、国内で使用、譲渡等する行為に対して特許権に基づく権利行使をすることはできないというべきである（最高裁平成9年7月1日第三小法廷判決）。

しかしながら、我が国の特許権者等が国内外で譲渡した特許製品につき加工や部品が交換され、それにより特許製品と同一性を欠く特許製品が新たに製造されたものと認められるときは、特許権者は、その特許製品について、特許権を行使することが許される。

譲渡した特許製品につき加工や部品が交換された場合において、当該加工等が特許製品の新たな製造に当たるとして特許権者がその特許製品につき特許権を行使することが許されるといえるかどうかについては、当該特許製品の属性、特許発明の内容、加工及び部材の交換の態様のほか、取引の実情等も総合的考慮して判断すべきである。

インクジェットプリンタ用インクタンクに関する特許権者（X）が我が国及び国外において特許製品であるインクタンク（X製品）を販売したところ、Yが、X製品の使用済みインクタンク本体を利用してその内部を洗浄し、これに新たにインクを注入するなどの工程を経て製品化されたインクタンク（Y製品）を輸入し、我が国において販売している場合において、Y製品の製品化の工程における加工等の態様が、単にインクを補充しているというにとどまらず、印刷品位の低下やプリンタ本体の故障等の防止のために構造上再充てんが予定されていないインクタンク本体をインクの補充が可能となるように変形させるものであるとともに、上記特許に係る特許発明の本質的部分に係る構成を欠くに至ったものにつきこれを再び充足させて当該特許発明の作用効果を新たに発揮させるものであることのほか、インクタンクの取引の実情など判示の事情の下では、Y製品は、加工前のX製品と同一性を欠く特許製品が新たに製造されたものであって、特許権の行使が制限される対象となるものではなく、Xは、その特許権に基づいて、Y製品の輸入、販売等の差止及び廃棄を求めることができる。

(2)　解説

被上告人（特許権者）が特許製品であるプリンタ用の使用済みインクタン

クにインクを再注入し、リサイクル製品として市場に流通させていた上告人に対し、自社の特許権を侵害しているとして販売等の差止めを求めて東京地裁に提訴した事件である。一審の東京地裁では被上告人の請求を棄却したが、被上告人が知財高裁に控訴したところ、原審判決を取り消し、被上告人の請求を認容した。本事件は、上告人が最高裁に対して上告したものである。

原審である知財高裁は、まず、「ア 当該特許製品が製品としての本来の耐用期間を経過してその効用を終えた後に再使用又は再生産された場合（以下「第1類型」という。）、又は、イ 当該特許製品につき第三者により特許製品中の特許発明の本質的部分を構成する部材の全部又は一部につき加工又は交換がされた場合（以下「第2類型」という。）には、特許権は消尽せず、特許権者は、当該特許製品について特許権に基づく権利行使をすることが許されるものと解するのが相当である」として、特許権侵害となる場合について2つの類型があることを説示し、本件の場合は、上記イの第2類型に相当するものとして特許権侵害を認めたものである。

最高裁は原審である知財高裁判決の結論を維持したが、知財高裁が示した「第1類型」「第2類型」の判断基準を採用せずに、消尽成立の有無の判断基準として、「当該特許製品と同一性を欠く特許製品が新たに製造されたものと認められるときは、特許権者は、その特許製品について、特許権行使をすることができる」とした。そして、「特許製品の新たな製造に当たるかどうか」については、(A) 当該特許製品の属性、(B) 特許発明の内容、(C) 加工及び部材の態様のほか、(D) 取引の実情等も総合考慮して判断するのが相当であるとした。

なお、原判決では、本件発明の構成用件Hである負圧発生部材と、構成用件Kであるインクの充填についてそれぞれ発明の本質的部分であると認定して侵害を認定したが、本判決においても、本質的部分の加工を侵害認定の判断材料としているものであり、交換部材を含めたクレーム作りが重要である点は変わりはない。

再利用可能性を具備する自社製品をカバーするための特許権を取得する際には、交換される可能性の高い部品を構成要件に含んだ請求項も作成してお

# 第Ⅵ章 権利行使に関する判決例

くべきである。それにより、侵害被疑者の行為は新たな製造に該当するとの主張を容易にするからである。

**＊判決例**
知財高判平成17.09.30 平17(ネ)10040〔情報処理装置及び情報処理方法事件〕
（原審：東京地判平成17.02.01 平16(ネ)16732）

　控訴人（原審被告）製品をインストールしたパソコンに表示される「ヘルプモード」ボタン及び「印刷」ボタンは本件発明の「アイコン」に該当するか否か、また、控訴人製品を製造、譲渡などを行う行為は法第101条第2号及び第4号に規定の間接侵害に該当するか否かが争われた事例（本件は、更に控訴人が新たに追加した本件特許の無効理由についての追加的主張・立証が時機に後れたものであるかどうかについて争われた。）

⑴　判決要旨
⒜　構成要件充足性について

　本件特許出願当時、「アイコン」とは、「表示画面上に各種データや処理機能を絵又は文字として表示したもの」と一般に理解されており、本件発明にいう「アイコン」も、表示画面上に各種データや処理機能を絵又は絵文字として表示して処理するものであれば足り、それ以上に、ドラッグないし移動可能性やディスクトップ上への配置可能性という限定を付す根拠はない。

⒝　間接侵害について

（特許法第101条第2号所定の間接侵害について）

　控訴人製品をインストールしたパソコンは本件第1、第2発明の構成要件を充足するものであるところ、控訴人製品は、前記パソコンの生産に用いるものである。「控訴人製品をインストールしたパソコン」においては、本件発明の課題を解決するための構成は控訴人製品をインストールすることによって初めて実現されるものであるから、控訴人製品は、本件第1、第2発明による課題の解決に不可欠なものに該当するというべきである。

　また、特許法第101条第2号所定の間接侵害の主観的要件を具備すべき時

点は、差止請求の関係では、差止請求訴訟の事実審の口頭弁論終結時であり、控訴人は、遅くとも本件訴状の送達を受けた日には、本件第1、第2発明が被控訴人の特許発明であること及び控訴人製品がこれらの発明の実施に用いられることを知ったものと認めるのが相当である。以上によれば、控訴人が業として控訴人製品の製造、譲渡等又は譲渡等の申出を行う行為については、本件第1、第2発明について、特許法第101条第2号所定の間接侵害が成立する。

(特許法第101条第4号所定の間接侵害の成否)

特許法第101条第4号は、その物自体を利用して特許発明に係る方法を実施することが可能である物についてこれを生産、譲渡等する行為を特許侵害とみなすものであって、そのような物の生産に用いられる物を製造、譲渡等する行為を侵害行為とみなすものでない。控訴人の行っている行為は、当該パソコンの生産、譲渡等又は譲渡等の申出ではなく、当該パソコンの生産に用いられる控訴人製品についての製造、譲渡等又は譲渡等の申出にすぎないから、控訴人の行為が同号所定の間接侵害に該当するということはできない。

(C) 時機に後れた攻撃防御方法について

当審における追加主張・立証の本件特許の無効理由に関する部分は、新たに追加された文献に基づくものであるが、これらはいずれも外国において頒布された英語の文献であり、しかも、本件訴えの提起より、15年近くも前の本件特許出願時より前に頒布されたものであるから、このような公知文献を調査検索するためにそれなりの時間を要することはやむを得ないことというべきである。以上の事情を総合考慮すれば、控訴人が当審において新たに提出した構成要件充足性及び本件特許の無効理由についての追加的な主張・立証が時機に後れたものであるとまではいうことができない。

(2) 解説

本件特許発明は、「情報処理装置」及び「情報処理方法」に関し、控訴人（原審被告）製品である、パソコンにインストールして使用される文書作成ソフト「一太郎」及び図形作成ソフト「花子」を製造、譲渡等を行う行為が法第101条第2号及び第4号に規定の間接侵害の要件を満たすかが争われた

### 第Ⅵ章 権利行使に関する判決例

事件である。

　原審（東京地裁）では、原告の請求が認められたが、本控訴審（知的財産高等裁判所）においては、間接侵害の成立は認められたものの、控訴審において新たに提出された証拠に基づいて、本件特許は特許無効審判において無効とされるべきものと判断され、法第104条の3第1項に従い、本件特許権の行使をすることができないとされ、原判決が取り消された。

　本件特許発明は、平成元年10月31日に出願されたもので、「プログラムそのもの」を特許法上、保護対象として規定された（平成14年9月1日）以前、あるいは、審査基準において認める運用を開始した（平成13年1月10日）以前の出願に係るものあり、また、装置発明については、「…表示手段」「…指定手段」「制御手段」を有する「情報処理装置」という機能的に記載された請求項にもかかわらず、特に限定的に解釈せずに、対象ソフトウエアをカバーするものとして認めた点で注目される。

　また、情報処理装置（コンピュータ）にインストールするソフトウエアの製造、販売等の行為を、改正された法第101条第2号所定の間接侵害の要件を検討し、間接侵害の成立を認めた点、さらに、同条第4号所定の間接侵害の成否について、「物の生産に用いられる物を製造、譲渡等する行為」は同第4号の間接侵害に該当しないとした点は注目すべき解釈であり、特許請求の範囲の作成実務においても念頭に置いておくべきものである。

# 巻末資料

巻末資料1

# 明細書の作成に当たって特許法施行規則等で規定されている事項

## 1．国内出願

1．(1) 明細書の様式
① 用紙は、日本工業規格Ａ列4番（横21cm、縦29.7cm）の大きさとし、インキがにじまず、文字が透き通らないものを縦長にして用い、用紙には不要な文字、記号、枠線、けい線等を記載してはならない。
② 余白は、少なくとも用紙の左右及び上下に各々2cmとるものとし、原則としてその左右については各々2.3cmを超えないものとする。
③ 書き方は左横書、1行は40字詰めとし、1ページは50行以内とし、各ページの上の余白部分の右端にページ数を記入する。
④ 文字は10ポイントから12ポイントまでの大きさで、タイプ印書等により、黒色で、明りようにかつ容易に消すことができないように書き、平仮名（外来語は片仮名）、常用漢字及びアラビア数字を用いる。この場合において、「【発明の名称】」の欄に記載する当該発明の内容については、半角を用いてはならない。また、「【」「】」「▲」及び「▼」は用いてはならない（欄名の前後に「【」及び「】」を用いるときを除く。）。
⑤ 各用紙においては、原則として抹消、訂正、重ね書き及び行間挿入を行つてはならない。
⑥ 文章は口語体とし、技術的に正確かつ簡明に発明の全体を出願当初から記載する。この場合において、他の文献を引用して明細書の記載に代えてはならない。
⑦ 技術用語は、学術用語を用いる。
⑧ 用語は、その有する普通の意味で使用し、かつ、明細書及び特許請求の範囲全体を通じて統一して使用する。ただし、特定の意味で使用しようと

する場合において、その意味を定義して使用するときは、この限りでない。
⑨　登録商標は、当該登録商標を使用しなければ当該物を表示することができない場合に限り使用し、この場合は、登録商標である旨を記載する。
⑩　微生物、外国名の物質等の日本語ではその用語の有する意味を十分表現することができない技術用語、外国語による学術文献等は、その日本名の次に括弧をしてその原語を記載する。
⑪　微生物の寄託について付された受託番号は、その微生物名の次に記載する。受託番号をまとめて記載しようとするときは、原則として符号の説明の記載の次に記載するものとし、当該記載事項の前には、なるべく「【受託番号】」の見出しを付す。
⑫　化学物質を記載する場合において、物質名だけでは、その化学構造を直ちに理解することが困難なときは、物質名に加え、化学構造を理解することができるような化学式をなるべく記載する。
⑬　「【発明の名称】」は、明細書の最初に記載し、当該発明の内容を簡明に表示するものでなければならない。
⑭　「発明の詳細な説明」は、第24条の2及び特許法第36条第4項に規定するところに従い、「【発明の名称】」の欄の次に、次の要領で記載する。
　　イ　原則として、特許を受けようとする発明の属する技術の分野を記載し、当該記載事項の前には、「【技術分野】」の見出しを付す。
　　ロ　文献公知発明を含め、特許を受けようとする発明に関連する従来の技術についてなるべく記載する。その記載は、「特許文献1」、「非特許文献1」のように、「【先行技術文献】」の欄において情報の所在に付した番号を引用して記載することが望ましい。この場合において、当該記載事項の前には、【背景技術】の見出しを付す。
　　ハ　特許を受けようとする発明に関連する文献公知発明のうち特許を受けようとする者が特許出願の時に知つているものがあるときは、その文献公知発明が記載された刊行物の名称その他のその文献公知発明に関する情報の所在を記載する。
　　その記載は、情報の所在ごとに行を改めて記載し、特許、実用新案又は意

巻末資料1

匠に関する公報の名称を記載しようとするときは「【特許文献1】特開〇〇〇〇－〇〇〇〇〇〇号公報」のように記載し、学術論文の名称その他の情報の所在を記載しようとするときは「【非特許文献1】〇〇〇〇著、「△△△△」××出版、〇〇〇〇年〇月〇日発行、ｐ．〇〇～〇〇」のように、著者、書名、発行年月日等の必要な事項を記載する。この場合において、各記載事項の前には、なるべく「【特許文献】」及び「【非特許文献】」の見出しを付し、これらの記載の前にはなるべく「【先行技術文献】」の見出しを付す。

　なお、「特許文献」又は「非特許文献」が２以上あるときは、なるべく次のように「【特許文献1】」、「【特許文献2】」、「【非特許文献1】」、「【非特許文献2】」のようにそれぞれ記載する順序により連続番号を付して記載する。

　ただし、第45条の5又は第50条の15第2項において準用する第24条の規定により訂正した明細書を作成するときは、既に付されている番号に変更が生じないように記載する。

　　【先行技術文献】
　　　【特許文献】
　　　　【特許文献1】
　　　　【特許文献2】
　　　【非特許文献】
　　　　【非特許文献1】
　　　　【非特許文献2】

　ニ　原則として、その発明が解決しようとする課題及びその課題を発明がどのように解決したかを記載する。また、特許を受けようとする発明が従来の技術との関連において有利な効果を有するものであるときは、なるべくその効果を記載する。この場合において、各記載事項の前には、なるべく「【発明が解決しようとする課題】」、「【課題を解決するための手段】」及び「【発明の効果】」の見出しを付し、これらの記載の前には、「【発明の概要】」の見出しを付す。

　ホ　特許を受けようとする発明の属する技術の分野における通常の知識を有する者がその実施をすることができるように、発明をどのように実施

するかを示す発明の実施の形態を記載し、必要があるときは、これを具体的に示した実施例を記載する。その発明の実施の形態は、特許出願人が最良と思うものを少なくとも一つ掲げて記載し、当該記載事項の前には、「【発明を実施するための形態】」の見出しを付す。また、実施例の記載の前には、なるべく「【実施例】」の見出しを付し、実施例が２以上あるときは、なるべく「【実施例１】」、「【実施例２】」のように記載する順序により連続番号を付した見出しを付す。

　ヘ　特許を受けようとする発明が産業上利用することができることが明らかでないときは、特許を受けようとする発明の産業上の利用方法、生産方法又使用方法をなるべく記載し、当該記載事項の前には、なるべく「【産業上の利用可能性】」の見出しを付す。

⑮　「図面の簡単な説明」は、図の説明ごとに行を改めて「【図１】　平面図」、「【図２】　立面図」、「【図３】　断面図」のように記載し、当該図の説明の前には、「【図面の簡単な説明】」の見出しを付す。図の主要な部分を表す符号の説明を記載するときは、当該符号の説明の前には、なるべく「【符号の説明】」の見出しを付す。

⑯　化学式等を明細書中に記載しようとする場合には、化学式を記載しようとするときは化学式の記載の前に「【化１】」、「【化２】」のように、数式を記載しようとするときは数式の記載の前に「【数１】」、「【数２】」のように、表を記載しようとするときは表の記載の前に「【表１】」、「【表２】」のように記載する順序により連続番号を付して記載する。化学式等は、横170mm、縦255mmを越えて記載してはならず、１の番号を付した化学式等を複数ページに記載してはならない。ただし、第45条の５又は第50条の15第２項において準用する第24条の規定により訂正した明細書を作成するときは、既に付されている番号に変更が生じないように記載する。

⑰　塩基配列又はアミノ酸配列を記載する場合に、明細書の最後に特許庁長官が定めるところにより作成した配列表を記載し、当該配列表の前には「【配列表】」の見出しを付す。この場合において、配列表には段落番号を付してはならない。また、フリーテキストの繰り返し記載（配列表につ

き特許庁長官が定める事項）を記載するときは、当該記載事項の前には、「【配列表フリーテキスト】」の見出しを付す。

⑱ 明細書（配列表は除く。）には、原則として、発明の詳細な説明の段落、図面の簡単な説明の図の説明又は符号の説明前に、それぞれ「【」及び「】」を付した４桁のアラビア数字で「【0001】」、「【0002】」のように連続した段落番号を付す。この場合において、「【技術分野】」、「【背景技術】」、「【特許文献】」、「【非特許文献】」、「【発明の概要】」、「【発明が解決しようとする課題】」、「【課題を解決するための手段】」、「【発明の効果】」、「【図面の簡単な説明】」、「【発明を実施するための形態】」、「【実施例】」、「【産業上の利用可能性】」、「【符号の説明】」、又は「【受託番号】」の見出しの次に段落番号を付し、これらの見出しの前に段落番号を付してはならない。また、「【特許文献１】」、「【非特許文献１】」、「【化１】」、「【数１】」、「【表１】」、「【図１】」のような番号の次に段落番号を付してはならない。

⑲ 第45条の５又は第50条の15第２項において準用する第24条の規定により訂正した明細書を作成する場合であつて、明細書の段落の追加又は削除の訂正をするときは、次の要領で記載する。

　イ　いずれかの段落を削除するときは、「【〇〇〇〇】（削除）」のように記載する。

　ロ　発明の詳細な説明を追加するときは、既に付されている段落番号に変更が生じないように記載する。

⑳ 明細書における各記載事項は、原則として様式中の見出しの順序で記載するものとする。ただし、先行技術文献の記載については、明細書中の任意の位置とすることができる。

（規則第24条、様式第29の備考参照）


１．(2) 特許請求の範囲の様式

① 用紙は、日本工業規格Ａ列４番（横21cm、縦29.7cm）の大きさとし、インキがにじまず、文字が透き通らないものを縦長に用い、用紙には不要な文字、記号、枠線、けい線等を記載してはならない。

② 余白は、少なくとも用紙の左右及び上下に各々2cmをとるものとし、原則としてその左右については各々2.3cmを越えないものとする。
③ 書き方は左横書、1行は40字詰めとし、1ページは50行以内とする。
④ 文字は、10ポイントから12ポイントまでの大きさで、タイプ印書等により、黒色で、明瞭にかつ容易に消すことができないように書き、平仮名（外来語は片仮名）、常用漢字及びアラビア数字を用いる。また、「【」、「】」、「▲」及び「▼」は用いてはならない（欄名の前後に「【」及び「】」を用いるときを除く。）。
⑤ 特許請求の範囲が複数枚にわたるときは、各ページの上の余白部分の右端にページ数を記入する。
⑥ 各用紙においては、原則として抹消、訂正、重ね書き及び行間挿入を行ってはならない。
⑦ 文章は口語体とし、技術的に正確かつ簡明に特許を受けようとする発明を特定するために必要と認める事項の全てを出願当初から記載する。この場合において、他の文献を引用して特許請求の範囲の記載に代えてはならない。
⑧ 技術用語は、学術用語を用いる。
⑨ 用語は、その有する普通の意味で使用し、かつ、明細書及び特許請求の範囲全体を通じて統一して使用する。ただし、特定の意味で使用しようとする場合において、その意味を定義して使用するときは、この限りでない。
⑩ 登録商標は、当該登録商標を使用しなければ当該物を表示することができない場合に限り使用し、この場合は、登録商標である旨を記載する。
⑪ 微生物、外国名の物質等の日本語ではその用語の有する意味を十分表現することができない技術用語等は、その日本名の次に括弧をしてその原語を記載する。
⑫ 微生物の寄託について付された受託番号は、その微生物名の次に記載する。
⑬ 化学物質を記載する場合において、物質名だけでは、その化学構造を直ちに理解することが困難なときは、物質名に加え、化学構造を理解するこ

巻末資料1

とができるような化学式をなるべく記載する。
⑭ 「特許請求の範囲」は、第24条の3並びに特許法第36条第5項及び第6項に規定するところに従い、次の要領で記載する。
　イ 「特許請求の範囲」の記載と「明細書」の記載とは矛盾してはならず、字句は統一して使用しなければならない。
　ロ 請求項の記載の内容を理解するため必要があるときは、当該願書に添付した図面において使用した符号を括弧をして用いる。
　ハ 他の請求項の記載を引用して請求項を記載するときは、その請求項は、原則として引用する請求項に続けて記載する。
　ニ 他の2以上の請求項の記載を引用して請求項を記載するときは、原則としてこれらを択一的に引用し、かつ、これらに同一の技術的限定を付して記載する。
　ホ 請求項に付す番号は、「【請求項1】」、「【請求項2】」のように記載する。ただし、他の請求項の記載を引用して請求項を記載するときは、引用される請求項に付した番号を「請求項1」、「請求項2」のように記載する。
⑮ 第45条の5又は第50条の15第2項において準用する第24条の4の規定により訂正した特許請求の範囲を作成する場合であつて、特許請求の範囲の請求項の追加又は削除の訂正をするときは、次の要領で記載する。
　イ いずれかの請求項を削除するときは、「【請求項〇】(削除)」のように記載する。
　ロ 新たな請求項を追加するときは、第24条の3並びに特許法第36条第5項及び第6項に規定するところに従い、末尾の請求項に続けて記載する。
⑯ 化学式等を明細書中に記載しようとする場合には、化学式を記載しようとするときは化学式の記載の前に「【化1】」、「【化2】」のように、数式を記載しようとするときは数式の記載の前に「【数1】」、「【数2】」のように、表を記載するときは表の記載の前に「【表1】」、「【表2】」のように記載する順序により連続番号を付して記載する。化学式等は、横170mm、縦255mmを越えて記載してはならず、1の番号を付した化学式等を複数ページに記

載してはならない。ただし、第45条の５又は第50条の15第２項において準用する第24条の４の規定により訂正した特許請求の範囲を作成するときは、既に付されている番号に変更が生じないように記載する。

（規則第24条の４、様式第29の２の備考参照）

## １．(3) 要約書の様式

① 用紙は、日本工業規格Ａ列４番（横21cm、縦29.7cm）の大きさとし、インキがにじまず、文字が透き通らない白色のものを縦長にして用い、用紙には不要な文字、記号、枠線、けい線等を記載してはならない。
② 余白は、少なくとも用紙の左右及び上下に各々２cmをとるものとし、原則としてその左右については各々2.3cmを超えないものとする。
③ 書き方は左横書、１行は40字詰めとし、１ページは50行以内とする。
④ 文字は、10ポイントから12ポイントまでの大きさで、タイプ印書等により、黒色で、明りょうにかつ容易に消すことができないように書き、平仮名（外来語は片仮名）、常用漢字及びアラビア数字を用いる。また、「【」、「】」、「▲」及び「▼」は用いてはならない（欄名の前後に「【」及び「】」を用いるときを除く。）。
⑤ 各用紙においては、原則として抹消、訂正、重ね書き及び行間挿入を行つてはならない。
⑥ 文章は口語体とし、技術的に正確かつ簡明に発明の全体を出願当初から記載する。この場合において、他の文献を引用して要約書の記載に代えてはならない。
⑦ 技術用語は、学術用語を用いる。
⑧ 用語は、その有する普通の意味で使用し、かつ、明細書、特許請求の範囲及び要約書全体を通じて統一して使用する。ただし、特定の意味で使用しようとする場合において、その意味を定義して使用するときは、この限りでない。
⑨ 登録商標は、当該登録商標を使用しなければ当該物を表示することができない場合に限り使用し、この場合は、登録商標である旨を記載する。

巻末資料1

⑩ 微生物、外国名の物質等の日本語ではその用語の有する意味を十分表現することができない技術用語、外国語による学術文献等は、その日本名の次に括弧をしてその原語を記載する。
⑪ 「【要約】」の欄には、明細書、特許請求の範囲又は図面に記載した発明の概要を次の要領で記載する。
 イ　原則として、発明が解決しようとする課題、その解決手段等を平易かつ明りょうに記載する。この場合において、各記載事項の前には、「【課題】」、「【解決手段】」等の見出しを付す。
 ロ　文字数は400字以内とし、簡潔に記載する。
 ハ　要約の記載の内容を理解するために必要があるときは、選択図において使用した符号を使用する。
⑫ 化学式等を「【要約】」の欄に記載する場合は、横170mm、縦255mmを超えて記載してはならず、1の番号を付した化学式等を複数ページに記載してはならない。
⑬ 「【選択図】」には、第25条の2に規定するところに従つて選択した1の図に付されている番号を「図○」のように記載する。

(規則第25条の3、様式第31参照)


1．(4)　図面の様式
① 用紙は、日本工業規格A列4番（横21cm、縦29.7cm）の大きさのトレーシングペーパー若しくはトレーシングクロス（黄色又は薄い赤色のものを除く。）又は白色上質紙を縦長にして用いる。ただし、特に必要があるときは、横長にしてもよい。
② 図は、横170mm、縦255mmを越えて記載してはならない。
③ 図面が複数枚にわたるときは、各ページの上の余白部分の右端にページ数を記入する。
④ 描き方は、原則として製図法に従つて、黒色で、鮮明にかつ容易に消すことができないように描くものとし、着色してはならない。
⑤ 2以上の図があるときは、原則として当該特許出願に係る発明の特徴を

最もよく表す図を「【図1】」とし、以下各図ごとに「【図2】」、「【図3】」のように連続番号を図の上に付し、図面が複数枚にわたるときも、全ページを通じて各図ごとに連続番号を付す。また、1の番号を付した図を複数ページに描いてはならず、異なる番号を付した図を横に並べて描いてはならない。

⑥　符号は、アラビア数字を用い、大きさは約5mm平方とし、他の線と明確に区別することができる引出線を引いて付ける。同一の部分が2以上の図中にあるときは、同一の符号を用いる。

⑦　線の太さは、実線にあつては約0.4mm（引出線にあつては約0.2mm）、点線及び鎖線にあつては約0.2mmとする。

⑧　切断面には、平行斜線を引き、その切断面中異なる部分を表す切断面には、方向を異にする平行斜線を、それができないときは、間隔の異なる平行斜線を引く。

⑨　図中のある個所の切断面を他の図に描くときは、一点鎖線で切断面の個所を示し、その一点鎖線の両端に符号を付け、かつ、矢印で切断面を描くべき方向に示す。

⑩　凹凸の部分を表すには、断面図又は斜視図を用い、特に陰影を付ける必要があるときは、約0.2mmの実線で鮮明に描く。

⑪　中心線は、特に必要がある場合のほかは、引いてはならない。

⑫　図面に関する説明は、明細書の中に記載する。ただし、図表、線図等に欠くことができない表示、切断面の表示及び図の主要な名称については、次の要領で図面の中に記入することができる。

　　イ　用語は、明細書又は特許請求の範囲において使用した用語と同一のものを用いる。

　　ロ　文字は、図中のいずれの線にも掛かることなく記入する。

　　ハ　図の主要な部分の名称は、なるべく符号と共に記入する。

⑬　第45条の5又は第50条の15第2項において準用する第25条の規定により訂正した図面を作成する場合であつて、図の追加又は削除の訂正をするときは、次の要領で記載する。

巻末資料1

　イ　いずれかの図を削除するときは、「【図○】(削除)」のように記載する。
　ロ　新たな図を追加するときは、各図ごとに連続番号を図の上に付し、末尾の図に続けて記載する。

(規則第25条、様式第30の備考参照)

⑭　図面に代えて願書等に添付された写真の取扱い

　図面は製図法に従って描くこととされているが、図面に示す対象が例えば顕微鏡写真、X線写真、結晶構造、金属組織、繊維の形状、粒子構造、生物の形態、オシロ波形、電気泳動、セラミック材料の組織、コロイド、薄膜、クロマトグラフ、基板上に形成された微細なパターン、ディスプレー上に表示した中間調画像及びガラスの切断面の状態を表しているものについては、製図法に従って描くことが極めて困難であるので、その写真をもって図面に代えることができる。

　この場合、図面の簡単な説明の欄には、それらの写真(図面代用写真)である旨を明記する。ただし、写真は明瞭であって、かつ、公報の掲載に支障のないものに限る。

　なお、色彩写真は審査の参考に資する場合を除き認められない。

　図面代用写真については、審査官により不備を是正させる必要があると判断され、かつ、方式違反になる事項が存在するときのみ、手続の補正が命じられる。

　なお、上記の写真には、写真印刷したものを含む。

(方式審査便覧24.11参照)


## 2．国際出願（PCT出願）

2．(1)　明細書の様式

①　用紙は、日本工業規格A列4番（横21cm、縦29.7cm）の大きさとし、可とう性のある、丈夫な、白色の、滑らかな、光沢のない、耐久性のあるものを縦長にして、折らずに片面のみを用い、用紙には、不要な文字、記号、枠線、けい線等を記載してはならない。

② 用紙には、しわ及び裂け目があつてはならない。
③ 余白は、少なくとも用紙の上端、右端及び下端に各々2cm並びに左端に2.5cmをとるものとし、原則としてその上端及び左端については各々4cm並びにその右端及び下端について各々3cmを越えないものとする。この場合において、余白は、完全な空白としておくこととする。ただし、上端の余白の左隅であつて上端から1.5cm以内に書類番号（願書に記載されている場合に限る。）を付することができる。
④ タイプ印書又は印刷によるものとし、写真、静電的方法、写真オフセット及びマイクロフィルムによつて直接に任意の部数の複製をすることができるように作成する。
⑤ 用紙には、アラビア数字により1から始まる連続番号を用紙（余白部分を除く。）の上端又は下端の中央に付する。
⑥ タイプ印書による場合において、行の間隔は、少なくとも5mm以上をとる。
⑦ 記載事項は、10ポイントから12ポイントまでの大きさの文字により、かつ、暗色の退色性のない色であつて備考4に定める要件を満たすもので記載する。
⑧ 各用紙においては、原則として抹消、訂正、重ね書き及び行間挿入を行つてはならない。
⑨ 届出書の用紙は、容易に分離し又はとじ直すことができるように例えばクリップ等を用いてとじる。
⑩ 計量単位は、メートル法により記載するものとする。
⑪ 技術用語は、学術用語を用いる。
⑫ 各用紙には、なるべく5行目ごとにアラビア数字により連続番号を用紙の左端の余白の右半分に付する。
⑬ 明細書には、化学式又は数式を記載することができる。
⑭ 明細書には、表を使用することができる。
⑮ 規則13の2の寄託された微生物への言及を行うときは、次に掲げる事項を記載する。

巻末資料1

　　イ　当該微生物を寄託した寄託機関の名称及びあて名
　　ロ　寄託機関に寄託した日付
　　ハ　寄託機関に寄託について付した受託番号
　　ニ　規則13の２．３(a)ivに規定する追加事項
　　ホ　上記事項の記載を特定の指定国のみのために行うときは、当該指定国の国名及び当該指定国のみのために行う旨
⑯　化学式若しくは数式又は表を正しく配置するために必要であるときは、用紙は、横長に用いてもよい。用紙を横長にして用いた場合には、当該用紙は、化学式若しくは数式又は表の上端が用紙の左端になるように縦長にしてとじる。
　　（国際出願法施行規則第６条の様式第１及び第17条の様式第８備考参照）


２．(2)　請求の範囲の様式
①　全ての用紙には、アラビア数字により明細書の最後の用紙に付した番号の次の番号から始まる連続番号を用紙（余白部分を除く。）の上端の中央に付する。
②　請求の範囲の数は、請求の範囲に記載される発明の性質を考慮して妥当な数とする。
③　請求の範囲の数が２以上のときは、記載する順序により請求の範囲にアラビア数字で連続番号を付する。
④　１又は２以上の他の請求の範囲の全ての技術的特徴を含む請求の範囲（以下「従属請求の範囲」という。）の記載は、他の請求の範囲を引用するとともに追加の技術的特徴を記載する。
⑤　２以上の他の請求の範囲を引用する従属請求の範囲（以下「多数従属請求の範囲」という。）は、原則として引用しようとする請求の範囲を択一的に引用して記載する。
⑥　請求の範囲における技術的特徴の記載は、原則として明細書又は図面を引用して記載してはならず、特に「明細書の・・・の個所に記載したように」又は「図面の・・・の図に示したように」のような記載をしてはならない。

⑦ 請求の範囲に記載されている技術的特徴であつて図面に記載されているものは、その図面の引用符号をかつこを付して引用することが望ましい。
⑧ 同一の請求の範囲を引用する従属請求の範囲は、原則として引用に係る請求の範囲に続けて記載する。
⑨ 化学式若しくは数式又は表を正しく配置するために必要であるときは、用紙は、横長に用いてもよい。用紙を横長にして用いた場合には、当該用紙は、化学式若しくは数式又は表の上端が用紙の左端になるように縦長にしてとじる。

(国際出願法施行規則第18条の様式第9備考参照)

2．(3) 図面の様式
① 余白は、少なくとも用紙の上端及び左端におのおの2.5cm、右端に1.5cm並びに下端に1cmをとる。ただし、上端の余白の左隅であつて上端から1.5cm以内に書類番号（願書に記載されている場合に限る。）を付することができる。
② 図面には、その理解に欠くことができない「水」、「蒸気」、「開」、「閉」、「ＡＢの切断面」等の単語又は語句を除くほか、文言を記載してはならない。
③ 図面は、耐久性のある、黒色の、十分に濃厚な濃墨等を用い、太い均一な、かつ、明りような線で着色することなく、作成する。
④ 図面の尺度を示すときは、図式を用いて表示する。
⑤ 図面中の全ての線は、原則として製図用具を用いて引く。
⑥ 図の各要素は、その理解のために欠くことができない場合を除き、図中の他の要素のそれぞれに対して妥当な比率のものとする。
⑦ 数字及び文字の大きさは、縦0.32cm以上とする。
⑧ 2以上の用紙を用いて単一の図を描くときは、その2以上の図を合わせることにより単一の完全な図を構成できるように配置する。
⑨ 2以上の図があるときは、各図ごとに用紙の番号とは無関係に、アラビア数字により連続番号を付する。
⑩ 図面には明細書に用いない引用符号は記載してはならない。

巻末資料1

⑪　図面に多数の引用符号を用いるときには、なるべく全ての引用符号ごとにその対応する部分を示す別紙を添付する。
⑫　図面の各用紙の番号は、斜線で区分された2つのアラビア数字からなるものとし、斜線で区分された左側には用紙の番号を、右側には用紙の合計数を用紙（余白部分を除く）の上端又は下端の中央に付する。
⑬　図を正しく配置するために必要があるときは、用紙は、横長に用いてもよい。用紙を横長にして用いた場合には、当該用紙は、図の上端が用紙の左端になるように縦長にしてとじる。

　　　　　　　　　（国際出願法施行規則第19条の様式第10備考参照）


２．(4)　要約書の様式
①　全ての用紙には、アラビア数字により請求の範囲の最後の用紙に付した番号の次の番号から始まる連続番号を用紙（余白部分を除く。）の上端又は下端の中央に付する。
②　要約書には、その要約書に係る国際出願を先行技術として調査する必要性の有無を判断するための選別手段として利用することができるよう、請求の範囲に記載されている発明の属する技術分野、その発明が解決しようとする技術的課題及びその解決方法の要点並びにその発明の主な用途を明りように記載する。
③　要約書には、可能な限り簡潔に記載する（英語に翻訳した場合、50語以上150語以内であることが望ましい。）。
④　主要な技術的特徴であつて図面に記載されているものを要約書に記載するときは、かつこ付きの引用符号を付する。
⑤　要約書は、請求の範囲に記載されている発明の不確実な効果又は用途について記載してはならない。
⑥　化学式若しくは数式又は表を正しく配置するために必要であるときは、用紙は、横長に用いてもよい。用紙を横長にして用いた場合には、当該用紙は、化学式若しくは数式又は表の上端が用紙の左側になるように縦長にしてとじる。

(国際出願法施行規則第20条の様式第11備考参照)

## 3．電子出願

3．(1)　特許庁仕様において使用可能な文字

①　JIS 第一水準漢字

例・亜唖娃阿哀愛挨姶逢葵茜穐・・・

②　JIS 第二水準漢字

例・弌丐丕个丱丶丼丿乂乖乘亂・・・

③　ひらがな、カタカナ、句読点、英数字はそのまま使用できる。なお、英字、数字の半角文字も使用できるが漢字、カタカナ等の半角文字は使用できない。

④　その他の記号・文字等

括弧：（）〔〕［］｜｜〈〉「」『』【】は識別子として使用)

数学記号：＋－±×÷＝≠＜＞≦≧∞∴≒≡

各種記号：♂♀°′″℃￥＄￠￡％＃＆＊＠§　☆★○●◎◇・・・等

ギリシャ文字（大文字）：ＡＢΓΔＥ・・・等

　　　　　　（小文字）：α β γ δ ε・・・等

ロシア文字　（大文字）：АБВГД・・・等

　　　　　　（小文字）：а б в г д・・・等

ただし、ギリシャ文字、ロシア文字の半角文字は使用できない。

3．(2)　使用不可能な文字の代替方法

　文書作成ソフトウェアによっては、ローマ数字や特定の単位記号を全角一文字として入力できるものがある。しかしながら、そのように入力された文字は、JIS 規格の文字ではないので、電子出願に使用することはできない。したがって、明細書等の中でローマ数字や特定の単位記号を使用したい場合、それらを代替的に表現する必要がある。以下の例示において、左側の記号は全角一文字として入力された文字であり、代替的な表現を右側に示す。

巻末資料1

① 単 位 系
mm （ミリメートル） ➡ 半角小文字　mm
cm （センチメートル） ➡ 半角小文字　cm
km （キロメートル） ➡ 半角小文字　km
ft （フィート） ➡ 半角小文字　ft
mm² （平方ミリメートル） ➡ 半角小文字と部分桁上げ　mm²
cm² （平方センチメートル） ➡ 半角小文字と部分桁上げ　cm²
m² （平方メートル） ➡ 半角小文字と部分桁上げ　m²
cm³ （立方センチメートル） ➡ 半角小文字と部分桁上げ　cm³
m³ （立方メートル） ➡ 半角小文字と部分桁上げ　m³
cm³ （立方センチ） ➡ 半角小文字　cc
ml （ミリリットル） ➡ 半角小文字　ml
dl （デシリットル） ➡ 半角小文字　dl
l （リットル） ➡ 半角小文字　l
kl （キロリットル） ➡ 半角小文字　kl
mg （ミリグラム） ➡ 半角小文字　mg
kg （キログラム） ➡ 半角小文字　kg
pH （ペーハー） ➡ 半角文字　pH
Hz （ヘルツ） ➡ 半角文字　Hz
°F （カ氏温度） ➡ 半角文字　°F
ppm （ピーピーエム） ➡ 半角小文字　ppm

② ローマ数字
Ⅰ （大文字1） ➡ 英半角大文字　I
Ⅱ （大文字2） ➡ 英半角大文字　II
Ⅲ （大文字3） ➡ 英半角大文字　III
Ⅳ （大文字4） ➡ 英半角大文字　IV
Ⅴ （大文字5） ➡ 英全角大文字　V
Ⅵ （大文字6） ➡ 英半角大文字　VI
Ⅶ （大文字7） ➡ 英半角大文字　VII

| Ⅷ （大文字8） | ➡ | 英半角大文字 | VIII |
| Ⅸ （大文字9） | ➡ | 英半角大文字 | IX |
| Ⅹ （大文字10） | ➡ | 英全角大文字 | Ｘ |
| ⅰ （小文字1） | ➡ | 英半角小文字 | i |
| ⅱ （小文字2） | ➡ | 英半角小文字 | ii |
| ⅲ （小文字3） | ➡ | 英半角小文字 | iii |
| ⅳ （小文字4） | ➡ | 英半角小文字 | iv |
| ⅴ （小文字5） | ➡ | 英全角小文字 | ｖ |
| ⅵ （小文字6） | ➡ | 英半角小文字 | vi |
| ⅶ （小文字7） | ➡ | 英半角小文字 | vii |
| ⅷ （小文字8） | ➡ | 英半角小文字 | viii |
| ⅸ （小文字9） | ➡ | 英半角小文字 | ix |
| ⅹ （小文字10） | ➡ | 英全角小文字 | ｘ |

3．(3) 使用可能な文字修飾・制御コードと使用不可能な文字修飾・制御コード

① 使用可能な文字修飾・制御コード

全角文字、半角文字（英数字）、上付き文字（部分桁上げ）、下付き文字（部分桁下げ）、下線（一種類のみ）

② 使用不可能な文字修飾・制御コード

縦倍角文字、横倍角文字、半角文字（漢字、カタカナ等）、網掛け、強調文字、白抜き文字、斜体文字、インデント、均等割付、禁則処理、タブ、中央ぞろえ、右ぞろえ、丸付き文字（①、②等）

3．(4) 代替が困難な文字・記号の表現方法

JIS に含まれる文字によって代替が困難なものは、表現方法の変更や、イメージとして表現等の迂回策が考えられる。どの方法を使用して表現するかは、意図した内容を正確に表現できるか、作成が容易か、明細書として読みやすいか、電子公報となった場合の利用性は高いか、等を考慮して総合的に判断する必要がある。以下、具体的な例を挙げて説明する。

巻末資料1

① 数式の記載

JIS に規定された文字・記号を用いて記載できない数式はイメージとして表現する。

例1：行列式
【数1】

$$\begin{pmatrix} A_X \\ A_Y \\ A_Z \end{pmatrix} = \begin{pmatrix} B_{11} & B_{12} & B_{13} \\ B_{21} & B_{22} & B_{23} \\ B_{31} & B_{32} & B_{33} \end{pmatrix} \begin{pmatrix} C_X \\ C_Y \\ C_Z \end{pmatrix} \quad （この部分がイメージ）$$

理由：特許庁仕様においては、複数行にわたる記号・文字を表現することはできないので、上記例のように複数行にわたる長い括弧は使用できない。

例2：積分記号を含む式
【数2】

$$F(X) = \int f(x)dx \qquad （この部分がイメージ）$$

理由：積分記号自体は JISX0208-1997に含まれているが、上記例のように引き延ばした形では使用できない。

なお、文章中にこれらの式を引用する場合は、数1、数2とする（【】識別子は用いない）。

② 電気、物理等の分野でよく使用される記号

電気、物理等の分野で使用される記号であって、JIS に含まれない記号は、その読みあるいはその意味を文字により表現する。もしくは、同等な他の表現を JIS 範囲内の文字で表現する、等の方法により表現することができる。

例1：論理否定記号

$$\overline{Q} \rightarrow \quad バーQ、反転Q （コードデータ表現）$$

なお、論理否定記号を直接記載する必要がある場合には、ひとまとまりで意味が通じる単位の式全体をイメージとして記載し、レイアウトの崩れを防

止し、理解しやすくする。

【数1】

$$\overline{Q} = \overline{A+B} = \overline{A} \cdot \overline{B}$$ 　（この部分がイメージ）

例2：ベクトル表示記号

A，$\vec{A}$　→　ベクトルA　　（コードデータ表現）

ベクトル記号は、記号は、記号の前にカタカナで「ベクトル」と表記することでベクトルであることを表現することができる。

しかしながら、「ベクトルA」と頻繁に明細書中に現れる場合、冗長性を避けるために、「ベクトルA（以下Aと略しベクトルを現すものとする）」の様に表現する方法もある。

ベクトル表記記号を文章中に直接記載する必要がある場合は、イメージ化する方法がある。この場合も、例1と同様に意味をなす単位である式単位あるいはレイアウトを崩さずに意味が不明にならない最小単位（1行）でイメージ化する。イメージ入力に必要な範囲も最小で1行分必要である。

例3：平方根の使用方法

$\sqrt{X^2+X+1}$ の表記方法として、$(X^2+X+1)^{1/2}$ に加えて、

$\sqrt{}(X^2+X+1)$ を用いてもよい（国際標準の一つ）。

$\sqrt{}(X^2+X+1)$ 　は　　$\sqrt{X^2+X+1}$

$\sqrt{}Y$ 　　　　　　は　　$\sqrt{Y}$

$\sqrt{}Z+1$ 　　　　　は　　$\sqrt{Z}+1$ 　を意味するものと読む。

平方根の場合は、上付きの数字を用いて表現することができる。平方根を直接文章中に記載する必要がある場合は、イメージ化により記載することとなるが、例1と同様に意味をなす単位である式単位、又はレイアウトを崩さず意味が不明にならない最小単位（1行）でイメージ化する。

例4：上下同時添字を前後に分けて表記する際、下添字を先に、その後に
　　　上添字とする表記を用いてもよい。

　　事例a.　　元素とその記号　　　$_{91}^{235}U_{2}^{+1}$

巻末資料1

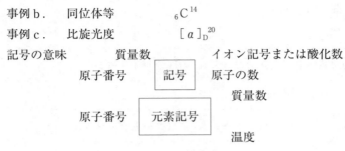

　一般に、文章中に外字を記載する必要がある場合、特許庁仕様では一行中の外字のみをイメージ化することができないため、外字を取り出し、一行分のスペースでイメージ化を行うこととなる。その結果、明細書そのものが読みにくく、誤解を生じかねない場合には外字を含む1行全てをイメージ化する方法もある。

　一行単位でイメージ化を行うと、コードデータで記載可能な部分もイメージ化されてしまうことになり、電子データの利用性が損なわれることとなる。電子公報においてはコード化可能な部分はコードデータに表現し、電子データの利用性を高めることを検討しているものの、コードにより表現可能な部分はできる限りコードデータとして記載する。

（1行をイメージ化した例）

・・・・・・・・・・反転出力$\overline{Q}$は、インバータ・・・・・・・・・・

←─────────40文字幅─────────→

（外字記号部分のみをイメージ化した例：よくない例）

・・・・・・・・・・反転出力

　　　　　　　　$\overline{Q}$　　　　　　　（この部分がイメージ）

は、インバータ・・・・・・・・・・・・・・・・・・・・

③ 化学分野でよく使用される記号
化学の分野で使用される記号について、以下に例をあげて説明する。
例1：化学式、化学構造式
　芳香環、カルボニル基等を表現するときには、イメージ入力を行う。
　【化1】

理由：特許庁仕様では、複数行にわたる記号は表現することができない。
　【化2】

```
CH₃ - C - OH    （この部分がイメージ）
        ‖
        O
```

理由：上記化学式で使用されている文字・記号は全て JISX0208-1983により規定されているものであり、上記表現は特許庁仕様の範囲で表現可能であるが、コードにより表現すると3行に渡り、実際の明細書では読みにくいものとなるため、イメージ化によって表現する。

上記以外の $H_2O$, $CO_2$ 等の特許庁仕様の範囲で記載可能な化学式については、アルファベットと$\frac{1}{2}$角数字の部分桁下げを用いて記載する。一般のワープロで作成する場合は、アルファベットと$\frac{1}{4}$角の下付き文字を使用して化学式を作成して、コンバータで変換すればアルファベットとN角の部分桁下げの数字で構成された化学式に変換される。JISの範囲で記載可能な化学式について、識別子でくくった「【化1】」等の見出しは、必要に応じて記載する。

巻末資料1

なお、文章中にこれらの化学式を引用する場合は、化1、化2とする（識別子【　】は用いない）。

例2：イオン種の記載について

イオンの記号に丸付きの＋－を使用するが、単に丸なしの＋－でも十分意味をなすので丸なしで表現する。

スルホン塩酸の記載

$R-SO_3^{\ominus}P^{\oplus}R_1R_2R_3R_4 \rightarrow$ | $R-SO_3-P+R_1R_2R_3R_4$
（コードデータ表現）

理由：丸なしの上付き＋－は、一般のワープロで作成可能であるが、ワープロの機能の制限として上付き文字として＋－が入力できないものもあるので、その場合には上記の例では、スルホン酸塩の化学式全体をイメージ化することとなる。

【化1】

$R-SO_3^-P^+R_1R_2R_3R_4$　　　（この部分がイメージ）

上付き文字として＋－が入力できない場合で、文章中にイオン記号を入力する必要がある場合は、レイアウトを崩さず意味が不明にならない最小単位であるイオン記号の含まれる1行をイメージ化する。

【外1】（又は【化1】）

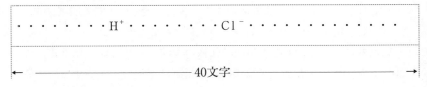

・・・・・・・・$H^+$・・・・・・・・$Cl^-$・・・・・・・・・
←――――――40文字――――――→

例3：反応式の記載について

簡単な反応式については、JISの範囲で十分に表現できるが、平衡式のように記載不可能な文字を一字でも含むような場合、平衡式全体をイメージ化する。

（JISの範囲で記載不可能な例）

【化1】

> $CH_3COOH \rightleftarrows CH_3COO^- + H^+$ （この部分がイメージ）

理由：特許庁仕様では改行幅は3行／インチのみで、他の改行幅は認められない関係上、上記のような平衡式の記載をコードデータとして行うことは不可能である。

化学平衡式の場合、・の記号がJISにないため、ひとまとまりで意味をなす最小単位である式全体をイメージ化する。

例4：漢方薬等のJISに含まれない漢字を使用する場合の記載について

　　漢方薬、薬草の名前等においては、JISで表現不可能なものが多い。この場合は、「かな」で表現することによって十分意味内容を伝えることができるので、当該漢字に代えて「かな」を使用する。

　　漢方名で、「川芎」は「川きゅう」と「かな」入力する。

　　なお、誤解を生ずるような場合には、発明の詳細な説明末尾等に当該「かな」が対応する漢字をイメージによって入力する。

> 「川きゅう」は「川芎」　　　　　　　　（この部分がイメージ）

　　文章中に実際の外字漢字を記載しなければならない場合には、当該外字の漢字を含む1行36文字をイメージ化し、レイアウトを崩さずに意味が不明にならないようにする必要がある。

> ・・・・・・・・・・・・・・・川芎・・・・・・・・・・・・・・・
> ←─────────── 40文字 ───────────→

例5：核種の記載について

　　放射性元素の核種を記載する場合は、同一の行に上付き文字と下付き文字を記載することができない関係から、例えば、ラジウムの場合以下のように記載することで代替表現が可能である。

巻末資料1

$${}^{226}_{\ 88}R \rightarrow$$ ${}^{226}Ra_{88}$　　　（コードデータ表現）

　文章中に上付き文字と下付き文字を同一の桁に記載した核種を表現する必要がある場合、意味をなす単位である核種を含む式単位、あるいは、レイアウトを崩さずに意味が不明にならない最小単位（1行）でイメージ化する。
　　【例1】（又は【化1】）

　　理由：特許庁仕様では改行幅は3行／インチのみで、他の改行幅は認められない関係上、上記のような核種の記載をコードデータとして行うことは不可能である。
④　外字を含む文章の一般的記載について
　外字を含む文章の記載で、代替方法が使用困難な場合については、基本的にイメージ入力を行う。イメージ入力により記載する場合は、全体のレイアウトが崩れ、明細書が読みにくいものとならないように注意をすることが必要である。外字を含み意味を持つひとまとまりがあれば、そのまとまり単位でイメージ化する（数式単位、化学式単位）。文章中に文字単位で外字が含まれる場合で外字だけを抜き出してイメージ化するとレイアウトが崩れ読みにくいものとなってしまう恐れがある場合は、1行を単位にイメージ化する。
　　例1：隣あった2行に外字が存在する場合
　　・・・・・・・・・・・この部分はコード入力・・・・・・・・・
　　$\sqrt{2}$ は外字なのでイメージ入力・・・・・・・・・
　　$\sqrt{2}$ は外字なのでイメージ入力・・・・・・・・・
　　　　　　　　　　　　40文字
　　例2：外字が存在しない行が外字の存在する行に挟まれて存在する場合
　　・・・・・・・・・・・この部分はコード入力・・・・・・・・・

> $\sqrt{2}$ は外字なので1行イメージ入力
>
> ・・・・・・・・・・・・・この部分はコード入力・・・・・・・・・・
>
> $\sqrt{2}$ は外字なので1行イメージ入力・・・・・・・・・・
>
> ←――――――――40文字――――――――→

　例1のように隣あった2行に外字が存在する場合は、2行にまとまりとしてイメージ入力する。例2のように外字が存在しない行（コード入力可能な行）が存在する行に挟まれて存在する場合は、外字の含まれる行をイメージ入力し、外字の含まれない行はコード入力する。

3．(5)　表の記載について

　表の記載をする場合、罫線素片を用いて作成しても、イメージ入力によって作成してもどちらでもよい。罫線素片を用いて表作成する場合も、イメージ入力を用いて表作成する場合も必ず「【表1】」といった識別子でくくった見出しをつけなければならない。イメージで記載された表は、イメージブロックがページまたがりをすることができない関係上、ページまたがりをしそうな場合は、表を分割し、ページを改めて次ページから表の続きを「【表2】」として記載する。

3．(6)　特殊な記載方法を用いるもの

　技術分野によっては、その分野特有の記載方法を用いて明細書を作成するものがある。それらについては、ガイドライン等に従う。

　（例：「塩基配列又はアミノ酸配列を含む明細書等の作成のためのガイドライン」）

　【以上は、特許庁総務部電子計算機業務課編「電子出願明細書における特殊記号等の表現方法」より抜粋し、特許庁「パソコン出願ソフト3操作マニュアル」と特許庁「インターネット出願ソフト操作マニュアル」とを参考にして一部修正】

巻末資料 2

## 特許出願に関する審査・審判等のフローチャート

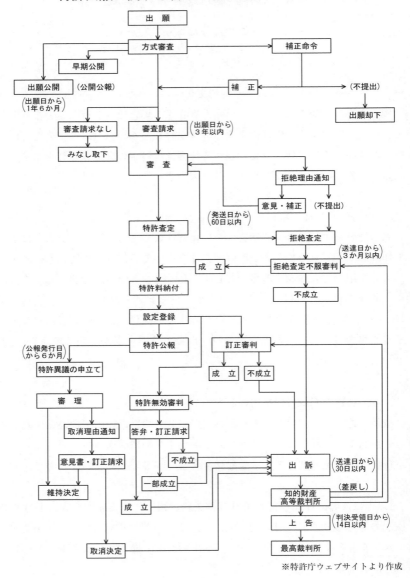

※特許庁ウェブサイトより作成

巻末資料3

(19)日本国特許庁(JP)　　(12)特　許　公　報(B1)　　(11)特許番号
特許第7226600号
(P7226600)
(45)発行日　令和5年2月21日(2023.2.21)　　(24)登録日　令和5年2月13日(2023.2.13)

(51)Int.Cl.　　　　　　　　　　　　FI
　　H04N　7/15　(2006.01)　　H04N　7/15　150

請求項の数 21　（全 38 頁）

| | | |
|---|---|---|
| (21)出願番号 | 特願2022-13452(P2022-13452) | (73)特許権者　000006747<br>株式会社リコー<br>東京都大田区中馬込1丁目3番6号 |
| (22)出願日 | 令和4年1月31日(2022.1.31) | (74)代理人　100107766<br>弁理士　伊東　忠重 |
| 審査請求日 | 令和4年5月16日(2022.5.16) | (74)代理人　100070150<br>弁理士　伊東　忠彦 |
| 早期審査対象出願 | | (72)発明者　郭　悠翔<br>東京都大田区中馬込1丁目3番6号　株式会社リコー内 |
| | | (72)発明者　亀倉　崇寛<br>東京都大田区中馬込1丁目3番6号　株式会社リコー内 |
| | | 最終頁に続く |

(54)【発明の名称】記録情報作成システム、記録情報作成方法、プログラム

(57)【特許請求の範囲】
【請求項1】
　端末装置で実行する情報記録アプリケーションを含む記録情報作成システムであって、
　前記情報記録アプリケーションは、前記情報記録アプリケーションで選択した遠隔会議アプリケーションが表示する画面情報と、デバイスが取得した前記デバイスの周囲の画像情報とに基づいて、記録情報を作成し、
　前記情報記録アプリケーションは、前記画面情報と前記周囲の画像情報とが1つの画面に配置可能な結合画像を作成する画像結合部を有し、
　前記画像結合部は、前記周囲の画像情報から話者が切り取られた1つ以上の話者画像を前記周囲の画像情報に連結して、前記結合画像を作成することを特徴とする記録情報作成システム。
【請求項2】
　前記画面情報は、前記遠隔会議アプリケーションを含む実行中のアプリケーションがウィンドウとして表示し、前記情報記録アプリケーションが画像として取得する情報である請求項1に記載の記録情報作成システム。
【請求項3】
　前記デバイスの周囲の画像情報は、前記デバイスが前記デバイスを囲む360°の領域を撮像して取得した画像情報である請求項1又は2に記載の記録情報作成システム。
【請求項4】
　前記デバイスの周囲の画像情報は、拠点に設置された前記デバイスから、前記情報記録

(19)日本国特許庁(JP)　　(12)特　許　公　報(B2)　　(11)特許番号
特許第7351352号
(P7351352)
(45)発行日　令和5年9月27日(2023.9.27)　　(24)登録日　令和5年9月19日(2023.9.19)

(51)Int.Cl.　　　　　　　　　　　　　　　FI
　　　G06F　8/30　　(2018.01)　　　　G06F　8/30

請求項の数 5　（全 11 頁）

| | | | | |
|---|---|---|---|---|
|(21)出願番号|特願2021-570554(P2021-570554)|(73)特許権者|000004226||
|(86)(22)出願日|令和2年1月16日(2020.1.16)| |日本電信電話株式会社||
|(86)国際出願番号|PCT/JP2020/001206| |東京都千代田区大手町一丁目5番1号||
|(87)国際公開番号|WO2021/144904|(74)代理人|100107766||
|(87)国際公開日|令和3年7月22日(2021.7.22)| |弁理士　伊東　忠重||
|審査請求日|令和4年7月5日(2022.7.5)|(74)代理人|100070150||
| | | |弁理士　伊東　忠彦||
| | |(74)代理人|100124844||
| | | |弁理士　石原　隆治||
| | |(72)発明者|倉林　利行||
| | | |東京都千代田区大手町一丁目5番1号　日本電信電話株式会社内||
| | |(72)発明者|切貫　弘之||
| | | |東京都千代田区大手町一丁目5番1号　日本電信電話株式会社内||
| | | |最終頁に続く||

(54)【発明の名称】プログラム生成装置、プログラム生成方法及びプログラム

(57)【特許請求の範囲】
【請求項1】
　自然言語によって記述されたプログラムの仕様と、前記プログラムとの関係を学習したモデルに対して、生成対象のプログラムについて自然言語によって記述された仕様を入力して第1のプログラムを生成する生成部と、
　複数のプログラム部品を用いて前記第1のプログラムを変更して、1以上の入力値及び出力値の組を満たす第2のプログラムを生成する変更部と、
　を有することを特徴とするプログラム生成装置。
【請求項2】
　前記変更部は、前記第2のプログラムが生成されるまで、前記第1のプログラムの一部の変更を累積的に繰り返す、
　ことを特徴とする請求項1記載のプログラム生成装置。
【請求項3】
　自然言語によって記述されたプログラムの仕様と、前記プログラムとの関係を学習したモデルに対して、生成対象のプログラムについて自然言語によって記述された仕様を入力して第1のプログラムを生成する生成手順と、
　複数のプログラム部品を用いて前記第1のプログラムを変更して、1以上の入力値及び出力値の組を満たす第2のプログラムを生成する変更手順と、
　をコンピュータが実行することを特徴とするプログラム生成方法。
【請求項4】

巻末資料3

(19)日本国特許庁(JP) (12)**特　許　公　報(B2)** (11)特許番号

特許第7369211号
(P7369211)

(45)発行日　令和5年10月25日(2023.10.25) (24)登録日　令和5年10月17日(2023.10.17)

(51)Int.Cl.　　　　　　　　　　　　　FI
　　H04W　8/24　　(2009.01)　　　H04W　8/24
　　H04W　52/30　(2009.01)　　　H04W　52/30

請求項の数 3　（全 23 頁）

| | | | | |
|---|---|---|---|---|
|(21)出願番号|特願2021-572237(P2021-572237)|(73)特許権者|392026693| |
|(86)(22)出願日|令和2年1月24日(2020.1.24)| |株式会社ＮＴＴドコモ| |
|(86)国際出願番号|PCT/JP2020/002549| |東京都千代田区永田町二丁目１１番１号| |
|(87)国際公開番号|WO2021/149246|(74)代理人|100107766| |
|(87)国際公開日|令和3年7月29日(2021.7.29)| |弁理士　伊東　忠重| |
|　審査請求日|令和4年8月19日(2022.8.19)|(74)代理人|100070150| |
| | | |弁理士　伊東　忠彦| |
| | |(74)代理人|100124844| |
| | | |弁理士　石原　隆治| |
| | |(72)発明者|髙橋　秀明| |
| | | |東京都千代田区永田町2丁目１１番１号| |
| | | |山王パークタワー　株式会社ＮＴＴドコモ| |
| | | |知的財産部内| |

最終頁に続く

(54)【発明の名称】端末、基地局及び通信方法

(57)【特許請求の範囲】
【請求項１】
　ある周波数バンドにおけるスペクトラム放射に係る要求仕様を示す１又は複数の値を通知する情報及び端末能力の報告を要求する情報を基地局から受信する受信部と、
　前記周波数バンドにおける変更されたＭＰＲ（Maximum Power Reduction）に係る動作をサポートするか否かを示す情報を前記報告に含めない場合、前記スペクトラム放射に係る要求仕様を示す値すべてをサポートする制御部と、
　前記報告を前記基地局に送信する送信部とを有する端末。
【請求項２】
　ある周波数バンドにおけるスペクトラム放射に係る要求仕様を示す１又は複数の値を通知する情報及び端末能力の報告を要求する情報を端末に送信する送信部と、
　前記報告を前記端末から受信する受信部と、
　前記報告に、前記周波数バンドにおける変更されたＭＰＲ（Maximum Power Reduction）に係る動作をサポートするか否かを示す情報が含まれない場合、前記スペクトラム放射に係る要求仕様を示す値すべてを前記端末がサポートすると判定する制御部とを有する基地局。
【請求項３】
　ある周波数バンドにおけるスペクトラム放射に係る要求仕様を示す１又は複数の値を通知する情報及び端末能力の報告を要求する情報を基地局から受信する受信手順と、
　前記周波数バンドにおける変更されたＭＰＲ（Maximum Power Reduction）に係る動作

| (19)日本国特許庁(JP) | (12)特 許 公 報(B2) | (11)特許番号 |
|---|---|---|
| | | 特許第7118170号 |
| | | (P7118170) |
| (45)発行日　令和4年8月15日(2022.8.15) | | (24)登録日　令和4年8月4日(2022.8.4) |

| (51)Int.Cl. | | | FI | | |
|---|---|---|---|---|---|
| H01L | 21/02 | (2006.01) | H01L | 21/02 | Z |
| G06N | 20/00 | (2019.01) | G06N | 20/00 | |

請求項の数 18　（全 28 頁）

| (21)出願番号 | 特願2020-557874(P2020-557874) | (73)特許権者 | 000219967 |
|---|---|---|---|
| (86)(22)出願日 | 令和1年11月29日(2019.11.29) | | 東京エレクトロン株式会社 |
| (86)国際出願番号 | PCT/JP2019/046869 | | 東京都港区赤坂五丁目3番1号 |
| (87)国際公開番号 | WO2020/111258 | (74)代理人 | 100107766 |
| (87)国際公開日 | 令和2年6月4日(2020.6.4) | | 弁理士　伊東　忠重 |
| 審査請求日 | 令和3年5月18日(2021.5.18) | (74)代理人 | 100070150 |
| (31)優先権主張番号 | 特願2018-225676(P2018-225676) | | 弁理士　伊東　忠彦 |
| (32)優先日 | 平成30年11月30日(2018.11.30) | (72)発明者 | 筒井　拓郎 |
| (33)優先権主張国・地域又は機関 | | | 北海道札幌市中央区南1条東1丁目　大通 |
| | 日本国(JP) | | バスセンタービル1号館2F　東京エレ |
| | | | クトロン株式会社内 |
| | | 審査官 | 平野　崇 |
| | | | 最終頁に続く |

(54)【発明の名称】仮想測定装置、仮想測定方法及び仮想測定プログラム

(57)【特許請求の範囲】
【請求項1】
　製造プロセスの所定の処理単位において、対象物の処理に伴い測定された時系列データ群を取得する取得部と、
　取得した前記時系列データ群を処理する複数のネットワーク部と、該複数のネットワーク部を用いて処理することで出力された各出力データを合成する連結部とを含み、該連結部より出力された合成結果が、前記製造プロセスの前記所定の処理単位において前記対象物を処理した際の結果物の検査データに近づくよう、前記複数のネットワーク部及び前記連結部を機械学習する学習部と
　を有する仮想測定装置。
【請求項2】
　新たな対象物について取得した時系列データ群を、機械学習された前記複数のネットワーク部を用いて処理することで、機械学習された前記連結部より出力された合成結果を、前記新たな対象物を処理した際の結果物の検査データとして推論する推論部を更に有する請求項1に記載の仮想測定装置。
【請求項3】
　製造プロセスの所定の処理単位において、対象物の処理に伴い測定された時系列データ群を取得する取得部と、
　取得した前記時系列データ群を処理する複数のネットワーク部と、該複数のネットワーク部を用いて処理することで出力された各出力データを合成する連結部とを含み、該連結

巻末資料3

(19)日本国特許庁(JP)　　　(12)特　許　公　報(B2)　　　(11)特許番号
　　　　　　　　　　　　　　　　　　　　　　　　　　　　　特許第7298266号
　　　　　　　　　　　　　　　　　　　　　　　　　　　　　　　　　(P7298266)
(45)発行日　令和5年6月27日(2023.6.27)　　　　　(24)登録日　令和5年6月19日(2023.6.19)

(51)Int.Cl.　　　　　　　　　　　　　　　FI
　　G06N　　3/0495　　　(2023.01)　　　　G06N　　3/0495
　　G06N　　3/084　　　　(2023.01)　　　　G06N　　3/084

　　　　　　　　　　　　　　　　　　　　　　　　　　　　　　請求項の数 13　（全 21 頁）

(21)出願番号　　　特願2019-80454(P2019-80454)　　(73)特許権者　000005223
(22)出願日　　　　平成31年4月19日(2019.4.19)　　　　　　　　　富士通株式会社
(65)公開番号　　　特開2020-177535(P2020-177535A)　　　　　　　　　神奈川県川崎市中原区上小田中4丁目1番
(43)公開日　　　　令和2年10月29日(2020.10.29)　　　　　　　　　1号
　　審査請求日　　令和4年1月11日(2022.1.11)　　(74)代理人　100107766
　　　　　　　　　　　　　　　　　　　　　　　　　　　　弁理士　伊東　忠重
　　　　　　　　　　　　　　　　　　　　　　　(74)代理人　100070150
　　　　　　　　　　　　　　　　　　　　　　　　　　　　弁理士　伊東　忠彦
　　　　　　　　　　　　　　　　　　　　　　　(72)発明者　坂井　靖文
　　　　　　　　　　　　　　　　　　　　　　　　　　　　神奈川県川崎市中原区上小田中4丁目1番
　　　　　　　　　　　　　　　　　　　　　　　　　　　　1号　富士通株式会社内

　　　　　　　　　　　　　　　　　　　　　　　　審査官　多賀　実

　　　　　　　　　　　　　　　　　　　　　　　　　　　　　　　　　　最終頁に続く

(54)【発明の名称】情報処理装置、情報処理方法および情報処理プログラム

(57)【特許請求の範囲】
【請求項1】
　ニューラルネットワークの計算を実行する情報処理装置であって、
　前記計算に使用する変数を量子化する場合の区切り位置を順次変更し、前記区切り位置の変更毎に量子化前後の変数の差分に基づく量子化誤差を算出し、前記量子化誤差が最小になる前記区切り位置を量子化に使用する前記区切り位置に設定する位置設定部と、
　前記位置設定部が設定した前記区切り位置に基づいて変数を量子化する量子化部と、を有することを特徴とする情報処理装置。
【請求項2】
　前記位置設定部は、
　複数の前記区切り位置を1つずつ変更して前記量子化誤差が最小になる複数の前記区切り位置を見つける処理を、複数の前記区切り位置が変更されなくなるまで繰り返し実行し、
　変更されなくなった前記区切り位置を、量子化に使用する前記区切り位置に設定すること、を特徴とする請求項1に記載の情報処理装置。
【請求項3】
　前記位置設定部は、式（4）を用いて前記量子化誤差Lossを算出すること、を特徴とする請求項1または請求項2に記載の情報処理装置。

(19)【発行国】日本国特許庁(JP)　(12)【公報種別】特許公報(B1)　(11)【特許番号】特許第6725088号(P6725088)

(45)【発行日】令和2年7月15日(2020.7.15)　(24)【登録日】令和2年6月29日(2020.6.29)

(51)Int.Cl.　　　　　　　　　　　F I
　　F25D　11/00　　　(2006.01)　　　F25D　11/00　　101G
　　F25D　23/00　　　(2006.01)　　　F25D　23/00　　301N

請求項の数 14　(全 21 頁)

(21)【出願番号】特願2020-42822(P2020-42822)
(22)【出願日】令和2年3月12日(2020.3.12)
　　　【審査請求日】令和2年3月12日(2020.3.12)
(31)【優先権主張番号】特願2019-52014(P2019-52014)
(32)【優先日】平成31年3月19日(2019.3.19)
(33)【優先権主張国・地域又は機関】
　　　　　　　　　日本国(JP)

(73)【特許権者】000002853
　　　　　　　　ダイキン工業株式会社
　　　　　　　　大阪府大阪市北区中崎西2丁目4番12号
　　　　　　　　梅田センタービル
(74)【代理人】100107766
　　　　　　　　弁理士　伊東　忠重
(74)【代理人】100070150
　　　　　　　　弁理士　伊東　忠彦
(72)【発明者】佐藤　喜一郎
　　　　　　　　大阪府大阪市北区中崎西二丁目4番12号
　　　　　　　　梅田センタービル　ダイキン工業株式会社
　　　　　　　　社内

　　　　　　　　審査官　石黒　雄一

最終頁に続く

(54)【発明の名称】設定温度算出装置、低温処理システム、設定温度算出方法及び設定温度算出プログラム

(57)【特許請求の範囲】
【請求項1】
　コンテナ庫内の熱負荷に相関するデータを取得する第1の取得部と、
　前記コンテナ庫内の温度制御を行う際の設定温度を取得する第2の取得部と、
　前記熱負荷に相関するデータと前記設定温度との組み合わせを含むデータセットに従って、前記コンテナ庫内のカーゴ芯温を学習する学習部と
　を有する設定温度算出装置。
【請求項2】
　前記学習部による学習の結果に、コンテナ庫内の熱負荷に相関するデータと所定の設定温度とを入力することで推論した該コンテナ庫内のカーゴ芯温と、低温処理条件に基づく該コンテナ庫内のカーゴ芯温の目標温度との誤差に基づき、前記所定の設定温度を変更する変更部を更に有する、請求項1に記載の設定温度算出装置。
【請求項3】
　前記熱負荷に相関するデータには、前記コンテナ庫内の温度データ及び湿度データ、前記コンテナ庫内の換気量、コンテナ庫外の外気温度データ及び外気湿度データのいずれかが含まれる、請求項2に記載の設定温度算出装置。
【請求項4】
　前記コンテナ庫内の温度データ及び湿度データは、前記コンテナ庫が有する冷凍機に設置された吸込温度センサ、吹出温度センサ、湿度センサにより出力される、請求項3に記載の設定温度算出装置。

巻末資料3

(19)日本国特許庁(JP) (12)特 許 公 報(B2) (11)特許番号

特許第7336856号
(P7336856)

(45)発行日　令和5年9月1日(2023.9.1) (24)登録日　令和5年8月24日(2023.8.24)

(51)Int.Cl.        FI
　G16Z　99/00　(2019.01)   G16Z　99/00
　B25J　13/08　(2006.01)   B25J　13/08　　A

請求項の数 21 （全 20 頁）

| | | |
|---|---|---|
|(21)出願番号|特願2019-37752(P2019-37752)|(73)特許権者　515130201　株式会社Preferred Networks　東京都千代田区大手町1丁目6番1号　大手町ビル|
|(22)出願日|平成31年3月1日(2019.3.1)||
|(65)公開番号|特開2020-140641(P2020-140641A)||
|(43)公開日|令和2年9月3日(2020.9.3)||
|審査請求日|令和4年2月21日(2022.2.21)|(74)代理人　100107766　弁理士　伊東　忠重|
| | |(74)代理人　100070150　弁理士　伊東　忠彦|
| | |(72)発明者　今城　健太郎　東京都千代田区大手町1丁目6番1号　大手町ビル　株式会社Preferred Networks内|
| | |最終頁に続く|

(54)【発明の名称】情報処理装置、方法及びプログラム

(57)【特許請求の範囲】
【請求項1】
　少なくとも1つのメモリと、
　少なくとも1つのプロセッサと、を備え、
　前記少なくとも1つのプロセッサは、
　現実世界の観測結果に基づく情報と、物体に関する環境変数と、に基づいて、仮想世界の状態についてシミュレーションを実行し、
　前記シミュレーションの結果と変化後の前記仮想世界の状態との間の誤差を計算し、
　前記誤差に基づいて前記環境変数を更新し、
　変化後の前記仮想世界の状態は、変化後の前記現実世界の観測結果に基づいて生成される、
　情報処理装置。
【請求項2】
　前記少なくとも1つのプロセッサは、前記誤差を用いた誤差逆伝播を行うことで、前記環境変数を更新する、
　請求項1に記載の情報処理装置。
【請求項3】
　前記少なくとも1つのプロセッサは、前記シミュレーションの出力を第1のニューラルネットワークに入力することで、前記シミュレーションの結果を生成する、
　請求項1または2に記載の情報処理装置。

(19)日本国特許庁(JP) (12)**特　許　公　報(B2)** (11)特許番号

特許第7380956号
(P7380956)

(45)発行日　令和5年11月15日(2023.11.15) (24)登録日　令和5年11月7日(2023.11.7)

(51)Int.Cl.　　　　　　　　　　　　　　　　　FI
　　G06Q　10/04　　　　　(2023.01)　　　　G06Q　10/04
　　G01R　31/392　　　　(2019.01)　　　　G01R　31/392

請求項の数 15　（全 28 頁）

| | | | |
|---|---|---|---|
|(21)出願番号|特願2023-533588(P2023-533588)|(73)特許権者|000004455|
|(86)(22)出願日|令和4年9月12日(2022.9.12)| |株式会社レゾナック|
|(86)国際出願番号|PCT/JP2022/034046| |東京都港区東新橋一丁目9番1号|
|(87)国際公開番号|WO2023/042790|(74)代理人|100107766|
|(87)国際公開日|令和5年3月23日(2023.3.23)| |弁理士　伊東　忠重|
|審査請求日|令和5年5月31日(2023.5.31)|(74)代理人|100070150|
|(31)優先権主張番号|特願2021-150217(P2021-150217)| |弁理士　伊東　忠彦|
|(32)優先日|令和3年9月15日(2021.9.15)|(72)発明者|倉内　裕史|
|(33)優先権主張国・地域又は機関| | |東京都港区芝大門一丁目13番9号　株式|
| |日本国(JP)| |会社レゾナック内|
|早期審査対象出願| |(72)発明者|竹本　真平|
| | | |東京都港区芝大門一丁目13番9号　株式|
| | | |会社レゾナック内|
| | | |最終頁に続く|

(54)【発明の名称】予測データ表示装置、予測データ表示方法及び予測データ表示プログラム

(57)【特許請求の範囲】
【請求項１】
　　第１の期間における第１の消耗品の劣化度合いを示す第１の特性データに関する情報を入力データとし、前記第１の期間より後の第２の期間における前記第１の消耗品の劣化度合いを示す第２の特性データに関する情報を正解データとする学習用データを用いて学習処理が行われた学習済みのモデルに、前記第１の期間における予測対象の第２の消耗品の劣化度合いを示す第３の特性データに関する情報を入力し、前記第２の期間における予測対象の第２の消耗品の劣化度合いを示す第４の特性データに関する情報を算出する予測部と、
　　前記第４の特性データのグラフを表示する際に、前記第１の特性データに関する情報と、前記第３の特性データに関する情報との類似度に応じた表示態様で、前記第２の特性データのグラフを合わせて表示する表示部と
　　を有する予測データ表示装置。
【請求項２】
　　前記表示部は、前記第２の特性データのグラフを表示する際、前記第３の特性データのグラフに結合して表示する、請求項１に記載の予測データ表示装置。
【請求項３】
　　前記第２の特性データに関する情報は、前記第１の期間の終了時における前記第１の消耗品の劣化度合いを示す特性データを基準とした場合の、前記第２の特性データの減衰率である、請求項２に記載の予測データ表示装置。

巻末資料3

(19)日本国特許庁(JP)　　　(12) **特　許　公　報**(B2)　　　(11)特許番号
　　　　　　　　　　　　　　　　　　　　　　　　　　　　　　特許第7211775号
　　　　　　　　　　　　　　　　　　　　　　　　　　　　　　　　　(P7211775)
(45)発行日　令和5年1月24日(2023.1.24)　　　(24)登録日　令和5年1月16日(2023.1.16)

(51)Int.Cl.　　　　　　　　　　　FI
　　G06F　16/532　(2019.01)　　　G06F　16/532
　　G06Q　30/0601 (2023.01)　　　G06Q　30/06　　300

　　　　　　　　　　　　　　　　　　　　　　　　　　請求項の数 9　(全 25 頁)

| (21)出願番号 | 特願2018-220243(P2018-220243) | (73)特許権者 | 514053169 |
|---|---|---|---|
| (22)出願日 | 平成30年11月26日(2018.11.26) | | 株式会社メルカリ |
| (65)公開番号 | 特開2020-86914(P2020-86914A) | | 東京都港区六本木6-10-1　六本木ヒルズ森タワー18F |
| (43)公開日 | 令和2年6月4日(2020.6.4) | (74)代理人 | 100107766 |
| | 審査請求日　令和3年8月26日(2021.8.26) | | 弁理士　伊東　忠重 |
| | | (74)代理人 | 100070150 |
| | | | 弁理士　伊東　忠彦 |
| | | (72)発明者 | 山口　拓真 |
| | | | 東京都港区六本木6-10-1　六本木ヒルズ森タワー18F　株式会社メルカリ内 |
| | | 審査官 | 原　秀人 |

最終頁に続く

(54)【発明の名称】検索プログラム、サーバ装置、検索方法及び検索システム

(57)【特許請求の範囲】
【請求項1】
　クエリ画像を入力する入力工程と、
　前記クエリ画像内に検索対象と非検索対象とが含まれていた場合に、<u>前記クエリ画像の特徴量から前記非検索対象部分の特徴量を取り除いた特徴量と複数の画像の特徴量とに基づいて、</u>複数の画像の中から、該検索対象に類似する物品を含み、かつ、該非検索対象を含まない画像を検索する検索工程と
　をコンピュータに実行させるための検索プログラム。
【請求項2】
　前記検索工程は、
　前記クエリ画像内に検索対象と該検索対象とともに撮影された人物とが含まれていた場合に、<u>前記クエリ画像の特徴量から前記人物の特徴量を取り除いた特徴量と複数の画像の特徴量とに基づいて、</u>前記複数の画像の中から、該検索対象に類似する物品を含み、かつ、人物を含まない画像を検索する、請求項1に記載の検索プログラム。
【請求項3】
　前記検索工程は、
　前記クエリ画像<u>の特徴量</u>に含まれる人物の特徴量よりも、前記クエリ画像<u>の特徴量</u>に含まれる検索対象の特徴量を重み付けして検索する、請求項2に記載の検索プログラム。
【請求項4】
　前記検索工程は、

(19)日本国特許庁(JP)　　　(12)特　許　公　報(B1)　　　(11)特許番号

特許第7289969号
(P7289969)

(45)発行日　令和5年6月12日(2023.6.12)　　　(24)登録日　令和5年6月2日(2023.6.2)

(51)Int.Cl.　　　　　　　　　　　　　　FI
B01J　23/89　(2006.01)　　B01J　23/89　　　M
C01C　1/04　(2006.01)　　C01C　1/04　　　　E

請求項の数 13　(全 31 頁)

| (21)出願番号 | 特願2022-107477(P2022-107477) | (73)特許権者 | 000004444 |
| --- | --- | --- | --- |
| (22)出願日 | 令和4年7月4日(2022.7.4) | | ENEOS株式会社 |
| 審査請求日 | 令和4年7月4日(2022.7.4) | | 東京都千代田区大手町一丁目1番2号 |
| | | (74)代理人 | 100107766 |
| 早期審査対象出願 | | | 弁理士　伊東　忠重 |
| | | (74)代理人 | 100070150 |
| | | | 弁理士　伊東　忠彦 |
| | | (72)発明者 | 矢山　由洋 |
| | | | 東京都千代田区大手町一丁目1番2号　ENEOS株式会社内 |
| | | (72)発明者 | 宇賀神　拓也 |
| | | | 東京都千代田区大手町一丁目1番2号　ENEOS株式会社内 |
| | | 審査官 | 若土　雅之 |
| | | | 最終頁に続く |

(54)【発明の名称】触媒の選択方法及び触媒の製造方法

(57)【特許請求の範囲】
【請求項1】
　原料から目的生成物を生成する触媒反応のための触媒の選択方法であって、
　前記触媒反応の素反応に含まれる中間体構造又は遷移状態構造のエネルギーを記述子として選択する記述子選択工程と、
　前記記述子と前記触媒の反応性との関係を表したマップを作成するマップ作成工程と、
　前記触媒の候補物質を複数種類準備する準備工程と、
　前記候補物質を固定した状態で、前記候補物質を用いた前記触媒反応に関する前記記述子を算出する第1算出工程と、
　前記第1算出工程で算出した前記記述子を前記マップ上にプロットして第1プロット付きマップを作成する第1プロット工程と、
　前記第1プロット付きマップを基に前記候補物質をスクリーニングして1次スクリーニング候補物質を選択する第1スクリーニング工程と、
　前記1次スクリーニング候補物質に対して、前記1次スクリーニング候補物質の表面を緩和した状態で、前記1次スクリーニング候補物質を用いた前記触媒反応に関する前記記述子を算出する第2算出工程と、
　前記第2算出工程で算出した前記記述子を前記マップ上にプロットして第2プロット付きマップを作成する第2プロット工程と、
　前記第2プロット付きマップを基に前記1次スクリーニング候補物質をスクリーニングして2次スクリーニング候補物質を選択する第2スクリーニング工程と、

巻末資料4

# 参考文献一覧

1. 工業所有権工業所有権法（産業財産権法）逐条解説〔第22版〕（特許庁編、発明推進協会発行）
2. 特許法概説（吉藤幸朔＝熊谷健一著、有斐閣発行）
3. 特許の知識－その理論と実際－（竹田和彦著、ダイヤモンド社発行）
4. 特許発明概説（中西一著、中央経済社発行）
5. 実務に役立つ知的財産関係法の解説（松村信夫＝三山俊司著、新日本法規出版発行）
6. 実用新案概説（青山紘一著、通商産業調査会発行）
7. 特許出願の実務－新財産権読本シリーズ（新知的財産権読本委員会編、通商産業調査会発行）
8. 明細書及び図面の補正に関する事例集（特許庁編、発明協会発行）
9. 注解；改正特許・実用新案法の運用のてびき（特許庁調整課審査基準室長編、発明協会発行）
10. 特許出願のてびき（特許庁編、発明推進協会発行）
11. 工業所有権標準テキスト（特許編）（特許庁編、発明協会発行）
12. 特許・実用新案審査基準（特許庁編）
13. 特許・実用新案審査ハンドブック（特許庁編）
14. ソフトウエアの特許明細書（関西特許研究会ソフトウエア研究班編、発明協会発行）
15. ソフトウエア特許実例（知的保護機構編、関東書院発行）
16. 特許請求範囲の書き方・読み方（秋山武著、発明協会発行）
17. 化学とバイオテクノロジーの特許明細書の書き方読み方（第三版）（渡邊睦雄著、発明協会発行）
18. 裁判例から見た特許明細書（浜野哲郎著、東洋経済新報社発行）
19. 判例に学ぶ特許実務マニュアル（山内康伸著、工業調査会発行）
20. 工業所有権 主要判決250選 PART 2（工業所有権判例研究会編、通商産

業調査会発行）
21. 知的所有権判決速報（発明協会工業所有権研修センター発行）
22. 裁判実務大系・工業所有権訴訟法（牧野利秋編、青林書院発行）
23. 知的財産権関係民事・行政裁判例概観（最高裁判所事務総局行政局監修、法曹会発行）
24. 有斐閣法律用語辞典（内閣法制局法律用語研究会編、有斐閣発行）
25. 知的財産権侵害要論（特許・意匠・商標編、改訂版）（竹田稔著、発明協会発行）
26. ビジネスモデル特許（日本感性工学会IP研究会編著、通商産業調査会発行）
27. 判決から見た進歩性の判断（特許庁審判部編、発明協会発行）
28. 判例工業所有権法（染野義信＝染野啓子編、第一法規出版発行）
29. 月刊　特許と企業（日本科学振興財団発行）
30. パテント Vol.52 No. 6 （1999）「最高裁「ボールスプライン」事件以後の均等判例」（伊東忠彦著、弁理士会発行）
31. パテント Vol.52 No.10 （1999）「最高裁「ボールスプライン」事件以後最初に均等が認められた判例」（伊東忠彦著、弁理士会発行）
32. 先使用権制度の円滑な活用に向けて－戦略的なノウハウ管理のために－」（平成18年6月）（特許庁総務部企画調査課編）
33. 「平成19年度特許庁産業財産権制度問題調査研究報告書　特許の審査実務（記載要件）に関する調査研究報告書－望ましい明細書に関する調査研究－」（平成20年3月）（知的財産研究所編）
34. 知財管理 Vol.58 No. 2 （2008）今更聞けないシリーズ （4）「間接侵害について」（伊東忠重著、日本知的財産協会発行）
35. 知財管理 Vol.58 No.10 （2008）今更聞けないシリーズ （11）「審査官との面接」（山口昭則著、日本知的財産協会発行）
36. 「知的財産　管理＆戦略ハンドブック（第二版）」（杉光一成＝加藤浩一郎編著、発明協会発行）
37. 知財管理 Vol.68 No. 1 （2018）「［米国］ラッチスの法理に関する最高裁

判決」(有馬佑輔米国特許弁護士＝ハーマン・パリス米国特許弁護士＝伊東忠重＝吉田千秋著、日本知的財産協会発行)

38. Bloomberg Law's Corporate Practice Portfolio Series "Artificial Intelligence and Machine Learning – Protecting the Next Ubiquitous Technology" ("Portfolio 113: Artificial Intelligence and Machine Learning, Detailed Analysis, Section IV.D. Japan" 担当著者：Tad Itoh (伊東忠重)、Bloomberg Law and the American Intellectual Property Law Association (AIPLA) 発行 (2020年10月)

# 事項索引

**【算用数字】**

1カテゴリー1独立クレームの原則
　　　　　　　　　　　　266

**【アルファベット】**

AI関連発明　　　　　　　173, 188
AIコア発明　　　　　　　　　173
AI適用発明　　　　　　　　　173
Applicant Admitted Prior Art
　　　　　　　　　　35, 92, 261
incorporation by reference　　276
Information Disclosure Statement　262
IoT関連発明　　　　　　222, 293
IPC　　　　　　　　　　　　18
means plus function クレーム　406
means＋function 形式　　　　263
PCT　　　　　259, 260, 271, 460
PCT出願　259, 267, 271, 288, 304, 460
PCTルート　　　　　　　260, 273
STF　　　　　　　82-87, 142, 292
WIPO標準ST.26　　　　　　251

**【あ行】**

後処理　　　　　178-183, 200, 208
アミノ酸配列　76, 248, 411, 453, 475
意見書　　　　　　　8, 27, 51, 394
意匠　　　　　　　　　　293, 298
一義的に明らか　　　　　　　351
一般化　　　　　　　　　　55, 257
一般名称　　　　　　　　　　88

遺伝子関連発明　　　　　　　43
遺伝子工学　　　　　　　　241
遺伝情報　　　　　　　　　241
医薬発明　　　　　　　　　255
医療機器の作動方法の発明　　118
医療行為の発明　　　　　　117
インクタンク事件　　　　　443
イン・シリコ　　　　　　　255
イン・ビトロ　　　　　　　255
イン・ビボ　　　　　　　　255
引用形式請求項　　　　　　79
エストッペル法理　　　　　394
塩基配列　　　　　　　　　248
オ：最高裁判所の事件で、
　　民事の上告事件　　　　308

**【か行】**

下位概念　　　　6, 31, 99, 114, 373
解決しようとする技術的課題　275, 464
外国出願　　　　　35, 259, 285, 305
化学式　　　　　88, 451, 453, 456, 471
化学物質
　　50, 64, 78, 88, 110, 135, 256, 325, 451
核酸　　　　　　　　154, 241, 248
学習／推論処理　　　　　　194
学習済みモデル　173, 186, 187, 205, 208
学習装置及び推論装置　　　　184
学習フェーズ　　　　　182, 191, 192
学習用データ
　　　　　174-178, 182-188, 197, 208, 209

学術用語·················87, 334, 369, 450
課題を解決するための手段
　·······················42, 48, 57, 97, 146, 153
各国移行··································272
カテゴリー
　···43, 64, 80, 83, 116, 142, 150, 266, 278,
　442
簡潔な記載·······················44, 77, 131
間接侵害···········47, 119, 426, 431, 446
慣用·····························69, 245, 438
慣用技術······························82, 167
機械学習
　···173, 192, 195-200, 205, 208, 212-214,
　264, 293, 375
記載要件
　···40, 77, 87, 159, 189, 235, 242, 248, 256,
　257, 308
技術常識
　···27, 51, 55-63, 65-74, 105-107, 151,
　160, 169, 242, 245, 310, 327, 367
技術水準················90, 327, 328, 393
技術的意義
　···50, 98-100, 103, 104, 109, 138, 139,
　326, 334, 338, 341, 351, 357, 359-361,
　365, 369, 400
技術的関係······························80, 81
技術的事項
　···107, 130, 165, 314, 317, 318, 334-338,
　342, 351, 361
技術的思想の創作
　···3, 4, 111, 153-159, 232, 233, 235, 298,
　314, 364, 365
技術的特徴
　···81-87, 143, 233, 263, 274, 278, 318,

462-464
技術的範囲
　···4, 58, 77, 100-106, 113-115, 119, 129,
　309, 314, 315, 352, 359, 368-373,
　379-381, 383, 390, 393, 404, 412, 431,
　442
技術的要素
　············99-102, 112, 114, 118, 132-140
技術文献··························5, 109, 321
技術分野
　···42, 44, 89, 146, 169, 270, 275, 277,
　329, 451
技術用語
　···36, 87, 106, 271, 334, 369, 386, 450,
　455, 457, 461
基礎なしPCT出願·······················260
寄託·····························242, 245, 451
寄託機関····························246, 462
機能実現手段······················104, 105
機能的に記載された特許請求の範囲
　·····································405, 410
機能ブロック図·············126, 160, 170
行ケ：高等裁判所の事件で、
　　　行政の第一審の訴訟事件·······309
行ツ：最高裁判所の事件で、
　　　行政の上告事件·················308
共通出願様式······························40
行ヒ：最高裁判所の事件で、
　　　行政の上告受理事件············308
拒絶査定·······················291, 299, 476
拒絶査定不服審判·················291, 476
拒絶の理由··························115, 291
拒絶理由······115, 291, 292, 305, 422, 423
拒絶理由通知·······51, 291, 292, 422, 476

493

**事項索引**

記録媒体 …… 119, 149-152, 161, 166, 382
均等
　… 8, 167, 168, 263, 371, 383-385, 398, 399, 412-431
均等論 …………… 8, 385, 399, 412-431
クレーム・ツリー …………………… 141
経済法則 …………………………… 434
形質転換体 ……………… 241, 243, 250
計量法 ………………………………… 88
原出願 …………………… 94, 290-297
限定的減縮 …………………… 292, 297
限定要求 …………………………… 266
権利解釈 ……………………… 403, 405
権利行使
　… 7, 21, 22, 47, 48, 92, 96, 111, 118-123, 129, 133, 149, 163, 165, 262, 275, 359, 368
権利範囲
　… 6-8, 27, 33, 50, 128, 268, 371, 373, 376, 397
考案
　… 4, 11, 330, 344, 351, 398, 406-409, 418, 419, 434, 435
広域ファセット ………………… 222, 236
構成要件 ………… 6, 7, 126, 127, 318, 332
構成要素 ……………… 29, 137, 145, 146
抗体 ………… 76, 241, 243, 249, 252, 411
後段部 ……………………………… 132
公知技術 ………… 32, 35, 90, 142, 393
項分け記載 ………………………… 88
国際寄託 …………………………… 246
国際出願 …………………… 260, 271, 460
国際調査機関 ……………………… 271
国際調査見解書 …………………… 271

国際調査報告 ………………… 271, 278
国際予備審査機関 ………………… 272
国際予備審査報告 ………………… 272
国際予備報告 ……………………… 272
国内寄託 …………………………… 246
国内段階移行 ………………… 272, 288
国内優先権主張出願
　…………… 9, 30, 35, 282, 287-290
国内優先権制度 ……………… 284, 285
国内優先権の効果 ………………… 286
国内優先権の主張の要件 ………… 285
コンテンツ ………………… 224, 326, 384
コンビネーション …………………… 235

**【さ行】**

最後の拒絶理由通知 …………… 116, 291
最終生成物 ………………………… 63
最終製品 …………………………… 123
最上位の概念 ……………………… 48
最初の拒絶理由通知 ……………… 291
最適化処理 ………………… 178-184, 215
サブコンビネーション
　…………… 68, 71-72, 165, 235, 325
サポート要件
　………… 55, 184, 257, 309, 313, 319, 332
産業上の利用可能性
　… 42, 52, 110, 146, 153, 271, 277, 363, 365, 453
産業上利用することができる発明
　…………………… 117, 148, 366
参照符号の解釈 …………………… 344
ジェプソン形式 …………………… 132
自己指定 …………………… 273, 288
自然法則 ………… 3, 152-159, 232-235, 331

実験成績証明書等················27, 51
実験データ············· 9, 28, 109, 284, 321
実施可能要件
　　········51, 105, 159, 242, 252, 256, 311
実施の形態
　　···29, 49, 50, 98, 100-110, 114, 262, 265, 453
実施料·························123-125
実施例
　　···32, 42, 49, 55, 98, 110, 114, 262, 272, 284, 320, 356
実施例特有の効果···················48
実施例の裏付け··················332
実施例補充型·····················287
実用新案登録············285, 293, 298
シフト補正······················292
自明な事項······················106
受：最高裁判所の事件で、
　　民事の上告受理事件···········308
従属項················79, 114, 141, 267
周知・慣用技術·····················82
周知慣用手段·····················167
周知技術························353
従来技術·········· 3, 17, 20, 26, 31, 34
受託証··························246
受託証の写し···············246, 253
受託番号···············43, 246-253, 451
出願審査経過···················19, 394
出願人の意図······················33
出願日認定······················288
出願日の遡及効··················290
出願変更·············145, 298, 304, 305
受領書··························246
受領番号························246

使用
　　···47, 49, 50, 64, 65, 110, 148, 242, 245, 256, 369, 443
上位概念··············6, 32, 99, 114, 132
消尽························443, 445
上申書··························296
商標名··························64
情報開示義務···················262
情報開示陳述書·················262
植物··················11, 241, 249, 253
侵害訴訟············11, 125, 129, 370
侵害とみなす行為··················47
侵害立証の容易化················187
新規事項················286, 295, 335
新規事項追加違反················292
新規事項の追加············55, 106, 115
新規性············· 3, 17, 36, 86, 302, 393
新規性喪失の例外規定············36-37
人工乳首事件···················288
審査基準····28, 40, 55, 148, 153, 167, 223
深層学習························173
進歩性··························167
推論処理························178
推論精度························178
推論フェーズ···············182, 193
数値限定················337, 354, 359, 403
数値範囲限定·····················66
図面··················27, 40, 144, 322
図面の簡単な説明··········41, 146, 453
成果物······················188-190
請求項に係る発明···············28, 58
請求項の記載形式············132, 135
請求項の末尾··········101, 128, 151
請求人適格······················434

**事項索引**

請求の範囲 ············· 271, 274, 277, 278
製造物責任 ······························ 96
生物学的材料 ························ 241
生物関連発明 ························ 241
設計上の変更 ························ 169
設計図面 ······························ 322
先願 ··································· 4, 36
先願主義 ································· 8
先行技術に対する貢献 ··········· 81
先行技術文献 ······ 42, 45, 93, 340, 451
先行技術文献情報 ········ 45, 92, 275
選択肢 ······························ 65, 78
選択的事項 ···························· 67
選択要求 ······························ 266
前段部 ································· 132
先発明主義 ······························ 8
専用品 ·································· 47
造語 ····················· 5, 36, 130, 349
造語の解釈 ··························· 349
装置発明 ······················· 149, 163
阻害要因 ······························ 169
ソフトウエア関連発明 ······ 148, 224
損失 ······························ 179-185

**【た行】**

大規模言語モデル ············ 220, 221
タイミングチャート ········ 28, 122, 144
代用記載 ································ 68
多数項引用形式請求項 ············ 79
脱分化細胞 ············ 241, 243, 250
タンパク質
 ·········· 76, 241, 248, 249, 252, 254, 411
置換可能性 ··························· 419
置換容易性 ··························· 420

知財部門の担当者
 ················ 14, 20, 23, 33, 37, 126
知的財産基本法 ··················· 3, 11
知的財産高等裁判所 ········· 11, 476
知的財産推進計画 ···················· 3
知的財産戦略大綱 ···················· 3
知的財産戦略本部 ···················· 3
知的財産立国 ·························· 3
中位概念 ············· 31, 99, 114, 146
中間体 ·························· 65, 212
直接侵害 ··············· 121, 165, 432
直列従属請求項 ················ 83, 87
治療方法 ······························ 276
ディープラーニング ··············· 173
訂正審判 ······················ 116, 476
訂正請求 ··············· 116, 338, 476
データ構造 ··· 150, 161, 179, 224, 226, 254
データ信号 ··························· 152
電子商取引 ··························· 170
天然物 ··················· 243, 249, 256
当業者 ··························· 49, 317
当初記載事項 ······················· 296
動植物 ·························· 241, 253
当初明細書等の記載から自明な事項
 ······································· 106
同定資料 ······························ 110
動物 ············ 241, 249, 253, 254, 257
投与方法 ······························ 326
登録商標 ························ 88, 451
特段の事情 ··············· 340, 354, 413
特徴部 ··························· 28, 132
特定技術分野別 ··················· 148
特定侵害訴訟代理 ·················· 11
特定の機能 ····················· 242, 252

496

特別な技術的特徴‥‥‥‥‥‥‥‥‥‥81
独立形式請求項‥‥‥‥‥‥‥‥‥‥‥79
独立項‥‥‥‥‥‥‥‥‥‥‥‥‥79, 141
独立請求項‥‥‥‥‥‥‥‥‥‥‥‥‥48
特許異議の申立て‥‥‥‥‥‥‥‥‥476
特許協力条約‥‥‥‥‥‥‥‥‥260, 272
特許権‥‥‥‥‥‥‥‥‥‥‥‥‥‥368
特許権者‥‥‥‥‥‥‥‥‥‥‥‥2, 64
特許権侵害訴訟‥‥‥‥‥‥‥‥‥‥349
特許査定‥‥‥‥‥‥‥‥‥‥‥291, 476
特許請求の範囲の解釈‥‥‥‥‥‥‥393
特許請求の範囲の記載
　‥‥6, 58, 78, 186, 235, 248, 257, 313,
　　 324, 343, 368, 370, 371, 393, 397
特許請求の範囲の記載形式‥‥‥52, 79
特許請求の範囲の記載の解釈‥‥‥‥340
特許請求の範囲の特定‥‥‥‥‥‥‥324
特許請求の範囲の役割‥‥‥‥‥‥‥371
特許制度‥‥‥‥‥‥‥‥‥‥‥2, 309
特許制度の目的‥‥‥‥‥‥‥‥2, 314
特許戦略‥‥‥‥‥‥‥‥‥‥‥15, 21
特許適格性‥‥‥‥‥‥‥‥‥‥3, 263
特許手続上の寄託機関‥‥‥‥‥‥‥246
特許発明の技術的範囲
　‥‥6, 44, 53, 119, 368, 370, 383, 412, 431
特許発明の実施‥‥‥‥64, 118, 125, 368
特許文献‥‥‥‥‥‥‥‥‥‥26, 42, 451
特許法施行規則‥‥‥‥‥‥40, 266, 269
特許無効審判‥‥‥‥‥‥‥‥‥433, 476
特許明細書‥‥‥‥‥‥‥‥4, 13, 39, 371
特許網‥‥‥‥‥‥‥‥‥‥‥‥‥21, 22
特許要件‥‥‥‥‥‥‥‥‥‥‥61, 340
特許を受けることができる発明‥‥‥‥3
取消決定‥‥‥‥‥‥‥‥‥‥‥‥‥476

【な行】

何人も‥‥‥‥‥‥‥‥‥‥‥‥‥‥414
二以上の発明‥‥‥‥‥‥‥‥‥80, 290
二部形式‥‥‥‥‥‥‥‥‥‥‥‥‥132
入出力関係‥‥‥‥‥‥‥‥‥‥174, 184
ニューラルネットワーク
　‥‥‥‥‥‥‥82, 151, 173, 197, 264
任意付加的事項‥‥‥‥‥‥‥‥‥‥67
人間が行っている業務‥‥‥‥‥‥‥168
人間の精神活動‥‥‥‥‥‥‥‥‥‥434
人間を手術、治療又は診断する方法 117
ネ：高等裁判所の事件で、
　　民事の控訴事件‥‥‥‥‥‥‥309
ノウハウ‥‥‥‥‥‥‥‥23, 34, 110, 175
除くクレーム‥‥‥‥‥‥‥‥‥‥‥336

【は行】

ハードウエア資源‥‥‥‥‥‥‥155, 231
バイオ・インフォマティックス‥‥‥255
背景技術‥‥‥‥26, 42, 45, 89, 261, 277, 451
媒体クレーム‥‥‥‥‥‥‥‥‥‥‥278
排他的表現‥‥‥‥‥‥‥‥‥‥‥‥140
配列表‥‥‥‥‥‥‥‥‥‥‥‥453, 454
配列表フリーテキスト‥‥‥‥‥‥‥454
ハッチング‥‥‥‥‥‥‥‥‥‥145, 269
発明該当性‥‥‥‥‥‥‥3, 152, 224, 363
発明が解決しようとする課題
　‥‥‥‥‥‥41, 47, 84, 95, 111, 146, 452
発明提案書‥‥‥‥‥‥‥‥14, 20, 25, 36
発明特定事項‥‥‥‥‥‥‥‥53, 63, 83
発明の開示‥‥‥‥‥‥‥‥‥‥‥‥277
発明の概要‥‥‥‥‥‥‥42, 46, 95, 277, 452
発明のカテゴリー‥‥‥‥‥‥117, 150, 161
発明の技術上の意義‥‥‥‥‥‥41, 311

**事項索引**

発明の効果 ……………… 42, 48, 97, 321
発明の実施の形態 ………… 49, 104, 262
発明の詳細な説明
　……………… 41, 49, 54, 56, 325, 355, 383
発明の詳細な説明の参酌 …………… 342
発明の単一性 … 80, 86, 142, 265, 278, 292
発明の範囲 …………… 28, 55, 152, 257
発明の名称 ……………… 41, 43, 277, 450
発明の目的 ………………… 16, 321, 413
発明の有利な効果 ……………………… 48
発明を実施するための形態
　………………… 42, 49, 98, 262, 277
発明を特定するための事項
　………………… 248, 257, 318, 397
パテントポートフォリオ ………… 21, 293
パテントマップ …………………… 18, 21
パラメータ発明 …………………… 332
パリ条約 …………… 9, 35, 260, 282, 304
パリルート ………………………… 260, 273
判決例 ………………………… 307, 367
汎用品 …………………………………… 47
比較表現 ……………………………… 140
比較例 ……………………………… 30, 321, 356
ビジネス関連発明 …………………… 148
ビジネス方法特許 …………………… 442
微生物関連発明 ………………………… 43
微生物の寄託 ……………… 245, 451, 455
必須の要素 ……………………… 102, 397
否定的表現 ……………………… 65, 140
非特許文献 ………………… 19, 42, 45, 451
付加的な要素 …………………………… 103
符号の説明 …………………… 43, 52, 451, 453
付随的な事項 …………………………… 329
不必要な修飾語 ………………………… 136

プリアンブル ………………………… 132
プレアンブル ………………………… 419
フローチャート
　………… 28, 144, 160, 172, 181, 276, 476
プログラムクレーム ………………… 278
プログラム信号 ……………………… 152
プログラム製品 ……………………… 152
プログラムプロダクト ……………… 152
プロダクト・バイ・プロセス・クレーム
　………………………… 74, 352, 380
ブロック図 ……………… 28, 144, 171
分割出願 ……………………… 94, 290, 300
分割出願の効果 ……………………… 296
分割出願の要件 ……………………… 294
分割直前明細書 ……………………… 296
文献公知発明 ……………… 37, 45, 93
分譲 ………………………… 245, 246
ベストモード ……… 50, 101, 265, 275
変更出願 ……………………………… 293
弁理士 …………………………………… 10
弁理士の業務 ……………………………… 10
包袋禁反言 …………………………… 394
包袋資料の参酌 ……………………… 394
法的記載要件 ………………………… 40
方法の発明 ……… 29, 50, 150, 161, 245
ボールスプライン軸受事件 ………… 412
補佐人 …………………………………… 11
補正
　… 75, 106, 115, 116, 260, 262, 266, 272,
　289, 291, 292, 294, 476
ポリペプチド ……………………… 241, 248
本質的部分 ……………………… 385, 416
翻訳 ……………………… 270, 272, 279
翻訳文 ……………………… 272, 279, 306

## 【ま行】

マーカッシュ形式 ……………65, 78, 135
前処理 …………178, 182, 190, 220, 388
マテリアルズ・インフォマティックス
　の発明 ……………………174, 188
マルチマルチクレーム …………79, 266
未完成発明 ……………………101, 130
未公開の先行技術 ………………… 261
未公開の先行出願 ………………… 91
未知の属性 ………………………… 256
無効理由 ………………………81, 393
無効理由が存在する場合 ………393, 433
明確性要件 ……………… 8, 393, 433
明細書
　…4, 13, 39, 41, 88, 148, 260, 309, 318,
　371, 383, 450
明細書等
　…40, 88, 146, 148, 260, 274, 277, 278,
　286, 294, 309, 324, 331
明細書等の記載事項の意義 …………309
明細書等の記載事項の解釈 …………331
明細書等の記載事項の要件 …………324
明細書等の作成手順 …………………146
明細書の記載に関する要件 …………309
明細書の記載不備 ……………………330
明細書のサポート要件 ………………309
明細書の役割 …………………371, 383
面談 ……………………………23-38
目的外補正 ………………………… 291
物のカテゴリー ……………………… 44
物の発明
　…28, 43, 74, 117, 126, 127, 149-151,
　161, 242, 248, 257, 380
物を生産する方法の発明

………………50, 64, 127, 150, 161, 245
文言侵害 ……………………371, 384

## 【や行】

薬理試験 ………………………256, 257
融合細胞 ……………………241, 243, 249
有用性 …………………………110, 326
有利な効果 ……………… 48, 275, 452
要件列挙形式 …………………132-135
用途発明 ………………140, 141, 326
用法又は用量 …………………256, 258
要約書
　…40, 143, 146, 147, 268, 274, 277, 289,
　457, 464
余事事項 ………………………329, 330

## 【ら行】

ラボノート ………………………… 15
臨界的意義 ………………104, 355, 356

## 【わ行】

ワ：地方裁判所の事件で、
　民事の通常の訴訟事件 …………309

499

# あとがき

　本改訂版は（旧）伊東国際特許事務所が（新）弁理士法人ITOHに変わって最初の改訂版であり、改訂10版という記念となる版です。
　改訂9版と異なる点は概略以下のとおりです。
　まず、次頁に示しますように、特許実務の最先端で活躍する複数の弁理士が著者として加わりました。
　次に、内容的にはマテリアル・インフォマティクス技術及び生物関連発明の明細書・請求項の記載につき充実させました。
　また、侵害立証容易な請求項をいかにして記載したらよいのかを記載しました。
　加えて知財経験が浅い方がなるべく早くに立ち上がれるよう、発明者様との面談での留意事項についての記載を充実させました。
　さらに、判決例の紹介についても見直しを行い、充実を図りました。
　また、巻末資料として、弊所が代理しましたお客さまのマテリアル・インフォマティクス技術に関する出願等の公報をお客さまに御了承いただいた上で掲載しました。
　一方、現在の物価高騰の中、読者の皆さまが少しでもお買い求めになりやすいよう、本書の定価を第9版と同額にしました。そのため、第9版において必ずしも重要ではないと思われる記載については極力排除し、内容のスリム化を図りました。
　明細書作成についての考え方やポリシーはお客さまによって異なります。弁理士法人ITOHは、最先端の技術を常に習得し、お客さまのニーズを踏まえ、時代の先を見据えた特許明細書を作成いたします。
　本書は、読者の皆さまが日々実務を行う際の「座右の書」として利用していただけるよう、時代に即して常に改訂を重ねてまいります。
　過去においてこの種の書籍で特許法改正、審査基準、運用指針等の改正や

新技術の登場に対応していけず、絶版となっていくものがあるのを目にします。弁理士法人 ITOH は、出版した以上、今後常に改訂版を出していくことが社会的責務であると考えております。

今後も、時代の変化に対応した知財戦略に活用できますよう、更には発明者の方や初心者の方にも少しでもお役に立てますよう、弁理士法人 ITOH は内容の充実を図ってまいります。

最後になりましたが、本改訂版の著者及び出版関係の方々に御尽力いただきましたことに厚く御礼申し上げます。

令和 6（2024）年 9 月

代表社員　弁理士　**伊東　忠重**

## 監修

弁理士　伊東　忠重　早稲田大学理工学部卒業　弁理士試験合格、登録　米国フランクリンピアスローセンタ卒業　ＭＩＰ　元住友重機械工業株式会社知的財産部チームリーダ　米国パテント・エージェント（登録）　特定侵害訴訟代理付記　弁理士法人ＩＴＯＨ　代表社員

## 編著

弁理士　吉田　千秋　慶応義塾大学大学院工学研究科電気工学専攻修了　米国ワシントン大学経営大学院修士課程修了、ＭＢＡ　弁理士試験合格、登録　米国パテント・エージェント試験合格　副所長　内外部長

弁理士　横山　淳一　山梨大学工学部電子工学科卒業　弁理士試験合格、登録　元富士通株式会社知的財産部シニアマネージャー　特定侵害訴訟代理業務付記　副所長　国内部長

弁理士　中槇　利明　東北大学工学部卒業　元特許庁審査第一部上席審査長、首席審査長　審査第三部長　弁理士登録　副所長　外内部長

弁理士　新井　諭　早稲田大学理工学部機械工学科卒業　日本電気株式会社勤務を経て入所　副所長

弁理士　新川　圭二　東京大学大学院理学系研究科修士課程修了　元特許庁審判部上席部門長　弁理士登録　知財統括部長

弁理士　木村　恭子　三重大学教育学部卒業　元意匠制度企画室長　元特許庁審判部上席部門長　弁理士登録　意匠部長

弁理士　川畑　洋平　東京工業大学工学部制御工学科卒業　新日本製鐵株式会社技術開発部設備技術センターシステム制御技術部計測制御技術室、都内の特許事務所勤務を経て入所

弁理士　菊池　陽　ラトガース・ニュージャージー州立大学社会学部卒業　三菱マテリアル株式会社、都内特許事務所勤務を経て入所　内外事務管理長

弁理士　清水　誠　学習院大学大学院自然科学研究科化学専攻博士前期課程修了、修士　バイオベンチャー、特許調査会社、食品会社を経て入所

弁理士　山口　昭則　北海道大学大学院工学研究科修士課程修了　元特許庁審査基準室長　元特許審査第三部長　弁理士登録　顧問

改訂10版 特許明細書の書き方
より強い特許権の取得と活用のために

| 平成10(1998)年11月10日 | 初　　版 | 第1刷発行 |
| 平成11(1999)年 1月25日 | 初　　版 | 第2刷発行 |
| 平成13(2001)年 3月25日 | 改訂新版 | 発行 |
| 平成15(2003)年 2月 5日 | 改訂3版 | 発行 |
| 平成16(2004)年 6月 1日 | 改訂4版 | 発行 |
| 平成19(2007)年 3月15日 | 改訂5版 | 発行 |
| 平成21(2009)年 7月 7日 | 改訂6版 | 発行 |
| 平成24(2012)年 5月31日 | 改訂7版 | 発行 |
| 平成28(2016)年 7月29日 | 改訂8版 | 発行 |
| 令和元(2019)年11月29日 | 改訂9版 | 発行 |
| 令和6(2024)年 9月24日 | 改訂10版 | 発行 |

監　修　伊東 忠重
編　著　弁理士法人ＩＴＯＨ
　　　　©2024 ITOH Patent Attorney Corporation
発　行　一般社団法人発明推進協会

発行所　一般社団法人発明推進協会
　　　　所在地　〒105-0001 東京都港区虎ノ門2-9-1
　　　　電　話　03-3502-5433(編集)　03-3502-5491(販売)

印刷・製本　勝美印刷株式会社　Printed in Japan
乱丁・落丁本はお取り替えいたします。
ISBN978-4-8271-1408-9　C3032

本書の全部又は一部の無断複写・複製を禁じます(著作権法上の例外を除く)。